COURS

DE

LITTÉRATURE CELTIQUE

I

DU MÊME AUTEUR

Sous presse :

Essai d'un catalogue de la littérature épique de l'Irlande.
1 beau vol. in-8º. (Thorin, éditeur.)

INTRODUCTION

A L'ÉTUDE DE LA

LITTÉRATURE CELTIQUE

PAR

H. D'ARBOIS DE JUBAINVILLE

PROFESSEUR AU COLLÈGE DE FRANCE

PARIS
ERNEST THORIN, ÉDITEUR
LIBRAIRE DU COLLÈGE DE FRANCE, DE L'ÉCOLE NORMALE SUPÉRIEURE,
DES ÉCOLES FRANÇAISES D'ATHÈNES ET DE ROME
7, RUE DE MÉDICIS, 7

1883

LES

CELTES ET LES LANGUES CELTIQUES

LEÇON D'OUVERTURE

DU

COURS DE LANGUE ET LITTÉRATURE CELTIQUE

AU COLLÈGE DE FRANCE (1)

I

Pour arriver à se former des Celtes, nos ancêtres, une idée scientifique, le moyen le plus sûr est de commencer par étudier leur langue. Leur langue, le celtique, est le rameau le plus occidental de la famille indo-européenne. Ce rameau se distingue des autres rameaux de la même famille linguistique par divers caractères, dont un des plus remarquables est la chute du P primitif ; ainsi l'adjectif qui s'écrit en français *plein*, en latin *plénus*, en sans-

(1) 14 février 1882.

crit *prânas, pûrnas*, devient en vieil irlandais *lán*, en vieux gallois *laun*, en breton *leun ; père*, en sanscrit *pitá* au nominatif, *pitaram* à l'accusatif, en grec πατήρ, en latin *pater*, se dit *athir* en vieil irlandais (1).

Le celtique ancien était divisé en dialectes comme le nouveau. Des dialectes du celtique ancien, celui que nous connaissons le moins mal est le gaulois, qui chez nous a précédé le latin, et dont la langue celtique, parlée en Grande-Bretagne au temps de l'Empire romain, était une variété (2).

Un dialecte différent était usité en Irlande à la même époque : il avait conservé le *qu* primitif, tandis que gaulois changeait le *qu* primitif en *p* (3). Ainsi, en

---

(1) Citons encore le sanscrit *upari*, en grec ὑπέρ, en latin *s-uper* avec *p* médial, mais sans *p* dans le gaulois *uer-, ver-*, qui est devenu en vieil irlandais *for*, en vieux gallois *guor* (*f* en irlandais, *gu* en vieux gallois, tiennent lieu de *v* initial). Pour plus de détails, voir un mémoire de M. Windisch dans les *Beiträge* de Kuhn, t. VIII, p. 1 et suiv.

(2) Les ressemblances du gaulois avec la langue celtique parlée en Grande-Bretagne au temps de l'empire romain ont été étudiées par Zeuss, *Grammatica celtica*, 2ᵉ édit., p. VI-VIII. — Des observations de Zeuss on peut rapprocher le texte suivant : « Britanniam qui mortales initio coluerint, parum compertum... In universum tamen æstimanti Gallos vicinum solum occupasse credibile est. Sermo haud multum diversus » (Tacite, *Agricola*, 11). — L'établissement d'une population gauloise sur les côtes de la Grande-Bretagne est mentionné par César, *De bello gallico*, livre V, chap. XII, § 2. — Le même auteur nous apprend que Divitiacus, roi des Suessions, étendit sa domination sur la Grande-Bretagne (*De bello gallico*, livre II, chap. IV, § 7.)

(3) *Grammatica celtica*, 2ᵉ édit., p. 66.

irlandais comme en latin, on avait gardé la gutturale sourde initiale du nom de nombre « quatre, » en latin *quatuor ;* mais en gaulois cette gutturale était devenue labiale ; *quatre* se dit *petor* dans le composé gaulois *petor-ritum,* « char à quatre roues (1), » *petuar* dans le dérivé *Petuaria,* nom d'une ville de Grande-Bretagne (2).

Dans les siècles voisins de la chute de l'Empire romain, il se fit dans les dialectes celtiques une révolution analogue à celle que subit alors la langue latine ; de là les dialectes ou les langues néo-celtiques.

Des langues néo-celtiques, les unes sont issues de la variété du gaulois qui se parlait en Grande-Bretagne ; ce sont : le gallois et le breton, qui vivent encore aujourd'hui ; le cornique ou langue de la Cornouaille anglaise, éteint au siècle dernier. De l'irlandais primitif sont issus : 1° l'irlandais, où l'on distingue ordinairement trois âges : vieil irlandais, moyen irlandais, irlandais moderne ; 2° le gaélique d'Écosse ; 3° le manx ou langue de l'île de Man.

Les langues néo-celtiques forment donc deux

---

(1) Varron, liv. XIV *Rerum divinarum,* cité par Aulu-Gelle, liv. XV, chap. xxx. *Varro cum de petorrito dixisset esse id verbum gallicum.* Cf. Quintilien, liv. I, chap. v, § 57 : *gallica valuerunt ut... petorritum ;* et Festus, qui, au mot *Petoritum,* s'exprime ainsi : *et gallicum vehiculum esse et nomen ejus existimant a numero quatuor rotarum.*

(2) Πετουαρία, Ptolémée, éd. Nobbe, liv. II, chap. III, § 17; éd. Wilberg, p. 108. Cf. *Notitia dignitatum,* éd. Boecking, II, 113, 880.

groupes qui viennent, l'un de la variété du gaulois parlée en Grande-Bretagne, l'autre de l'irlandais primitif. Ces groupes conservent les caractères distinctifs des dialectes anciens dont ils descendent. En gallois, en cornique, en breton, comme en gaulois, le *qu* primitif est remplacé par un *p* : « quatre » se dit *petguar*, *pedwar* en gallois, *peswar* en cornique, *pévar*, *péouar*, *pouar* en breton. Cette substitution de consonne n'a pas lieu dans les langues nées de l'irlandais primitif; « quatre » se dit en vieil irlandais *cethir*, en irlandais moderne *ceathair*, en gaélique d'Écosse *ceithir*, en manx *kiare*. Les dialectes modernes nous offrent donc la même bifurcation que les dialectes anciens.

On désigne souvent par le mot « celtique » l'ensemble de ces dialectes ou langues d'âge différent, les unes mères, les autres filles ; mais quand on veut s'exprimer avec plus de rigueur, on distingue deux époques : l'époque du celtique ancien, dont l'origine se perd dans la nuit des temps, et l'époque néo-celtique, qui succède à la première vers une date contemporaine de celle où naissent les langues néo-latines.

Nous avons emprunté le mot « celtique » au grec. C'est un dérivé du substantif Κελτός (1) par lequel les

___

(1) Glück a proposé de considérer Κελτός comme dérivé d'une racine KEL, « élever, » qui se trouve dans plusieurs langues indo-européennes, notamment en latin dans le dérivé *celsus* = *cel-to-s* (*Beiträge* de Kuhn, t. V, p. 97). On doit reconnaître la même racine dans le vieil irlandais *clethe* « grand, noble, élevé, » qui a deux ar-

Grecs désignaient les Celtes continentaux. Ce dérivé apparaît pour la première fois, mais avec un sens géographique, chez Hécatée de Milet. Hécatée, vers la fin du sixième siècle avant notre ère, a publié une sorte de géographie universelle intitulée Γῆς περίοδος ou « voyage autour du monde. » Malheureusement il n'en reste que des débris. Mais dans un fragment qui nous a été conservé on lit : « Marseille, ville de Ligystique près de la Celtique ; » dans un autre fragment : « Nyrax, ville celtique (1). » Tels sont les premiers témoignages que nous ayons de l'existence du dérivé Κελτικός.

L'auteur le plus ancien chez lequel on trouve le mot Κελτός est Hérodote, qui mentionne les Celtes deux fois : la première, dans son livre II, écrit de 445 à 443 avant notre ère ; la seconde, dans son livre IV, qui est un peu postérieur. Suivant lui, les Celtes, Κελτοί, habitent à la source du Danube, et en Espagne sur les côtes de l'océan Atlantique (2).

---

ticles dans le glossaire d'O'Davoren, chez Whitley Stokes, *Three irish glossaries*, pp. 70 et 71.

(1) « Μασσαλία πόλις τῆς Λιγυστικῆς, κατὰ τὴν Κελτικήν... Ἑκαταῖος Εὐρώπῃ. Νύραξ πόλις κελτική. Ἑκαταῖος Εὐρώπῃ » (Didot-Müller, *Fragmenta historicorum græcorum*, t. I, p. 2). — La ligne première du fragment n° 19, dans laquelle Hécatée aurait mis des Celtes à Narbonne, est imaginaire, bien qu'on la trouve à la même page des *Fragmenta historicorum græcorum*, de Didot. Ce n'est pas Hécatée, c'est Strabon, qui, suivant Etienne de Byzance, a dit que Narbonne était un marché et une ville celtique, cf. p. 10, note 2; p. 11, note 1.

(2) « Ἴστρος τε γὰρ ποταμὸς, ἀρξάμενος ἐκ Κελτῶν καὶ Πυρήνης πόλιος, ῥέει, μέσην σχίζων τὴν Εὐρώπην. Οἱ δὲ Κελτοί εἰσι ἔξω Ἡρακλέων στηλέων, ὁμουρέουσι δὲ Κυνησίοισι, οἳ ἔσχατοι πρὸς δυσμέων οἰκέουσι τῶν ἐν

Il est souvent question d'eux chez les auteurs grecs du quatrième siècle. Dès l'année 370, des mercenaires celtes au service du tyran Denys viennent se mêler aux luttes intestines des Grecs (1). Bientôt Théopompe nous montre les Celtes guerroyant avec les Illyriens (2). Ephore met l'Espagne dans la Celtitique (3), et attribue aux Celtes toute la partie du monde qui est entre le couchant d'été et le couchant d'hiver (4). Pythéas fut le premier Grec qui alla de Celtique en Bretagne, et, du port de la Celtique où il s'embarqua, il lui fallut plusieurs jours de navigation pour gagner le pays de Kent en Grande-Bre-

---

τῇ Εὐρώπῃ κατοικημένων » (Hérodote, liv. II, chap. xxxiii, édit. Didot, p. 82-83). — « Ῥέει γὰρ δὴ διὰ πάσης τῆς Εὐρώπης ὁ Ἴστρος ἀρξάμενος ἐκ Κελτῶν, οἳ ἔσχατοι πρὸς ἡλίου δυσμέων μετὰ Κύνητας οἰκέουσι τῶν ἐν τῇ Εὐρώπῃ » (Hérodote, liv. IV, chap. xlix, édit. Didot, p. 198).

(1) Xénophon, *Helléniques*, liv. VII, chap. i, § 20, 31, édit. Didot, p. 467, 469.

(2) Théopompe, fragment 41, chez Didot-Müller, *Fragmenta historicum græcorum*, t. I, p. 284-285. — Ce fragment appartient au livre deuxième des *Philippiques*, qui était une histoire de Philippe, père d'Alexandre le Grand, et des événements contemporains, 359-336. Théopompe vécut de 380 à 300 environ avant J.-C.

(3) « Ἔφορος δὲ ὑπεβάλλουσάν τε τῷ μεγέθει λέγει τὴν Κελτικήν, ὥστε, ᾗσπερ νῦν Ἰβηρίας καλοῦμεν, ἐκείνοις τὰ πλεῖστα προσνέμειν μέχρι Γαδείρων » (Strabon, liv. IV, ch. iv, § 6). — Ephore, fragment 43, chez Didot-Müller, *Fragmenta historicorum græcorum*, t. I, p. 245. Ephore écrivait dans la seconde moitié du quatrième siècle. C'est un contemporain de Théopompe.

(4) « Οἱ μὲν γὰρ [Ἰνδοί] εἰσι μεταξὺ θερινῶν καὶ χειμερινῶν ἀνατολῶν. Κελτοὶ δὲ τὴν ὑπὸ θερινῶν μέχρι χειμερινῶν δυσμῶν χώραν κατέχουσι, » etc. (Ephore, fragment 38, chez Didot-Müller, *Fragmenta historicorum græcorum*, t. I, p. 243-244.)

tagne (1). Aristote a connu les Celtes. Je laisse de côté les ouvrages apocryphes, trop souvent cités, de ce grand polygraphe, je me borne aux ouvrages dont l'authenticité est admise : suivant lui, les Celtes se vantent de ne craindre ni les tremblements de terre, ni les flots (2) ; ils ne font porter à leurs enfants que des vêtements légers (3) ; cependant le pays où habitent les Celtes qui sont au delà de

(1) « Πυθέας, ἀνὴρ ψευδίστατος... τὸ Κάντιον ἡμερῶν τινων πλοῦν ἀπέχειν τῆς Κελτικῆς φησι. » Strabon a été le naïf écho des rancunes de Polybe, qui ne pouvait pardonner à Pythéas d'avoir recueilli, au quatrième siècle avant notre ère, toutes sortes de renseignements curieux sur le nord-ouest de l'Europe, tandis que Polybe, au second siècle, ne pouvait obtenir aucune indication précise. Mais Pythéas avait eu la hardiesse d'aller lui-même jusqu'aux îles Britanniques et à la mer du Nord, tandis que Polybe n'osa jamais s'éloigner des côtes de la Méditerranée. Pythéas, faisant sur un vaisseau grec un voyage dont le commerce paraît avoir été le principal objet, n'inspirait aucune défiance par ses recherches géographiques. Polybe, au contraire, trop riche pour commercer et protégé par les généraux romains, qui de la Gaule cisalpine et de l'Espagne menaçaient la Gaule transalpine, semblait un émissaire chargé de recueillir des notes à l'usage des futurs conquérants. De là, le silence aussi prudent qu'opiniâtre de ceux qu'il interrogeait. (Voir K. Müllenhof, *Deutsche Alterthumskunde*, t. I, p. 353, 354, 359. Strabon, liv. Ier, chap. iv, § 3 ; liv. IV, chap. ii, § 1 ; liv. II, chap. iv, § 1, 2, édit. Didot-Müller et Dübner, p. 52, 85, 86, 158). — Le voyage de Pythéas paraît contemporain du règne d'Alexandre le Grand, 336-323.

(2) « Εἰ μηθὲν φοβοῖτο, μήτε σεισμὸν μήτε τὰ κύματα, καθάπερ φασὶ τοὺς Κελτούς » (*Ethica Nicomachea*, liv. III, chap. vii, édit. Didot, t. II, p. 32).

(3) « Παρὰ πολλοῖς ἐστὶ τῶν βαρβάρων ἔθος, τοῖς μὲν εἰς ποταμὸν ἀποβάπτειν τὰ γιγνόμενα ψυχρόν, τοῖς δὲ σκέπασμα μικρὸν ἀμπίσχειν, οἷον Κελτοῖς » (*Politique*, liv. VII, chap. xv, édit. Didot, t. I, p. 622).

l'Ibérie est si froid que l'âne n'y peut naître (1). Si nous en croyons Plutarque, Aristote a su que les Celtes avaient pris Rome (2). Le périple attribué à Scylax de Caryanda, monument où nous trouvons la géographie politique des années 338 à 335 avant J.-C., nous montre les Celtes établis au fond de l'Adriatique (3). Les Celtes de l'Adriatique envoyèrent une ambassade à Alexandre lors de son expédition contre les Thraces et les Gètes, vers l'an 335, et Ptolémée, fils de Lagus, a parlé de cette ambassade dans un livre écrit vers l'année 300 (4).

Jusqu'au troisième siècle avant J.-C. les Grecs n'ont eu qu'un nom pour désigner le Celtes continentaux ; ce nom est Κελτός. Quelle est l'origine de ce nom? Suivant Pausanias, écrivain du second siècle de notre ère, Κελτός est le nom que les Celtes se donnaient à

---

(1) « Ἔτι δὲ ψυχρὸν τὸ ζῷον ὁ ὄνος ἐστίν · διόπερ ἐν τοῖς χειμερινοῖς οὐ θέλει γίνεσθαι τόποις... οἷον... περὶ Κελτοὺς τοὺς ὑπὲρ τῆς Ἰβηρίας · ψυχρὰ γὰρ αὕτη ἡ χώρα » (De animalium generatione, liv. II, chap. viii, édit. Didot, t. III, p. 369).

(2) « Ἀριστοτέλης δὲ ὁ φιλόσοφος τὸ μὲν ἁλῶναι τὴν πόλιν ὑπὸ Κελτῶν ἀκριβῶς δῆλός ἐστιν ἀκηκοώς » (Plutarque, Camille, chap. XXII, édit. Didot, p. 167).

(3) « Μετὰ δὲ Τυρρηνούς εἰσι Κελτοὶ ἔθνος ἀπολειφθέντες τῆς στρατείας, ἐπὶ στενῶν μέχρι Ἀδρίου. Ἐνταῦθα δέ ἐστιν ὁ μυχὸς τοῦ Ἀδρίου κόλπου » (Didot-Müller, Geographi græci minores, t. I, p. 25).

(4) « Φησὶ δὲ Πτολεμαῖος ὁ Λάγου κατὰ ταύτην τὴν στρατείαν συμμῖξαι τῷ Ἀλεξάνδρῳ Κελτοὺς τοὺς περὶ τὸν Ἀδρίαν φιλίας καὶ ξενίας χάριν » (Strabon, liv. VII, chap. iii, § 8, édit. Didot-Dübner et Müller, p. 250. Arriani Anabasis de Didot, seconde partie, p. 87, fragm. 2 ; cf. 1re partie, Anabasis, liv. I, chap. iv, p. 5).

eux-mêmes (1). Vraisemblablement cette assertion n'est qu'en partie exacte. Κελτός est l'orthographe grecque du nom gaulois *Celta*, et César nous apprend qu'en gaulois *Celta* désigne, non pas l'ensemble des Celtes continentaux, mais le rameau de la race celtique établi entre la Garonne, la Seine et la Marne à l'époque où commence la conquête de la Gaule transalpine, l'an 58 avant notre ère (2). Ce rameau de la race celtique dut être le premier avec lequel la ville grecque de Marseille, fondée l'an 600 avant J.-C., noua des relations commerciales ; quand ce nom eut pénétré dans la langue grecque, on l'étendit aux autres rameaux de la famille dite depuis celtique, quoique dans leur langue nationale les membres divers de cette famille portassent d'autres noms (3). Les Grecs se servirent même du nom

---

(1) « Ὀψὲ δέ ποτε αὐτοὺς καλεῖσθαι Γαλάτας ἐξενίκησε. Κελτοὶ γὰρ κατά τε σφᾶς τὸ ἀρχαῖον καὶ παρὰ τοῖς ἄλλοις ὠνομάζοντο » (Pausanias, liv. I, chap. III, § 6, édit. Didot-Dindorf, p. 5).

(2) « *Qui ipsorum lingua Celtæ, nostra Galli appellantur... Gallos ab Aquitanis Garumna flumen, a Belgis Matrona et Sequana dividit* » (*De bello gallico*, liv. I, chap. I). — Comparez Strabon, liv. IV, chap. I, édit. Didot-Dübner et Müller, p. 146-147. Strabon met par erreur les *Celtæ* à l'est des Cévennes. Sur les *Celtæ* de César, voir Desjardins, *Géographie historique et administrative de la Gaule romaine*, t. II, p. 411-427 et 462-499. De *Celta* dérive *Celtillus*, nom d'un gaulois de race arverne, père du célèbre Vercingétorix. *De bello gallico*, liv. VII, chap. IV.

(3) C'est ce que dit Strabon, liv. IV, chap. I, § 14, édit. Didot-Müller et Dübner, p. 157. Seulement le savant géographe se trompe quand il avance que le groupe celtique, spécialement désigné en sa langue par le mot Κελτός, habitait la Narbonnaise. Il doit

de Celtes pour désigner les Germains. Dion Cassius, dans son histoire, écrite pendant la première moitié du troisième siècle de notre ère, traduit systématiquement par Κελτοί le latin *Germani*, tandis qu'il rend le latin *Galli* par Γαλάται, synonyme grec relativement nouveau de Κελτός (1).

Un autre nom d'une branche de la famille celtique a été employé pour désigner la famille entière, c'est celui de *Volca*. Ce nom appartenait en propre à une tribu celtique établie au nord du haut Danube dans la région qui, à partir de César, porte dans la géographie ancienne le nom de Germanie (2). Cette

---

cette erreur à une fausse interprétation d'un passage de Polybe, liv. III, chap. xxxvII, § 9, 2ᵉ édit. Didot, p. 143. — Les Celtes que Polybe nous montre près de Narbonne dans ce passage sont des *Volcæ*, et non des Celtes, dans le sens étroit du mot. Sur les *Volcæ*, voir ce que nous disons un peu plus bas, note 2, et p. 11, note 1.

(1) Le mot Κελτός est l'équivalent du latin *Gallus* dans un seul passage de Dion Cassius ; c'est le fragment 34 de l'édit. d'Immanuel Bekker, p. 27. Chez Denys d'Halicarnasse, liv. XIV, chap. ɪ, édit. Teubner-Kiessling, t. IV, p. 198, la Celtique s'étend de l'océan Atlantique à la Scythie et à la Thrace, le Rhin la coupe par le milieu : d'un côté la Galatie (Gaule), de l'autre la Germanie, qui est par conséquent une partie de la Celtique.

(2) « *Quæ fertilissima Germaniæ sunt loca circa Hercyniam silvam... Volcæ Tectosages occupaverunt, atque ibi consederunt; quæ gens ad hoc tempus his sedibus sese continet summamque habet justitiæ et bellicæ laudis opinionem* » (*De bello gallico*, lib. VI, cap. xxɪv). — Le périple dit de Scylax, qui date de 338 à 335, dit : Ἀπὸ δὲ Ἰβήρων ἔχονται Λίγυες καὶ Ἴβηρες μιγάδες μέχρι ποταμοῦ Ῥοδανοῦ (*Geographi græci minores*, de Didot, t. I, p. 17). — Les numismatistes attribuent à la région située entre les Pyrénées et le Rhône, outre des monnaies gauloises, des monnaies ibériques, et on y trouve des noms

tribu envoya, probablement au commencent du troisième siècle avant notre ère, une colonie dans le bassin du bas Rhône, sur les deux rives duquel nous la trouvons établie lors du passage d'Annibal, 218 ans avant notre ère (1). Plus tard, elle s'avança davantage à l'ouest, et, sous la domination romaine, cette tribu, établie tout entière sur la rive droite du Rhône, était divisée en *Volcæ Tectosages* à l'ouest, en *Volcæ Arecomici* à l'est (2). Mais les *Volcæ* de Germanie ont joué un rôle beaucoup plus considérable. Leur nom, dont la forme germanique est *Valah*, devient, chez les Germains, le nom générique de la race celtique ; et quand la domination romaine se fut substituée à celle des Celtes, dans les pays qu'ils avaient occupés au sud du Danube et à l'ouest du Rhin, les Germains transportèrent aux Romains le nom par lequel ils désignaient les Celtes. De là le nom de Valaques, un de ceux que portent les populations de langue latine de l'Europe orientale ; ce nom est identique à *Valah*. *Wælsch*, nom allemand des Italiens et des Français, *Welsh*, nom anglais des

---

de ville probablement ibériques (Voir George Phillips dans les *Sitzungsberichte* de l'Académie de Vienne, classe de philosophie et d'histoire, t. LXVII, p. 386-400 ; cf. A. de Barthélemy, dans la *Revue celtique*, t. III, p. 296).

(1) « *Hannibal, cæteris metu aut pretio pacatis, jam in Volcarum pervenerat agrum, gentis validæ; colunt enim circa utramque ripam Rhodani* » (Tite-Live, liv. XXI, ch. xxvi, § 6).

(2) « Μεχρὶ τοῦ ʽΡοδανοῦ ποταμοῦ Οὐόλκαι ᾿Αριχόμιοι » (Ptolémée, liv. II, chap. x, § 10).

populations celtiques du midi de la Grande-Bretagne, *Wales*, nom du pays habité par ces populations, sont des dérivés de *Valah*, et par conséquent de *Volca* (1). On doit ces rapprochements à M. Gaston Paris. Nous prononçons *Galles*, l'anglais *Wales*; et de *Galles* nous avons tiré « gallois, » nom d'une langue néo-celtique importante qui se parle encore en Grande Bretagne. Il serait trop long d'exposer ici par quelles évolutions le gaulois *Volca* a donné naissance au mot français « Gallois, » qu'il faut se garder de confondre avec le mot français « Gaulois. »

Les Romains ont pour désigner les Celtes continentaux un terme spécial à leur langue : c'est *Gallus*, dont nous avons tiré notre nom dérivé « Gaulois. » *Gallus*, en latin, ne désigne pas seulement les populations celtiques de l'Italie du nord et celles de la Gaule transalpine entre les Pyrénées et le Rhin, il s'applique aussi aux Celtes d'Espagne (2), de Germanie (3), de l'Europe orientale (4), et même d'Asie Mineure (5). Le terme géographique *Gallia*, dérivé de *Gallus*, a désigné en latin, comme

---

(1) *Wallon*, mot qui désigne les populations néo-latines voisines des Flamands, et la langue que parlent ces populations, est aussi un dérivé de *Valah*.

(2) Tite-Live, XXIV, xlii.

(3) Tite-Live, V, xxxiv ; César, VI, xxiv ; Tacite, *Germanie*, chap. xviii, xliii.

(4) Tite-Live, XXXVIII, xvi, xxviii.

(5) Tite-Live, XXXIII, xxi : XXXVIII, xvi, xvii ; XLI, xxiii.

tout le monde le sait, outre les territoires celtiques de l'Italie du Nord, la région située entre le Rhin et les Pyrénées : il existe un exemple de l'application de ce nom à une autre contrée celtique. Sempronius Asellio, qui écrivait entre les années 90 et 80 avant notre ère, met en Gaule *Noreia* (1), capitale du Norique, aujourd'hui Neumarkt en Styrie. Il était naturel d'appeler *Gallia* tout le pays habité par les *Galli*; mais, à partir des conquêtes de César, *Gallia* (2), eut dans la langue administrative de Rome, un sens précis et restreint que les historiens acceptèrent, et qui est encore reçu aujourd'hui. Notre

(1) « *Norica castella dixit ab urbe Norica quæ est in Gallia, ut Asellio historiarum non ignarus docet* » (Scolie du ms. de Berne sur Virgile, *Géorgiques*, III, 474, chez Hermannus Peter, *Historicorum romanorum relliquiæ*, t. I, p. 183).

(2) César a employé une fois *Gallia* pour désigner le pays habité par ses *Celtæ*, entre la Seine, la Marne et la Garonne : *Remi, qui proximi Galliæ ex Belgis sunt* (*De bello gallico*, lib. II, cap. III) ; il se sert aussi de *Galli* comme synonyme de *Celtæ* : *Senonibus reliquisque Gallis qui finitimi Belgis erant* (lib. II, cap. II ; cf. lib. I, cap. I). Mais ce sens du mot *Gallus* n'a pas prévalu dans l'usage ; *Gallus*, dans l'usage, a un sens plus étendu qui comprend les *Belgæ* comme les *Aquitani*. — Avant que les découvertes de César n'eussent vulgarisé dans le monde romain la distinction des Gaulois et des Germains, on confondit, à Rome, les Germains avec les Gaulois sous le nom de *Galli*. Ainsi, dans le *De oratore*, livre II, c. 66, Cicéron, l'an 55 avant notre ère, range encore les Cimbres au nombre des *Galli*. L'expédition contre Arioviste est antérieure de trois ans. On trouve la même erreur dans Salluste, qui écrivait après la mort de César, et plus tard encore chez Florus, qui met en Gaule la patrie des Cimbres et des Teutons, c'est-à-dire le Jutland et les rives du bas Elbe. Salluste, *Jugurtha*, 114 ; Florus, III, 3.

mot *Gaule* a ce sens précis et restreint ; il désigne le pays situé entre le Rhin, les Alpes, la Méditerranée, les Pyrénées et l'Océan. On appelle aussi ce pays Gaule transalpine pour le distinguer de la Gaule cisalpine dans l'Italie du Nord.

La littérature antique a possédé, enfin, pour désigner l'ensemble des Celtes continentaux, un terme générique dont nous n'avons presque rien dit, c'est le mot grec Γαλάτης (1). Les plus anciens exemples que nous en ayons sont deux épitaphes. L'une est celle d'un jeune Athénien mort en combattant les Gaulois à la bataille des Thermopyles en 279 (2);

---

(1) Γαλάτης est presque le même mot que le vieil irlandais *galdæ* = * *gala-tio-s*, « brave, » que M. Whitley Stokes a trouvé dans la pièce intitulée *Togail Troi*, « destruction de Troie, » dont il vient de donner une édition d'après le livre de Leinster, ms. du douzième siècle. Sur le thème *gala*, « bravoure, exploit, » dont *galdæ* dérive, voir les exemples réunis dans la *Grammatica celtica*, 2ᵉ édit., p. 997-à la fin de la note 14 ; et Windisch, *Irische Texte*, p. 587. Γαλάτης est une variante de Γαλάτος, mot gaulois employé comme nom propre chez Polybe, liv. II, chap. xxi, § 5, dans le récit des événements de l'année 238 avant notre ère ; c'est le nom d'un roi des Boïes d'Italie. — A *galde* (brave) = * *galatios*, auquel correspond le grec Γαλάτης, comparez *gaide* (armé d'un javelot) = * *gaisa-tios*, (dérivé de *gai*, javelot, = * *gaisa-*) auquel correspond le grec Γαισάτης (Polybe), à côté duquel se place le nom propre Γαισοτόριος (*ibidem*), chez Strabon Γεζάτοριξ.

(2) Ἦ μάλα δὴ ποθέουσα νέαν ἔτι Κυδίου ἥβην
ἀσπὶς ἀριζήλου φωτὸς, ἄγαλμα Διί,
ἅς διὰ δὴ πρώτας λαιόν ποτε πῆχυν ἔτεινεν,
εὖτ' ἐπὶ τὸν Γαλάταν ἤκμασε θοῦρος Ἄρης.

« Ce bouclier regrette toujours vivement la tendre jeunesse de l'illustre Cydias. Il est aujourd'hui consacré à Zeus. Il était le prel'autre est celle de trois jeunes filles de Milet qui se donnèrent la mort de crainte de tomber entre les mains de ces barbares en 278 (1). C'est probablement l'historien Timée qui a donné au mot Γαλάτης la popularité dont il a joui plus tard (2). Timée a terminé son livre en 264 avant J.-C. Sous la domination romaine, les auteurs grecs employèrent ordinairement le mot Γαλάτης pour traduire le latin *Gallus*, mais il leur arriva aussi de s'en servir comme de Κελτός pour rendre le latin *Germanus* : ainsi Diodore de Sicile appelle Γαλάται les Germains de la rive droite du Rhin attaqués par César en l'an 55 avant J.-C. (3). Aujourd'hui ce nom est employé pour dé-

mier sous lequel Cydias étendit son bras gauche quand le Galate fut violemment frappé par l'impétueux Arès » (Pausanias, liv. X, chap. xxi, § 5, édit. Didot-Dindorf, p. 520).

(1) Ὠχόμεθ', ὦ Μίλητε, φίλη πατρί, τῶν ἀθεμίστων
τᾶν ἄνομον Γαλατᾶν κύπριν ἀναινόμεναι,
παρθενικαὶ τρισσαὶ πολιήτιδες, ἃς ὁ βιατὰς
Κελτῶν εἰς ταυτήν μοῖραν ἔτρεψεν Ἄρης.

« Nous avons quitté la vie, ô Milet, chère patrie, pour échapper aux criminelles passions des Galates iniques. Nous étions trois, vierges et citoyennes, que la guerre et la violence celtique ont réduites à ce triste sort » (*Anthologie grecque*, édit. Didot, liv. IV, 492 ; t. I, p. 368, 479).

(2) « Γαλατία, χώρα · ὠνομάσθη, ὥς φησι Τίμαιος, ἀπὸ Γαλάτου Κύκλωπος καὶ Γαλατίας (lege Γαλατείας) υἱοῦ. *Etymologicum Magnum* ; Timée, fragment 37, Didot-Müller, *Fragmenta historicorum græcorum*, t. I, p. 200. Callimaque, *In Delum*, vers 184, édit. Schneider, p. 41, se sert du mot Γαλάτης. Sur les Γαλάται chez Eratosthène, voir Strabon, II, iv, 4, édition Didot, p. 88. Callimaque et Eratosthène écrivaient au troisième siècle av. J.-C.

(3) Diodore, liv. V, chap. xxv, § 4, édit. Didot-Müller, p. 269.

signer le rameau de la race celtique qui s'établit en Asie Mineure au troisième siècle avant notre ère.

Des quatre mots Κελτός, *Volca* (prononcé *Valah* par les Germains), *Gallus*, Γαλάτης, que nous trouvons employés chez les anciens comme noms génériques représentant à l'esprit, sinon la totalité, au moins la plus grande partie de la race, Κελτός, Celte, est celui qu'avec son dérivé κελτικός, « celtique, » les savants modernes ont préféré. On s'en sert pour désigner l'ensemble des peuples de la race, sans restreindre, comme les anciens, l'application de ces vocables aux rameaux continentaux, et en l'étendant aux rameaux établis dans les îles Britanniques.

Les trois mots *Volca* ou *Valah*, *Gallus* et Γαλάτης sont réduits sous leurs formes modernes à un sens plus restreint. *Volca* ou *Valah* ne subsiste avec son sens primitif que dans le dérivé « Gallois » nom français d'une population néo-celtique de la Grande-Bretagne ; de *Gallus* vient « Gaulois, » terme conconsacré pour désigner l'ensemble des Celtes continentaux d'Europe, l'Espagne exceptée, au temps de la République et de l'Empire romain d'Occident. On appelle *Galates* les Celtes d'Asie Mineure.

II

Mais depuis longtemps il ne se parle plus de langue celtique en Asie Mineure. Aujourd'hui, le domaine géographique des langues celtiques se trouve à l'extrême nord-ouest de la partie du monde que nous habitons. L'ensemble des territoires où la population parle les langues celtiques, ou plus exactement les langues néo-celtiques, constitue une sorte de groupe situé en Europe près des côtes septentrionales de l'océan Atlantique. Sur la carte d'Europe, ce groupe forme, pour ainsi dire, pendant au domaine géographique de la langue grecque, que nous rencontrons à l'extrême sud-est, et qui est séparé des régions celtiques par un intervalle considérable. Cet intervalle est occupé principalement par les trois principaux domaines linguistiques de l'Europe moderne : le domaine néo-latin ou roman, le domaine germanique et le domaine slave.

Il n'en a pas toujours été ainsi, et l'histoire nous conserve le souvenir d'une époque où les Celtes étaient voisins immédiats des Grecs. Alors la langue ou les langues celtiques se parlaient dans une étendue de pays beaucoup plus grande qu'aujourd'hui.

Aujourd'hui, le domaine géographique des langues celtiques est fort exigu. En France, c'est le département du Finistère, moins les villes; environ la moitié des départements des Côtes-du-Nord et du Morbihan; et un coin sans importance de la Loire-Inférieure. Dans les îles Britanniques, ce sont deux tronçons de la Grande-Bretagne : l'un, sur la côte occidentale en face de l'Irlande, l'autre, à l'extrémité N.-O.; ce sont quelques îles secondaires, et une partie de l'Irlande, à l'ouest et au sud. L'ensemble des populations, qui parlent en Europe les langues néo-celtiques peut être évalué à trois millions d'âmes (1).

Cela paraît bien peu de chose, quand on met en regard les trois familles linguistiques qui dominent en Europe aujourd'hui : la famille néo-latine, la famille germanique et la famille slave. Il n'entre pas dans mon sujet de donner de ces familles linguistiques une statistique précise ; je me bornerai à dire que chacune d'elles comprend en Europe 90 à 100 millions d'individus, et j'appellerai l'attention sur la situation géographique de ces populations si considérables. Le domaine géographique des langues néo-latines ou romanes comprend la plus grande partie de la péninsule ibérique, de la France, de l'Italie, de la Belgique ; une portion de la Suisse ; divers territoires dans l'empire autrichien et au delà de cet empire, au nord et au sud du bas Danube. Dans le domaine géographique des langues germaniques, nous trouvons : la plus grande partie des îles Britanniques, de l'empire allemand, de la Suède, de la Norwège, le Danemark, la Hollande ; une portion considérable de l'empire d'Autriche, de la Suisse, de la Belgique. Le domaine slave, qui tient une place si importante dans l'empire russe, déborde sur l'empire allemand, sur l'empire d'Autriche, et s'étend fort loin au sud du bas Danube. Tel est en Europe l'état actuel des domaines néo-latin, slave et germanique.

(1) Trois millions et demi, suivant M. Sébillot. *Revue celtique*, t. IV, p. 277-278.

Remontons à près de vingt-deux siècles en arrière, aux environs de l'an 280 avant Jésus-Christ. A cette date, l'état de l'Europe est bien différent. Alors il y a quarante-trois ans qu'Alexandre le Grand est mort, et qu'a cessé l'unité politique du vaste empire grec fondé par cet illustre conquérant. Mais une langue unique y reste maîtresse ; et le domaine géographique des langues celtiques, rejeté plus tard à l'extrême N.-O. de l'Europe, est en contact immédiat avec ce célèbre empire. La langue latine, si puissante plus tard, n'a encore acquis la suprématie que dans l'Italie du centre : Rome, longtemps en lutte avec les Gaulois, vient de remporter sur eux son premier succès décisif à la bataille de Vadimon, et colonise le territoire des Senons ; mais cela n'empêche pas les Celtes de dominer dans l'Italie du nord. La race germanique et la race slave, qu'un si brillant avenir attend, existent certainement à cette époque ; mais où précisément ? Sontelles indépendantes ou sujettes ? Leur situation à cette date reculée est plutôt du ressort de la conjecture que de celui de l'histoire (1). La langue dominante dans l'Europe du centre et de l'ouest est alors la langue celtique. La race celtique est alors maî-

(1) On n'est pas d'accord sur la lecture ni sur le sens du passage où Pline, XXXVII, § 35, rapporte que Pythéas, probablement au point extrême de son voyage, dans la seconde moitié du quatrième siècle av. J.-C., trouva un peuple qui paraît avoir été germain. — Voir Müllenhof, *Deutsche Alterthumskunde*, p. 476, 479. Cf. Zeuss, *Die Deutschen und die Nachbarstämme*, p. 135, 269.

tresse de la plus grande partie de la péninsule ibérique, des îles Britanniques, et d'un vaste territoire qui forme aujourd'hui la France du nord et du centre (1), la Belgique, la Hollande, les provinces occidentales et les Etats méridionaux de l'empire allemand, l'empire d'Autriche presque tout entier. En 281, Lysimaque, roi de Thrace, périt à la bataille de Corus, son royaume, mal défendu, tombe entre les mains des Celtes, qui, jusque-là, avaient respecté l'empire d'Alexandre, et qui bientôt poussent leurs incursions jusqu'à Delphes et vont s'établir même en Asie Mineure. Dès lors, en Europe, l'empire celtique s'étend de l'océan Atlantique à la mer Noire, comme de la mer du Nord à la mer Adriatique, et des îles Britanniques aux environs du détroit de Gibraltar. Dans cette immense étendue de pays, on parlait certainement bien des langues : l'étrusque et l'ombrien dans l'Italie du nord, l'illyrien sur le Danube, l'ibère en Espagne, et d'autres langues encore, parmi lesquelles probablement plusieurs dont nous ne savons pas même les noms ; mais c'étaient des langues de races inférieures et asservies. Sur les bords du Danube, dans tout son parcours, sauf la partie orientale de la rive gauche, sur les bords du Rhin, du haut Elbe, de la Tamise, de la Seine, du Tage et de l'Ebre, la langue des maîtres, la langue du commandement était une langue celtique, c'était le gaulois.

(1) Il n'est pas certain qu'à cette date la race celtique fût établie déjà sur les côtes de la Méditerranée; cf. p. 5, note 1, p. 10, note 2.

Depuis cette époque, combien l'aspect de l'Europe a changé! Suivant la légende romaine, un Gaulois, enivré par l'orgueil du triomphe, laissa un jour échapper une exclamation cruelle : « Malheur aux vaincus! » Si cette dure parole a été dite alors, elle a été plus tard bien rigoureusement expiée. Après avoir eu longtemps la victoire pour compagne inséparable, le Celte, vaincu à son tour, l'a vue devenir l'opiniâtre associée de ses ennemis; le malheur s'est sans relâche acharné sur lui, et les désastres succédant aux désastres ont été presque sa seule histoire.

Aujourd'hui la langue gauloise a disparu de tous les pays où nous venons de la montrer dominante; les langues néo-latines, germaniques et slaves l'ont supplantée partout, sauf dans les petites parties de la France et des îles Britanniques où les langues néo-celtiques vivent encore. Elles vivent, mais dans une situation subordonnée : en France, sous la domination d'une langue néo-latine, et dans les îles Britanniques, sous la domination d'une langue germanique. Dans nos départements bretons, le français, langue des châteaux comme des villes, a relégué le breton dans les granges, les cuisines, les fermes et les chaumières. En Irlande, la langue nationale fait peu à peu partout place à l'anglais; l'anglais, son rival heureux, l'a supplanté même dans les harangues les plus fougueuses des plus ardents ennemis de l'Angleterre.

Cette déchéance des langues celtiques a eu pour

cause principale le développement considérable de la puissance romaine. Les Romains, qui avaient commencé la conquête de la Gaule cisalpine en l'an 283 avant notre ère, la terminèrent moins d'un siècle plus tard, vers l'année 191. La soumission de l'Espagne demanda moins de temps : l'hégémonie gauloise y avait été détruite par les Carthaginois, de 236 à 219 ; les Romains y substituèrent leur suprématie à celle de Carthage pendant la seconde guerre punique, de 218 à 206. La conquête de la Gaule transalpine commença dans le siècle suivant; les Romains y firent leur première guerre en 123, et c'est en 51 que se termina la lutte mémorable de César contre les efforts réunis des populations indépendantes de cette contrée. L'asservissement des Celtes de la Gaule transalpine fut suivi de près par la conquête des pays celtiques situés sur la rive droite du Danube dans tout son cours. Ce fut Auguste qui compléta ainsi l'œuvre de son père adoptif. Les Celtes de Vindélicie, de Rhétie, de Norique, de Pannonie et de Mésie devinrent sujets de l'empire romain. Dans le siècle suivant, la domination romaine s'étendit sur la plus grande partie de la Grande-Bretagne. La conquête de cette île, sauf sa région la plus septentrionale, commença l'an 43 de notre ère et se termina en l'année 85. Depuis la bataille de Vadimon et la conquête du pays des Senons d'Italie, il s'était écoulé trois cent soixante-huit ans. La résistance avait été souvent glorieuse, quelquefois héroïque, mais toujours impuissante.

Attaqués avec tant de succès par les Romains au sud, les Celtes avaient au nord d'autres ennemis heureux : c'étaient les Germains, qui leur enlevèrent peu à peu toutes leurs possessions au nord du Danube, sur la rive gauche de ce fleuve, dans la vallée du haut Elbe, et dans la partie orientale du bassin du Rhin. C'est en 113 avant J.-C. avec l'expédition des Cimbres et des Teutons, que, pour la première fois, les Germains apparaissent tout à fait clairement dans l'histoire (1). Dès l'année 58 avant notre ère, où César commence la guerre des Gaules, les Germains dominent dans toute la région comprise entre la mer du Nord, le Rhin et le Danube; et cette région, dans la géographie romaine, porte le nom de Germanie. Le mot « Germania » a été employé dans ce sens par la plupart des géographes postérieurs. Cependant César connaissait encore dans ce pays une population gauloise indépendante (2), dont Tacite, à la fin du premier siècle de notre ère, ne signale qu'un débris, les *Gothini*, voisins à la fois des Germains et des Sarmates, et tributaires des deux peuples (3). A cette époque, il n'y

---

(1) En 182, nous trouvons les Bastarnes chez Tite-Live, liv. XL, ch. v. Les Bastarnes sont des Germains, suivant Pline l'ancien, liv. IV, § 10, et Tacite, *Germanie*, 46 ; mais si nous en croyons Tite-Live, liv. XL, ch. LVII, ils parlent la même langue que les Scordisques, tribu gauloise. Voir cependant Zeuss, *Die Deutschen*, pp. 127 et suiv. ; Grimm, *Geschichte der deutschen Sprache*, 3ᵉ édition, pp. 321, 322.

(2) *De bello gallico*, lib. VI, xxiv. Il s'agit des *Volcæ Tectosages*.

(3) « *Gothinos gallica... lingua coarguit non esse Germanos, et quod*

avait plus de Celtes indépendants que dans le nord de la Grande-Bretagne et en Irlande. La conquête de ces pays par la race germanique était réservée au moyen âge et à la période anglo-normande de l'histoire des îles Britanniques.

Avant la chute de l'empire romain d'Occident, les Romains substituèrent la langue latine à la langue de la race celtique dans tous les pays conquis par elle, sauf en Grande-Bretagne (1). Le gallois, le cornique éteint au siècle dernier, le breton apporté en France par une émigration de Grande-Bretagne à une époque contemporaine de la chute de l'empire romain, sont des langues celtiques, malgré la mutilation de leur grammaire et la présence, dans leur vocabulaire, d'une foule d'éléments latins, monuments de la conquête romaine.

La langue celtique parlée au nord de la Grande-Bretagne par la population indépendante, au temps de l'empire romain, a disparu par l'effet successif d'une conquête irlandaise et de l'invasion anglo-saxonne. L'irlandais est le seul rameau celtique qui ait échappé à la puissante et destructive influence de la domination romaine. Il nous offre, par conséquent, un sujet d'étude des plus féconds. Nous allons en donner un exemple. De précieuses indica-

---

tributa patiuntur. Partem tributorum Sarmatæ, partem Quadi, ut alienigenis, imponunt » (Tacite, *Germanie*, chap. xliii).

(1) Un bon livre sur cette matière est celui de M. Alexandre Budinszky, *Die Ausbreitung der lateinischen Sprache über Italien und die Provinzen des Römischen Reiches*, Berlin, 1881.

tions, sur la langue des populations celtiques dans les parties de l'Europe où les Celtes ont dominé avant la conquête romaine et la conquête germanique, ont été conservées par la géographie du temps de l'empire romain.

Ainsi, sur un des points les plus orientaux qu'ait atteints la domination celtique en Europe, nous trouvons *Noviodunum*, aujourd'hui Isaktscha, dans la Dobrudscha, près de la mer Noire sur la rive droite du Danube à peu de distance de son embouchure. Ce nom, sauf peut-être la désinence, qui est latine, appartient au dialecte celtique que parlaient les Gaulois; il est identique au nom que portait, au temps de César, une ville de la Gaule transalpine dans le pays des Eduens; que portaient, sous l'empire romain, Nyon en Suisse, Jublains dans la Mayenne, un *pagus* de la cité de Plaisance dans la Gaule cisalpine, et une station de Pannonie; il a le même sens que le nom de lieu français *Neufchâteau* ou *Neufchâtel*. Il est composé de deux termes gaulois, l'un *novio-*, qui veut dire nouveau, l'autre *dunum*, qui signifie château.

Le premier de ces termes gaulois se retrouve dans plusieurs autres noms de lieu, par exemple *Noviomagus*, nom d'une ville de Grande-Bretagne et de plusieurs villes de Gaule, comme Noyon, Lisieux, Spire, Nimègue. Le second terme, *dunum*, est des plus communs dans la géographie des contrées celtiques au temps de l'empire romain : nous citerons, en Gaule, *Acitodunum*, Ahun; *Eburodunum*,

Embrun; trois *Lugdunum* dont le premier est Lyon, le second Leyde, et le troisième Saint-Bertrand-de-Comminges; *Mellodunum*, Melun; *Minnodunum*, Moudon; *Segodunum*, Rodez; *Virodunum*, Verdun; en Espagne, *Arialdunum*, *Caladunum* (1); en Grande-Bretagne, *Cambodunum*, *Camulodunum*, *Margidunum*, *Maridunum*, *Rigodunum*, *Sorviodunum;* dans les régions méridionales et longtemps celtiques de la Germanie, *Carrodunum*, *Eburodunum*, *Lugidunum*, *Meliodunum*, *Segodunum*, *Tarodunum;* en Norique, *Cambodunum*; en Vindélicie, *Carrodunum;* en Pannonie, un autre *Carrodunum* et *Capedunum;* en Mésie, *Singidunum*, aujourd'hui Belgrade; en Sarmatie, *Carrodunum* sur le Tyras, aujourd'hui le Dniester. *Carrodunum*, sur le Tyras, paraît être le point extrême de la domination celtique dans l'Europe orientale. Nous avons cité trois autres villes celtiques de ce même nom situées en Vindélicie, en Pannonie et dans la Germanie méridionale. L'existence d'un établissement celtique sur le Dniester n'a rien qui doive surprendre, et le témoignage du géographe Ptolémée, qui seul parle de cette ville de *Carrodunum*, n'est pas aussi isolé que de prime abord il peut sembler. Plutarque nous apprend que, suivant plusieurs auteurs, la Celtique

---

(1) Probablement aussi *Estledunum*, nom conservé par une inscription, *Corpus inscriptionum latinarum*, t. II, n° 1601. Comparez *Bisuldunum*, Besalu en Catalogne, chez Guérard, *Cartulaire de Saint-Victor de Marseille*, t. II, p. 173.

s'étend de la Mer Extérieure (c'est-à-dire de l'océan Atlantique) et des régions septentrionales au Palus Méotis et à la Scythie pontique, où la race scythique et la race celtique se mêlent (1). Enfin une inscription grecque, qui paraît dater du second siècle avant notre ère, parle des dangers qu'une incursion des Galates fit courir à la ville d'Olbia, situé à l'embouchure du Bug, à quelque distance à l'est d'Odessa (2). On sait que les Grecs ont donné le nom de *Galates* aux Celtes à partir de l'expédition où le temple de Delphes fut pillé au siècle précédent.

Ainsi les Celtes ont porté le nom de *dunum*, « château, » dans toutes les parties de l'Europe qu'ils ont possédées au temps de leur grande puissance, au commencement du troisième siècle avant notre ère ; et au temps de l'empire romain, les noms dont le second terme est *dunum* se maintiennent dans les écrits des géographes, c'est-à-dire chez Strabon, chez Ptolémée, dans l'Itinéraire d'Antonin, la Table

---

(1) « Εἰσὶ δὲ οἵ καὶ Κελτικὴν διὰ βάθος χώρας καὶ μέγεθος ἀπὸ τῆς ἔξωθεν θαλάσσης καὶ τῶν ὑπαρκτίων κλιμάτων πρὸς ἥλιον ἀνίσχοντα καὶ τὴν Μαιῶτιν ἐπιστρέφουσαν ἄπτεσθαι τῆς Ποντικῆς Σκυθίας λέγουσι κἀκεῖθεν, οὗ τὰ γένη μέμικται » (Plutarque, *Marius*, XI, 6, édit. Didot, p. 490).

(2) *Corpus inscriptionum græcarum*, t. II, n° 2058. Vers la même époque, les Galates faisaient en Macédoine une incursion dont un monument épigraphique a été publié par l'abbé Duchesne, *Revue archéologique*, t. XXIX (1875, 1er semestre), p. 6 et suiv. Je dois dire cependant que, suivant Zeuss, *Die Deutschen*, p. 128, les Galates, mentionnés dans la première de ces inscriptions, sont des Bastarnes, et par conséquent des Germains.

de Peutinger, la Notice des dignités de l'Empire.

Mais ce terme de *dunum* n'existait pas seulement dans les contrées celtiques soumises à la domination romaine et dans celles qu'à la même époque les Germains tenaient sous le joug au nord du Danube et à l'est du Rhin. Le géographe Ptolémée nous parle d'une ville d'Irlande qui s'appelait *Dunum* (1); et la langue irlandaise a conservé ce mot comme nom commun sous la forme *dûn*, avec le sens de château, forteresse, habitation royale (2).

C'est ainsi que les langues et la littérature néo-celtiques nous donnent la solution d'une partie des difficultés que nous offrent les débris de la civilisation celtique transmis jusqu'à nous par les monuments de l'antiquité grecque et romaine. Ce n'est pas d'aujourd'hui seulement qu'on a commencé à comprendre de quel secours peuvent être les langues et la littérature néo-celtiques pour les chercheurs qui font de la civilisation celtique ancienne l'objet de leurs études. Sans sortir de notre siècle ni de la France, je citerai le savant auteur de l'*Histoire des Gaulois*, M. Amédée Thierry, dans le livre duquel plusieurs générations de Français ont puisé presque tout ce qu'elles savent de nos origines nationales. Je citerai M. Henri Martin (3) qui, dans ses éloquents

---

(1) Ptolémée, édit. Nobbe, liv. II, chap. II, § 10; édit. Wilberg, p. 103.

(2) En gallois *din*.

(3) C'est un devoir et un plaisir pour nous de rappeler ici les dé-

travaux sur notre histoire a suivi, pour l'étude de l'époque antérieure à la conquête romaine, le même procédé que M. Amédée Thierry (1). C'est le procédé que je compte employer aussi ; seulement il y aura dans l'application une différence sur laquelle je dois appeler l'attention. Quand les savants français ont voulu, jusqu'ici, chercher dans les langues néo-celtiques l'interprétation des mots gaulois transmis jusqu'à nous par les monuments de l'antiquité classique, quand ils ont demandé aux textes néo-celtiques l'explication des textes grecs et romains qui concernent les mœurs, les institutions, la religion des Gaulois, c'est aux langues et aux textes néo-celtiques modernes qu'ils se sont adressés. C'est au pays de Galles qu'ils ont été demander leurs principaux éléments d'information, quoique, pendant plus de trois siècles, cette partie de la Grande-Bretagne ait été soumise à la domination romaine et ait subi la puissance d'assimilation qui a partout caractérisé le génie romain.

Nous avons aujourd'hui à notre disposition une autre source d'information : c'est la langue et la littérature du vieil irlandais (2).

marches actives et réitérées par lesquelles M. Henri Martin a préparé la création de la chaire de celtique du Collège de France.

(1) Il a été aussi appliqué par Roget de Belloguet, *Ethnogénie gauloise* ; et par Pictet, *De l'affinité des langues celtiques avec le sanscrit.*

(2) M. Henri Martin est le premier qui, en France, ait signalé aux savants les manuscrits irlandais de Dublin. Il l'a fait dans un mémoire que la *Revue de Paris* a publié en 1862, et dont le célèbre au-

On écrivait déjà des livres en irlandais au septième, peut-être même au sixième siècle de notre ère, et la bibliothèque de Milan contient un manuscrit irlandais qui paraît avoir été écrit au huitième siècle (1). L'Irlande possède une littérature épique considérable, dont les plus anciens monuments, conservés d'abord par la tradition orale, ont été mis par écrit vers le septième siècle, et parmi les nombreux manuscrits qui la conservent, il en est un qui remonte à la fin du onzième siècle, un autre au milieu du douzième (2). La découverte de la langue dans laquelle ces vieux textes sont écrits remonte à Zeuss, auteur d'une *Grammatica celtica* dont la première édition date de l'année 1853 (3). Les premiers savants qui aient mis en lumière les trésors

---

teur a donné une seconde édition en 1872 : Voir ses *Etudes d'archéologie celtique*, p. 71.

(1) Différentes parties de ce ms. ont été publiées par Zeuss dans sa *Grammaire*; par M. Nigra, *Revue celtique*, I, 66-84 ; par M. Whitley Stokes, *Goidelica*, 2ᵉ édit., p. 17-51 ; et, en dernier lieu, par M. Ascoli, *Il codice irlandese dell' Ambrosiana* (avec photogravure d'une page), Turin, 1878, in-8°, 112 pages. — Il existe aussi des ms. irlandais du neuvième siècle. Celui de Saint-Gall, n° 904, a été publié par M. Ascoli, dans le second volume du même ouvrage ; celui d'Armagh, par M. Whitley Stokes, *Goidelica* ; et M. Gilbert en a donné un fac-similé dans ses *National manuscripts of Ireland*. Sur les autres, voir Zimmer, *Glossæ hibernicæ*, Berlin, 1881.

(2) Ils ont été tous deux publiés intégralement en fac-similé par l'Académie royale d'Irlande, l'un en 1840, l'autre en 1880. Il en sera question encore plus loin.

(3) Il faut se servir aujourd'hui de la seconde édition, publiée à Berlin par Ebel en 1872.

de la vieille littérature irlandaise sont O'Curry (1) et O'Donovan (2) enlevés à la science par une mort prématurée, il y a vingt ans (3).

Le vieil irlandais a conservé une déclinaison plus complète, sur certains points, que la déclinaison latine : cinq cas au singulier, quatre au pluriel, deux au duel ; et cette déclinaison présente la parenté la plus intime avec la déclinaison gauloise, telle qu'on peut l'observer dans les inscriptions lapidaires, dans les légendes des monnaies et dans divers textes latins qui contiennent des mots gaulois.

Dans l'épopée irlandaise, nous trouvons les mœurs

---

(1) Les principaux travaux d'O'Curry sont : 1° ses catalogues inédits des mss. irlandais de l'Académie royale d'Irlande et du British Museum, comprenant l'un 394 mss., l'autre 167, et formant à eux deux un peu plus de neuf volumes in-fol. ; 2° l'ouvrage intitulé : *Lectures on the manuscript materials of ancient irish history*, 1 vol. in-8° de 722 pages et 26 planches, dont une seconde édition a paru à Dublin en 1878 ; 3° les second et troisième volumes de l'ouvrage intitulé : *On the manners and customs of the ancient Irish*, Dublin, 1873, in-8 ; 4° des copies de textes de jurisprudence irlandaise utilisées dans la collection des *Ancient laws of Ireland*, etc., etc.

(2) On doit à O'Donovan : 1° une grammaire irlandaise, *A grammar of the irish language*, Dublin, 1845 ; 2° une édition des *Annals of the four Masters*, texte irlandais et traduction anglaise, avec des notes considérables, 7 vol. in-4° ; 3° un catalogue inédit de 55 mss. irlandais du collège de la Trinité, de Dublin, en 1 vol. in-fol., dont la Bibliothèque nationale de Paris possède une copie ; 4° la copie et la traduction qui ont servi de base aux premiers volumes des *Ancient laws of Ireland*, etc., etc.

(3) O'Donovan est mort en novembre 1861 ; O'Curry quelques mois après, en 1862.

et les institutions des Gaulois du temps de César ; sur certains points même, des usages plus anciens. Le guerrier épique de l'Irlande combat en char, comme les guerriers gaulois cisalpins à la bataille de *Sentinum*, 295 avant J.-C. (1), comme le roi cisalpin Virdumâros à la bataille de Clastidium, 222 (2) ; comme le roi transalpin Bituitos, mis en fuite par le consul Q. Fabius Maximus en 121 (3). Quand, au milieu du siècle suivant, de 58 à 51, César acheva la conquête de la Gaule transalpine, l'usage de char de guerre était passé de mode dans ce pays. César le retrouve en Grande-Bretagne dans ses expéditions des années 55 et 54 : c'est sur un char de guerre que combattent les guerriers du plus ancien cycle héroïque de l'épopée irlandaise (4).

Le druidisme est une des institutions qui, dans la Gaule transalpine, ont le plus frappé les auteurs grecs et les auteurs romains. Nous retrouvons le druidisme en Irlande, dans la littérature épique et

(1) Tite-Live, liv. X, chap. XXVIII, § 9 ; Orose, liv. III, chap. XXI. Suivant Orose, il y aurait eu à cette bataille mille *carpentarii* ou cochers gaulois conduisant des chars.

(2) Properce, liv. IV, chant X, v, 39-44. Cf. Tite-Live, *Epitome*, liv. XX ; Ampélius, chap. XXI ; Florus, liv. II, chap. XX ; Eutrope, III, VI ; *Acta triumphorum*, dans le *Corpus inscriptionum latinarum*, t. I, p. 458. Cf. Mommsen, *Römische Geschichte*, 6ᵉ édit., t. I, p. 557.

(3) Florus, liv. I, chap. XXXVII.

(4) Voir dans la *Revue celtique*, t. III, p. 175, le récit de la mort du héros irlandais Cûchulainn, abrégé par M. Whitley Stokes d'après le livre de Leinster, ms. du milieu du douzième siècle. — Cf. César, *De bello gallico*, liv. IV, chap. XXIV, § 1 ; liv. V, chap. IX, § 3.

dans l'histoire. Un des monuments du plus ancien cycle héroïque nous montre le druide Cathbad (*Cathbad, drui*) se promenant entouré de ses élèves, auprès de la royale forteresse d'Émain, capitale de l'Ulster ; ce qu'il enseigne à ces jeunes gens, c'est la science druidique (*druidecht*), et il prédit le brillant avenir réservé à Cûchulainn, héros de cette épopée (1). Quand, avec saint Patrice, l'histoire et la légende chrétienne succèdent à la littérature épique, le druidisme est encore vivant : des druides prédisent, dit-on, l'arrivée de Patrice; le roi suprême d'Irlande a deux filles, et leur éducation est confiée à deux druides dont l'histoire nous a transmis les noms. Une fois le christianisme introduit, les druides conservèrent pendant plus d'un siècle leur situation officielle, rivale de celle du clergé chrétien, qui leur faisait une guerre impitoyable. Ils succombèrent avec Tara, capitale de l'Irlande, qui, frappée de malédiction par le clergé chrétien, fut abandonnée par les rois vers l'année 560 (2). Alors

---

(1) *Leabhar nah Uidhre*, ms. de la fin du onzième siècle, publié en fac-similé par l'Académie royale d'Irlande sous la direction de M. Gilbert, p. 61, col. 1. — Livre de Leinster, ms. du milieu du douzième siècle, publié en fac-similé par l'Académie royale d'Irlande, avec une savante introduction de M. R. Atkinson, p. 64, col. 2. O'Curry a donné une traduction anglaise de ce passage d'après le *Leabhar nah Uidhre*, dans *Manners and customs of the ancient Irish*, t. II, p. 363.

(2) « Cœna postrema · i · Temra la Diarmait mac Cerbail. » *Chronicon Scotorum*, sub anno 560, édition Hennessy, p. 52. C'est la reproduction à peu près exacte de ce qu'on trouve sous la même date

cessèrent de se célébrer les festins royaux de Tara, où se réunissaient tous les grands seigneurs d'Irlande, et où des cérémonies du culte païen s'associaient aux plaisirs de la table. Un vieux traité, conservé dans deux manuscrits de l'Université d'Irlande, contient le plan de la salle du festin de Tara, et on y voit dessinée la place où s'asseyaient les druides, *druid*, peu de temps avant l'époque où cette salle, dont on montre encore l'emplacement sur le terrain, fut détruite pour jamais. Les druides à cette date n'occupaient plus la place d'honneur : elle avait été prise par d'autres, notamment par le clergé chrétien, par le savant en lettres, *litre*, comme on disait alors (1). Mais avant le christianisme, le druide irlandais tenait dans la société, à côté des rois, le rang le plus élevé. Un jour, l'épopée nous montre une invasion redoutable qui pénètre dans le royaume d'Ulster. Le roi et ses guerriers, atteints d'une maladie merveilleuse qui les rend incapables de combattre, sont réunis dans le palais d'Émain : un messager arrive à pas précipités, et remplit le palais des exclamations douloureuses par lesquelles

---

dans les *Annales de Tigernach* : « Cena postrema Temrach la Diarmait mac Cerbuil, » O'Conor, *Rerum hibernicarum scriptores*, t. II, p. 141. Sur les causes de l'abandon de Tara, voir Petrie, *On the history and antiquities of Tara hill*, p. 125 et suiv.

(1) Livre de Leinster, p. 29 du fac-similé. Livre jaune de Lecan, col. 810-111, cf. Gilbert, *National manuscripts of Ireland*, part. III, pl. XXIV. Petrie, *On the history and anquities of Tara hill*, p. 204 et suiv. Voir aussi British Museum, ms. Egerton 1782, f° 45.

il annonce les désastres dont la patrie est victime. Personne ne répond, parce que le roi se tait et qu'aucun habitant d'Ulster ne doit prendre la parole avant le roi. Le roi lui-même ne dit rien, parce que le druide garde le silence, et qu'en présence des druides le roi lui-même ne peut prendre la parole le premier (1).

Ainsi, la langue, les mœurs et les institutions de l'Irlande ancienne, telles que sa plus vieille littérature nous les conserve, se rapprochent beaucoup de la langue, des mœurs et des institutions que nous trouvons chez les Celtes continentaux. Il n'est donc pas téméraire de chercher dans les plus anciens monuments de la littérature irlandaise la solution d'une partie des difficultés qu'a offertes jusqu'ici l'histoire des Celtes continentaux.

Tel sera le sujet de ce cours.

Ce sont les origines mêmes de notre histoire nationale.

III

Avant la conquête romaine, des races diverses ont occupé le sol du pays qui s'appelle aujourd'hui la France, mais une seule a une histoire : c'est la race celtique. Après avoir été pendant des siècles la

---

(1) *Tain bó Cúalnge*, dans le ms. du douzième siècle connu sous le nom de *Livre de Leinster*, p. 93, col. 2. Cette épopée a été écrite au septième siècle.

terreur des Romains, elle a succombé faute non de courage, mais de discipline et d'unité ; et, dans l'héroïsme impuissant de sa lutte désespérée contre le génie militaire de César, elle a montré plus de grandeur que sa puissance n'avait eu d'éclat aux jours si brillants de la prospérité. Vercingétorix, vaincu et mourant victime de son patriotique dévouement, inspire plus de sympathie que s'il eût été vainqueur ; il tient, dans la pensée française, plus de place que Brennus, debout sur les ruines fumantes de Rome et menaçant dans leur dernier asile les fuyards de l'Allia. Brennus triomphant nous laisse froids. Nous nous intéressons à Vercingétorix presque comme à un Français et comme s'il eût été notre contemporain. Nous sommes émus en pensant au malheur de ce noble héros, qui, livré comme Jeanne d'Arc au dernier supplice par les ennemis de son pays, n'eut pas, comme elle, au moment fatal, la consolation suprême de sentir accomplie sa mission libératrice.

Rome nous a conquis définitivement ; elle nous a imposé même sa langue, c'est-à-dire, pour tous les instants de notre existence, la forme de la pensée ; et la magie de la puissance romaine a jeté sur notre esprit ce joug tyrannique avec un succès si étrange que, depuis quinze siècles au moins, nous le portons sans en sentir le poids : ce qui avait été le signe de la servitude est devenu un élément de notre nature même.

Cependant nous ne pouvons lire les guerres des

Gaulois contre Rome, surtout la dernière de ces guerres terribles, sans comprendre qu'il coule dans nos veines plus de sang gaulois que de sang romain ; aussi n'y a-t-il pas un coin de la France où l'archéologie celtique ne soit en honneur, et où on ne la considère comme un des aspects les plus importants de notre histoire. On forme des collections de monnaies, de poteries, de bijoux celtiques : on tire du sol de nos cimetières antiques et on fait apparaître au jour les ossements des guerriers gaulois avec leurs grandes épées, leurs colliers d'or et les débris de ces chars sur lesquels ils ont parcouru l'Europe, portant d'abord avec eux pendant des siècles les joies de la victoire, puis enfin ramenant tristement de ce côté-ci du Rhin la défaite et ses amertumes.

Le moment est venu d'étudier la langue de ces guerriers longtemps redoutés, dont les tombeaux nous ont livré les armes et les viriles parures. Il ne faut pas seulement chercher les formes matérielles de leur civilisation dont les monument figurés ont été classés avec tant d'ordre par M. Alexandre Bertrand sous les voûtes splendides du musée de Saint-Germain.

Il faut pénétrer leur pensée même, lire leur parole mutilée, tantôt sur les débris antiques où une main contemporaine l'a inscrite, tantôt dans les manuscrits du moyen âge où la tradition l'a fait parvenir en la mêlant à divers éléments plus modernes dont il est nécessaire de la séparer. Des étrangers, inspirés par le seul amour de la science, nous ont précédés dans ce labeur, avec succès, en Allemagne et en Angleterre, deux pays où l'étude des langues celtiques a pénétré dans l'enseignement des universités (1). Ç'a été la conséquence logique et forcée du progrès général de la linguistique.

Les résultats que ce progrès amène hors de France devaient se produire à plus forte raison en France, où la grammaire comparée des langues indo-européennes a su, grâce aux travaux de M. Bréal, conquérir définitivement sa place dans la science et dans l'enseignement (2), et où la branche celtique de cette étude nouvelle présente un intérêt national. Un cours de celtique est fait depuis plusieurs années avec autant de science que de distinction à l'École des hautes études, par M. Gaidoz, qui a eu l'heureuse initiative de donner en France un centre aux études celtiques par la fondation d'une Revue (3).

MM les professeurs du Collège de France ont pensé que le même enseignement devait prendre place dans le programme du grand et célèbre établissement

(1) Dès 1875, M. Windisch, aujourd'hui professeur à l'université de Leipzig, a professé à Strasbourg le vieil irlandais, et c'est à ce cours que M. Zimmer, l'un des celtistes les plus distingués de notre temps, a commencé ses études celtiques. Le savant M. Rhys est professeur de celtique à l'Université d'Oxford depuis 1876.

(2) L'enseignement de la grammaire comparée des langues indo-européennes suivant la méthode moderne date, au Collège de France, de 1864, où M. Bréal a commencé son cours.

(3) Le cours de M. Gaidoz date de 1876 ; la *Revue celtique* avait commencé à paraître en 1870.

scientifique dont ils continuent avec tant de succès les traditions plus de trois fois séculaires. Leur vœu a été favorablement accueilli par M. le Ministre de l'instruction publique (1) et par les Chambres. M. le Président de la République, après avoir établi cet enseignement nouveau, m'a fait l'honneur de m'en charger (2).

J'espère que la bienveillante indulgence de mes auditeurs facilitera l'accomplissement de la mission qui m'est confiée. Le puissant intérêt du sujet captivera leur attention ; il les empêchera de remarquer trop souvent l'inexpérience d'un homme qui, appelé au professorat après trente ans de recherches silencieuses dans les documents les moins littéraires du moyen âge, a le redoutable honneur d'être devenu le collègue de maîtres éminents dans l'art d'enseigner et de bien dire.

(1) M. Jules Ferry.
(2) Un fait contemporain de la création de cette chaire a été l'établissement de la chaire de vieil irlandais que l'Académie royale d'Irlande vient de confier à M. W.-M. Hennessy, celtiste précédemment connu par des travaux fort remarquables. Dublin avait déjà deux chaires d'irlandais, l'une à Trinity-College, l'autre à l'Université catholique.

CHAPITRE PRÉLIMINAIRE.

LITTÉRATURE CELTIQUE, CLASSES LETTRÉES CHEZ LES CELTES.

La littérature néo-celtique offre à l'étude, dans ses dialectes divers, un nombre considérable de matériaux.

Le breton de France n'a pas produit seulement les livres de piété, les recueils de cantiques et de prières, traduits la plupart du latin ou du français, qui, dans les départements du Morbihan, du Finistère et des Côtes-du-Nord, garnissent les rayons des librairies spéciales; Souvestre, MM. de la Villemarqué et Luzel nous ont fait connaître ses chants populaires (1) et ses contes. Ses mystères, dont quelques-uns sont publiés et le plus grand nombre inédits, pourraient, à eux seuls, former une bibliothèque, et, après avoir,

---

(1) M. de La Villemarqué, dominé par des préoccupations littéraires et historiques, a composé un recueil plus agréable à lire que celui de M. Luzel, mais dans lequel la poésie populaire a systématiquement subi tant de retouches, qu'elle est souvent devenue méconnaissable. M. Luzel a reproduit ses originaux tels qu'il les a recueillis, sans se préoccuper de la question de savoir si le lecteur les trouvera sauvages, vulgaires, dépourvus d'intérêt historique; il n'a eu d'autre souci que la recherche de la vérité.

par leurs représentations, fait la joie de bien des générations de paysans, exercer la patience et meubler le cabinet de plusieurs générations d'érudits.

Si nous passons en Grande-Bretagne, nous y trouvons les mystères corniques, puis la littérature si variée du pays de Galles. Celle-ci nous offre des monuments antérieurs à ceux du breton. Le plus ancien manuscrit littéraire breton, le *Mystère de sainte Nonne*, paraît être de la fin du quinzième siècle : or le pays de Galles a des poèmes lyriques conservés par des manuscrits du quatorzième, du treizième, peut-être même du douzième siècle ; il possède un code de lois dont il existe plusieurs manuscrits du treizième siècle. Enfin, tandis que la littérature bretonne la plus ancienne, celle du quinzième et du seizième siècle, n'a été créée et n'a vécu qu'à l'aide d'emprunts à des documents latins ou français, le pays de Galles met en regard de cette littérature des manuscrits égaux ou antérieurs en âge au plus ancien des manuscrits bretons ; et dans ces manuscrits gallois, à côté d'imitations ou de traductions du français et du latin, on trouve des compositions originales, non seulement corps de lois, recueils de poésies lyriques, mais recueils de proverbes, de triades, et, sous forme d'une collection de contes, les débris d'une vieille épopée nationale qui, transportée en France au douzième siècle, développée et rajeunie par quelques écrivains de talent dans ce siècle et le suivant, enfin traduite du français en diverses langues, a fait pendant longtemps les délices de l'Europe. Tout le monde, en France, connaît l'origine galloise des romans de la Table-Ronde (1).

Mais des langues entre lesquelles se partage la littérature néo-celtique, celle qui nous offre les monuments les plus nombreux et les plus anciens est l'irlandais, dont le gaélique d'Ecosse, si célèbre depuis Mac-Pherson, n'est qu'une petite branche. Les manuscrits les plus importants de cette littérature se rangent chronologiquement entre la fin du onzième siècle et celle du seizième. On y voit traiter les sujets les plus divers ; à côté des hymnes pieuses, des sermons, des vies des saints nationaux et étrangers, on y trouve des traités nombreux de jurisprudence, de grammaire, de médecine, d'astronomie, des chroniques ; enfin on y peut étudier un vaste ensemble de compositions épiques dont les plus anciennes nous transportent dans un milieu tout païen.

Un savant allemand calculait dernièrement que si l'on voulait publier intégralement la littérature irlandaise, telle que les manuscrits du onzième au seizième siècle nous l'ont transmise, il faudrait y consacrer environ mille volumes in-octavo. La partie la plus curieuse de cette littérature, ce sont les monuments épiques où, à côté de quelques imitations des

---

(1) Sur ce cycle épique, voir les cinq volumes que M. Paulin Paris a publiés sous ce titre : *Les romans de la Table-Ronde mis en nouveau language.* L'étude de ce cycle fait depuis quelque temps le sujet du cours de M. Gaston Paris au Collège de France. On fera bien de lire un très intéressant mémoire de ce savant dans la *Romania*, t. X, p. 465, octobre 1881.

littératures étrangères, on trouve le plus vaste ensemble de créations originales. Les plus anciennes, qui paraissent avoir été mises par écrit au septième siècle de notre ère, reproduisent des traditions et des mœurs celtiques antérieures au christianisme; mais le génie irlandais a conservé sa fécondité dans la littérature épique jusqu'à une époque très rapprochée de la nôtre; ainsi certains morceaux du cycle ossianique, dont on ne connaît pas de manuscrits antérieurs au siècle dernier, ne remontent pas à la date reculée que pourraient accepter certains observateurs superficiels.

La littérature épique de l'Irlande se compose d'un grand nombre de morceaux, de longueurs très inégales, dont les plus anciens sont ordinairement écrits en prose, mais avec mélange de vers, et qui pour la plupart appartiennent à trois cycles : le premier cycle est le cycle mythologique, qui a pour objet l'origine des dieux et des hommes (1); le second est le cycle héroïque de Conchobar et de Cùchulainn (2). Conchobar était roi de la provice septentrionale de l'Irlande qu'on appelle aujourd'hui l'Ulster, mais dont les limites n'étaient pas alors exactement les mêmes

---

(1) Ce qu'il y a de plus complet sur ce cycle est le commencement de l'*Histoire d'Irlande* de Keating, dont la première édition a paru sous forme de traduction anglaise en 1723. La traduction la plus récente est celle de John O'Mahony, qui a paru à New-York en 1866.

(2) Le principal recueil auquel on peut renvoyer pour l'étude de ce cycle est celui que M. Windisch a publié sous le titre de *Irische Texte*. Leipzig, 1880, in-8°.

qu'aujourd'hui. Cûchulainn est le héros d'Ulster, et le sujet du cycle épique est une lutte de l'Ulster contre le reste de l'Irlande. Dans cette lutte inégale, c'est à l'Ulster que reste l'avantage. Les diverses péripéties de cette guerre sont évidemment en grande partie des créations dues à l'imagination des auteurs; mais il y a au fond certains faits réels qui paraissent dater des environs de la naissance de Jésus-Christ, tant du siècle qui l'a précédée que du siècle qui l'a suivie. Le troisième cycle a pour sujet principal les exploits de Finn et d'Ossin, chefs de la milice nationale d'Irlande, et une sorte d'histoire fabuleuse de l'Irlande à l'époque où paraissent avoir vécu ces deux personnage, c'est-à-dire au second et au troisième siècle de notre ère (1). Dans ce cycle, comme dans le précédent, il est difficile de distinguer toujours avec certitude le point précis où finit la réalité et où commence la fiction. Outre ces trois grands cycles, la littérature épique irlandaise comprend quelques morceaux relatifs à des événements postérieurs.

Avant d'entreprendre l'étude des monuments divers dont cette littérature se compose, il y a une étude préalable dont nous ne pouvons nous dispenser, une question que nous devons d'abord nous poser, et à laquelle il faut en premier lieu répondre. Quels sont les auteurs de la littérature épique de l'Irlande ?

---

(1) Sur ce cycle, voir principalement les six volumes in-8° publiés à Dublin par l'Ossianic Society, de 1854 à 1861.

La littérature épique de l'Irlande est l'œuvre de la corporation savante des *file*. Les *file* portent un nom qui veut dire « voyant. » Sa racine est la même que celle du breton *gwelout* « voir. » Les *file* sont une partie de la grande classe privilégiée de savants, de littérateurs, de prêtres et de juges que Rome conquérante a trouvée en Gaule au premier siècle avant notre ère et dont César n'a vu qu'une section. César ne mentionne que les druides, c'est-à-dire la section sacerdotale de la classe lettrée gauloise. D'autres auteurs de l'antiquité reconnaissent dans le monde lettré de la Gaule trois éléments.

Diodore de Sicile, vers l'an 40 avant notre ère, distingue des philosophes et théologiens appelés *druides*, les poètes appelés bardes, et les devins (1). Strabon, en l'an 19 de notre ère, reproduit cette division triple, en appelant οὐάτεις, *vates*, les devins de Diodore et en leur attribuant la célébration de sacrifices (2). La même division se trouvait chez Timagène. Timagène se place chronologiquement entre Diodore et Strabon ; mais le texte grec de cet auteur est aujourd'hui perdu, et le passage qui nous intéresse ne nous est conservé que dans une traduction latine, écrite au quatrième siècle et insérée dans l'histoire

---

(1) « Χρῶνται δὲ καὶ μάντεσιν. » Diodore de Sicile, V, 31, éd. Didot, Müller, p. 272.

(2) « Οὐάτεις δὲ ἱεροποιοὶ καὶ φυσιόλογοι. » Strabon, l. IV, ch. 4, § 4, éd. Didot, Müller et Dübner, p. 164. Strabon écrivit son quatrième livre l'an 19 de notre ère, voir Christoph Gottlieb Groskurd, *Strabons Erdbeschreibung*, introduction, § 4, t. I, p. xvii.

qu'Ammien-Marcellin a composée. Chez Timagène, tel qu'il nous est ainsi parvenu, nous retrouvons les bardes et les druides de Diodore et de Strabon ; mais les devins de Diodore, les οὐάτεις, *vates*, de Strabon, y deviennent des *euhages* qui prétendent découvrir les secrets les plus sublimes de la nature (1).

Dans ces trois auteurs la ligne de démarcation qui séparait les druides des devins, οὐάτεις, *vates*, ou *euhages*, n'apparaît pas dès l'abord très clairement. Ainsi, suivant Strabon, les οὐάτεις, *vates*, ont pour spécialité les sacrifices ; suivant Diodore, on ne peut pas faire de sacrifice sans un druide (2). Strabon nous apprend que la science de la nature était l'objet des études des druides en même temps que des οὐάτεις (3). Les devins gaulois de Diodore de Sicile, qui sont les οὐάτεις de Strabon et les *euhages* de Timagène, prédisent l'avenir : nous savons, par Cicéron et Tacite, que les druides avaient la même prétention (4). Entre les at-

---

(1) « Euhages vero scrutantes seriem et sublimia naturæ pandere conabantur. » Ammien-Marcellin, l. XV, ch. 9, édition Teubner-Gardthausen, t. I, p. 69 ; cf. Didot-Müller, *Fragmenta historicorum græcorum*, t. III, p. 323.

(2) « Φιλόσοφοί τέ τινές εἰσι καὶ θεολόγοι περιττῶς τιμώμενοι οὓς δρουίδας ὀνομάζουσι... Ἔτος δ'αὐτοῖς ἐστι μηδένα θυσίαν ποιεῖν ἄνευ φιλοσόφου. » Diodore, l. V. c. 31, éd. Didot-Müller, t. I, p. 272-273.

(3) « Οὐάτεις δὲ ἱεροποιοὶ καὶ φυσιολόγοι. Δρυΐδαι δὲ πρὸς τῇ φυσιολογίᾳ καὶ τὴν ἠθικὴν φιλοσοφίαν ἀσκοῦσι. » Strabon, l. IV, c. 4, § 4, édition Didot-Müller et Dübner, p. 164.

(4) « Χρῶνται δὲ καὶ μάντεσιν... οὗτοι δὲ... τὰ μέλλοντα προλέγουσι. » Diodore, l. V, c. 31, éd. Didot-Müller, t. I, p. 272. « Druidæ... e quibus... Divitiacum... qui... partim auguriis partim conjectura quæ

tributions des druides et celles de leurs confrères les devins de Diodore qui sont les οὐάτεις de Strabon et les *euhages* de Timagène, la ligne de démarcation est fort mal établie et devait donner lieu à de fréquents conflits comme il y en eut plus tard au moyen âge entre les justices ecclésiastiques et les justices royales. Quoi qu'il en soit, la vaste classe lettrée que César oppose à la classe des chevaliers, et où il ne trouve à mentionner que les druides, se composait, outre les druides, de deux autres éléments, que l'on ne peut dédaigner, à l'exemple de César, sans se faire de la Gaule une idée incomplète et fausse (1).

En Irlande, le monde lettré se partage également en trois sections. A côté des druides ou prêtres païens, nous trouvons les *file*, parmi lesquels on distingue diverses spécialités, comme celles de *brithem* ou juge, de *scélaige* ou conteur, mot dérivé de *scél*, « histoire, » etc. Il est encore question des bardes en Irlande ; ce sont des lettrés d'ordre inférieur, qui ne connaissent pas les lois savantes de la composition littéraire : ils suivent plutôt leur fantaisie personnelle que les règles traditionnelles de la littérature officielle (2).

---

essent futura dicebat. » Cicéron, *De divinatione*, l. II, c. 41. — Cf. Tacite, *Histoires*, l. IV, c. 54.

(1) Voir César, *De bello gallico*, l. VI, ch. 13, 14.

(2) « Bard, *idon fer gan dliged foglama acht a intlecht fadesin*. » — « Barde, c'est-à-dire homme pour qui aucune étude n'est obligatoire et à qui son intelligence propre suffit. » O'Donovan, Supplément à O'Reilly, v° Bard, cf. *Ancient laws of Ireland*, t. IV, p. 360.

Ainsi, en Irlande, on distingue dans la classe lettrée trois groupes : les bardes et les druides, que nous trouvons en Gaule sous le même nom, et les *file*, qui correspondent aux devins de Diodore de Sicile, aux οὐάτεις de Strabon, et aux *euhages* de la traduction de Timagène que nous a laissée Ammien-Marcellin. De ces trois groupes, celui qui paraît avoir été le plus important en Irlande au septième siècle, époque à laquelle ont été consignées par écrit les plus anciennes compositions épiques d'Irlande, ce sont les *file*; et les *file* sont les auteurs de ces compositions. Nous parlerons donc des *file* avec détail; mais pour bien faire comprendre ce que nous avons à dire sur eux, il est nécessaire que nous expliquions quelle était la situation de leurs confrères, les bardes et les druides. Telle sera la raison d'être du premier et du deuxième des trois livres entre lesquels notre exposition se divise. Le premier sera consacré aux bardes; le second aux druides. Les *file* seront le sujet du troisième livre.

LIVRE PREMIER.

LES BARDES.

CHAPITRE PREMIER.

TEXTES PRIMITIFS SUR LES BARDES.

Il est plusieurs fois question des bardes gaulois chez les auteurs de l'antiquité. Les deux plus anciennes mentions que nous trouvons de ces bardes se rapportent à des événements qui datent du second siècle avant notre ère. Mais les textes qui concernent ces événements ne se servent pas du mot « barde; » les auteurs emploient des termes grecs qui veulent dire poète lyrique.

Le premier de ces textes concerne un barde qui chantait les louanges de Louernios, roi des Arvernes. Louernios est le père de Bituitos, envoyé prisonnier à Rome l'an 121 avant Jésus-Christ. Louernios donna un jour un grand festin dans une salle quadrangulaire construite exprès, usage que nous retrouvons en Irlande dans la pièce intitulée *Festin de*

Bricriu, récemment publiée par M. Windisch (1). Le barde arriva trop tard. Posidonius nous le représente suivant à pied la route où le roi était traîné dans un char ; il court à côté du char royal, chantant un poëme où il fait l'éloge du roi et, quant à lui-même, déplore le malheureux sort qui l'a fait arriver après le festin terminé. Le roi lui jette un sac d'or que le poëte ramasse en chantant : « La trace que votre char laisse sur la terre produit aux hommes de l'or et des bienfaits (2). »

Quelques années plus tard, en l'an 121 avant notre ère, le proconsul romain Gn. Domitius Ænobarbus reçut de Bituitos, fils de Louernios, une ambassade où se trouvait un barde qui chantait la noblesse, la bravoure, les richesses de Bituitos, des Allobroges et du chef de l'ambassade (3).

(1) *Irische Texte*, p. 254-303. La salle de festin de Bricriu était construite à l'imitation de celle des rois suprêmes d'Irlande à Tara, qui avait la forme d'un parallélogramme rectangle.

(2) « Ἀφορίσαντος δ'αὑτοῦ προθεσμίαν ποτὲ τῆς θοίνης ἀφυστερήσαντά τιν. τῶν βαρβάρων ποιητὴν ἀφικέσθαι, καὶ συναντήσαντα μετὰ ᾠδῆς ὑμνεῖν αὐτοῦ τὴν ὑπεροχὴν, ἑαυτὸν δ'ἀποθρηνεῖν ὅτι ὑστέρηκε, τὸν δὲ τερφθέντα θυλάκιον αἰτῆσαι χρυσίου, καὶ ῥῖψαι αὐτῷ παρατρέχοντι, ἀνελόμενον δ'ἐκεῖνον πάλιν ὑμνεῖν λέγοντα, διότι τὰ ἴχνη τῆς γῆς ἐφ' ἧς ἁμαρτηλατεῖ, χρυσὸν καὶ εὐεργεσίας ἀνθρώποις φέρει. » Didot-Müller, *Fragmenta historicorum græcorum*, t. III, p. 261. Athénée, édition Teubner-Meineke, l. IV, ch. 37, t. I, p. 273-274.

(3) « Μουσικός τε ἀνὴρ εἵπετο, βαρβάρῳ μουσικῇ τὸν βασιλέα Βιτοῖτον, εἶτ' Ἀλλόβριγας, εἶτα τὸν πρεσβευτὴν αὐτὸν, ἔς τε γένος καὶ ἀνδρείαν καὶ περιουσίαν ὑμνῶν. » Appien, l. IV, *De rebus gallicis*, ch. 12, édit. Didot, p. 28. *Bituitos* par un *i* à la première syllabe est préférable à Betuitus, par un *e*, orthographe adoptée par M. Mommsen, *Römische Geschichte*, 6ᵉ édit., t. II, p. 162 ; sous l'influence des *Acta triumpho-*

Le mot barde n'apparaît pas dans ces deux textes, le premier de Posidonius, le second d'Appien. Posidonius se sert de l'expression « un poète barbare, » τὶς τῶν βαρβάρων ποιητής, et Appien écrit : μουσικὸς ἀνήρ, c'est-à-dire un musicien et un poète. Mais dans un autre endroit Posidonius nous apprend que les poëtes qui chantent des louanges, chez les Gaulois, s'appellent bardes (1). Posidonius reproduit dans ce passage des notes de voyage recueillies par lui aux environs de l'an 100 avant notre ère où il visita la Gaule.

Le nom des bardes gaulois est répété, environ soixante ans plus tard, par Diodore de Sicile :

« Chez les Gaulois, » dit Diodore, « il y a des poètes
» lyriques qu'on appelle bardes. En s'accompagnant
» d'instruments semblables aux lyres, ils chantent
» l'éloge des uns, la satire des autres (2). »

Tels sont les textes les plus anciens que nous possédions sur les bardes gaulois. Le premier se réfère

---

rum, *Corpus inscriptionum latinarum*, t. I, p. 460. On trouve cet *i* dans Strabon, l. IV, ch. II, § 3, éd. Didot-Müller et Dübner, p. 159, et chez Florus, l. III, ch. II, ou l. I, ch. XXXVII, éd. Teubner-Halm, p. 50, comme chez Appien, dans le passage cité; et c'est un *i* qu'exige la grammaire celtique. Voir l'étude sur le mot irlandais *bith* qui se trouve chez Zeuss, *Grammatica celtica*, pp. 866, cf. pp. 12, 238, 239.

(1) « Τὰ δὲ ἀκούσματα αὐτῶν εἰσιν οἱ καλούμενοι Βάρδοι · ποιηταὶ δὲ οὗτοι τυγχάνουσι μετ'ᾠδῆς ἐπαίνους λέγοντες. » Didot-Müller, *Fragmenta historicorum græcorum*, t. III, p. 259. Athénée, l. VI, ch. 49, éd. Teubner-Meineke, t. I, p. 436.

(2) « Εἰσὶ δὲ παρ' αὐτοῖς καὶ ποιηταὶ μελῶν οὓς βάρδους ὀνομάζουσιν· οὗτοι δέ, μετ'ὀργάνων ταῖς λύραις ὁμοίων ᾄδοντες, οὓς μὲν ὑμνοῦσιν, οὓς δὲ βλασφημοῦσι. » Diodore, l. V, c. 31, éd. Didot-Müller, t. I, p. 272.

à un événement qui peut remonter vers le milieu du second siècle avant notre ère. Le dernier, postérieur d'un siècle environ, a été écrit à peu près quarante ans avant la naissance de J.-C., et constitue un des éléments d'un tableau de la Gaule transalpine au moment où l'auteur tenait la plume, quelques années après la conquête de ce pays par Jules César, quelques années avant l'établissement de l'empire par Auguste.

CHAPITRE II.

LA LYRE DES BARDES. — LA CROTTA.

Diodore ne nous dit pas le nom de l'espèce de lyre dont se servaient les bardes. On peut supposer que cette lyre est la *crotta* dont en Gaule Fortunat, au sixième siècle, parle le premier. Faisant l'éloge de Loup, duc de Champagne, il s'écrie : « Que chacun » te vante par le procédé où il excelle, et en s'ac- » compagnant, le Romain de la lyre, le barbare de » la harpe, le Grec de la cithare d'Achille, le Breton » de la *crotta* (1). » Le plus ancien manuscrit irlandais où nous puissions aujourd'hui lire ce mot date du neuvième siècle ; ce sont les gloses du saint Paul de Wurzbourg, où le latin *sive tibia sive cithara* (2) est rendu par *i-sind-buinniu no* CROIT, et *aut quod*

---

(1) Fortunat, l. VII, c. 8 ; Migne, *Patrologia latina*, t. 8, col. 244 :
    Et, qua quisque valet, te prece, voce sonet,
    Romanusque lyra, plaudat tibi barbarus harpa,
    Græcus Achilliaca, chrotta Britanna canat.
(2) *Ad Corinthios prima*, c. 14, v. 7.

citharizatur par *no ant* cRoTT*ichther* (1). *Croit* est le datif de *crott*, dont la 3ᵉ personne du singulier, indicatif présent passif, *crottichther*, est dérivée. Telle est la forme sous laquelle le nom de la harpe celtique apparaît dans le manuscrit le plus ancien que nous puissions citer, et ce manuscrit est du neuvième siècle ; mais *crott* se retrouve à une époque contemporaine de Fortunat, dans la pièce fameuse connue sous le nom d'*Amra Choluimb Chilli*, composée pour célébrer l'éloge de saint Columba, par Dallan fils de Forgall, chef des *file* d'Irlande vers la fin du sixième siècle. Dans le plus vieux manuscrit que nous en possédions, le *Liber hymnorum* de Trinity-College à Dublin, onzième siècle, on lit :

Is crott cen cheis, is cell cen abait. « C'est une *crotta* sans *ceis*, un monastère sans abbé. »

Suit un commentaire écrit probablement au onzième siècle, et où l'on voit qu'à cette époque on connaissait toujours en Irlande l'espèce de harpe appelée *crott*, mais on avait oublié le sens dn mot *ceis*. Peu nous importe ici ce détail (2). Ce qui nous intéresse est une mention de la *crotta* en Irlande au sixième siècle (3).

Il est quelquefois question de cet instrument dans la poésie épique irlandaise. Ainsi Ailill, amoureux

---

(1) Zimmer, *Glossæ hibernicæ e codicibus wirziburgensi, carolisruhensibus, aliis*, p. 78. Berlin, 1881.

(2) Sur le sens du mot *ceis*, voir une dissertation d'O'Curry, *On the manners and customs the ancient Irish*, t. III, p. 248-256.

(3) Whitley Stokes, *Goidelica*, 2ᵉ éd., p. 160. Cf. O'Beirne-Crowe,

d'Etan, sa belle-sœur, tombe malade de douleur, et chantant en vers son infortune, il dit, entre autres choses, que « le son de sa *crotta* ne lui procure plus aucune joie (1). »

Une *crotta* célèbre est celle de *Dagdé*, dont le nom veut dire « bon dieu (2). » Dagdé était père de la déesse Brigit (3), qui elle-même était mère de trois dieux (4).

La *crotta* de Dagdé tomba entre les mains de l'ennemi dans la bataille mythique de Mag-Tured, où les Tuatha dê Danann, et parmi eux Dagdé, battirent les Fomori, c'est-à-dire une autre race divine. Les Fomori, vaincus, emportèrent avec eux cette *crotta* dans leur fuite et l'accrochèrent au mur de leur salle de festin ; mais, à l'appel magique de son maître, la *crotta* se détacha elle-même de la paroi à laquelle les Fomori l'avaient suspendue, et elle vint se placer

---

The amra Choluimb Chilli, p. 28-29, et fac-similé du *Leabhar na hUidhre*, p. 8. En moyen irlandais, on dit *cruit* au nominatif.

(1) « Ni-m-sasad ceol mo chruite » *Tochmarc Etaine*, 9, chez Windisch, *Irische Texte*, p. 123.

(2) « Dagda *idon* dagh dé, *idon* dia soinemail ag-na-geintibh é, ar-do-adhradhais Tuatha dê Danann d'ó. Ar-ba dia talman d'oib é. » Glose conservée dans un glossaire par le ms. H. 3. 18, du Trinity-College de Dublin, p. 582.

(3) « Brigit *idon* banfhile, ingen in-Dagdai. Is-eiside Brigit baneceas *idon* Brigit bandee no-adradis filid. *Sanas Cormaic*, » chez Whitley Stokes, *Three irish glossaries*, p. 8.

(4) « Na tri dei Dana, tri maic Brigti banfhili, *idon* Brian ocus Iuchar ocus Uar, tri maic Bressi, maic Eladan ; ocus Brigit banfhile ingen in-Dagdai móir, rig hErend, am-máthair. » *Dialogue des deux docteurs*, fac-similé du *Livre de Leinster*, p. 187, col. 3.

devant Dagdé qui en tira des sons merveilleux (1). La *crotta* de Dagdé était ordinairement confiée à un artiste de profession, au harpiste Uaithné; mais Uaithné en ce moment était prisonnier des Fomori.

Les fils d'Uaithné figurent dans le second des cycles épiques d'Irlande, dans le cycle de Conchobar et de Cûchulainn. Une des pièces de ce cycle est l'enlèvement des vaches de Froech. Froech a pour mère une *side*, une femme de la race mythique des Tuatha dê Danann, *Béfind* ou la Belle-Femme, sœur de Boinn qui est la déesse de la rivière de ce nom, la Boyne. Il vient un jour au palais de Cruachan, capitale du Connaught, où régnaient Ailill et Medb, adversaires de Conchobar; il amène avec lui les trois fils de Uaithné, le harpiste du dieu Dagdé. Ces trois harpistes jouent de la *crotta*, et les sons qu'ils en tirent sont prodigieux; l'émotion qui saisit l'auditoire est si puissante, que parmi les personnes présentes douze ne peuvent la supporter et en perdent la vie (2).

Ainsi nous retrouvons dans la littérature épique de l'Irlande la lyre dont parle Fortunat, et cette lyre semble être celle dont se servaient, suivant Diodore de Sicile, les bardes gaulois transalpins au temps de

---

(1) Seconde bataille de Mag-Tured, dans le ms. du musée Britannique, harléien 4280, f° 59, cité par O'Curry, *On the Manners and customs of the ancient Irish*, t. III, p. 214, note.

(2) *Tain bô Fraich*, fac-similé du *Livre de Leinster*, p. 249. Ce récit a été publié par O'Beirne-Crowe, *Proceedings of the royal irish Academy. Irish Mss. Series*, vol. I, part. I, 1870, p. 140; cf. O'Curry, *On the manners*, t. III, p. 221.

la conquête romaine. Mais en Irlande nous n'avons pas trouvé le nom des bardes associé, comme en Gaule, au nom de cet instrument (1).

(1) M. W.-K. Sullivan a inséré une étude sur la *crott* dans son introduction au livre d'O'Curry, *Manners and customs of the ancient Irish*, t. I, p. cccxv-div, cf. p. dxix.

CHAPITRE III.

LES BARDES SOUS L'EMPIRE ROMAIN.

Revenons aux bardes de Gaule et aux monuments de la littérature classique qui les concernent.

Peu de temps après Diodore de Sicile, il est question d'eux aussi chez Timagène et chez Strabon. Les bardes, dit Timagène, composent des vers où ils vantent les exploits des hommes illustres, et ils chantent ces vers d'une manière agréable (1). Les bardes, écrit Strabon, sont auteurs de panégyriques et de poèmes (2). Lucain, enfin, au premier siècle de notre ère comme Strabon, mais quarante ans environ après ce savant géographe, fait intervenir les bardes dans sa *Pharsale* et leur adresse la parole : « Vous aussi, » dit-il, « poètes qui, par vos louanges, conservez à la postérité la plus reculée le souvenir des braves tués

---

(1) « Bardi quidem fortia virorum illustrium facta heroicis composita versibus cum dulcibus modulis concitarunt. » Ammien-Marcellin, XV, 9.

(2) « Βάρδοι μὲν ὑμνηταὶ καὶ ποιηταί. » Strabon, l. IV, c. 4, § 4, éd. Didot-Dübner et Müller, p. 164.

à la guerre, vous avez, ô bardes! chanté sans crainte des poèmes nombreux (1). »

Nous ne voyons nulle part que les bardes aient été persécutés par les Romains. Ils survécurent en Gaule au druidisme, qui disparaît avant la fin du premier siècle de notre ère. Les Romains adoptèrent même une des parties du vêtement des bardes, le *cucullus*, dit plus tard *cuculla* ou *coule*, qui les distinguait. On lit dans une épigramme de Martial :

> Gallia santonico vestit te bardo-cucullo (2).
> « La Gaule te revêt du cucullus bardique de Saintes. »

Ce vers a été écrit vers la fin du premier siècle de notre ère. Dans la seconde moitié du troisième, l'empereur Gallien, qui régna de 260 à 268, voulant être agréable à Claude, plus tard empereur, deuxième du nom, lui fait cadeau de divers objets, entre autres d'un *bardo-cucullus* (3).

Bardus apparaît comme nom propre d'homme dans plusieurs inscriptions romaines de l'époque

---

(1) Lucain, *Pharsale*, l. I, v. 447-449 :
> Vos quoque, qui fortes animas belloque peremptas
> Laudibus in longum, vates, dimittitis ævum,
> Plurima securi fudistis carmina, bardi.

(2) Martial, l. XIV, épigr. 128, v. 1, édition Teubner-Schneidewin, p. 334. Comparez l. I, épigr. 53, v. 5, *ibidem*, p. 24.

(3) *Vie de Claude II*, par Trebellius Pollion, ch. XVII, dans *Scriptores historiæ augustæ*, éd. Hermann Peter, t. II, p. 135. Gallien régna de 260 à 268, et Claude de 268 à 270. *Cucullus* a pris plus tard une forme féminine, *cuculla*, en français *coule* : c'est un vêtement monastique.

impériale. Nous citerons un diplôme de citoyen romain accordé, en 64, par Néron à l'Helvétien Cattaus, fils de Bardus. Ce monument est conservé au musée de Munich (1). Le musée de Vienne en Autriche possède un monument funèbre élevé à la mémoire de Titus Flavius Bardus, vétéran du corps de troupes appelé *Ala prima Flavia Augusta Britonum Miliaria* (2). On a trouvé dans l'ancien territoire du Noricum des stèles funéraires élevées à deux femmes dont le père s'appelait *Bardus*. L'une, dont la stèle a été découverte en Styrie, se nommait *Banona* (3); l'autre, dont la stèle a été découverte en Carinthie, se nommait *Julia* et avait épousé un certain Eliomarus, dont le nom est évidemment gaulois (4). Enfin il y avait en Italie, près de Milan, une localité appelée *Bardo-Magus* ou champ du barde, dont le nom est conservé par deux inscriptions (5). Le nom des bardes se lit donc six fois, à notre connaissance, dans les inscriptions romaines du temps de l'empire. On sait que celui des druides ne s'y est encore jamais rencontré (6).

(1) *Corpus inscriptionum latinarum*, t. III, p. 846; Renier, *Recueil de diplômes militaires*, p. 244, 245.
(2) *Corpus inscriptionum latinarum*, t. III, n° 4575.
(3) *Ibid.*, n° 5473.
(4) *Ibid.*, n° 4838.
(5) *Ibid.*, t. V, n°˙ 5872, 5878.
(6) Voir chez Charles Robert, *Epigraphie gallo-romaine de la Moselle*, p. 89 et suiv., une étude sur l'inscription 2,200 d'Orelli, où quelques savants ont cru trouver la mention d'une druidesse.

CHAPITRE IV.

LES BARDES GALLOIS, CORNIQUES ET BRETONS.

Les bardes gaulois du continent disparurent quand on cessa de parler la langue dans laquelle ils composaient leurs poésies, et on ne la parlait plus, ce semble, au cinquième siècle, quand eut lieu l'invasion franque. En Bretagne, le celtique avec les bardes survécut à l'empire romain. Ainsi les gloses galloises du ms. de Martianus Capella, *De nuptiis Philologiæ et Mercurii*, transcrit au huitième siècle et conservé à la bibliothèque de Corpus-College à Cambridge, expliquent par *or bardaul leteinepp* les mots « epica vulgo lyricaque pagina consonarent; » dans cette formule galloise, *leteinepp* rend le latin *pagina*, *or bardaul* traduit le latin *epica lyricaque*; si de *or bardaul* nous retranchons *or* qui est l'article précédé d'une préposition avec sens d'ablatif, reste l'adjectif *bardaul* qui est dérivé de *bard* (1). Les Gallois avaient donc en-

(1) *Bardaul*, « poétique; » Whitley Stokes *The old-welsh glosses on Martianus Capella*, dans les *Beiträge* de Kuhn, t. VII, p. 386.

core des bardes au huitième siècle. Et en effet, dans les lois galloises, dont les plus anciens manuscrits appartiennent au treizième siècle, mais dont le texte remonte évidemment à une date plus ancienne, le barde est un des personnages dont s'occupe le législateur. Dans le code vénédotien, il est le huitième des fonctionnaires de la cour du roi; dans le code dimétien, il est le onzième. C'est un de ceux qui s'asseoient à la table du roi (1).

Nous lisons dans le code vénédotien : Le huitième des officiers du roi est le barde du palais (2). Il doit avoir sa terre libre, un cheval à sa disposition; la reine lui fournit son linge, le roi ses vêtements de laine. Il doit, aux trois principales fêtes, s'asseoir à côté du chef de la maison du roi, qui lui met la harpe en main. Le régisseur du roi lui fournit des habits aux trois principales fêtes. Si la reine désire un chant, le barde du palais doit chanter pour elle aussi longtemps qu'elle en a envie; et il faut qu'il le fasse à voix basse, de peur de troubler ceux qui sont dans la salle. Quand les gens du roi vont chercher du butin dans un pays voisin, le roi prend d'abord son tiers, puis le barde a droit à une vache ou à un bœuf; et pendant qu'on fait le partage du reste, il doit chanter le poème qui commence par : « Monarchie de Bretagne. » La valeur du barde du palais,

---

(1) *Ancient Laws and Institutes of Wales*, 1841, pp. 2, 5, 15 et 16, 167, 185, 186.

(2) « *Bard teulu*, littéralement, « barde de la famille. »

CHAPITRE IV. — GALLES, CORNOUAILLE, BRETAGNE. 65

c'est-à-dire le prix qu'on doit payer quand on le tue, est de cent vingt-six vaches ; et en cas d'insulte grave, on lui doit une indemnité de six vaches et de cent vingt pièces d'argent. On applique le même tarif au premier fauconnier, au juge du palais et au premier valet du roi (1). Ailleurs on lit que si ce barde adresse une requête au roi, il doit lui chanter un poème ; s'il s'adresse à un simple noble, c'est trois poèmes qu'il doit chanter ; si c'est à un vilain, il faut qu'il chante jusqu'à ce qu'il n'en puisse plus (2).

A côté du barde du palais, le code vénédotien mentionne le barde pourvu de chaire, *e-bart kadeyryauc* (3). Le barde pourvu de chaire a le pas sur le barde du palais. Quand on demande un chant et qu'ils sont là tous deux, c'est le barde pourvu de chaire qui commence. Il chante trois poèmes : le premier, en l'honneur de Dieu ; le second, en l'honneur du roi présent ; le troisième, en l'honneur d'un autre roi. Vient ensuite le tour du barde du palais, qui chante aussi trois poèmes (4).

Les compositions lyriques conservées dans les

---

(1) Code vénédotien, l. I, ch. 14, dans *Ancient Laws and Institutes of Wales*, p. 15-16.

(2) Code démétien, l. I, ch. 18, *Ancient Laws and Institutes of Wales*, p. 185. Cf. *Leges wallicæ*, l. I, ch. 22, § 2 ; *ibid.*, p. 779 ; suivant ce document, comme suivant le code démétien, ce n'est pas au moment du partage du butin, c'est pendant les batailles que le barde chante le poème qui commence par « Monarchie de Bretagne. »

(3) Livre I, ch. 6, § 1, *Ancient Laws and Institutes of Wales*, p. 5.

(4) Code vénédotien, l. I, chap. 14, § 5, *Ancient Laws and Institutes of Wales*, p. 16.

I. 5

quatre anciens manuscrits gallois que M. Skene a réunis sous le nom de *Four ancient books of Wales*, nous donnent un spécimen des poèmes que les bardes gallois chantaient dans les grandes salles des palais royaux. Les poèmes lyriques qui composent cette collection ont eu pour auteurs des bardes. Les manuscrits d'où M. Skene a tiré ces poèmes sont connus sous le nom de livre noir de Caermarthen, de livre d'Aneurin, de livre de Taliesin, de livre rouge de Hergest.

Le livre noir de Caermarthen est attribué à la seconde moitié du douzième siècle, le livre d'Aneurin au treizième, celui de Taliesin au quatorzième, le livre rouge de Hergest au quinzième, et on croit qu'une partie des poèmes contenus dans ces manuscrits remonte à une date plus ancienne. A l'exception du livre rouge de Hergest, qui est conservé au Jesus-College d'Oxford, ces manuscrits sont des propriétés particulières, peu commodes à consulter. Le livre noir de Caermarthen et le livre de Taliesin appartiennent à M. Wynne de Peniarth. Le livre d'Aneurin est dans la collection de sir Thomas Philipps, à Middle-Hill. Les textes lyriques contenus dans ces manuscrits ont été publiés avec traduction anglaise, introduction, notes et fac-similés, par M. William Skene, en 2 vol. in-8° qui ont paru à Edimbourg en 1868. Le nom de *barde* apparaît de temps en temps dans les poèmes que cette collection contient, et l'attribution de ces poèmes à des bardes est justifiée. Enfin le nom des bardes persiste dans le gallois moderne sous la forme *bardd*, au pluriel *beirdd*, *beirddion*.

Nous trouvons encore le nom des bardes en cornique, c'est-à-dire dans la langue néo-celtique qui était parlée dans la presqu'île anglaise de Cornouaille. Il y a au Musée britannique, dans le fonds cottonien, un manuscrit du douzième siècle qui contient un glossaire cornique; et dans ce glossaire nous lisons : « Tubicen *barth hirgorn*...; mimus vel scurra, *barth* (1). »

Il y avait donc dans la Cornouaille anglaise, au douzième siècle, deux espèces de bardes : les uns soufflaient dans des instruments à vent, qu'on appelait *hirgorn*, c'est-à-dire qui étaient longs et faits d'une corne d'animal; ils ressemblaient à ce que les collectionneurs appellent des *oliphans* : le glossateur rend leur nom en latin par *tubicen*. D'autres bardes chantaient des vers comme les jongleurs français du moyen âge; le glossateur rend leur nom, *barth*, par le latin *mimus vel scurra*, « bouffon, baladin. »

Les Bretons émigrés en Gaule à l'époque où l'empire romain succomba et pendant l'invasion saxonne, portèrent le nom de *bardes* sur le continent d'où le triomphe de la langue latine l'avait banni. Sa forme actuelle est *barz*. On ne le trouve pas seulement dans les dictionnaires ou dans les textes de notre siècle. Dans le glossaire breton que Lagadeuc a composé sous le nom de *Catholicon*, vers la fin du quinzième

(1) *Grammatica celtica*, 2ᵉ édit., p. 1070.

siècle, nous lisons que *barz* se traduit en français par *menestrier*, et en latin par *mimus*. Un homme appelé *le Barze* figure, en 1284, dans une charte de l'abbaye de Beauport, aux archives du département des Côtes-du-Nord (1). Dès le douzième siècle ce nom employé au féminin, *Barza*, apparaît comme nom de femme dans le cartulaire de Redon (2). Ainsi dans le territoire conquis par les Romains sur les Celtes, les bardes ont survécu à la chute de l'indépendance celtique : de cette antique institution le nom est resté vivant dans la bouche du peuple breton : traversant le moyen âge, il est, dans la langue parlée, arrivé jusqu'à nous.

(1) *Revue celtique*, t. III, p. 400. Geslin de Bourgogne et A. de Barthélemy, *Anciens évêchés de Bretagne*, t. IV, p. 400.

(2) Aurélien de Courson, *Cartulaire de l'Abbaye de Redon*, Paris, 1863, p. 325. Comparez le nom propre d'homme *Bardus* dans les inscriptions romaines citées plus haut, p. 62.

CHAPITRE V.

LES BARDES D'IRLANDE.

Nous trouvons aussi les bardes en Irlande ; mais, par la suprématie et le mépris des *file*, ils sont tenus dans une situation tout à fait secondaire. Le nom de leurs compositions est *bairtne*. Les *bairtne* sont des chansons consacrées à l'éloge des personnages vivants. Rappelons-nous le barde qui, au second siècle avant notre ère, courait à pied sur la route à côté du char du roi Arverne Louernios, en chantant sa faim, son désappointement et les mérites du roi. Le *bairtne* d'Irlande est une composition de ce genre. Le plus ancien manuscrit irlandais où nous rencontrions le mot *bairtne* est un manuscrit de Saint-Paul, en Carinthie, qui contient cinq poèmes lyriques dont la première édition complète a été publiée par M. Windisch dans ses *Irische Texte*, p. 216 et suiv. On discute la date de ces poèmes, que M. Zimmer place au onzième ou au douzième siècle, et que M. Windisch croit plus anciens. La cinquième des pièces est un éloge d'un certain *Aed*, roi de Leinster. Le dernier vers peut se traduire ainsi : « De mélodieux *bairtne* (poèmes bardiques) font retentir, au milieu de flots de bière, un nom, celui d'Aed (1). »

On rencontre aussi le mot *bairtne*, poème bardique, dans le morceau le plus célèbre du plus important des cycles épiques irlandais, dans l'enlèvement du taureau de Cûalgné, section intitulée : Combat de Ferdiad. Le manuscrit le plus ancien de cette partie de l'épopée est le *Livre de Leinster*, écrit au milieu du douzième siècle et appartenant à la bibliothèque de l'Université d'Irlande. La reine Medb de Connaught, s'adressant à Ferdiad, qui va combattre pour elle le héros Cûchulainn, lui parle de la troupe qui chante les *bairtne* ou poésies bardiques, *lucht na bairddne* (2).

Il est encore question de *bairtne* dans la *Vie tripartite* de saint Patrice, telle qu'on la trouve au British Museum dans le manuscrit Egerton 93, dont cette partie a été écrite en 1477. D'après cette vie, au moment où saint Patrice projette avec Dubthach, chef des *file* d'Irlande, que Fiacc sera le premier Irlandais élevé à l'épiscopat, Fiacc est absent; il se trouve dans le pays de Connaught, où il était allé avec une poésie bardique ou *bairtne* pour les rois (3).

---

(1) « Arbeittet bairtni bindi, tri laith-linni ainmm Aedâ. » *Irische Texte*, p. 320.

(2) *Livre de Leinster*, p. 81, col. 2, ligne 30. Ce passage a été publié par W. K. Sullivan, chez O'Curry, *Manners and Customs*, t. III, p.418.

(3) «Dochoid huaim-se hi tir Condacht com-bairtni donaibrigaib.» Whitley Stokes, *Goidelica*, 2ᵉ édit., p. 87.

Racontons en quelles circonstances se produit cette mention de poésie bardique.

Patrice était allé de Tara, capitale de l'Irlande, aux frontières de Leinster, dans la localité appelée Domnach Mâr Crîathar; il y rencontra Dubthach, fils de Ua Lugir. Dubthach était le chef suprême des *file* d'Irlande; il croyait à la mission de Patrice, et dans une circonstance solennelle, Patrice s'étant rendu au palais du roi suprême d'Irlande à Tara, de tous les grands personnages présents un seul s'était levé pour faire honneur à l'évêque chrétien, c'était Dubthach (1). Or Patrice, se trouvant à Domnach Mâr Crîathar avec Dubthach, le pria de lui indiquer, en Leinster, un de ses élèves dont on pourrait faire un évêque. « Je voudrais, » dit-il, « un homme libre, » de naissance noble, sans difformité physique et de » bonne réputation, ni trop petit ni trop grand, qui » possède une certaine aisance; je désire un homme » qui n'ait qu'une femme et qu'un enfant. » — « Parmi mes disciples, » répondit Dubthach, « je n'en » vois qu'un qui puisse vous convenir : c'est le beau » Fiacc de Leinster. Il m'a quitté pour aller en Con- » naught avec une poésie bardique, un *bairtne*, pour » les rois. »

Dubthach et Patrice parlaient donc de Fiacc. Tout à coup Fiacc, dont ils ignoraient le retour, paraît. Dubthach dit à Patrice : « Fais semblant que tu veux

---

(1) « Betha Patraicc, » chez Whitley Stokes, *Three middle irish homilies*, p. 24.

» me tonsurer; Fiacc voudra me venir en aide et
» s'offrira lui-même pour être tonsuré à ma place,
» car il m'aime beaucoup. » Patrice suivit le conseil
de Dubthach. « La tonsure, » s'écria Fiacc, « sera
» pour Dubthach une flétrissure aux yeux de la
» multitude. Pourquoi ne me prendrait-on pas à sa
» place? » — « On te prendra, » dit Patrice. Aussitôt
Patrice le tonsure, le baptise, lui écrit un alphabet
latin. On prétend qu'au bout d'un jour Fiacc était en
état de lire les psaumes. C'est, à la rigueur, possible, puisque Fiacc devait connaître l'alphabet ogamique et que, sauf la forme des lettres, l'alphabet
ogamique est identique à l'alphabet latin. Enfin Patrice le sacra évêque. Fiacc fut le premier évêque
de Leinster. Patrice lui donna un reliquaire, une
cloche, une église, une crosse, un livre et sept des
clercs qui l'avaient accompagné jusque-là (1) : c'est
ainsi que le nouveau pontife fut installé. Avant d'être
évêque, il avait chanté un *bairtne* pour les rois.

L'Irlande ancienne connaît donc les poésies bardiques : *bairtne*.

Le mot *bard*, d'où *bairtne* dérive, apparaît aussi
dans la littérature irlandaise. Ainsi le *Livre de Leinster* contient un poème lyrique, probablement du onzième siècle, et qu'à grand tort on attribue au célèbre Dubthach, contemporain de saint Patrice. Dans

---

(1) Dans ce récit, nous avons fondu le § 11 des notes irlandaises
du livre d'Armagh, ms. du neuvième siècle, chez Whitley Stokes,
Goidelica, 2ᵉ éd., p. 86-87, 91, avec l'extrait de la vie irlandaise de
saint Patrice, *ibidem*, p. 87, note 17.

ce poème, que O'Curry a publié, il est question des bardes. Ce poème est un éloge d'un certain Crimthann, roi de Leinster, et l'auteur dit que les bardes (*baird*) racontent l'histoire de ce prince (1). Ajoutons qu'une composition épique, aujourd'hui perdue, portait le titre de « Massacre de la forteresse du barde royal (2). »

Les textes des lois irlandaises parlent aussi des bardes (3), mais c'est avec fort peu d'estime. Les bardes y sont placés au-dessous du dernier rang des *file*. « Le barde, » lisons-nous, « n'a besoin de rien savoir : son intelligence naturelle lui suffit (4). » Nous trouvons la même idée dans un texte de provenance inconnue, inséré, au seizième siècle, dans le glossaire d'O'Davoren. « Il n'est pas necessaire pour les bardes, *dona bardaib*, d'avoir la connaissance des lettres ogamiques, *i feadaib* (littéralement : « des bois, » *Buchstabe*), ni celle du mètre poétique, *deach*. »

---

(1) « *In scél scailit baird baidg Banba.* » « L'histoire que racontent les bardes immortels (?) d'Irlande. » *Livre de Leinster*, p. 45, col. 1, ligne 27. O'Curry, *Lectures on the manuscript materials of ancient irish history*, p. 484, a traduit *baidg* par *boastful*. Je suppose qu'il faut lire *baid*, « durable. » Supplément à O'Reilly, p. 579.

(2) « *Argain ratha rigbaird*, » *Livre de Leinster*, p. 190, col. 1, lignes 28-29. Cf. O'Curry, *Lectures on the manuscript materials of ancient irish history*, p. 591.

(3) Voir notamment : *Ancient Laws of Ireland*, t. I, p. 88.

(4) « Bard dno cin dliged fogluime acht a indtleacht fadeisin. » *Ancient Laws of Ireland*, t. IV, p. 360. Ce texte a été reproduit d'après un autre manuscrit par O'Donovan, supplément à O'Reilly, p. 580, au mot *bard*, et on y trouve la même leçon, à quelques variantes près : « fer gan dliged foglama acht a intlecht fadesin. »

Feadaib est le datif pluriel de *fid*, « arbre » (en breton *gwezen*, en gallois *gwydden*), nom des caractères ogamiques dans la langue irlandaise; tandis que les lettres latines ont pénétré en Irlande avec leur nom latin *liter* (2), les lettres ogamiques s'appellent *fid* « arbre » au pluriel *feda*, et chacune porte le nom d'un arbre différent. Ainsi, dans la préface du panégyrique de saint Columba, composé par Dallan, fils de Forgall, chef des *file* d'Irlande à la fin du sixième siècle, nous lisons que ce panégyrique est un *anamain* entre deux frênes. *Anamain* est, dans la langue des grammairiens irlandais, le terme technique spécialement employé pour désigner les poèmes composés par les chefs des *file*, c'est-à-dire par les *ollam*, car *ollam* était le nom que donnaient les *file* à ceux d'entre eux qui occupaient le rang le plus élevé dans leur hiérarchie. Dallan, fils de Forgall, étant un *ollam*, le panégyrique composé par lui prenait le nom d'*anamain* (3); et comment cet *anamain* se trouvait-il entre deux frênes? Parce que cet *anamain* avait pour première lettre un *n* et pour dernière lettre encore un *n*, et que le nom de la lettre *n*, dans l'alphabet ogamique, était *nin*, c'est-à-dire « frêne, » *ash*, comme on dit en anglais.

(1) « Ni dlegar dona bardaib eolus i-feadaib ocus an-deachaib. » **Whitley Stokes**, *Three irish Glossaries*, p. 81, au mot *eolus*.

(2) Ms. de Saint-Gall, p. 6, col. 2, chez Ascoli, *Il codice irlandese dell' Ambrosiana*, t. II, p. 15; cf. *Grammatica celtica*, 2ᵉ édition, p. 979.

(3) Glossaire de Cormac, chez Whitley Stokes, *Three irish Glossaries*, p. 3.

Les premières lettres de l'alphabet ogamique sont :
B, *beith*, « bouleau ; »

L, *luis*, « sorbier » ou « frêne de montagne ; » — *mountain ash*, comme on dit en anglais ;

F, *fern*, « aune ; »

S, *sail*, « saule ; »

N, *nin*, « frêne (1). »

L'éloge de saint Columba par Dallan, fils de Forhall, débute par les mots : *Ni disceoil*, « ce n'est pas une petite histoire, un médiocre événement, » et il se termine par les mots *ni-dam-huain*, « je n'ai pas le loisir. » Or *Ni disceoil* commence par un *n*, *ni-dam-huain* finit par un *n*; voilà pourquoi il est dit dans la préface que cette pièce est *Anamain eter da nin* (2), ce que feu O'Beirne Crowe a traduit par un

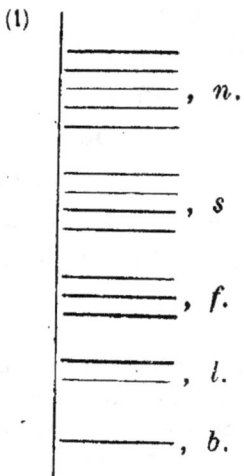

(1)

(2) *The amra Choluim Chilli of Dallan Forgaill*, p. 15. Cf. Whitley Stokes, *Goidelica*, 2ᵉ éd., p. 158, ligne 1.

anamain entre deux frênes (1). Voilà un des points de la science technique que les bardes n'étaient pas tenus de posséder. Ils pouvaient se dispenser d'étudier l'écriture ogamique. Ils n'avaient pas non plus besoin de connaître le mètre poétique, *deach*. Les grammairiens irlandais distinguent huit *deach*. Le premier est le monosyllabe; le second le dissyllabe, et ainsi de suite jusqu'au mot de huit syllabes. La grammaire irlandaise appelle la syllabe *dialt*, et a un terme spécial pour désigner chacun des huit *deach*, depuis le monosyllabe jusqu'à l'octosyllabe (2).

Les bardes n'étaient pas obligés de connaître cette nomenclature grammaticale. Volontaires de la poésie, ils étaient peu appréciés des poètes officiels. On le voit surtout dans le *Dialogue des deux docteurs*. Cette pièce, dans l'état où nous la possédons, date probablement du commencement du neuvième siècle, mais renferme des éléments plus anciens et tout à fait païens. Deux *file* se disputent la robe et la chaire d'*ollam* ou chef des *file* à Emain Macha, capitale de l'Ulster, en présence du roi épique Conchobar ; ce sont Nédé, jeune fils du défunt *ollam* Adné, et Fercertné. Il y a entre eux, sous forme de dialogue, une lutte bizarre de science et d'éloquence, et l'un d'eux finit par prédire un déluge de maux qui, avant la fin du monde, pleuvra sur l'Irlande :

---

(1) *The Amra Choluim Chilli*, p. 16.
(2) Glossaire de Cormac, chez Whitley Stokes, *Three irish Glossaries*, p. 16-17 ; *Sanas Chormaic*, p. 56-57.

« Chacun sortira de son rang (1)... tous les rois
» tomberont dans la misère (2)... on méprisera tous
» les nobles ; tous les hommes de naissance servile
» seront glorifiés (3)... On verra se changer : la sa-
» gesse en faux jugement (4)..., tous les mariages
» légitimes en adultères (5)..., les belles broderies en
» haillons, et les vêtements perdront leurs belles
» couleurs (6)... ; les esclaves des deux sexes n'obéi-
» ront plus à leurs maîtres (7)..., les fils ni les filles
» à leurs pères (8). Le grand seigneur vendra pour
» un denier son honneur et son âme (9). »

Enfin, et c'est ici que nous voulons en venir,
« les *file* dégénéreront à ce point qu'ils ne seront
» plus que des bardes (10). »

Ainsi les bardes tiennent dans la société irlan-

---

(1) « Ragaid cech oen ass-a-richt. » *Livre de Leinster*, p. 188, col. 2.

(2) « Bid pauper cech rî idon bid bocht cech rî. » *Ibid.*

(3) Dimicnigfider cech saêr, idon cech sochenel, conutastar cech doêr, idon co-turcebthar cech droch-cenel. » *Ibidem.*

(4) « Saifither ecna is-sái[b]-bretha. » *Ibidem.*

(5) « Sóifid cech lanamnas in adaltras. » Le glossateur a ajouté : « ir-reib irgarthaib, » — « par usage du mariage en temps prohibé. » *Ibidem.*

(6) « Sóifid rodruine in ónmite ocus atchessa idon in athcisaige, cosailfiter etaige cen liga idon con-aicfiter etaige cen datha idon cen indenma óir is-argait. » *Ibidem*, p. 188, col. 3.

(7) « Co-na-fogenat mogaid na cumala a-comdedu. » *Ibidem.*

(8) « Co-na-fogenat maic ocus ingena an-athre. » *Ibidem.*

(9) « Co-rirfe in fer uallach a enech ocus a anmain ar lóg oen scripuil. » *Ibidem.*

(10) « Dichlannaigfiter filid idon co-na-biat filid achtbaird nammá. » *Ibidem.*

daise une très petite place. Il ne paraît pas probable qu'ils en eussent en Gaule une plus considérable. Ce qui les a grandis dans le pays de Galles c'est qu'ils s'y sont trouvés les seuls représentants de la classe considérable d'hommes lettrés où César ne mentionne que les *druides* et où nous distinguons, avec d'autres auteurs, trois éléments : 1° les *druides* proprement dits ; 2° les devins, *euhages*, οὐάτεις (*vates*) de Diodore, Timagène et Strabon ; 3° les bardes (1).

Nous ne quitterons pas les bardes d'Irlande sans donner un spécimen des plus anciennes poésies que nous leur devions. Nous prendrons un des poèmes lyriques conservés par le manuscrit de Saint-Paul, en Carinthie. M. Windisch date ce manuscrit du huitième siècle, et suivant M. Zimmer, il n'est pas antérieur à la fin du onzième : quoi qu'il en soit, sa date est fort respectable, et remonte plus haut que celle du premier des quatre manuscrits bardiques du pays de Galles publiés par M. Skene.

Aed par sa puissance a de la flamme l'éclat ;
Aed offre un sujet de longs développements poétiques ;

---

(1) Les bardes apparaissent les premiers en date chez Posidonius, qui parle d'eux seuls et ne dit rien des druides ni du second groupe (devins, οὐάτεις, *euhages*). Diodore s'accorde avec Timagène et Strabon pour nommer les bardes en première ligne, avant les druides et le second groupe. On aurait tort d'en conclure que les bardes eussent en Gaule la prééminence sur les druides et les devins (οὐάτεις ou *euhages*).

Son sceptre gracieux est plus beau
Que les collines qui dominent la plaine de Roeriu (2).

C'est la maîtresse poutre qui abrite le peuple chrétien ;
Elle brille par sa beauté sous l'heureux toit qu'elle supporte ;
C'est un objet de choix : il est supérieur à toutes les générations
Qui habitèrent les campagnes séduisantes de Moistiu.

Le fils de Diarmait m'est cher.
Que me demande-t-on ? La réponse est facile :
Sa louange sera le plus beau des trésors
Que je chanterai dans mes vers.

Son nom est aimé : je ne dis rien de nouveau,
Car Aed ne mérite pas de reproche.
Il est sans tache : ce n'est pas un secret que la gloire
Du prince à qui appartient la belle rivière de Liffey.

Illustre petit-fils de Murédach !
Sa haute dignité l'élève comme une roche choisie.
Jamais on n'a trouvé semblable descendant
Aux rois qui gouvernèrent les peuples de Cûalann.

Son pouvoir lui est venu par héritage ;
C'est d'héritage qu'il tient ses vertus et sa dignité ;
Il est un rejeton de la famille sans reproche
Des rois majestueux de Margé.

C'est une souche grande d'honneur et de noblesse,
Dans les combats c'est le fondement de la primauté ;
L'illustre et puissant prince est un rameau d'argent,
Issu de la race de cent rois et de cent reines.

Près de la cervoise on chante des vers,
On chante les batailles, les pièges que s'y tendent les hommes :
Et de mélodieux poèmes bardiques font retentir,
Au milieu des flots de bière, un nom, celui d'Aed.

(1) Littéralement :

« Aed grand pour feu d'éclat,
Aed long pour addition poétique,
Bâton gracieux plus joli
Que collines de Roeriu uni. »

Et l'on reprend :

Aed par sa puissance a de la flamme l'éclat (1).

Ce vers a, en vieil irlandais, un charme que le français ne peut rendre, parce que le nom propre *Aed*, employé comme nom commun, veut dire « feu, » en vieil irlandais.

Au nom des bardes, la dernière strophe associe un mot qui nous rappelle un des plus anciens usages de la race celtique. C'est le mot que j'ai traduit par *cervoise*, en irlandais *coirm* ou *cuirm* (2). Il se trouve déjà vers l'an 100 avant notre ère chez Posidonius, le premier en date des auteurs de l'antiquité classique qui nous parle des bardes. « Chez
» les Celtes, » dit-il, « les gens riches boivent du vin
» qui leur arrive d'Italie par Marseille ; ils le pren-
» nent soit pur, soit mélangé avec de l'eau. Les
» gens de fortune moyenne le remplacent par une
» bière préparée au miel, et le plus grand nombre
» se contente d'une bière sans miel qu'on appelle
» *corma*. » Suivant lui c'est avec du froment qu'on la fabrique (3). Dioscoride, postérieur d'un siècle et demi, est plus exact en disant qu'on la fait avec de l'orge, et il écrit le nom de cette liqueur avec une

---

(1) Windisch, *Irische Texte*, p. 319-320.
(2) *Grammatica celtica*, 2ᵉ éd., p. 268, 269.
(3) « Παρά δὲ τοῖς ὑποδεεστέροις ζύθος πύρινον μετὰ μέλιτος ἐσκευασμένον · παρὰ δὲ τοῖς πολλοῖς καθ' αὐτό · καλεῖται δὲ κόρμα. » Athénée, IV, 152. Cf. *Fragmenta historicorum græcorum*, t. III, p. 260.

orthographe qui se rapproche plus de l'orthographe irlandaise. Au lieu de κόρμα, il écrit κοῦρμι (1), mot rigoureusement identique à l'irlandais *cuirm*, datif *cormaim*. C'est à Posidonius que nous devons la première mention de cette boisson et des bardes. Il est curieux de trouver le nom de cette boisson et celui des bardes associés dans la dernière strophe de notre poème que conserve un manuscrit postérieur à Posidonius de dix siècles au moins :

« Oc cormaim gaibtir dûana. »
Près de la cervoise on chante des vers,
On chante les batailles, les pièges que s'y tendent les hommes ;
Et de mélodieux poèmes bardiques (des *bairine*) font retentir,
Au milieu de flots de bière, un nom, celui d'Aed.

(1) « Κοῦρμι σκευαζόμενον ἐκ τῆς κριθῆς. » Dioscoride, II, 110, cité par Zeuss-Ebel, *Grammatica celtica*, p. 115.

LIVRE II

LES DRUIDES

CHAPITRE PREMIER.

DRUIDES AVANT CÉSAR.

Des trois groupes dont se composait le monde lettré de la Gaule, les bardes sont celui dont le nom est mentionné le premier en date chez les auteurs de l'antiquité : Posidonius donne leur nom dans le récit de son voyage en Gaule, et ce voyage eut lieu vers l'an 100 avant notre ère. Le nom des druides apparaît pour la première fois chez César dans le récit de la campagne qu'il fit en Gaule un demi-siècle environ plus tard, l'an 53 avant J.-C.

Des savants modernes d'une haute autorité ont cru trouver le nom des druides dans l'antiquité grecque, à une date bien plus reculée. Quant à nous, sans contester que le druidisme n'ait dû commencer bien avant César, nous doutons de la valeur des témoignages sur lesquels on a prétendu fonder l'antiquité de cette grande institution celtique.

Sans doute, si nous nous en rapportions à l'analyse, faite par Ammien Marcellin, de Timagène, auteur de la fin du premier siècle avant Jésus-Christ, il semblerait que Pythagore aurait parlé des druides. Parmi eux, dit-il, c'est-à-dire entre les bardes et les euhages, les druides dominent par le génie, comme a décrété l'autorité de Pythagore : *Inter hos druidæ ingeniis celsiores, ut auctoritas Pythagoræ decrevit.* Pythagore enseignait au sixième siècle avant notre ère (1). Il y aurait donc eu des druides à cette époque. Malheureusement Pythagore paraît n'avoir rien écrit, et les livres qui ont circulé sous son nom sont évidemment l'œuvre de pythagoriciens d'un âge bien postérieur (2). Du texte d'Ammien Marcellin que nous venons de citer on peut seulement conclure qu'au temps où écrivait Timagène, c'est-à-dire probablement vers le milieu du règne d'Auguste et la fin du premier siècle avant J.-C., il circulait un livre ou des livres attribués à Pythagore, mais composés par des pythagoriciens beaucoup plus récents, où les doctrines des druides étaient vantées.

On allègue cependant aussi l'autorité d'autres auteurs que Timagène. Ainsi Diodore de Sicile, vers l'an 40 avant J.-C., Valère Maxime, qui écrivait en-

---

(1) Mullach, *Fragmenta philosophorum græcorum* de la collection Didot, t. II, p. 1-4.
(2) Mullach, *Fragmenta philosophorum græcorum* de la collection Didot, t. II, p. 6.

viron soixante ans plus tard, sous Tibère, paraissent s'accorder pour considérer la croyance gauloise sur l'immortalité de l'âme comme identique à l'enseignement de Pythagore.

« Chez les Celtes, » dit Diodore, « a prévalu la doc-
» trine pythagoricienne que les âmes des hommes
» sont immortelles, et qu'après un nombre d'années
» déterminé elles commencent une vie nouvelle en
» prenant un corps nouveau (1). » « Les Gaulois, »
écrit Valère-Maxime, « sont persuadés que les âmes
» sont immortelles. Je les traiterais de sots, si la
» doctrine de ces hommes vêtus de braies n'était
» identique à celle que, sous son manteau de philo-
» sophe, Pythagore a professée (2). » Mais ni dans l'un ni dans l'autre de ces deux passages le nom des druides n'est mentionné ni par Diodore ni par Valère-Maxime.

Le nom des druides ne devait pas davantage se trouver dans le livre auquel Diodore et Valère-Maxime paraissent avoir emprunté ce rapprochement des croyances gauloises et de la philosophie pythagoricienne. Ce livre est le traité des Allégories pythagoriciennes, composé par Alexandre Polyhistor

---

(1) « Ἐνισχύει γὰρ παρ' αὐτοῖς ὁ Πυθαγόρου λόγος, ὅτι τὰς ψυχὰς τῶν ἀνθρώπων ἀθανάτους εἶναι συμβέβηκε, καὶ δι' ἐτῶν ὡρισμένων πάλιν βιοῦν, εἰς ἕτερον σῶμα τῆς ψυχῆς εἰσδυομένης » (Diodore, l. V, c. XXVIII, § 6, édit. Didot-Müller, t. I. p. 271).

(2) « Persuasum habuerint animas hominum inmortales esse. Dicerem stultos nisi idem bracati sensisent quod palliatus Pythagoras credidit » (Valère Maxime, l. VI, c. VI, § 10, édit. Teubner-Halm, p. 81).

entre les années 82 et 60 avant J.-C. On y lisait que les Galates, nom grec des Gaulois, avaient été disciples de Pythagore (1). C'est une prétention de la vanité grecque qui n'est fondée sur rien, et quand nous étudierons la doctrine celtique de l'immortalité de l'âme, nous verrons qu'entre cette doctrine et celle de Pythagore il y a des différences assez grandes pour les faire considérer comme indépendantes l'une de l'autre. Ainsi l'âme du Celte mort trouve un corps nouveau dans un monde autre que celui-ci : suivant Pythagore, l'âme du mort trouve un corps nouveau dans le monde où nous vivons. Habiter un corps nouveau est l'espérance du Celte; cette espérance console et réjouit le guerrier qui succombe sur le champ de bataille : chez Pythagore, habiter un corps nouveau est une peine, une expiation; l'âme du juste y échappe, elle mènera dans les espaces aériens une vie purement spirituelle (2).

Mais la doctrine celtique de l'immortalité de l'âme n'est pas le sujet qui nous occupe actuellement : nous cherchons à quelle date le nom des druides apparaît pour la première fois dans l'histoire, et nous ne le trouvons ni dans ce fragment d'Alexandre Polyhistor, ni dans les passages de Diodore de Sicile

---

(1) « Ἀλέξανδρος δὲ ἐν τῷ Περὶ Πυθαγορικῶν συμβόλων... ἀκηκοέναι τε πρὸς τούτοις Γαλατῶν καὶ Βραχμάνων τὸν Πυθαγόραν βούλεται » (Clementis Alexandrini *Stromata*, I, 15, Didot-Müller, *Fragmenta historicorum græcorum*, t. III, p. 239).

(2) Mullach, *Fragmenta philosophorum græcorum* de Didot, t. II, p. 10.

et de Valère Maxime qui en sont dérivés. Timagène, contemporain d'Auguste, est le premier qui, à propos de l'immortalité de l'âme, rapproche du nom de Pythagore celui des druides; et l'écho que ce rapprochement a trouvé chez Origène, au troisième siècle de notre ère, ne prouve que la persistance avec laquelle peuvent se maintenir les idées, fausses ou vraies, quand elles ont été une fois admises par un écrivain de quelque autorité.

Pythagore n'est pas le seul philosophe grec dont le témoignage ait été allégué pour faire attribuer aux druides une haute antiquité. On cite aussi Aristote, postérieur d'environ deux siècles à Pythagore, mais antérieur à César de près de trois siècles. César, le plus ancien auteur où, suivant nous, se trouve le nom des druides, écrivait au premier siècle avant notre ère et Aristote au quatrième. Si Aristote a parlé des druides, il est prouvé qu'il y aurait eu des druides au quatrième siècle avant notre ère, environ trois cents ans avant César.

Or Diogène Laërce, dans la préface de ses *Vies des philosophes célèbres*, cite, parmi les barbares qui auraient cultivé la philosophie, ceux qu'on a appelés *druides* et *semnothées* chez les Celtes et les Galates; et une des autorités sur lesquelles il s'appuie est celle d'Aristote. Voici comment il s'exprime :

« Quelques-uns disent que c'est chez les barbares
» que les études philosophiques ont commencé. Les
» Perses ont eu leurs mages, les Babyloniens et les
» Assyriens leurs Chaldéens, les Celtes et les Galates

» leurs druides et semnothées. Voilà ce que nous
» apprennent Aristote dans son *Traité de la magie*
» et Sotion dans le XXIIIe livre de l'ouvrage qu'il a
» intitulé : *Succession des philosophes.* »

Heureusement Diogène Laërce nous dit quel est le livre d'Aristote à l'aide duquel il a dressé cette liste de philosophes barbares, et où il aurait trouvé, par conséquent, le nom des druides : c'est le *Traité de la magie*, or ce traité est apocryphe. Il est vrai qu'à l'appui de son énumération des philosophes barbares Diogène Laërce allègue une autre autorité, celle de Sotion. Celui-ci, vivant environ 200 ans avant notre ère (1), est antérieur à César d'à peu près un siècle et demi. La date à laquelle les druides apparaissent serait reculée d'autant; mais comme des quatre noms de sectes philosophiques barbares que Diogène Laërce dit avoir empruntés au *Traité de la magie* d'Aristote et au traité des *Successions des philosophes* de Sotion, il ne nous apprend pas quels sont ceux qu'il doit au premier et quels sont ceux qu'il emprunte au second, nous ne pouvons savoir s'il a pris le nom des druides dans le livre apocryphe d'Aristote ou dans l'ouvrage authentique de Sotion. Il nous est donc impossible de tirer aucune conclusion chronologique de cette préface de Diogène Laërce, si souvent citée. Quant à Diogène Laërce, il écrivait lui-même environ 200 ans après notre ère; la présence

---

(1) Sotion vivait sous Ptolémée Epiphane, 205-181. Mullach, *Fragmenta philosophorum græcorum*, t. I, p. 32.

du nom des druides dans son livre, environ deux cent cinquante ans après César, est sans intérêt pour nous (1).

Nous n'avons donc aucune mention certaine du nom des druides avant César. Il y a cependant chez Tite-Live, dans le récit des événements de l'année 216 avant notre ère, un passage fort curieux pour l'histoire du sacerdoce gaulois dans l'Italie du nord. Malheureusement ce texte ne nous dit pas le nom que les Gaulois cisalpins donnaient à leurs prêtres.

Voici ce passage du grand historien romain. Il nous reporte à la période la plus terrible de la seconde guerre Punique. Annibal vient d'écraser à Cannes une armée romaine; les Gaulois en détruisent une autre.

« La fortune, » dit Tite-Live, « accumulait sur cette
» année tous les désastres. L. Postumius, consul dé-
» signé, avait péri dans la Gaule cisalpine avec tou-
» tes ses troupes. Il y avait une vaste forêt, que les
» Gaulois appelaient *Litana*, et où il allait faire pas-
» ser son armée. A droite et à gauche de la route,
» les Gaulois coupèrent les arbres, de telle sorte
» que tout en restant debout, ils pussent tomber à la
» plus légère impulsion. Postumius amenait avec
» lui deux légions romaines, et du côté de la mer
» Adriatique il avait enrôlé tant d'alliés, que vingt-

---

(1) Voir le *Diogène Laërce* de l'édit. Didot-Cobet, p. 1, et les fragments d'Aristote réunis par Heitz dans l'édit. Didot, t. IV, seconde partie, p. 67, n° 104.

» cinq mille soldats l'accompagnaient sur le territoire
» ennemi. Les Gaulois s'étaient établis sur la lisière
» extrême et tout à l'entour de la forêt. Aussitôt
» que l'armée romaine s'y fut engagée, ils poussè-
» rent les plus éloignés de ces arbres qu'ils avaient
» coupés par le pied. Les premiers tombant sur les
» plus proches, si peu stables eux-mêmes et si fa-
» ciles à renverser, tout fut écrasé par leur chute
» confuse, armes, hommes, chevaux; à peine dix sol-
» dats échappèrent. Le plus grand nombre avaient
» péri étouffés sous les troncs et sous les branches
» brisées des arbres; quant aux autres, effrayés par
» ce désastre inattendu, ils furent massacrés par les
» Gaulois qui cernaient en armes toute l'étendue de
» la forêt. Sur une armée si considérable, quelques
» soldats seulement furent faits prisonniers, en
» cherchant à gagner le pont, où l'ennemi, qui en
» était déjà maître, les arrêta. Ce fut là que mourut
» Postumius, en faisant les plus énergiques efforts
» pour ne pas être pris. Les dépouilles et la tête
» coupée de ce général furent portées en triomphe
» par les Boïens dans le temple le plus respecté de
» leur nation; puis, la tête fut vidée, et, selon
» l'usage de ces peuples, le crâne, orné d'un cercle
» d'or, leur servit de vase sacré pour offrir des liba-
» tions dans les fêtes. Ce fut aussi la coupe des
» pontifes et des prêtres du temple (1). »

---

(1) Tite-Live, l. XXIII, c. xxiv, éd. Teubner-Weissenborn, II, 343.

Comment s'appelaient en gaulois ces pontifes, ces prêtres (*sacerdotes*, *antitistes*) que nous trouvons dans la Gaule cisalpine, 216 ans avant J.C.-? Les nommait-on druides, comme les prêtres de la Gaule transalpine, un siècle et demi plus tard ? Nous n'en savons rien.

CHAPITRE II.

DRUIDES DE GAULE DEPUIS CÉSAR JUSQU'A PLINE L'ANCIEN.

Les textes antiques nous présentent le druidisme comme une institution de la Gaule transalpine et de la Grande-Bretagne, entre les années 53 avant J.-C. et 77 après J.-C., sans nous montrer quand elle a commencé ni quand elle a fini. Evidemment, elle a existé avant César, qui en parle le premier; elle a survécu à Pline l'ancien, qui, le dernier, la mentionne comme un fait contemporain; mais de combien d'années a-t-elle précédé les campagnes de César en Gaule? Combien d'années s'est-elle maintenue en Gaule après Pline? Voilà des questions auxquelles nous ne pouvons répondre.

Etudions les textes que nous possédons. Nous commencerons par César.

« Dans toute la Gaule, » dit-il, « il n'y a que deux
» classes d'hommes qui soient comptées pour quel-
» que chose et honorées, car la populace est réduite

» à peu près à la condition des esclaves ; elle n'ose
» rien par elle-même et n'est jamais admise à déli-
» bérer sur les affaires publiques. La plupart, acca-
» blés, soit par les dettes, soit par le taux exorbi-
» tant des impôts, soit par les injustices des grands,
» se livrent eux-mêmes en servitude aux nobles, et
» ceux-ci ont sur eux tous les mêmes droits que les
» maîtres sur les esclaves. Quant aux deux classes
» dominantes, l'une est celle des druides, l'autre
» est celle des chevaliers. Les premiers sont chargés
» des choses divines, président aux sacrifices publics
» et privés, et interprètent les mystères de la reli-
» gion. Un grand nombre de jeunes gens accourent
» auprès d'eux pour s'instruire par leur enseigne-
» ment, et ces jeunes gens ont pour eux le plus
» grand respect. Les druides jugent, en effet, toutes
» les contestations publiques ou privées ; si quelque
» délit grave, si quelque meurtre a été commis, s'il
» s'élève une difficulté pour un héritage ou pour
» des limites, ce sont eux qui prononcent ; ils fixent
» les dommages-intérêts (1) et les peines. Lorsqu'un
» simple particulier ou un peuple ne se soumet

---

(1) Je rends par dommages-intérêts le latin *præmia* ; M. R. Dareste m'a suggéré cette interprétation, qui n'est pas une traduction littérale ; elle est fondée sur la connaissance que nous avons du droit pénal germanique et celtique et sur l'ignorance où les Romains étaient alors de cette législation ; de là, l'inexactitude de l'expression de César et la possibilité pour nous de la rectifier. *Præmium*, chez César, représente ici l'idée du *wehrgeld* germain et de l'*éric* irlandais.

» point à leur décision, ils lui interdisent les sacri-
» fices ; c'est là chez eux le châtiment le plus grave.
» Ceux que frappe cet interdit sont mis au rang des
» impies et des scélérats ; chacun les fuit ; chacun
» évite de les aborder et de leur parler, dans la
» crainte d'éprouver quelque malheur par l'effet de
» leur contact ; leurs demandes en justice ne sont
» point accueillies, et on ne leur confère aucune di-
» gnité. A la tête des druides est placé un chef uni-
» que qui a parmi eux l'autorité suprême. Ce chef,
» à sa mort, est remplacé par le plus digne ; et si
» plusieurs compétiteurs ont des titres égaux, le
» successeur est élu par les suffrages des druides ;
» quelquefois même on se dispute, les armes à la
» main, cette dignité suprême. Chaque année, à une
» époque fixe, les druides s'assemblent dans un lieu
» consacré, sur le territoire des Carnutes, qui passe
» pour être le centre de la Gaule. Là se rendent, de
» toutes parts, ceux qui ont des différends à vider ;
» ils se soumettent aux décisions et aux arrêts des
» druides. On croit que leur doctrine, découverte en
» Bretagne, a été de là apportée dans la Gaule ;
» et maintenant ceux qui veulent la connaître plus
» à fond vont ordinairement l'étudier dans cette
» île.

» Les druides, suivant la coutume, ne vont point
» à la guerre et ne payent point les impôts comme
» le reste des Gaulois ; ils sont exempts du service
» militaire et affranchis de toute espèce de charge
» publique. Attirés par de si grands avantages, un

» grand nombre de Gaulois fréquentent leurs écoles,
» les uns de leur propre mouvement, les autres
» parce que leurs parents les y envoient. Ils y ap-
» prennent, dit-on, un grand nombre de vers, et
» c'est pourquoi quelques-uns de ces disciples pas-
» sent vingt ans à étudier. Il n'est point permis, sui-
» vant les druides, de confier ces vers à l'écriture,
» tandis que dans toutes les autres affaires, soit
» publiques, soit privées, ils se servent de l'alphabet
» grec. Ils ont, je pense, établi cet usage pour deux
» motifs : d'abord, parce qu'ils ne veulent point que
» leur science se répande dans le peuple, et ensuite
» parce qu'ils craignent que leurs élèves, se fiant à
» l'écriture, ne cultivent pas assez leur mémoire;
» car il arrive ordinairement que le secours des li-
» vres rend moins zélé pour l'étude et fait négliger
» la mémoire. Avant tout ils veulent persuader que
« les âmes ne meurent pas, et qu'après la mort elles
» passent d'un corps dans un autre; cette croyance
» est, suivant eux, singulièrement propre à exciter le
» courage, en faisant mépriser la crainte de la mort.
» Ils ont, en outre, un grand nombre de systèmes
» sur les astres et leur mouvement, sur l'étendue de
» l'univers et de la terre, sur la nature des choses,
» la force et la puissance des dieux immortels, et ils
» les enseignent aux jeunes gens.....

» ...La nation gauloise tout entière est très portée
» à la superstition; et par ce motif, ceux qui sont at-
» taqués de maladies graves, ceux qui font la guerre
» et qui sont exposés à des dangers, immolent pour

» victimes des hommes ou font vœu d'en immoler.
» Ils emploient les druides comme ministres de ces
» sacrifices ; ils croient que la vie d'un homme est
» nécessaire pour racheter la vie d'un autre homme
» et qu'on ne peut autrement apaiser les dieux im-
» mortels. Chez certains peuples des sacrifices de ce
» genre font même partie des institutions de l'Etat.
» D'autres ont d'immenses mannequins en osier
» tressé, qu'ils remplissent d'hommes vivants ; ils y
» mettent le feu, et ces hommes périssent envelop-
» pés par les flammes. Ils croient que le supplice de
» ceux qui sont convaincus de vol, de brigandage ou
» de quelque autre crime, est celui qui plaît le plus
» aux dieux immortels ; mais quand ces sortes de
» victimes ne sont point assez nombreuses, ils y
» suppléent en sacrifiant des innocents (1).....

» .....Les Gaulois assurent qu'ils sont tous issus
» de *Dis Pater* [c'est-à-dire du dieu de la mort], et ils
» disent que cette origine a été révélée par les
» druides. C'est pour cette raison qu'ils mesurent le
» temps en comptant non par jours, mais par nuits.
» Quand ils calculent les dates de naissance, le com-

---

(1) Sur les sacrifices humains chez les Gaulois transalpins voir aussi Diodore de Sicile, livre V, chap. xxxii, § 6, édition Didot-Müller, t. I, p. 273-274 ; Strabon, livre IV, chap. iv, § 5, édition Didot-Müller et Dübner, p. 164-165 ; Denys d'Halicarnasse, livre I, chap. xxxviii, édition Teubner-Kiessling, t. I, p. 145. Comparez, sur les sacrifices humains chez les Galates dans l'Asie Mineure, au second siècle avant notre ère, Diodore de Sicile, livre XXXI, chap xiii, édition Didot-Müller, t. II. p. 499 ; et Tite-Live, livre XXXIII, chap. xlvii, édition Teubner-Weissenborn, t. IV, p. 363.

» mencement des mois et celui des années, ils ont
» soin de placer le jour après la nuit (1). »

Ces lignes ont été intercalées par César dans le récit des événements de l'année 53 avant notre ère. Neuf ans plus tard, en 44, Cicéron, dans son *Traité de la divination*, s'adressant à Quintus, son frère, lui dit :

« Les barbares eux-mêmes se sont occupés de la
» divination, puisqu'il y a des druides en Gaule. J'ai
» connu l'un d'entre eux, l'éduen Divitiacus, ton
» hôte et ton admirateur : il prétendait connaître les
» lois de la nature, c'est-à-dire, comme disent les
» Grecs, la physiologie, et il annonçait l'avenir tant
» au moyen des augures que par conjecture (2). »

L'année 44, où Cicéron a écrit ces lignes, est celle où César fut assassiné. C'est peu d'années après ce grand événement que Diodore de Sicile paraît avoir terminé sa *Bibliothèque historique*. Il y raconte que les Celtes « ont des philosophes et des théologiens
» qu'ils appellent druides et auxquels ils rendent de
» grands honneurs..... C'est une règle établie parmi
» eux que personne ne sacrifie sans l'assistance d'un
» philosophe (c'est-à-dire d'un druide); car ils pré-
» tendent qu'on ne peut offrir de sacrifices agréables
» aux dieux que par l'intermédiaire de ces hommes

---

(1) *De bello gallico*; liv. VI, c. XIII, XIV, XVI, XVII. Cette traduction est celle de M. Louandré, sauf un certain nombre de modifications.

(2) *De divinatione*, liv. I, c. XLI, § 90. Divitiacus était venu à Rome l'an 61 avant notre ère, trois ans avant la première campagne de César en Gaule. *De bello gallico*, l. I, c. XXXI, § 9 ; l. VI, c. XI, § 5.

» qui connaissent la nature divine et qui sont en
» quelque sorte en communication avec elle, et que
» c'est par leur entremise qu'il faut demander aux
» dieux les biens qu'on désire. Ces philosophes,
» comme les poëtes lyriques (appelés bardes), ont
» une grande autorité dans les affaires de la paix
» comme dans celles de la guerre; amis et ennemis
» les écoutent. Souvent, lorsque deux armées sont
» en présence, que les épées sont tirées et les lances
» en arrêt, ils se jettent au milieu des combattants
« et les apaisent comme s'ils charmaient des bêtes
» féroces. Ainsi chez les barbares les plus sauvages
» la colère subit l'empire de la sagesse, et le dieu
» de la guerre rend hommage aux Muses (1). »

Après Diodore arrive Timagène, suivant lequel
« les druides en Gaule se font remarquer par la su-
» périorité de leur génie que Pythagore a proclamé.
» Ils sont unis par les liens d'une corporation; ils
» ils se vouent à l'étude de questions secrètes et
» de sciences élevées; méprisant les choses hu-
» maines, ils ont déclaré les âmes immortelles (2). »
Timagène écrivait probablement sous le règne d'Auguste, de l'an 28 avant J.-C. à l'an 14 après notre
ère. Un rescrit de cet empereur interdit aux citoyens
romains la pratique de la religion des druides. Ce

---

(1) Diodore de Sicile, liv. V, ch. xxxi, édit. Didot-Müller, t. I, p. 272-273.

(2) Ammien Marcellin, liv., XV, chap. ix, § 8, édition Teubner-Gardthausen, t. I, p. 69; cf. Didot-Müller, *Fragmenta historicorum græcorum*, t. III, p. 323.

CHAPITRE II. — GAULE, DE CÉSAR A PLINE L'ANCIEN. 99

rescrit est cité par Suétone (1). Cependant, au commencement du règne de Tibère, successeur d'Auguste, les druides gardaient encore une partie de leur ancien prestige. Strabon, qui écrivait en l'an 19 de notre ère le quatrième livre de sa *Géographie* (2), y parle des grands honneurs qu'on leur rend.

« Les druides, » ajoute-t-il, « outre la science de
» la nature, étudient la philosophie morale. Les Gau-
» lois les considèrent comme les plus justes des
» hommes et leur confient le jugement des contes-
» tations privées et publiques; autrefois, dans les
« guerres, ils étaient arbitres, ils arrêtaient les belli-
» gérants au point d'en venir aux mains, et on leur
» confiait surtout le jugement des procès pour meur-
» tre. Quand la libéralité populaire a assuré aux
» druides un revenu considérable, on croit qu'en
» conséquence les récoltes seront abondantes. Les
» druides, comme d'autres barbares, croient à l'im-
» mortalité de l'âme et du monde; mais l'eau et le
» feu doivent, suivant eux, prévaloir un jour (3). »

Ainsi à cette date, cinq ans après la mort de l'empereur Auguste les druides ne jugeaient plus, comme au temps de César, les procès pour meurtre; mais, à cela près, ils restaient encore les arbitres de la plupart des contestations publiques et privées.

---

(1) *Vie de Claude*, ch. xxv, édition Tubner-Roth, p. 161.
(2) Christoph Gottlieb Groskurd, *Strabons Erdbeschreibung*, introduction, § 4, t. I, p. 17.
(3) Strabon, liv. IV, c. IV, § 4, édit. Didot-Müller et Dübner, p. 164.

Voilà ce que Strabon nous apprend. Peu de temps après l'époque où le célèbre géographe écrivait ces lignes, l'influence des druides portait ombrage à Tibère, et un sénatus-consulte, voté sur sa proposition, les déclara supprimés (1). On suppose que cette mesure rigoureuse fut un des actes de répression que provoqua la révolte de Julius Florus et de Sacrovir qui, l'an 29 de notre ère, essayèrent de soustraire la Gaule au joug romain. La suppression légale des druides sous Tibère ne semble pas avoir, en fait, eu grand résultat, car l'empereur Claude, dont le règne commence en l'an 41 de notre ère et finit en 54, crut à propos de la renouveler : il décida que la religion cruelle des druides était abolie (2). Un compilateur du cinquième siècle lui fait gloire de cette réforme : « Claude, » dit-il, « écrasa les vices, et en » Gaule les fameuses superstitions des druides (3). » Le rescrit par lequel Claude abolit (*abolevit*) la religion druidique peut être de l'année 43 où ce prince

---

(1) « Tiberii principatus sustulit Druidas eorum senatusconsulto » (Pline, *Histoire naturelle*, l. XXX, § 13. Edition Teubner-Ianus, t. IV, p. 235). — C'était la conséquence logique d'une mesure prise par l'empereur Auguste qui avait déclaré, disscutes toutes les corporations dont l'existence n'était pas légalement autorisée, Suétone, *Auguste*, c. XXXII, édition Teubner-Roth, p. 53 ; cf. V. Duruy dans la *Revue archéologique*, t. XXXIX, p. 350.

(2) « Druydarum religionem apud Gallos diræ immanitatis et tantum civibus sub Augusto interdictam penitus abolevit. » Suétone. *Claude*, ch. xxv, édition Teubner-Roth, p. 153.

(3) « Compressa per eum vitia ac per Galliam Druidarum famosæ superstitiones. » Sextus Aurelius Victor, *De Cæsaribus*, c. iv. *Historiæ romanæ scriptores minores, studiis Societatis bipontinæ*, p. 96.

CHAPITRE II. — GAULE, DE CÉSAR A PLINE L'ANCIEN.

traversa la Gaule. En effet Pomponius Méla, dans sa description de la Gaule, écrite vers la fin de 43 ou le commencement de 44, paraît y faire allusion. Parlant des usages religieux du pays, il se sert d'une expression qui semble rappeler ce rescrit. Il reste encore, dit-il, des traces d'une cruauté déjà abolie : *Manent vestigia feritatis jam abolitæ*. Les druides, encore en haute estime, se cachent au fond des bois.

Voici en quels termes Méla parle d'eux :

« Les Gaulois ont pour maîtres de la sagesse les
» druides. Ceux-ci prétendent connaître la grandeur
» et la forme de la terre et du monde, les mouve-
» ments du ciel et des astres, la volonté des dieux.
» Ils enseignent une foule de choses aux plus no-
» bles de la nation, en secret, longtemps, pendant
» vingt ans quelquefois, dans des cavernes ou dans
» les profondeurs des forêts. Une de leurs doctrines
» s'est répandue dans le peuple, afin sans doute de
» rendre les guerriers plus braves : c'est qu'il y a
» une seconde vie chez les morts (1). »

Vers le même temps Claude condamna à mort un chevalier romain qui, ayant un procès, s'était présenté à son tribunal avec une amulette druidique cachée sous ses vêtements, et qui, grâce à cet objet, espérait obtenir le gain de sa cause ; cette amulette était un prétendu œuf de serpent (2).

---

(1) Pomponius Méla, *Description de la Terre*, l. III, c. II. Edition Holtze, 1871, p. 55.

(2) Pline, l. XXIX, § 54. Edition Teubner-Ianus, t. IV, p. 216.

Environ vingt ans après l'époque où écrivait Pomponius Méla, le nom des druides reparaît dans la littérature romaine chez le poète Lucain mort l'an 65 de notre ère, en laissant inachevé le poème célèbre dont nous allons parler.

Lucain consacra aux druides les vers 450 à 465 du livre Ier de sa *Pharsale*. Il y veut peindre l'état de la Gaule au temps où César et Pompée se disputaient le pouvoir les armes à la main, c'est-à-dire plus d'un siècle avant l'époque où il écrit; et, par un anachronisme singulier, il nous montre réfugiés au fond des bois les druides qui, au temps dont il prétend parler, gardaient encore une grande partie de leur autorité. Les druides, réfugiés au fond des bois, sont ceux du géographe Méla; ce sont les druides contemporains de Lucain, les druides persécutés par les empereurs Tibère, Claude et Néron; ce ne sont pas les druides tout puissants du temps où César, vainqueur de la Gaule, battait, avec le concours de légionnaires gaulois, les troupes de l'aristocratie romaine commandées par Pompée.

Voici la traduction des vers de Lucain :

« Et vous, druides, vous avez repris vos rites bar-
» bares et les sinistres usages de vos sacrifices quand
» ont été déposées les armes. A vous seuls il est
» donné de connaître les dieux et les puissances du
» ciel, à moins que seuls vous les ignoriez. Vous
» habitez sous de grands arbres dans des bois sacrés
» situés au loin. Suivant vous, les ombres ne ga-
» gnent pas les demeures silencieuses d'Érèbe et les

» royaumes profonds du pâle Dispater. Le même
» esprit gouverne un corps nouveau dans un autre
» monde. S'il faut croire la doctrine que vos chants
» enseignent, la mort est le milieu d'une longue vie.
» Certes les peuples que regarde l'étoile du Nord
» sont heureux de leur erreur : la plus grande de
» toutes les craintes, la crainte de la mort, ne les
» émeut pas. De là le courage ardent qui précipite
» les guerriers sur le fer : il serait lâche d'épargner
» une vie qui reviendra. »

De Lucain nous passons au récit des événements de l'année 71, tels que Tacite les raconte au chap. 54 du livre IV de ses *Histoires*.

Vespasien vient de monter sur le trône; la Gaule s'agite, refuse de le reconnaître. Des événements de la guerre civile qui vient de finir, le plus important, aux yeux du peuple, est l'incendie du Capitole. « C'est, » disent les druides, « un signe de la colère
» céleste; il annonce que le domaine du monde va
» passer aux habitants de la Gaule transalpine (1). »

Le dernier auteur de l'antiquité qui parle des druides comme existant encore de son temps est Pline le Naturaliste, dont le grand ouvrage fut présenté à Titus par l'auteur, en 77. Suivant Pline, les druides gaulois sont, à cette époque, réduits à la pratique de la médecine et de l'art vétérinaire, auxquels ils ajoutent diverses pratiques de sorcellerie.

---

(1) *Cornelii Taciti opera* recensuit C. H. Weise, Holtze, 1869, t. II, p. 205.

On peut consulter, sur ce point, l'histoire naturelle de cet écrivain, livre XVI, § 249-251; livre XXIV, § 103-104, et livre XXIX, § 52-54. On y voit les druides persister, en fait, comme médecins, vétérinaires et sorciers, bien que, si l'on s'en rapporte à un autre passage, livre XXX, § 13, où Pline parle au point de vue légal, l'institut druidique ne soit plus alors en Gaule qu'un souvenir, et qu'il faille aller en Grande-Bretagne pour le rencontrer vivant.

Voici en quels termes Pline s'exprime au sujet des druides qui, de son temps, se maintiennent encore en Gaule en dépit des lois de l'Empire :

« Il ne faut pas oublier, à propos du gui, l'admi-
» ration des Gaulois pour cette plante. Aux yeux des
» druides (c'est ainsi qu'ils appellent leurs mages),
» rien n'est plus sacré que le gui et l'arbre qui le
» porte, pourvu que ce soit un chêne rouvre. D'ail-
» leurs ce sont des bois de chênes rouvres qu'ils
» choisissent pour bois sacrés. Ils n'accomplissent
» aucune cérémonie religieuse sans le feuillage de
» cet arbre, à tel point qu'on peut supposer au nom
» de druide une étymologie grecque (δρῦς, chêne).
» Tout gui venant sur le chêne rouvre est regardé
» par eux comme envoyé du ciel; ils pensent que
» c'est un signe de l'élection que le Dieu même a
» faite de l'arbre. Du reste, le gui sur le chêne rou-
» vre est extrêmement rare, et quand on le trouve
» on le cueille avec un très grand appareil religieux.
» Avant tout, il faut que ce soit le sixième jour de la
» lune; ce jour est le commencement de leurs mois,

» de leurs années et de leurs cycles, qui durent
» trente ans; alors l'astre est déjà dans toute sa
» force, sans être au milieu de son cours. Ils appel-
» lent le gui d'un nom qui signifie panacée. Après
» avoir préparé, selon les rites, sous l'arbre, des
» sacrifices et un repas, ils font approcher deux tau-
» reaux de couleur blanche, dont les cornes sont
» alors attachées au joug pour la première fois. Un
» prêtre, vêtu de blanc, monte sur l'arbre et coupe
» le gui avec une serpe d'or. On le reçoit sur un
» manteau blanc; puis on immole les deux taureaux,
» en priant le dieu de rendre le don, qu'il a fait, pro-
» pice à ceux auxquels il l'accorde. On croit que le
» gui, pris sous forme de boisson, donne la fécon-
» dité à tout animal stérile, et qu'il est un remède
» contre tous les poisons. Tant c'est d'ordinaire à
» des objets frivoles que les peuples associent la
» religion (1)!

» A la sabine ressemble la plante appelée *selago*
» (*lycopodium selago*, L.). On la cueille sans se ser-
» vir de fer, avec la main droite passée par l'ouver-
» ture gauche de la tunique, comme si on voulait
» faire un larcin; il faut être couvert d'un vêtement
» blanc, avoir les pieds nus et bien lavés et avoir
» préalablement sacrifié avec du pain et du vin. On
» l'emporte dans une serviette neuve. Les druides
» gaulois ont prétendu qu'il faut toujours l'avoir sur
» soi comme préservatif contre les accidents, et que

(1) Pline, l. XVI, § 249-251. Edition Teubner-Ianus, t. III, p. 45.

» la fumée en est utile pour toutes les maladies
» d'yeux.

» Les mêmes druides ont donné le nom de *samolus*
» à une plante qui croît dans les lieux humides.
» Elle doit être cueillie de la main gauche, à jeun,
» pour préserver de maladie les bœufs et les porcs.
» Celui qui la cueille ne doit pas la regarder, ni la
» mettre ailleurs que dans l'auge, où on la broie
» pour que ces animaux puissent l'avaler (1).

» En outre, il est une espèce d'œuf très renommé
» dans les Gaules et dont les Grecs n'ont pas parlé.
» En été il se rassemble une multitude innombrable
» de serpents qui s'enlacent et sont collés les uns
» aux autres, tant par la bave qu'ils jettent que par
» l'écume qui transpire de leur corps; il en résulte
» une boule appelée œuf de serpent. Les druides
» disent que cet œuf est lancé en l'air par les sif-
» flements de ces reptiles; qu'il faut alors le rece-
» voir dans un manteau sans lui laisser toucher la
» terre; que le ravisseur doit s'enfuir à cheval, attendu
» que les serpents le poursuivent jusqu'à ce qu'une
» rivière mette une barrière entre eux et lui; qu'on
» reconnaît cet œuf s'il flotte contre le courant,
» même attaché à de l'or. Mais comme les mages
» sont ingénieux à donner le change sur leurs frau-
» des, ils prétendent qu'il faut choisir une certaine

---

(1) Pline, l. XXIV, § 103-104. Edition Teubner-Ianus, t. IV, p. 52. Au dernier de ces paragraphes, *conterere*, l'ancienne leçon, me semble préférable à *continere*.

» lune pour se procurer cet œuf, comme s'il dépen-
» dait de la volonté humaine de faire cadrer l'opéra-
» tion des serpents avec l'époque indiquée. J'ai vu,
» pour mon compte, un de ces œufs fameux chez les
» druides ; il était rond, de la grosseur moyenne
» d'une pomme ; la coque en était cartilagineuse,
» avec de nombreuses cupules semblables à celles
» des poulpes. On le préconise merveilleusement
» pour le gain des procès et l'accès auprès des sou-
» verains ; mais cela est si faux, qu'un chevalier ro-
» main du pays des Voconces, qui, pendant un pro-
» cès, portait un de ces œufs dans son sein, fut mis
» à mort par le dieu Claude, empereur, sans aucun
» autre motif que je sache (1). »

Tel est le druidisme en Gaule sous le règne de Vespasien qui mourut, comme on sait, l'an 79 de notre ère. Depuis la conquête romaine, en cent trente ans, quelle profonde décadence !

(1) Pline, l. XXIX, § 52-54. Edition Teubner-Ianus, t. IV, p. 215-216. Nous avons, pour ces passages de Pline, reproduit, à quelques changements près, la traduction de Littré.

CHAPITRE III.

DRUIDES DE GAULE DEPUIS PLINE L'ANCIEN.

A partir de l'année 77 de notre ère, où Pline fit hommage de son livre à Titus, il n'est plus nulle part question des druides de Gaule autrement qu'au passé. Ainsi c'est au passé que parle des druides Ausone, auteur du quatrième siècle, qui fut consul en 739. Chantant un grammairien latin qui professa à Bordeaux, il s'exprime en ces termes :

« Je ne passerai pas sous silence un vieillard
» nommé Phæbitius qui, sacristain de Bélénus,
» n'avait aucune ressource; mais, dit-on, il descen-
» dait d'une famille de druides de race armoricaine,
» et, par la protection de son fils, il obtint une chaire
» à l'école de Bordeaux (1). »

(1)   Nec reticebo senem
           Nomine Phæbitium,
           Qui, Beleni ædituus,
           Nil opis inde tulit ;
           Sed tamen, ut placitum,
           Stirpe satus Druidum
           Gentis Aremoricæ,

CHAPITRE III. — GAULE DEPUIS PLINE L'ANCIEN. 109

De ce qu'un vieux professeur du quatrième siècle prétendait avoir des druides dans sa généalogie, il ne suit pas qu'il existât des druides en Gaule de son temps. Ce que nous trouvons en Gaule, à une époque rapprochée de la sienne, ce sont des druidesses ; et par ce mot on entend des sorcières qui prédisent l'avenir. Ainsi en 235, au moment où Alexandre Sévère allait être assassiné, une druidesse lui cria en gaulois : « Va, n'espère pas la victoire, et ne compte » pas sur tes soldats (1). » Aurélien, qui régna de 271 à 275, consulta des druidesses pour savoir si ses descendants régneraient après lui (2). Dioclétien, qui régna de 284 à 305, racontait qu'à une époque où il n'occupait encore qu'un grade inférieur dans l'armée, antérieurement à l'avènement d'Aurélien, 270, une druidesse de Tongres lui prédit dans une auberge ses futures destinées (3). Cette druidesse était l'aubergiste elle-même ou une servante. Elle faisait à

        Burdigalæ cathedram
        Nati opera obtinuit.

Commemoratio professorum burdigalensium, ch. x, v. 19-25. Edition de Deux-Ponts, p. 92.

(1) « Vadas, nec victoriam speres, nec te militi tuo credas, » Lampride, *Alexandre Sévère*, c. LX, *Historiæ Augustæ scriptores*, édit. Teubner-Peter, t. I, p. 271.

(2) « Aurelianum gallicanas consuluisse Dryadas, sciscitantem utrum apud ejus posteros imperium permaneret ; tum illas respondisse... : nullius clarius in republica nomen quam Claudii posterorum futurum. » Vopiscus, *Aurélien*, c. 44, *Historiæ Augustæ scriptores*, édit. Teubner-Peter, t. II, p. 167.

(3) Vopiscus, *Numérien*, c. XXIV ; *Historiæ Augustæ scriptores*, édit. Teubner-Peter, t. II, p. 223.

Dioclétien le compte de sa dépense quotidienne : lui, discutait les prix. « Dioclétien, » lui dit-elle, « tu n'es » qu'un avare : même à l'économie il ne faut pas » d'excès. » Dioclétien lui répondit en riant : « Je » ferai les choses largement quand je serai empe- » reur. » — « Ne plaisante pas, » répliqua la druidesse, « tu seras empereur *cum aprum occideris* » (c'est-à-dire : quand tu auras tué un *sanglier*, ou quand tu auras tué Aper). Dioclétien crut à cette prophétie. Il désirait l'empire. Il tua beaucoup de sangliers à la chasse, espérant par là s'ouvrir le chemin du trône. Ce fut en vain. Il vit se succéder plusieurs empereurs qui, comme il disait, mangeaient son gibier. Quand enfin il eut été proclamé auguste, ce fut pour assurer l'accomplissement des paroles de la druidesse de Tongres que, de sa propre main, il tua le préfet du prétoire, Aper. Son biographe nous a conservé le souvenir du cri de triomphe qu'il poussa alors : « J'ai tué le sanglier fatal ! » C'était en 284 ; la prophétie de la druidesse remontait à environ quinze ans.

De ces faits on ne peut pas conclure qu'il ait existé des druides en Gaule postérieurement à Pline l'ancien et au premier siècle après notre ère. Il est seulement certain qu'il y avait au troisième siècle, en Gaule, des femmes qui prédisaient l'avenir et auxquelles on donnait le nom de druidesses, en latin *dryas*.

CHAPITRE IV.

ORIGINE DU DRUIDISME.

Après la date où a paru l'*Histoire naturelle* de Pline, c'est-à-dire après l'an 77 de notre ère, on n'entend plus parler du druide mâle autrement qu'au passé, autrement que, par exemple, comme ancêtre, dans les vers d'Ausone que nous avons cités. C'est chez César, en 53 avant notre ère, que nous avons vu les druides apparaître pour la première fois.

Ainsi les textes précis que nous possédons sur le druidisme en Gaule, ne nous y montrent cette institution que de l'an 53 avant notre ère à l'an 77 après, c'est-à-dire pendant cent trente ans. De ces dates on ne doit pas tirer des conclusions absolues. Cependant nous n'avons pas de raisons pour croire que le druidisme ait survécu au premier siècle après notre ère. Mais a-t-il existé en Gaule longtemps avant le siècle précédent? C'est une question à laquelle il est difficile de répondre d'une manière précise.

La « coutume, » dit César, dispensait les druides

du service militaire (1). La « coutume » suppose à l'institut druidique une certaine durée à l'époque de la guerre des Gaules, qui commença en l'année 58 et finit en 51, et pendant laquelle César réunit les renseignements qu'il nous donne sur les druides dans son livre VI. Mais, d'autre part, l'opinion reçue en Gaule à cette époque faisait du druidisme une importation étrangère venue de Grande-Bretagne. Dans cette île était le centre de l'enseignement druidique. Les Gaulois du temps de César allaient étudier en Grande-Bretagne comme les Irlandais du premier cycle héroïque, comme les Irlandais du cycle de Conchobar et de Cûchulainn (2). Ainsi l'introduction du druidisme en Gaule ne remontait pas à une époque tellement éloignée du milieu du premier siècle avant notre ère, que la mémoire de cette innovation fût alors perdue. Au milieu du premier siècle avant notre ère, on se rappelait encore un temps où le druidisme n'existait pas en Gaule. Ce temps ne pouvait être fort ancien ; mais à quelle date exacte appartenait-il ? Nous l'ignorons et nous sommes probablement destinés à l'ignorer toujours.

Antérieurement au texte de Jules César déjà cité, et qui a été écrit au plus tôt en l'année 53, nous ne

---

(1) « Druides a bello abesse consuerunt » (*De bello gallico*, l. VI, c. xiv, § 1).

(2) « Disciplina in Britannia reperta atque inde in Galliam translata esse existimatur, et nunc, qui diligentius eam rem cognoscere volunt, plerumque illo discendi causa proficicuntur » : *De bello gallico*, VI, 13, § 11.

trouvons nulle part aucune trace du nom des druides. Il ne paraît pas démontré que ce sacerdoce ait existé ni en Espagne, ni au sud des Alpes, ni à l'est du Rhin. On n'a pas trouvé de preuve que les Celtes continentaux l'aient porté avec eux dans leurs migrations, quand, vers le sixième siècle avant notre ère, ils allèrent s'établir au sud des Pyrénées, quand, vers l'an 400 avant J.-C., ils commencèrent la conquête de l'Italie du nord, quand, un peu plus d'un siècle après, ils atteignirent la mer Noire, pénétrèrent en Grèce et en Asie. On ne trouve le nom des druides dans aucun des textes qui nous parlent des colonies celtiques établies dans ces contrées diverses. Devons-nous en conclure que le druidisme aurait été importé de Bretagne sur le continent après la plus récente de ces migrations qui date du troisième siècle avant notre ère? Le plus sûr est, je crois, de dire qu'en cette matière il n'y a rien de certain.

Il y a cependant un passage de Strabon dont on pourrait peut-être conclure que le druidisme existait au moins en germe sur le continent européen au commencement du troisième siècle avant J.-C., c'est-à-dire quand une colonie gauloise s'établit en Asie Mineure et y fonda le petit Etat connu sous le nom de Galatie.

Strabon dit que les douze tétrarques de Galatie avaient un sénat qui se composait de trois cents membres. Ce sénat se réunissait dans un lieu appelé *Drunemeton*, et y jugeait les procès pour meurtre (1).

---

(1) « Ἡ δὲ τῶν δώδεκα τετραρχῶν βουλὴ ἄνδρες ἦσαν τριακόσιοι, συνή-

Drunemeton veut dire temple de *Dru*, lieu sacré de *Dru*. *Nemeton*, en effet, signifie temple ou lieu sacré (1), car le temple primitif n'est pas un bâtiment, mais une portion de sol consacrée à un dieu. Quant à *Dru*, nous ne savons ce que ce mot veut dire (2).

Le sénat, qui en Galatie se réunit au lieu sacré de *Dru*, et qui juge les causes de meurtre, présente une ressemblance singulière avec l'assemblée annuelle des druides de Gaule, dont nous parle César. Ces druides, comme le sénat de Galatie, se réunissent dans un lieu consacré, dit César, *in loco consecrato* (3),

γοντο δὲ εἰς τὸν καλούμενον Δρυνέμετον · τὰ μὲν οὖν φονικὰ ἡ βουλὴ ἔκρινε τὰ δὲ ἄλλα οἱ τέτραρχαι καὶ οἱ δικασταί. » Strabon, livre XII, chap. v, § 1, édition Didot-Müller et Dübner, page 485.

(1) Sur le sens du mot gaulois *nemeton*, voir les textes réunis dans la *Grammatica celtica*, 2ᵉ édition, p. 10; le plus ancien consiste en deux vers de Fortunat :

Nomine Vernemetis voluit vocitare vetustas,
Quod quasi fanum ingens gallica lingua refert.

Miscellanea, liv. I, chap. ix, vers 9-10, chez Migne, *Patrologia latina*, t. LXXXVIII, col. 71 C.

Dans ces vers, le poète traduit *nemetis* par *fanum*. Le mot *nemeton* se trouve avec le sens de « chapelle, temple » dans l'inscription gauloise de Vaison, qui contient une dédicace à la déesse Belisama, par un certain Segomaros. (*Dictionnaire archéologique de la Gaule*, Planches, inscriptions gauloises, n° 2.) Dans le manuscrit irlandais de Saint-Gall, n° 904, *nemed* glose deux fois *sacellum*, folios 13ᵇ et 48ᵇ, édition Ascoli, p. 20 et 46.

(2) M. Pictet a publié, dans la *Revue celtique*, t. I, p. 299, un mémoire sur la racine DRU, dans les noms celtiques des rivières. Mais il n'est pas vraisemblable que cette racine, qui veut dire « courir, » ait rien à faire ici.

(3) « Hi certo anni tempore in finibus Carnutum, quæ regio totius Galliæ media habetur, considunt in loco consecrato; huc omnes un-

expression latine qui est la traduction du gaulois *nemeton*.

Le sénat de Galatie, réuni à Drunémeton, n'y jugeait que des causes de meurtre; l'assemblée annuelle des druides de Gaule jugeait toute espèce de procès. Tous les procès, suivant César, étaient de la compétence des druides. Cependant Strabon nous apprend que les affaires déférées à leur tribunal étaient principalement des affaires de meurtre (1). Il y avait donc une grande analogie entre les attributions du sénat de Galatie et celles de l'assemblée annuelle des druides de Gaule.

Ajoutons que le premier terme du nom de l'endroit où se réunissait le sénat galate présente avec le nom des druides une frappante ressemblance. *Drunemeton*, « sanctuaire de Dru, » paraît offrir, dans son premier terme, la racine dont le mot *druide* est dérivé. Nous trouvons en Galatie ce mot composé, *Dru-nemeton*, associé à une institution judiciaire qui paraît presque identique au tribunal druidique de Gaule. Les Gaulois, arrivés en Asie Mineure 278 ans avant notre ère, séparés du reste du monde celtique par les conquêtes d'Attale, roi de Pergame, en 241, ont vraisemblablement apporté avec eux, du continent européen, entre ces deux

---

dique, qui controversias habent, conveniunt, eorumque decretis judiciisque parent. » César, *De bello gallico*, liv. VI, c. 13, § 10.

(1) « Τὰς δὲ φονικὰς δίκας μάλιστα τούτοις ἐπετρέπτατο δικάζειν. » Strabon, liv. IV, chap. IV, § 4, édition Didot-Müller et Dübner, p. 164-

dates, et le mot de *Drunemeton* et l'institution judiciaire à laquelle ce nom se trouve associé chez eux. Le druidisme semblerait donc avoir existé en germe sur le continent européen au plus tard vers le milieu du troisième siècle avant J.-C.

CHAPITRE V.

ÉTYMOLOGIE DU MOT DRUIDE.

On a jusqu'ici prétendu trouver dans la syllabe *dru*, premier terme du mot *Drunemeton* et racine du mot *druide*, un mot gaulois signifiant « chêne. » C'est une hypothèse de Pline l'Ancien : « Les bois » sacrés que les druides préfèrent, » dit-il, « sont des » bois de chêne rouvre; ils ne font aucun sacrifice » sans le feuillage de cet arbre : on pourrait croire » que c'est là l'origine de leur nom, si leur nom » peut s'expliquer par le grec (1). »

De Pline cette étymologie s'est répandue chez la plupart des historiens qui ont étudié les Gaulois. Aucune étymologie n'a jamais été plus mal établie (2).

(1) « Jam per se roborum eligunt lucos, nec ulla sacra sine earum fronde conficiunt, ut inde appellati quoque interpretatione græca possint Druidæ videri » (*Histoire naturelle*, liv. XVI, § 249. Edition Teubner-Ianus, t. III, p. 45.

(2) Je suis en désaccord sur ce point avec mon savant ami M. E. Windisch qui, chez George Curtius, *Grundzüge der griechischen Etymologie*, 5ᵉ édition, p. 339, a adopté l'opinion reçue.

Sans doute, il existe en grec un mot δρῦς, « chêne, » très proche parent du sanscrit *drus*, « bois, arbre, » et du gothique *triu*, « arbre, » en anglais *tree*. Mais le mot δρῦς, « chêne, » est étranger aux langues celtiques.

Le mot gaulois qui signifiait « chêne » était certainement *dervos* ou *dervon;* nous en connaissons plusieurs dérivés employés comme noms propres dans des monuments de l'époque romaine. Ainsi, dans une inscription de Brescia, se rencontre une dédicace aux fées des chênes, *fatis dervonibus* (1). Les mêmes fées s'offrent à nous dans une inscription de Milan, dédiée *Matronis Dervonnis* (2). Le nom propre de femme *Dervonia* apparaît dans une inscription de la Pannonie inférieure (3), c'est-à-dire de la Hongrie occidentale. L'itinéraire d'Antonin nous montre, en Grande-Bretagne, une station du nom de *Derventione* (4).

En donnant au simple *dervos* ou *dervon* un féminin, on en a fait le nom de femme *Derva*, porté par la femme de Quartio, fils de Miletumarus, dans une inscription de la Pannonie inférieure (5). Ce nom de femme se retrouve dans une inscription romaine de la Styrie moderne qui a fait partie du Norique, des

---

(1) *Corpus inscriptionum latinarum*, t. V, n° 4208.
(2) *Ibid.* t. V, n° 5791.
(3) *Ibid.*, t. III, n° 3659.
(4) *Itinerarium Antonini*, édition Parthey-Pinder, 466, 2. Cf. *Notitia dignitatum*, édition Böcking, t. II, p. 113, 879.
(5) *Corpus inscriptionum latinarum*, t. III, n° 3405.

CHAPITRE V. — ÉTYMOLOGIE DU MOT DRUIDE. 119

anciens (1). A Derva, on peut comparer le nom propre français Duchêne.

Le même mot gaulois, au masculin ou au neutre, se rencontre comme nom de lieu en France, au moyen âge. C'est, au septième et au neuvième siècle, le nom d'une forêt dont les vastes débris, encore tout peuplés de chênes, couvrent une partie des départements de l'Aube et de la Haute-Marne. Nous lisons *in foreste Dervo* dans un diplôme de Childéric II, en 673 (2); dans un diplôme de Thierry III, en 683 (3); et *silva quæ dicitur Dervus* dans un diplôme de Charles le Chauve qui paraît dater de 854 (4).

Ce mot persiste dans les dialectes néo-celtiques. En breton *dero* veut dire chêne; *derw* a le même sens en gallois. Le vieil irlandais nous offre de ce mot deux formes : l'une est *daur*, génitif *daro*, qui suppose un thème *daru-*, plus court que le thème gaulois et breton *dervo-*, et identique probablement au sanscrit *dâru*, nom d'une espèce de pin; à l'autre forme appartient le génitif *darach*, qui suppose un thème *darvac-* ou *darvec-*; ce thème ne diffère du gaulois *dervo-* que par une prononciation

---

(1) *Corpus inscriptionum latinarum*, t. III, n° 5419.
(2) *Monumenta Germaniæ historica*, *Diplomatum tomus primus*, p. 30, l. 23.
(3) *Ibid.*, p. 49, l. 39.
(4) Il a été publié par dom Bouquet, t. VIII, p. 591. On le date à tort de 864; il porte, chez Bœhmer, le n° 1720. Il a été publié depuis dans le *Musée des archives départementales*.

différente des voyelles et par l'addition d'un suffixe guttural.

Ainsi le nom du chêne, tel qu'on le trouve en gaulois et dans les dialectes néo-celtiques modernes, est différent du thème *dru-* qui forme le premier terme du *dru-nemeton* de Galatie et dont le nom des druides est dérivé. Il y a cependant deux textes sur lesquels on s'appuie pour défendre la thèse contraire : l'un se trouve chez Pline le Naturaliste (nous l'avons déjà cité ; l'autre chez Maxime de Tyr. Nous allons d'abord parler du premier.

Nous avons déjà dit que l'histoire naturelle de Pline a été offerte par l'auteur à l'empereur Titus, l'an 77 de J.-C. A cette époque le druidisme était en pleine décadence en Gaule ; les druides n'y étaient plus que des médecins et des vétérinaires, et leur thérapeutique était plutôt de la sorcellerie que de la science. Or, pour eux, un remède d'une grande importance était l'eau dans laquelle avait trempé le gui du chêne rouvre ; ce gui est un produit d'une excessive rareté.

Pline, nous le racontant, ajoute que les druides choisissent pour leurs bois sacrés des forêts de chênes rouvres, et qu'ils ne font pas de sacrifice sans y employer les branchages de cet arbre ; aussi peut-on, dit-il, proposer pour leur nom une étymologie grecque et le tirer de δρῦς, chêne (1). Mais cette explica-

---

(1) « Non est omittenda in hac re et Galliarum admiratio. Nihil habent Druidæ, — ita suos appellant magos — visco et arbore in

CHAPITRE V. — ÉTYMOLOGIE DU MOT DRUIDE.

tion du nom de druide n'a pas plus de valeur que la plupart des étymologies données par les anciens. Il est inadmissible qu'un nom gaulois vienne du grec. D'ailleurs, les chênes sacrés ne sont pas spéciaux à la race celtique : on trouve des chênes sacrés chez beaucoup d'autres peuples. Il n'y a donc pas lieu de s'arrêter à ce texte de Pline.

Passons à celui de Maxime de Tyr. Maxime de Tyr, écrivain de la fin du second siècle après J.-C., dit que les Celtes rendent un culte à *Zeus*, et qu'un chêne élevé est la représentation celtique de Zeus. Ainsi, chez les Celtes, le chêne serait le représentant visible du dieu suprême (1). La question est de savoir quel est, dans ce passage, le sens du mot *Celte*. Des savants dont le témoignage n'est pas à dédaigner croient que, dans ce texte, Celte veut dire Germain.

La découverte de la distinction des Gaulois et des Germains appartient, sinon à César, du moins à son époque; mais elle n'a pas pénétré chez tous les auteurs grecs postérieurs à lui. Ainsi Diodore de Sicile, qui écrivait quelques années après la mort de César, ne connaît ni le nom de Germains ni celui de Germanie. Il a appris de César que le nom de Celte,

---

qua gignatur, si modo sit robur, sacratius; jam per se roborum eligunt lucos, nec ulla sacra sine earum fronde conficiunt, ut inde appellati quoque interpretatione græca possint Druidæ videri. » Pline, liv. XVI, § 249. Edition Teubner-Ianus, t. III, p. 45.

(1) « Κελτοὶ σέβουσι μὲν Δία, ἄγαλμα δὲ Διὸς κελτικὸν ὑψηλὴ δρῦς. » Maxime de Tyr, *Dissertation* VIII, § 8, édition Didot-Dübner, p. 30.

par lequel nous désignons l'ensemble de la race dite celtique, et par lequel les Grecs avaient jusque-là désigné toutes les peuplades de cette race établies sur le continent, n'appartenait, à proprement parler, qu'à un groupe de cette race établi dans la Gaule méridionale. Il veut rectifier l'erreur de ses prédécesseurs, et, confondant sous une même appellation les Gaulois du Nord et les Germains, il oppose aux Celtes et réunit sous le nom de Galates les peuples situés près de l'Océan et du mont Hercunios jusqu'à la Scythie, c'est-à-dire les peuples qui habitaient alors la France septentrionale, la Belgique, la Hollande et l'Allemagne modernes.

« Il est, » dit-il, « essentiel de déterminer avec
» précision une notion géographique qui manque au
» plus grand nombre. Les peuples qui habitent au
» delà de Marseille dans l'intérieur des terres, ceux
» qui sont près des Alpes et de ce côté-ci des Pyré-
» nées s'appellent Celtes ; mais les peuples qui sont
» établis au delà de cette Celtique, près de l'Océan
» et du mont Hercunios, ou encore plus loin jus-
» qu'à la Scythie, portent le nom de Galates (1). »

Quand il parle de l'expédition de César en Germa-

---

(1) « Χρήσιμον δ'ἐστὶ διορίσαι τὸ παρὰ πολλοῖς ἀγνοούμενον · τοὺς γὰρ ὑπὲρ Μασσαλίας κατοικοῦντας ἐν τῷ μεσογείῳ, καὶ τοὺς παρὰ τὰς Ἄλπεις, ἔτι δὲ τοὺς ἐπὶ τάδε τῶν Πυρηναίων ὀρῶν Κελτοὺς ὀνομάζουσι, τοὺς δ' ὑπὲρ ταύτης τῆς Κελτικῆς..... παρά τε τὸν Ὠκεανὸν καὶ τὸ Ἑρκύνιον ὄρος καθιδρυμένους καὶ πάντας τοὺς ἑξῆς μέχρι τῆς Σκυθίας Γαλάτας προσαγορεύουσιν. » Diodore de Sicile, liv. V, chap. xxxii, édition Didot-Müller, t. I, p. 273.

nie, l'an 55 avant notre ère, il appelle les peuples vaincus par le grand capitaine, dans cette expédition, les Galates d'au delà du Rhin. Ces Galates sont des Germains. Pour lui le Danube est, comme le Rhin, un fleuve de Galatie.

« Il y a, » dit-il, « beaucoup de grands fleuves qui
» coulent à travers la Galatie... Le plus grand de
» ceux qui se dirigent vers notre mer (la Méditerra-
» née) est le Rhône... Parmi ceux qui se jettent dans
» l'Océan, les plus grands paraissent être le Danube
» et le Rhin. De ce dernier fleuve, César, qui a été
» appelé dieu, a, de nos jours, réuni les deux rives
» par un pont merveilleux; il y a fait passer, à pied
» sec, une armée, et il a dompté les Galates qui ha-
» bitent au delà de ce fleuve (1). »

Denys d'Halicarnasse, qui écrivait en l'an 7 avant J.-C., Strabon l'an 19 de notre ère, Ptolémée, à la fin du second siècle, connaissent la Germanie; mais pour Denys d'Halicarnasse la Germanie n'est qu'une subdivision de la Celtique; chez lui la Celtique s'étend de l'océan Atlantique à la Scythie et à la Thrace; elle est divisée par le Rhin en deux parties

---

(1) « Πόλλων δὲ καὶ μεγάλων ποταμῶν ῥεόντων διὰ τῆς Γαλατίας..... μέγιστος δ' ἐστὶ τῶν εἰς τὸ καθ' ἡμᾶς πέλαγος ῥεόντων ὁ Ῥοδανός..... Τῶν δ'εἰς τὸν Ὠκεανὸν ῥεόντων μέγιστοι δοκοῦσιν ὑπάρχειν ὅ τε Δανούβιος καὶ ὁ Ῥῆνος, ὃν ἐν τοῖς καθ' ἡμᾶς χρόνοις Καῖσαρ ὁ κληθεὶς θεὸς ἔζευξε παραδόξως, καὶ, περαιώσας πεζῇ τὴν δύναμιν, ἐχειρώσατο τοὺς πέραν κατοικοῦντας αὐτοῦ Γαλάτας. » Diodore de Sicile, liv. V, chap. xxv, § 3-5, édition Didot-Müller, t. I, p. 269. Cf. César, *De bello gallico*, liv. IV, chap. xix.

124   LIVRE II. — LES DRUIDES.

égales : l'une, à l'ouest, est la Galatie, notre Gaule; l'autre, à l'est, est la Germanie (1).

Enfin Dion Cassius, dans son histoire, terminée l'an 229 après notre ère, rend systématiquement partout le latin *Germani* par Κελτοί, comme le latin *Galli* par Γαλάται, Galates.

Il n'y a qu'une dérogation à cette règle : c'est dans le fragment 34, concernant Valérius Corvinus et l'an 345 avant notre ère. Quand Valérius, dit-il, était sur le point de commencer son combat singulier avec le général des Celtes, un corbeau s'approcha de lui à droite, et vint se placer devant le Celte; lui déchirant la figure de ses ongles et lui ôtant, par ses ailes, la vue de son adversaire, il le livra sans défense à Valérius (2). Dion Cassius, dans ce passage, copie probablement quelque auteur grec plus ancien, peut-être Fabius Pictor, qui avait sans doute rendu le latin *Gallus* par Κελτός, Celte. C'est une exception.

En règle générale, chez Dion Cassius, Κελτός veut dire Germain. Dion Cassius écrivait dans la première moitié du troisième siècle de notre ère; Maxime de

---

(1) « Ἡ δὲ Κελτικὴ... σχίζεται μέση ποταμῷ Ῥήνῳ..... καλεῖται δ'ἡ μὲν ἐπὶ τάδε τοῦ Ῥήνου Σκύθαις καὶ Θραξὶν ὁμοροῦσα Γερμανία... ἡ δ'ἐπὶ θάτερα..... ...Γαλατία. » Denys d'Halicarnasse, liv. XXIII, chap. i, édition Teubner-Kiessling, t. IV, p. 198.

(2) « Ὅτι Οὐαλερίου μέλλοντος ἡγεμόνι τῶν Κελτῶν μονομαχεῖν, κόραξ προσιξάνει τῷ δεξιῷ τούτου βραχίονι καὶ ἀντιπρόσωπος τῷ Κελτῷ, τοῖς τε ὄνυξιν ἀμύττων τὸ πρόσωπον, καὶ ταῖς πτέρυξι καλύπτων τοὺς ὀφθαλμοὺς, ἀφύλακτον αὐτὸν τῷ Οὐαλερίῳ παρέδωκε. » Cassius Dio, Fragment 34, édition Bekker, p. 27. Le même événement légendaire a été raconté avec plus de détails par Tite-Live, liv. VII, chap. xxvi.

CHAPITRE V. — ÉTYMOLOGIE DU MOT DRUIDE. 125

Tyr à la fin du siècle précédent. Ces deux auteurs sont presque contemporains et doivent se servir de la même langue. On trouve la même façon de parler au quatrième siècle chez Libanius, pour lequel les Francs sont un peuple celte (1).

Il est donc parfaitement admissible et même tout à fait vraisemblable que dans le passage précité de Maxime de Tyr, Κελτός ait le même sens que chez Dion Cassius. Quand Maxime de Tyr dit que chez les Celtes un chêne tient lieu de statue à *Zeus*, ce sont les Germains qu'il désigne par le nom de Celtes. J. Grimm, dans sa *Mythologie allemande*, a soutenu cette doctrine, et du passage de Maxime de Tyr il rapproche des textes nombreux, d'où il résulte que le culte du chêne tenait une place considérable dans la religion des Germains. Entre autres documents, il cite des vers de Claudien.

« Afin qu'au loin, dans la vaste et silencieuse forêt
» d'Hercynie, on puisse chasser en sûreté, et que
» nos haches frappent impunément des bois qu'un
» culte antique a rendus redoutables et les chênes
» qui, pour le barbare, sont une divinité. »

Ut procul Hercyniæ per vasta silencia sylvæ
Venari tuto liceat, lucosque vetusta
Religione truces, et robora numinis instar
Barbarici, nostræ feriant impune bipennes (2).

(1) Libanius, *Oratio* III, chez D. Bouquet, t. I, p. 731 C.
(2) Consulat de Stilicon, I, 288. Cf. Grimm, *Deutsche Mythologie*, 3ᵉ édition, 1854, p. 60 et suivantes; voir de plus Simrock, *Handbuch der deutschen Mythologie*, 5ᵉ édition, 1878, p. 499.

En l'année 400, où ces vers ont été écrits, il n'y avait plus de Gaulois dans la forêt Hercynienne, qui depuis longtemps était germanique; les barbares qui considéraient comme des divinités les chênes de cette forêt étaient des Germains. Il est donc légitime de considérer comme des Germains, ainsi que l'a fait Grimm, les Celtes aux yeux desquels, suivant Maxime de Tyr, certains chênes sont en quelque sorte des images, des statues de Jupiter. Celte, qui veut dire Germain dans la langue de Dion Cassius et de Libanius, doit avoir le même sens dans la langue de Maxime de Tyr.

D'ailleurs le chêne n'était pas le seul arbre dont la race celtique fît l'objet d'un culte. Le terme reçu en vieil irlandais pour désigner les arbres sacrés était *bile* (1). Un des plus célèbres était le *bile* Tortain. Il est question de cet arbre dans le livre d'Armagh, manuscrit du neuvième siècle (2). La chronique irlandaise connue sous le nom de *Chronicon Scotorum* parle de lui sous l'année 622. Il est un des cinq arbres célèbres d'Irlande qui tombèrent sous le règne des fils d'Aed Slane (657-664) : or c'était un frêne. Le *bile* Dathi, qui périt à la même époque, était encore un frêne (3).

(1) O'Donovan, *Supplément à O'Reilly*, p. 683; cf. Joyce, *Irish names of places*, first series, 4ᵉ édition, p. 498-500.

(2) Livre d'Armagh, fol. 15, cité par Whitley Stokes dans *The calendar of Œngus*, p. ccxxiv.

(3) Un court traité sur les cinq arbres qui périrent au temps des fils d'Aed Slane (« Tuitset na craiba narchlé i-re mac Aeda Slâne »),

Il n'y a donc pas de raison pour croire que la race celtique ou les druides se soient distingués des autres races humaines ou des autres sacerdoces par une vénération particulière pour le chêne ; rien ne prouve que le mot *dru*, dont *druide* vient, signifiât chêne. Nous ignorons le sens du mot *dru*, dont dérive le nom des *druides;* ce que nous savons, c'est qu'on trouve ce mot *dru* dans le premier terme du mot composé *drunemeton* usité en Galatie.

Le *drunemeton* de Galatie est un lieu sacré où se réunit un sénat qui juge les procès de meurtres, comme le faisait l'assemblée des druides de Gaule réunie dans un lieu sacré au pays Chartrain. Conclurons-nous de là que le druidisme existait en Galatie, et que les Gaulois l'auront apporté dans ce pays quand ils sont venus s'établir en Asie Mineure au commencement du troisième siècle avant notre ère? Il serait certainement trop hardi de l'affirmer ; mais c'est une chose possible, et dans ce cas le druidisme continental pourrait remonter au quatrième siècle, au temps d'Aristote et Alexandre le Grand.

Toutefois nous ne présentons ce système que comme une simple hypothèse. Il est certain que le druidisme existait en Gaule en l'an 53 avant notre ère, qu'à cette date il n'était pas un nouveau venu

---

se trouve dans le livre de Leinster, p. 199-200, et dans le manuscrit connu sous le nom de livre jaune de Lecan, conservé à la bibliothèque du collège de la Trinité de Dublin, sous la cote H. 2. 16, fol. 344. On y lit : « Unnius in Tortain,..... Unnius immorro craeb belaig Dathi. » Cf. W. M. Hennessy,. *Chronicon Scotorum*, p. 76.

en Gaule, puisqu'il jouissait de privilèges établis par la coutume; mais, d'autre part, on conservait alors intact en Gaule le souvenir d'un temps où cette institution sacerdotale y était inconnue. Nous ne pouvons rien affirmer de plus.

CHAPITRE VI.

LES DRUIDES IRLANDAIS.

Nous retrouvons le druidisme en Irlande. Druide en vieil irlandais se dit au singulier : nominatif *drui*, génitif *druad*, datif *druid;* au pluriel : nominatif *druid*, génitif *druad*, datif *druidib*, accusatif *druide*, *druida* (?) (1).

Les druides irlandais ont, dans la littérature la plus ancienne de leur pays, une situation à peu près identique à celle que les auteurs latins et grecs attribuent aux druides de Gaule. La seule différence importante consiste dans la compétence judiciaire que César, Diodore et Strabon attribuent aux druides de Gaule, et qui, en Irlande, est passée à leurs confrères et rivaux les *file* ou poètes, identiques aux devins de Diodore, aux *euhages* de Timagène et aux οὐάτεις, *vates*, de Strabon.

Nous allons étudier d'abord les points sur lesquels

---

(1) *Grammatica celtica*, 2ᵉ édition, p. 255-258. Windisch, *Irische Texte*, p. 503.

le druidisme irlandais, tel qu'il nous est dépeint par la littérature irlandaise, paraît identique au druidisme gaulois tel que la littérature romaine et grecque nous le fait connaître ; nous parlerons ensuite du point principal et des points accessoires sur lesquels le druidisme gaulois paraît différer du druidisme irlandais.

Dans la littérature irlandaise comme dans la littérature antique les druides sont : 1° *devins* ; 2° *magiciens* ; 3° *médecins* ; 4° *prêtres* ; 5° *professeurs* ; 6° *ils recoivent de grands honneurs* ; 7° *ils n'écrivent pas l'exposition de leur doctrine* ; 8° *leur science paraît venir de Bretagne*. Nous allons étudier le druidisme sous ces aspects divers dans autant de chapitres, et nous laisserons de côté la doctrine celtique de l'immortalité de l'âme, qui a tant frappé les anciens. Elle est, en Irlande comme en Gaule, une croyance nationale ; elle n'est pas plus spéciale aux druides qu'aux autres classes de la nation. Nous aurons plus d'une fois ailleurs l'occasion de nous en occuper, et d'expliquer en quoi l'enseignement celtique, en cette matière, diffère de la mythologie gréco-romaine et du christianisme.

CHAPITRE VII.

LES DRUIDES SONT DEVINS.

Suivant les anciens, les druides gaulois prédisent l'avenir.

Cicéron, dans son traité *De divinatione*, écrit l'an 44 avant notre ère, dit qu'il y a des devins même chez les nations barbares. « Je puis, » ajoute-t-il, » citer comme exemples les druides de Gaule. J'ai » connu l'un d'eux, l'Eduen *Divitiacus*, hôte et ad- » mirateur de mon frère Quintus. Il se vantait de » savoir les lois de la nature, c'est-à-dire ce que les » Grecs appellent *physiologie*; et il annonçait l'ave- » nir, tant par l'observation des oiseaux que par con- » jecture (1). »

---

(1) « Ea divinarum ratio ne in barbaris quidem gentibus neglecta est : Si quidem et in Gallia Druidæ sunt, e quibus Divitiacum æduum, hospitem tuum laudatoremque, cognovi, qui et naturæ rationem, quam physiologiam Græci appellant, notam sibi profitebatur, et partim auguriis partim conjectura quæ essent futura dicebat. » Cicéron, *De divinatione*, l. I, chap. XLI, § 90. *M. Tullii Ciceronis opera omnia*, édition Holtze-Nobbe, 1869, p. 1147, col. 1.

Plus d'un siècle après, en l'année 71 de J.-C., les druides, chez Tacite, déclarent que l'incendie du Capitole est, pour l'empire romain, le signe d'une fin prochaine. « Quand les Gaulois ont pris Rome, » disent-ils, « le temple de Jupiter est resté intact; voilà
» pourquoi l'empire a été gardé par les Romains. Le
» feu qui a détruit ce temple est un signe de la co-
» lère des dieux, et nous donne le droit d'annoncer
» que l'empire du monde va passer aux Transal-
» pins (1). »

Cette prophétie ne s'est pas réalisée. Le Romain Tacite parle, dans ce récit, en ennemi des druides. La littérature irlandaise leur est plus sympathique.

Les vies de saint Patrice, œuvre de chrétiens qui considéraient le druidisme comme un adversaire, attestent que ces chrétiens croyaient à la puissance prophétique des druides. Ils racontent que les druides d'Irlande annoncèrent l'arrivée de saint Patrice, qu'on fixe approximativement à l'année 432. « Un homme
» à la tête rasée comme une hache viendra à travers
» la mer orageuse; son manteau a un trou pour la
» tête, son bâton a le bout recourbé. Sa table est à
» l'extrémité orientale de sa maison; tous ses gens
» répondront : *Amen, amen* (2). »

---

(1) « Captam olim a Gallis Urbem : sed integra Jovis sede mansisse imperium. Fatali nunc igne signum cœlestis iræ datum et possessionem rerum humanarum Transalpinis gentibus portendi superstitione vana Druidæ canebant. » Tacite, *Histoires*, liv. IV, chap. LIV.

(2) De ce texte prophétique, il y a plusieurs manuscrits; le plus ancien est le *Liber hymnorum* de Trinity College. On trouve cette

CHAPITRE VII. — LES DRUIDES SONT DEVINS. 133

Dans la littérature profane et dans l'épopée irlandaise, les druides prophétisent aussi. Ainsi dans la pièce intitulée « Exil des fils d'Usnech, » au moment où la mère de Derdriu est sur le point d'accoucher, le druide Cathbad annonce que l'enfant qui va naître sera une fille d'une remarquable beauté, et prédit les événements principaux qui la rendront célèbre (1). Cette pièce appartient au plus ancien des deux cycles héroïques, à celui de Conchobar et de Cùchulainn.

Dans une autre pièce du même cycle, dans « les amours de Ferb, fille de Medb, reine d'Ulster, » le druide Ollgaeth prophétise la mort de Mané, fils de la même reine (2).

prophétie dans une note au vers 21 de l'hymne de Fiacc, et M. Whitley Stokes l'a publiée dans les deux éditions des *Goidelica*, p. 74 de la première, 129 de la seconde. Le même érudit l'a réimprimée d'après le *Leabhar breacc*, manuscrit du quatorzième siècle, dans ses *Three middle irish homilies*, p. 18; et M. Windisch a reproduit ces deux leçons dans ses *Irische Texte*, p. 20. La vie tripartite de saint Patrice, dans le manuscrit Egerton 93 du Musée britannique, p. 6, (quinzième siècle), et le ms. du Collège de la Trinité de Dublin, H. 3. 17, seizième siècle, contiennent d'autres leçons qu'O'Curry a publiées, *Lectures on the manuscript materials*, p. 617, 624. Voir des traductions latines de ce document chez Josselin, *Vie de saint Patrice*, § 26, Bollandistes, mars, t. II, p. 546, et dans plusieurs des vies de saint Patrice, publiées par Colgan, *Trias Thaumaturga*, notamment dans la seconde vie, § 27, p. 14; dans la quatrième vie, § 38, p. 40; dans la cinquième, § 26, p. 49, et dans la septième vie, première partie, § 40, p. 123. La traduction qui est dans la septième vie est l'œuvre de Colgan lui-même.

(1) *Longes mac n-Usnig*, chez Windisch; *Irische Texte*, p. 69-71. Le plus ancien manuscrit est le *Livre de Leinster*.

(2) M. Hennessy a publié dans la *Revue celtique*, t. I, p. 38, cette

On ne pouvait, dans l'Irlande héroïque, commencer une expédition militaire tant que les druides n'avaient pas déclaré le moment favorable, et en conséquence prédit le succès. La reine Medb et le roi Ailill ont terminé les préparatifs de la guerre épique qui a le taureau de Cùalngé pour but; ils ont réuni leurs troupes, ils voudraient entrer en campagne; mais il faut qu'ils attendent quinze jours avant de se mettre en marche : les druides l'ont décidé ainsi; c'est-à-dire que pour le cas où l'on ne se conformerait pas à leurs prescriptions, ils prédisent l'insuccès (1).

De ces exemples il résulte que les druides d'Irlande avaient, comme ceux de Gaule, la prétention de prévoir les événements à venir, et que les Irlandais, comme les Gaulois, ajoutaient foi aux prophéties druidiques.

prophétie, qui se trouve dans le Livre de Leinster, p. 254, col. 1 du fac-similé.

(1) *Leabhar na h-Uidhre*, p. 55, col. 1, ligne 28.

CHAPITRE VIII.

LES DRUIDES SONT MAGICIENS.

Les Druides sont magiciens en Gaule et en Irlande. Suivant Pline l'Ancien, druide est le nom que les Gaulois donnent à leurs mages (1). L'emploi de l'œuf de serpent pour gagner les procès était un des procédés de l'art des druides de Gaule : on portait cet œuf caché sous les habits, c'était un moyen peu dispendieux de s'assurer la faveur du juge. Nous avons vu comment un chevalier romain, d'origine gauloise, qui avait eu recours à ce procédé, fut condamné à mort par l'empereur Claude (2).

Dans les monuments latins de la littérature ecclésiastique et hagiographique de l'Irlande, le mot latin

---

(1) « Druidæ, ita suos appellant magos. » *Histoire naturelle*, liv. XVI, § 249. Edition Teubner-Ianus, t. III, p. 42.

(2) « Ad victorias litium et regum aditus mire laudabatur, tantæ vanitatis ut habentem id in lite in sinu equitem romanum e Vocontiis a divo Claudio principe interemptum non ob aliud sciam. » Pline, *Histoire naturelle*, liv. XXIX, § 54. Edition Teubner-Ianus, t. IV, p. 216.

magus, synonyme de druide chez Pline, est employé comme équivalent de l'irlandais *drui* (gén. *druad*, dat. *druid*). Réciproquement, le mot irlandais *drui* traduit le latin *magus* dans les gloses du saint Paul de Wurzbourg. Ainsi l'un des auteurs de ces gloses appelle *druith* les *magi* égyptiens qui, dans la traduction latine de l'Exode, luttent contre Moïse devant Pharaon (1). Dans un autre passage des mêmes gloses, les *prodigia mendacia* que doit opérer le fils de perdition sont rendus en irlandais par *sáib-airde dondrigénsat druid tri-it-som*, « faux miracles que firent les druides par lui (2). » Les gloses du saint Paul de Wurzbourg datent paléographiquement du neuvième siècle et peuvent, pour la plupart, être la copie d'un manuscrit du siècle précédent (3).

Les premiers chrétiens d'Irlande croyaient aux druides une puissance surnaturelle. Dans une prière attribuée à saint Patrice, et qui est un des plus anciens morceaux de la littérature hagiographique de l'Irlande, le célèbre missionnaire prie Dieu de le protéger contre les incantations des druides (4). Les vies de saint Patrice, postérieures à la vie métrique attribuée à Fiacc, rapportent un certain nombre de pro-

---

(1) Fol. 30 c, chez Zimmer, *Glossæ hibernicæ*, p. 183 ; cf. *Grammatica celtica*, 2ᵉ édition, p. 259.

(2) Fol. 26 a, chez Zimmer, *Glossæ hibernicæ*, p. 158; *Grammatica celtica*, 2ᵉ édition, p. 258.

(3) Voir les observations de Zimmer, *Glossæ hibernicæ*, p. XIII-XVII.

(4) *Fri brichta... druad.* Hymne de saint Patrice, vers 48, chez Windisch, *Irische Texte*, p. 56.

diges qu'auraient opérés les druides contemporains du saint. Ces prodiges, imaginés probablement au huitième ou au neuvième siècle, attestent la persistance de l'opinion que les druides avaient une puissance surhumaine. Ainsi un druide fait tomber de la neige et change le jour en nuit (1).

La littérature épique de l'Irlande nous offre plusieurs exemples du pouvoir magique attribué aux druides. Cûchulainn a été séduit par une fée qui finit par le quitter, et qu'il regrette malgré les charmes et les pleurs d'Emer, sa femme légitime. Des druides lui donnent un breuvage qui lui fait oublier l'enchanteresse dont il a été la victime. Emer boit le même breuvage; elle oublie toutes les causes de jalousie que lui a données son infidèle époux (2). Mais parmi les triomphes obtenus par la magie druidique, l'un des plus curieux se trouve dans la légende d'Etain.

Etain est une déesse ou une fée qui, après être née et avoir vécu mille douze ans dans le monde des dieux, a une seconde naissance en Irlande; elle est mise au monde par la femme d'un des grands vassaux du roi d'Ulster Conchobar. Dans cette forme nouvelle elle atteint l'âge de vingt ans et devient la femme d'Echaid Erémon, roi suprême d'Irlande. Alors le dieu Mider, qui jadis l'aima dans le monde des dieux, sollicite de nouveau son amour en secret.

(1) Vie de saint Patrice, chez Whitley Stokes, *Three middle-irish homilies*, p. 24, 25.
(2) *Seirglige Conchulainn*, § 48, chez Windisch, *Irische Texte*, p. 226-227 d'après le *Leabhar na h-Uidhre*, fin du onzième siècle.

Repoussé d'abord par la fierté de la reine, il gagne sur le roi une partie d'échecs dont Etain est l'enjeu; il enlève Etain et disparaît avec elle sous les yeux du roi et des grands seigneurs de sa cour assemblés et tout aussi surpris qu'impuissants.

Que fait le roi ? Il s'adresse à son druide qui s'appelait Dalân. Vaincre un dieu est une entreprise laborieuse; il faut au druide Dalân un an de retraite et de travail; enfin, par la puissance de son art, et à l'aide de quatre baguettes d'if, *cethir flescca ibir* (1), sur lesquelles il a gravé des caractères ogamiques, il devine en quel endroit est cachée l'épouse chérie du roi. Le dieu Mider l'a transportée dans la caverne enchantée de Bregleith.

Après avoir fait cette découverte, Dalân se rend au palais du roi. Celui-ci, qui n'avait pas dans l'habileté du druide confiance entière, ne s'était pas adressé seulement à lui : il avait envoyé dans toute l'Irlande une nuée de messagers de toute sorte et de toute condition, qui étaient allés chercher les traces de Mider jusque dans les coins les plus reculés du pays. Au moment où le druide rentrait au palais, les envoyés royaux revenaient de leur voyage. — « Pouvez-vous, » leur demanda le roi, « me donner des nouvelles de Mider et d'Etain? » — « Nous n'avons rien trouvé, » répondirent-ils tous. Alors le druide prit la parole : — « Réunis une armée, » dit-il, « attaque et prends Bregleith; tu y trouveras la femme dont l'ab-

---

(1) *Tochmarc Etaine*, chez Windisch, *Irische Texte*, p. 129.

sence t'est si pénible, et, de gré ou de force, elle reviendra en ta possession. » — Le roi suivit les conseils du druide, et contraignit Mider à lui rendre Etain (1).

Ainsi les druides d'Irlande, comme ceux de Gaule, ont un pouvoir magique. Le pouvoir magique des druides d'Irlande est si grand qu'il peut triompher de la puissance des dieux (2).

(1) *Tochmarc Etaine*, chez Windisch, *Irische Texte*, p. 129-133.
(2) Cf. p. 171.

CHAPITRE IX.

LES DRUIDES SONT MÉDECINS.

Les druides de Gaule sont médecins : Pline le Naturaliste a parlé avec quelque détail de leurs recettes médicales. L'eau de gui de chêne, quand le gui a été cueilli conformément au rituel, donne la fécondité à tous les animaux stériles, et c'est un remède contre tous les poisons (1). Le rituel druidique contenait aussi une recette pour la cueille d'une plante appelée *selago*. C'était une panacée universelle, et, de plus, la fumée de cette plante avait, disait-on, une vertu toute spéciale pour la guérison des maladies des yeux (2).

Dans le plus ancien cycle héroïque de l'Irlande, celui de Conchobar et de Cûchulainn, les druides de

---

(1) « Fecunditatem eo poto dari cuicunque animalium sterili arbitrantur, contra venena esse omnia remedio. » Pline, *Histoire naturelle*, liv. XVI, § 251.

(2) « Hanc contra perniciem omnem habendam prodidere Druidæ Gallorum, et contra omnia oculorum vitia fumum ejus prodesse. » Pline, *Histoire naturelle*, liv. XXIV, § 103.

cette île ont la même réputation médicale que les druides du continent au temps de Pline. Nous pouvons le constater, notamment par un passage d'un des plus anciens morceaux de ce cycle, je veux parler de la pièce intitulée : *Maladie de Cûchulainn*, conservée par le *Leabhar na h-Uidhre*, manuscrit de la fin du onzième siècle. Le texte de cette pièce est, dans ce manuscrit, la reproduction d'un manuscrit plus ancien dont le nom est parvenu jusqu'à nous (1).

Le héros Cûchulainn a été atteint d'un sommeil magique qui a duré un an ; il n'est pas encore rétabli. Emer, femme de ce merveilleux et infortuné guerrier, plaint le sort malheureux de son époux et l'abandon dans lequel il est laissé par ses compagnons d'armes. — « Ah ! » dit-elle, « si c'eût été Fergus que ce sommeil eût atteint, et si, pour le guérir, il avait fallu le génie d'un druide, le fils de Dechtéré (c'est-à-dire Cûchulainn) ne se serait pas donné de repos jusqu'à ce qu'il eût trouvé le druide capable de découvrir la cause de cette maladie (2). »

Dans un autre morceau du même cycle, le roi d'Ulster, Conchobar, est malade. Le dérangement de sa

---

(1) *Lebar bude Slani*, livre jaune de Slane.
(2) Littéralement : « jusqu'à ce que fût trouvé un druide pour le mesurer. »

« Mad Fergus no beth is-sûan,
dâ-n-icad aioned oen drûad,
Ni biad mac Dechtere i fos
Co fagbad drui di-a tomos. »

Serglige Conchulainn, § 29, dans le *Leabhar na h-Uidhre*, p. 47, col. 1, publié par Windisch, *Irische Texte*, p. 215.

santé est produit par la honte qu'il éprouve d'avoir été vaincu par la reine Medb, et de n'avoir pu empêcher cette femme, autrefois son épouse, de lui enlever par la force le taureau de Cùalngé, la gloire de l'Ulster. Pour guérir le roi, on s'adresse au druide Cathbad (1).

Enfin quand la déesse de la mort, sous la forme d'une jeune et jolie femme, veut entraîner au séjour merveilleux des immortels Connlé, fils du roi suprême d'Irlande Conn Cetchathach, le père désolé fait appel à la science du druide Corân, qui parvient à retarder pendant un mois l'effet redoutable de l'appel adressé au jeune homme par l'irrésistible séductrice (2).

Ainsi les druides pratiquent la médecine dans l'épopée irlandaise comme dans l'histoire de la Gaule.

(1) Pièce intitulée *Cath Ruis na Rig*, « Bataille de Ros na Rig, » dans le Livre de Leinster, XII° siècle, p. 171.

(2) *Echtra Condla*, dans le *Leabhar na h-Uidhre*, p. 120, et chez Windisch, *Kurzgefasste irische Grammatik*, p. 118-120.

CHAPITRE X.

LES DRUIDES SONT PRÊTRES.

Les druides sont médecins, magiciens et devins, parce qu'ils sont prêtres. « Ils célèbrent les sacrifices publics et privés, » nous dit César (1). En premier lieu, comme l'illustre auteur nous l'apprend, ils célèbrent les sacrifices privés, et voici en quoi ces sacrifices consistent :

» Ceux qui veulent guérir d'une maladie grave,
» triompher dans des combats, échapper à des dan-
» gers quelconques, immolent aux dieux des vic-
» times humaines, ou font vœu d'en immoler plus
» tard ; et ce sont des druides qui président à ces
» sacrifices... Outre les sacrifices privés, il y en a
» d'autres qui sont une institution publique, et les
» druides en sont encore chargés (2). »

---

(1) « Illi rebus divinis intersunt sacrificia publica ac privata procurant. » César, liv. VI, chap. xiii, § 4.

(2) « Qui sunt affecti gravioribus morbis, quique in præliis periculisque versantur, aut pro victimis homines immolant, aut se immolaturos vovent, administrisque ad ea druidibus utuntur... publiceque

Quelques années après César, Diodore de Sicile reproduit, en termes plus concis, la même doctrine. Après nous avoir dit qu'il y a, chez les Celtes, des philosophes qu'on appelle *druides*, il ajoute que chez les Celtes l'usage est de ne pas célébrer de sacrifice sans y faire intervenir un de ces philosophes (1). Strabon, qui écrivait au commencement de notre ère, répète aussi que les Gaulois ne faisaient pas de sacrifice sans le ministère d'un druide (2).

La conquête romaine porta une redoutable entrave aux fonctions sacerdotales des druides. A l'époque où cette conquête eut lieu, les sacrifices humains étaient depuis longtemps tombés en désuétude à Rome, qui avait fini par les prohiber.

Il est difficile de nier que l'idée mère de ces actes cruels ne se trouve au fond de la religion romaine. Comme les Gaulois, les Romains croyaient que l'immolation d'une vie humaine aux dieux pouvait, par une sorte d'échange, assurer la conservation d'autres vies. La *devotio* par laquelle le général romain, sur

---

ejusdem generis habent instituta sacrificia. » *De bello gallico*, liv. VI, chap. XVI, § 2-3. C'est à cette doctrine que se rattachent les immolations de prisonniers de guerre faites par les Gaulois orientaux au second siècle avant notre ère. Tite-Live, liv. XXXVIII, chap. 47 : Diodore de Sicile, liv. XXXI, chap. 13, édition Didot-Müller, t. II, p. 499.

(1) « Φιλόσοφοί τε τινές εισι..... οὓς Δρουΐδας ὀνομάζουσι..... Ἔτος δ'αὐτοῖς ἐστι μηδένα θυσίαν ποιεῖν ἄνευ φιλοσόφου. » Diodore de Sicile, liv. V, chap. XXXI, § 4, édition Didot-Müller, t. I, p. 273.

(2) « Ἔθυον δὲ οὐκ ἄνευ Δρυϊδῶν... » Strabon, liv. IV, chap. IV, § 5, édition Didot-Müller et Dübner, p. 164.

le point de perdre une bataille, se livre à la mort afin de ramener la victoire dans les rangs de son armée, repose sur le même principe que les sacrifices humains des Gaulois (1).

Mais au temps où César entreprit de mettre sous le joug la portion de la Gaule transalpine restée libre jusque-là, les sacrifices humains n'étaient plus, depuis de longues années, en usage à Rome. Le seul exemple de cette cruelle pratique dont l'orgueil romain nous ait conservé l'humiliant souvenir, remontait à cent soixante-sept ans ; il datait de l'an 225 av. J.-C. où, pour prévenir une conquête gauloise qu'on redoutait, les magistrats firent enterrer vivant un couple gaulois dans le Forum. Depuis cette époque les mœurs romaines s'étaient, en cette matière, profondément modifiées. Un sénatus-consulte de l'année 94 avant notre ère avait interdit les sacrifices humains (2). Les idées morales dont cette législation était l'expression faisaient considérer comme abominables à Rome les coutumes contraires.

Ainsi dans son plaidoyer pour Fontéius, accusé de concussion par les Gaulois, Cicéron prétend qu'on ne peut ajouter aucune foi à la parole de gens qui, comme les adversaires de son client, sont assez cruels pour immoler aux dieux des victimes humaines :

---

(1) Mommsen, *Rœmische Geschichte*, 6ᵉ édition, t. I, p. 172.

(2) « Sexcentesimo quinquagesimo septimo demum anno Urbis, Cn. Cornelio Lentulo, P. Licinio Crasso consulibus, senatusconsultum factum est ne homo immolaretur. » Pline, *Histoire naturelle*, liv. XXX, § 12 ; cf. Mommsenn, *Rœmische Geschichte*, 6ᵉ édition, t. II, p. 421.

« Qui donc, » s'écrie-t-il, « ignore que les Gaulois
» ont jusqu'ici conservé la coutume atroce et barbare
» de sacrifier des hommes? Quelle confiance donc
» peut-on avoir dans la parole et la justice d'un
» peuple qui croit facile d'apaiser la colère divine
» par des crimes et par le sang humain (1)? »

Le plaidoyer pour Fontéius date de l'an 75 avant J.-C. Il a été prononcé cent cinquante ans après le sacrifice humain dont nous avons mentionné la célébration officielle à Rome ; il est de dix-neuf ans postérieur à la décision du sénat romain qui avait interdit l'immolation des victimes humaines. L'opinion de Cicéron sur les sacrifices humain est celle de divers écrivains postérieurs. Tel est Lucain. Après avoir dépeint les coutumes religieuses de la Gaule vers le milieu du premier siècle avant notre ère, après avoir parlé des sacrifices humains par lesquels, à cette date, en Gaule, on honorait encore les dieux, Lucain traite de barbares ces rites des druides :

> Et vos barbaricos ritus moremque sinistrum
> Sacrorum druidæ (2).

Suivant Pline ces rites sont monstrueux (3). De

---

(1) « Quis enim ignorat, eos usque ad hanc diem retinere illam immanem ac barbaram consuetudinem hominum immolandorum ? Quamobrem quali fide et quali pietate existimatis eos, qui etiam Deos immortales arbitrentur hominum scelere et sanguine facile posse placari? »

(2) *Pharsale*, liv. I, v. 450-451.

(3) Monstra, *Histoire naturelle*, liv. XXX, § 13.

même Suétone dit que la religion des druides chez les Gaulois était d'une affreuse cruauté, *diræ immanitatis* (1).

Il ne paraît pas cependant que César ait supprimé en Gaule les sacrifices humains. Faisant le tableau de la Gaule après la conquête, au moment de la guerre entre César et Pompée, Lucain parle des victimes humaines dont le sang est encore en ce moment versé en l'honneur des dieux gaulois :

> Et quibus immitis placatur sanguine diro
> Teutates, horrensque feris altaribus Æsus,
> Et Taranis scythicæ non mitior ara Dianæ (2).

Diodore de Sicile, qui écrivait peu après la mort de César s'exprime au présent quand il raconte qu'en Gaule on prétendait deviner l'avenir au moyen de victimes humaines (3).

Le sénatus-consulte de l'année 94 paraît avoir été mis en vigueur en Gaule vers la fin du règne de l'empereur Auguste, qui commença l'an 28 avant J.-C. et qui finit l'an 14 de J.-C. Ainsi Denys d'Halicarnasse, qui publia son *Archéologie romaine* l'an 7 avant J.-C., met encore son verbe au présent, quand il parle des sacrifices humains célébrés en Gaule (4).

---

(1) Suétone, *Claude*, 25.
(2) *Pharsale*, liv. I, v. 444-446.
(3) Diodore de Sicile, liv. V, chap. III, édition Didot-Müller, t. I, p. 272.
(4) « Παρὰ Κελτοῖς εἰς τόδε χρόνου γίνεται. » liv. I, chap., 38, édition Teubner-Kiessling, t. I, p. 45.]

Mais Strabon, écrivant un peu après la mort d'Auguste, en l'an 19 de notre ère, constate que dès cette époque ces sacrifices avaient cessé, parce qu'ils étaient contraires à la législation de l'empire romain (1).

Auguste ne se contenta pas d'appliquer en Gaule la loi romaine qui, antérieurement à la conquête de César, avait interdit les sacrifices humains : aux lois anciennes il en ajouta une nouvelle. Il décida qu'à l'avenir l'exercice de la religion druidique serait incompatible avec la qualité de citoyen romain (2).

Tibère, successeur d'Auguste, et qui régna de l'an 14 à l'an 37, prit contre les druides une mesure plus radicale : il fit décider par le sénat que les druides étaient supprimés (3). On suppose que cette mesure fut un des actes de répression qui suivirent la révolte de Julius Florus et de Sacrovir, an 21 de J.-C. Considérée au point de vue légal, l'innovation qui eut lieu à cette époque par la volonté de Tibère consista dans l'application aux druides d'un sénatus-consulte qui étendait aux magiciens la peine de mort prononcée contre les assassins et les empoisonneurs

---

(1) « Ἔπαυσαν αὐτοὺς Ῥωμαῖοι..... τῶν κατὰ τὰς θυσίας..... ὑπεναντίων τοῖς παρ' ἡμῖν νομίμοις. » Strabon, liv. IV, chap. IV, § 5, édition Didot-Müller, et Dübner, p. 164; cf. V. Duruy, *Comment périt l'institut druidique*, dans la *Revue archéologique*. t. XXXIX, p. 347 et suiv.

(2) « Dryidarum religionem apud Gallos... civibus sub Augusto interdictam. » Suétone, *Claude*, 25.

(3) « Tiberii principatus sustulit druidas eorum et hoc genus vatum medicorumque per senatusconsultum. » Pline l'Ancien, liv. XXX, § 13.

CHAPITRE X. — LES DRUIDES SONT PRÊTRES.

par la *lex Cornelia, De sicariis et veneficiis* (1). Cette innovation législative ne paraît pas avoir produit grand effet, puisque, comme nous l'avons déjà dit, il y avait encore des druides en Gaule quarante ans après la mort de Tibère, quand, en 77, Pline terminait son *Histoire naturelle;* et qu'alors, comme nous le verrons, les druides gaulois pratiquaient une médecine à laquelle le culte des dieux et la magie étaient clairement associés.

Quoi qu'il en soit, Claude, qui régna de 41 à 54, prit contre les druides une nouvelle mesure par laquelle, suivant son biographe, il aurait complètement aboli leur religion cruelle (2). Sous son règne Pomponius Méla, écrivant en 43 ou 44, nous montre les druides réfugiés dans les cavernes ou au fond des forêts; et au lieu de brûler des victimes humaines, ils se bornent à verser sur l'autel quelques gouttes de sang qu'ils tirent à des hommes liés par des vœux (3).

---

(1) « **Ex** senatusconsulto ejus legis pœna damnari jubetur qui mala sacrificia fecerit, habuerit. » *Digeste*, liv. XLVIII, tit. vIII, *Ad legem Corneliam, de sicariis et veneficiis*, § 13; cf. V. Duruy, dans la *Revue archéologique*, t. XXXIX, p. 351.

(2) « Dryidarum religionem apud Gallos diræ immanitatis, et tantum civibus sub Augusto interdictam, penitus abolevit. » Suétone, *Claude*, 25.

(3) Ils ont conservé, dit-il, des vestiges d'une barbarie déjà abolie ; s'ils n'osent plus aller à cette extrémité de commettre des meurtres, cependant, quand ils attirent à leurs autels des hommes liés par des vœux, ils leur font couler le sang. « Manent vestigia feritatis jam abolitæ, atque, ut ab ultimis cædibus temperant, ita nihilominus, ubi

Chez Pline, qui dédia son *Histoire naturelle* à Titus en 77, leur médecine est encore accompagnée d'actes qui, en dépit de la loi, ont un caractère sacerdotal. Ainsi, quand ils veulent cueillir le gui du chêne, de telle sorte que ce produit ait la valeur médicinale qu'ils lui attribuent, ils accomplissent un certain nombre de cérémonies. La principale, certainement religieuse, est l'immolation de deux taureaux blancs qui n'ont pas encore porté le joug, et sur les cornes desquels un joug est attaché pour la première fois. Sous le chêne qui porte le gui, on fait tous les préparatifs du sacrifice et du festin qui doit le suivre. Dans ces préparatifs on observe diverses formes rigoureusement déterminées par le rituel; c'est alors que le prêtre, vêtu d'une robe blanche, monte sur le chêne, coupe le gui avec une serpe d'or, et reçoit le précieux végétal dans un manteau blanc. Cette récolte terminée, les taureaux blancs sont immolés, et le sacrifice, que suivant l'usage un repas termine, est accompagné de prières.

Il y a bien là une cérémonie religieuse. Elle se célèbre toujours en Gaule, malgré les prescriptions de Tibère et de Claude, et plus de vingt ans après la mort de ce dernier (1). A l'époque où écrivait Pline, le sacerdoce druidique continue ses fonctions en Gaule, malgré les prescriptions impériales; une

---

devotos altaribus admovere, delibant. » Pomponius Méla, liv. III, chap. II.

(1) Pline, liv. XVI, § 249-251.

seule modification paraît s'être introduite dans les usages religieux de la Gaule : c'est la suppression des sacrifices humains, qui remonte, ce semble, aux dernières années du règne d'Auguste.

« Le culte druidique, » dit Pline, « persiste intact » dans les parties de la Bretagne restées indépendan- » tes, » et cet auteur félicite les Romains d'avoir supprimé, dans tous les pays soumis à leur domination, les monstrueux usages inspirés par la doctrine que tuer un homme était faire acte de religion, que le manger était au plus haut point salutaire (1). Ici Pline se fait l'écho de l'opinion populaire, suivant laquelle les habitants des îles Britanniques auraient été anthropophages.

En Irlande, je n'ai pas rencontré de texte où le nom des druides fût associé à un sacrifice humain (2). Mais un document nous montre les druides intervenant dans une cérémonie dont un sacrifice est un élément fondamental. Le nom de cette cérémonie est *fête* ou *festin du taureau*, en vieil irlandais *tarb fes*. Le taureau qu'on immole est blanc; il est blanc en Irlande, comme les taureaux qu'on immolait en Gaule au moment de la récolte solennelle du gui.

Dans le texte irlandais, qui appartient au plus ancien des deux cycles héroïques de l'Irlande, qui se

---

(1) Pline, *Histoire naturelle*, liv. XXX, § 13.
(2) Je ne connais qu'un texte formel sur les sacrifices humains en Irlande. Il se trouve dans le recueil intitulé *Dinnsenchus*, *Livre de Leinster*, p. 213, col. 2, lignes 43-44; cf. O Conor, *Bibliotheca ms. Stowensis*, t. I, p. 40-41.

rapporte à des événements voisins de la naissance de Jésus-Christ, et qui nous est conservé par un manuscrit de la fin du onzième siècle, copié sur un manuscrit plus ancien, il est question, non pas de la récolte du gui, mais de l'élection du roi suprême de l'île. C'est quelque chose d'analogue à l'élection par les prêtres, que César nous montre en vigueur dans le pays des Eduens, l'an 52 avant J.-C. (1).

D'après le manuscrit irlandais, quand on avait terminé l'immolation du taureau, voici quel était le cérémonial observé. Un homme mangeait de la chair et du jus de la victime de manière à se rassasier; bien repu, il s'endormait. Alors quatre druides chantaient sur lui des paroles magiques, dont le but était de rendre son témoignage véridique. Puis, cet homme avait un songe; il voyait l'homme qui devait être élevé à la royauté; il distinguait les traits de son visage, l'ensemble de sa personne; il apercevait même de quoi le futur monarque était occupé au moment où la vision avait lieu.

Alors le ministère des druides, des prêtres, *sacerdotes*, comme dit César, était terminé. Les rois, dit le texte irlandais, venaient assister au réveil de l'homme dont le sommeil magique allait leur donner la lumière. L'homme leur racontait ce qu'il avait vu en songe.

---

(1) « *Per sacerdotes, more civitatis, intermissis magistratibus* : » « Par les prêtres, suivant l'usage de la cité, avec suspension des pouvoirs des magistrats. » César, *De bello gallico*, liv. VII, chap. 33, § 4.

CHAPITRE X. — LES DRUIDES SONT PRÊTRES.   153

Or, dans la circonstance spéciale à l'occasion de laquelle ce cérémonial nous est exposé, le personnage qui avait été vu, sous l'empire de l'incantation druidique, était un des héros du royaume d'Ulster, contre lequel le reste de l'Irlande était ligué; ainsi les rois réunis pour choisir un chef suprême apprirent qu'ils devaient mettre à leur tête un de leurs ennemis. Ils se soumirent, l'envoyèrent chercher et le proclamèrent roi suprême d'Irlande (1).

Dans notre manuscrit, qui date de l'époque chrétienne, on a, avec intention, supprimé la partie du formulaire antique qui répugnait le plus aux croyances chrétiennes : c'est l'offrande aux dieux. On offrait aux dieux une partie de la chair de l'animal immolé; le nom de cette formalité était, en vieil irlandais, *edpart do deib*; nous le trouvons dans le formulaire de la divination à l'usage des *file*, dont nous parlerons quand nous aurons à nous occuper de cette savante corporation, rivale heureuse des druides irlandais (2).

Le terme consacré pour désigner l'offrande aux dieux, en vieil irlandais *edpart=*ateberta* (3), n'est pas spécial à cette langue : on le trouve sous la

---

(1) *Serglige Conchulainn*, § 23, Windisch, *Irische Texte*, p. 213.
(2) *Glossaire de Cormac* au mot *Imbas forosnai*, chez Wh. Stokes, *Three irish glossaries*, p. 25; *Senchus Môr*, dans *Ancient Laws of Ireland*, t. I, p. 44.
(3) Génitif, en vieil irlandais, *idbairte* (*oblationis*), dans le manuscrit de Wurzbourg, fol. 22 r°, col. 2, chez Zimmer, *Glossæ hibernicæ*, p. 134 ; cf. *Grammatica celtica*, 2ᵉ édition, p. 242.

forme *aperth* en vieux gallois. *Aperth* glose à la fois les mots latins *munus, sacrum* et *victima*, « don, sacrifice et victime. » C'est dans un manuscrit du neuvième siècle, conservé à la bibliothèque Bodléienne d'Oxford, et qui contient l'*Ars amatoria* d'Ovide. Sur le datif pluriel *muneribus*, « aux dons, » du membre de phrase :

> *Aut ubi muneribus nati sua munera mater*
> *Addidit* (1).

« ou quand aux dons du fils la mère ajouta les siens, »

on lit la glose *di aperthou*, dans laquelle nous trouvons le pluriel de *aperth* précédé d'une préposition qui a le sens de datif. Le même mot *aperthou* glose le nominatif pluriel *sacra*, « sacrifices, » du vers :

> *Cultaque Judeo septima sacra deo* (2).

« les sacrifices offerts le septième jour au dieu des Juifs. »

Dans le vers :

> *Conjugis Atrides victima dira fuit* (3).

« Agamemnon fut la victime de sa cruelle épouse, »

---

(1) *Ars amatoria*, liv. I, v. 69-70.
(2) *Ibid.*, liv. I, v. 76. *Grammatica celtica*, 2ᵉ édition, p. 1055.
(3) *Ars amatoria*, liv. I, v. 334.

le nominatif singulier *victima* est surmonté de la glose *aperth*. *Aperth* signifiait donc à la fois « don, » « victime » et « sacrifice ; » *aperth* est la notation galloise du substantif celtique préhistorique **ateberta* par lequel s'explique aussi le vieil irlandais *edpart* dans la formule *edpart do deib*, « offrande aux dieux ».

Une mention des sacrifices célébrés par les druides se trouve aussi dans une vie de saint Patrice, dans celle que Colgan a appelée la septième, et qui nous est connue aussi sous le nom de *tripartite*. Le texte irlandais est inédit (1) ; mais Colgan en a publié une traduction latine dans sa *Trias thaumaturga*. Nous y lisons que dans les premiers temps de l'apostolat de saint Patrice, l'illustre apôtre s'est trouvé célébrer la fête de Pâques tout près de Tara, capitale de l'Irlande, au moment où le roi tenait dans son palais la grande assemblée connue sous le nom de *Fes Temrach* ou festin de Tara. A cette fête, dit ce texte, devaient se réunir non seulement les princes de tout le royaume, les grands et les chefs des provinces, mais aussi les maîtres des druides, pour faire des sacrifices et immoler des victimes aux idoles (2).

Si nous acceptons l'autorité d'un texte qui se rattache au second cycle héroïque de l'Irlande, les

---

(1) M. Miller, employé au Musée Britannique, en prépare une édition.

(2) « *Ad quam sancita lege non tantum totius regni principes, proceres et circulorum præfecti, sed et druidum magistri ad sacrificia idolis immolanda..... debebant convenire.* » *Trias thaumaturga*, p. 125.

fonctions sacerdotales des druides se seraient étendues aux funérailles.

Reportons-nous au temps où le sceptre d'Irlande était entre les mains de Conn-Cetchathach, c'est-à-dire au second siècle de notre ère. Goll, fils de Morna, un des guerriers de Conn, un des héros de la légende épique de Finn et d'Ossin, du Fingal et de l'Ossian de Macpherson, tua dans une bataille le roi de Munster, Mog-Neid, fils de Deirgthine, alors en guerre avec le roi suprême d'Irlande, son suzerain. Le druide Dergdamsa alla demander à Conn-Cetchathach, vainqueur, la permission de célébrer les funérailles du malheureux roi de Munster. Il l'obtint, et après avoir, dans un discours prononcé sur le corps mort, déploré la triste fin de Mog-Neid, il l'enterra avec ses armes offensives et défensives et avec ses vêtements, sous une vaste tombe dans la plaine; puis il chanta un lai qui commence ainsi : « La tombe » de Mog-Neid est sur la plaine de Tualaing; avec » lui est sa pique sur son épaule; avec lui sa massue » qui frappait si vite; avec lui son casque; avec lui » son épée (1). »

---

(1) « Dorinne Deargdamhsa draoi feart fairsing fôdbhuig (lisez *fomaig*) do Mhogh Nêid annsin, agas dohaidhnaiceadh ann ê con-a-airm, agas con-a-earradh, agas con-a-éideadh ; agas dochan an draoi an laoidh :
> Feart Mogha Neid ar Magh Tualaing
> Gon-a-ruibne ren-a-ghualainn,
> Gon-a-luirg fa luath an-goil,
> Gon-a-chathbharr, gon-a-chloidhimh. »

O'Curry, *The battle of Magh Leana, Cath Mhuighe Lea[m]na*, p. 0.

CHAPITRE X. — LES DRUIDES SONT PRÊTRES.

Chez les anciens Irlandais, comme chez les Gaulois, les cérémonies des funérailles comprenaient un sacrifice. Dans un des morceaux qui composent le premier cycle héroïque d'Irlande, dans les *Amours d'Etain*, il est question de préparer les funérailles du frère d'un roi suprême d'Irlande. Dans ces préparatifs on distingue trois actes : creuser la tombe ; faire la plainte ; tuer les quadrupèdes du mort (1).

César nous apprend que, de son temps, en Gaule, quand on célébrait des funérailles, on brûlait les objets auxquels le mort s'était, de son vivant, attaché, même les animaux ; précédemment, et jusqu'à une époque alors récente, on brûlait, avec les animaux, les esclaves et les clients que le mort avait aimés (2). Cette coutume a été connue de Pomponius Méla : « Les Gaulois, » dit-il, « brûlent et enterrent avec

---

Le plus ancien manuscrit connu appartient aux Franciscains de Dublin. Il est en parchemin, paraît dater du quinzième siècle environ et son titre est *Cath Muige Leamna*. L'Académie royale d'Irlande a, de cette pièce, plusieurs manuscrits plus récents. Celui qui est reproduit dans l'édition d'O'Curry date du dix-septième siècle.

(1) « Co-r-clasta a fert, co-ro-hagtha a-guba, co-ro-orta a cethrui, » (Que sa tombe serait creusée, que sa plainte serait faite, que ses quadrupèdes seraient tués). Ce passage se trouve dans la pièce intitulée *Tochmarc Etaine*, telle que nous l'a conservée le *Leabhar na h-Uidre*, Windisch, *Irische Texte*, p. 122, lignes 28-29. Aux funérailles de Patrocle on immola des animaux et des hommes, dont les cadavres furent entassés sur le bûcher. *Iliade*, XXIII, 166-176.

(2) « Funera sunt pro cultu Gallorum magnifica et sumptuosa ; omniaque, quæ vivis cordi fuisse arbitrantur, in ignem inferunt, etiam animalia ; ac paulo supra hanc memoriam servi et clientes, quos ab iis dilectos esse constabat, justis funeribus confectis, una cremabantur. » César, *De bello gallico*, liv. VI, chap. xix, § 4.

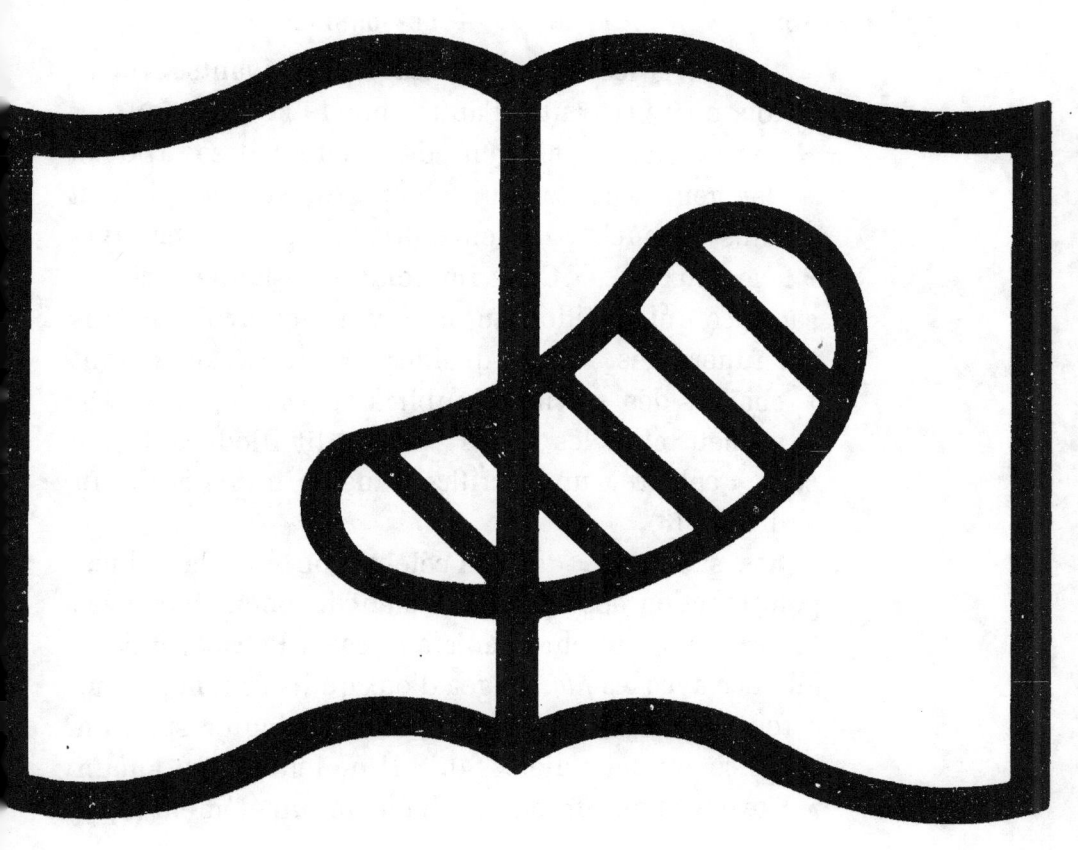

Original illisible
NF Z 43-120-10

» les morts les objets à l'usage des vivants. Autre-
» fois on renvoyait à l'autre monde la reddition des
» comptes et le paiement des dettes; il se trouvait
» des gens qui, de leur plein gré, se précipitaient
» dans le bûcher de leurs proches pour aller vivre
» avec eux (1). » Cette immolation est une sorte de
sacrifice qui justifie l'intervention des druides dans
les funérailles. « Les druides, » dit César, « sont
» chargés des sacrifices publics et privés (2). » « On
» ne peut chez les Celtes, » nous dit Diodore de Sicile, « célébrer un sacrifice sans le ministère d'un
» druide (3). »

Les sacrifices, dont la célébration était la principale fonction des druides, étaient inconciliables avec la pratique du christianisme. Saint Patrice, qui fit alliance avec les *file*, exigea d'eux qu'ils renonceraient à toute pratique qui ne pourrait s'exécuter sans un sacrifice aux faux dieux (4). « Il ne leur laissa aucun
» rite dont une offrande au diable fût un élément (5). »

---

(1) « Itaque cum mortuis cremant ac defodiunt apta viventibus. Olim negotiorum ratio etiam et exactio crediti deferebatur ad inferos, erantque qui se in rogos suorum, velut una victuri, libenter immitterent. » Méla, liv. III, chap. II.

(2) « Sacrificia publica ac privata procurant. » *De bello gallico*, liv. VI, chap. XIII, § 4.

(3) « Φιλόσοφοι τέ τινές εἰσι καὶ θεολόγοι... οὓς δρουίδας ὀνομάζουσι .....Ἔθος δ'αὐτοῖς ἐστι μηδένα θυσίαν ποιεῖν ἄνευ φιλοσόφου. » Diodore de Sicile, liv. V, chap. XXXI, édition Didot-Müller, t. I, p. 273.

(4) « Gin udbairt do deib idal ocaib. » Glose de l'introduction au *Senchus Môr* dans *Ancient laws of Ireland*, t. I, p. 44.

(5) « Ni hed dino foracaib acu iarsin ni oc-am-beth udbairt do

CHAPITRE X. — LES DRUIDES SONT PRÊTRES. 159

Il disait que « quiconque continuerait à observer ces
» vieux rites n'aurait ni ciel ni terre, parce que les
» pratiquer, c'était renoncer au baptême (1). »

Les *file* pouvaient cesser de célébrer des sacrifices, qui chez eux n'étaient qu'un accessoire. Mais les druides ne pouvaient abandonner ce qui formait le principal objet de leur institut; de là entre eux et le clergé chrétien une lutte impitoyable. Cette lutte semble avoir été une des parties essentielles de l'apostolat de saint Patrice. Après les nombreux baptêmes célébrés par lui, ses combats contre les druides sont, de tous les aspects de sa vie, le seul que *Ninine* croie devoir signaler dans la courte prière qu'il a composée en l'honneur de l'illustre missionnaire, à une date inconnue, mais au plus tard au onzième siècle.

« Nous honorons saint Patrice, premier apôtre
» d'Irlande. [Combien est] glorieux le nom admi-
» rable de cet [homme de] feu qui baptisa les païens!
» Il combattit les druides au cœur dur; il écrasa ces
» orgueilleux, grâce au secours que lui donna notre
» seigneur, [le maître] du beau ciel. Il purifia de
» l'Irlande aux vertes plaines la puissante race (2). »

diabal. » Glose de l'introduction au *Senchus Môr*, dans *Ancient Laws of Ireland*, t. I, p. 44.

(1) « Ro-fargell na bud nime na talman nach aen do-s-gni, uair is diultad do baithis. » *Glossaire de Cormac*, chez Stokes, *Three irish glossaries* p. 25.

(2)   Admuinemmair noeb Patraicc, prim-abstal hEren;
  Airdirc a ainm n-adamra, breo batses gente
  Cathaigestar fri druide dur-chride

Cette lutte durait encore dans la seconde moitié du sixième siècle. Un de ses plus curieux incidents est la bataille de *Culdreimne*. Cette bataille est datée de 561, par Tigernach, auteur du onzième siècle, le plus ancien chroniqueur d'Irlande dont l'œuvre soit parvenue jusqu'à nous (1). La bataille de Culdreimne fut livrée au roi suprême d'Irlande, *Diarmait*, fils de Cerbal, par plusieurs de ses vassaux ligués contre lui. Diarmait, suivant Tigernach, régna de 544 à 565. Ses vassaux révoltés voulaient venger la mort de Curnan, fils d'Aed, roi de Connaught, que Diarmait avait fait tuer après l'avoir fait arracher aux bras du célèbre saint Columba. Diarmait avait ainsi adressé à saint Columba une grande insulte; mais le célèbre moine, qui devait plus tard fonder en Ecosse le grand monastère d'Iova, avait aussi contre le roi un autre grief.

Quelque temps auparavant, saint Finten avait apporté en Irlande un livre des Evangiles et l'avait prêté à saint Columba. Ce dernier avait profité du prêt pour

Dedaig diumaschu
La fortacht ar fiadat find-nime ;
Fonenaig hErenn iath-maige môr-gein.

Windisch, *Irische Texte*, p. 23.

Cette pièce nous a été conservée par deux manuscrits. L'un est le ms. E. 4. 2, du Trinity College de Dublin, f° 16, base des éditions de Whitley Stokes, *Goidelica*, 1ʳᵉ édition, p. 95 ; 2ᵉ édition, p. 132. L'autre est le *Livre des hymnes* des Franciscains de Dublin, p. 38 ; M. Zimmer a préparé de ce ms. une édition qui, suivant lui, relèvera le niveau des études celtiques, fort abaissé de nos jours par l'incapacité de ses contemporains.

(1) O'Conor, *Rerum hibernicarum scriptores*, t. II, p. 142.

prendre copie du manuscrit. Finten prétendit qu'il y avait là une sorte d'abus de confiance, et porta plainte au roi Diarmait.

Celui-ci, après avoir entendu les deux parties, chercha dans le droit irlandais des précédents; mais il n'y avait pas eu jusque-là de bibliothèques en Irlande; il n'y avait pas de jugement où il eût été question de manuscrit. Le bétail était la principale propriété; la plupart des procès qu'on jugeait étaient relatifs aux conventions et aux droits divers dont le bétail était l'objet. Ce fut donc à la jurisprudence concernant la propriété du bétail que Diarmait demanda les règles, les principes généraux dont il avait besoin pour fonder son jugement.

« Le veau, » dit-il, « appartient au propriétaire de la vache » : *le cach boin a boinin*; littéralement « avec chaque vache sa petite vache. » « Que le petit livre appartienne au propriétaire du gros : » *le cach lebar a lebrán*; littéralement « avec chaque livre son petit livre. »

Columba trouva ce jugement inique. « Sans
» doute, » dit-il, « le manuscrit dont on me conteste
» la propriété est une copie de celui de Finten; mais
» il est mon œuvre, le produit de mon travail et de
» mes veilles. En le copiant, j'ai pris toutes sortes
» de précautions pour ne détériorer en rien le ma-
» nuscrit de Finten; mon but était de faire servir au
» salut des autres et à la gloire de Dieu ce que je
» trouverais de bon et d'utile dans ce livre. En cela
» je n'ai fait à Finten aucun tort qui lui donne droit

» à une indemnité, et dans cette affaire je ne me re-
» connais coupable d'aucune faute. »

Columba avait par conséquent, contre Diarmait deux sujets de plainte : ce jugement injuste, et le meurtre de Curnan, son protégé. Il se rendit à l'armée des insurgés et adressa une prière à Dieu pour le succès de leurs armes.

De son côté, Diarmait eut recours à deux druides. Les chroniqueurs nous ont conservé les noms de ces personnages : c'étaient Fraechan, fils de Teinisan, et Tuathan, fils de Diman. L'un fabriqua un objet sacré qu'on appela « la haie du druide, » *erbe* (1) *n-druad*. L'autre plaça cet objet entre les deux armées. Le premier, celui qui façonna l'obstacle magique, fut Fraechan.

Le manuscrit H. 2. 16, du Trinity-College de Dublin, transcrit au quatorzième et au quinzième siècle, contient, col. 869-875, une histoire des derniers temps de la vie du roi Diarmait. On y lit cette phrase : « Fraéchan, fils de Teinisan, druide de Diarmait, fit » la haie du Druide entre les deux armées (2). » Mais dans les *Annales de Tigernach* on distingue deux opérations. « Ce fut Fraechan, fils de Tennisan, qui » fit la haie du druide pour Diarmait; ce fut Tuathan,

---

(1) Sur le sens de ce mot, voir Windisch, *Irische Texte*, p. 352, au mot *airbe*.

(2) « Dogni Fraechan, mac Teinisain, drai Diarmata, airbi Druad etir in da sluag. » Ce texte a été imprimé par Petrie, *On the history and antiquities of Tara Hill*, p. 123.

CHAPITRE X. — LES DRUIDES SONT PRÊTRES.

» fils de Diman, qui posa la haie du druide pour
» lui (1). »

Les chroniqueurs chrétiens, à qui nous devons ce récit, croyaient aux druides une puissance surnaturelle. Ils racontent que parmi les adversaires du roi Diarmait, un seul osa franchir l'obstacle magique que la main du druide avait placée; ce guerrier trop audacieux paya de sa vie sa témérité. Mais Columba eut recours à la prière : il chanta un poème de douze vers ou trois quatrains, dont un est ainsi conçu :

« Une armée marche autour d'une tombelle; il y
» a un fils de la tempête qui cherche à perdre cette
» armée. Celui qui est mon druide ne rejettera pas
» ma demande; le fils de Dieu, voilà qui combattra
» pour moi (2). »

---

(1) « Fraechan, mac Tennisain, is e dorinni in airbe n-Druad do Diarmait; Tuatan, mac Dimain,... is e rolad in airbe Druad dar-achen. » O'Conor, *Rerum hibernicarum scriptores*, t. II, p. 142. Cf. Hennessy, *Chronicon Scotorum*, p. 54, où l'on trouve la même rédaction, avec une orthographe un peu plus moderne; mais la traduction est bien supérieure à celle d'O'Conor.

(2)   Sluag doching hi-timchell cairn ;
        Is mac ainfthe no-du-s-mairn.
        Is-è mo drui ni-m-èra,
        Mac Dé is frim congèna.

Je connais de cette pièce quatre éditions dans chacune desquelles le texte est un peu altéré, et qui reproduisent trois manuscrits différents : O'Conor, *Rerum hibernicarum scriptores*, t. II, p. 142; O'Donovan, *Annals of the Kingdom of Ireland by the Four Masters*, 1851, t. I, p. 194; W. M. Hennessy, *Chronicon Scotorum*, p. 52; Petrie, *On the history and antiquities of Tara Hill*, p. 123.

Cette prière assura la victoire aux vassaux du roi suprême Diarmait coalisés contre ce prince païen. Ce fut, semble-t-il, la fin du druidisme officiel en Irlande, et de ce jour date le triomphe complet du christianisme.

CHAPITRE XI.

LES DRUIDES SONT PROFESSEURS.

L'enseignement des druides avait, en Gaule, une importance considérable. César rapporte que beaucoup de jeunes gens vont, de leur plein gré, leur demander de les instruire, ou leur sont envoyés par leurs pères et leurs proches. Sous la direction des druides, ces jeunes gens apprennent, dit-on, un grand nombre de vers. Les études de quelques-uns durent vingt ans. L'enseignement a pour objet, entre autres choses, l'astronomie et la géographie (ou, comme dit César, les astres et leurs mouvements, la grandeur du monde et de la terre), la science de la nature et la puissance des dieux (1).

(1) « Et sua sponte multi in disciplinam conveniunt, et a parentibus propinquisque mittuntur ; magnum ibi numerum versuum ediscere dicuntur ; itaque annos nonnulli vicenos in disciplina permanent... Multa præterea de sideribus atque eorum motu, de mundi ac terrarum magnitudine, de rerum natura, de deorum immortalium vi ac potestate disputant et juventuti tradunt. » César, *De bello gallico*, l. VI, chap. 14, § 2, 3, 6.

Dans cet enseignement, ce qui a le plus frappé les Romains et les Grecs, c'est l'importance qu'il attribuait à la doctrine de l'immortalité de l'âme. « Surtout, » dit César, « ils cherchent à persuader » que les âmes ne meurent pas ; que des uns elles » passent, après la mort, à d'autres. Ils pensent que » cette doctrine inspire le courage en faisant mépri- » ser la mort (1). « Hommes d'une intelligence » supérieure, les druides, » dit Timagène, « s'élè- » vent à l'étude des mystères les plus secrets et les » plus profonds de la nature ; et, méprisant les » choses humaines, ils ont déclaré que les âmes » étaient immortelles (2). » « Les druides, » dit Strabon, « ne se contentent pas d'étudier la na- » ture; ils s'occupent aussi de philosophie morale... » comme d'autres, ils enseignent l'immortalité des » âmes et du monde ; ils ajoutent cependant qu'un » jour le feu et l'eau l'emporteront (3). »

Malgré les lois romaines, l'enseignement druidi-

---

(1) « Imprimis hoc volunt persuadere, non interire animas, sed ab aliis post mortem transire ad alios, atque hoc maxime ad virtutem excitari putant, metu mortis neglecto. » César, *De bello gallico*, l. VI, chap. 14, § 5.

(2) « Inter hos druidæ, ingeniis celsiores... quæstionibus occultarum rerum altarumque erecti sunt ; et despectantes humana, pronuntiarunt animas immortales. » Timagène, cité par Ammien Marcellin, liv. XV, chap. 9. Cf. Didot-Müller, *Fragmenta historicorum græcorum*, t. III, p. 323.

(3) « Δρυΐδαι δὲ πρὸς τῇ φυσιολογίᾳ καὶ τὴν ἠθικὴν φιλοσοφίαν ἀσκοῦσι.... ἀφθάρτους δὲ λέγουσι καὶ οὗτοι καὶ ἄλλοι τὰς ψυχὰς καὶ τὸν κόσμον, ἐπικρατήσειν δέ ποτε καὶ πῦρ καὶ ὕδωρ. » Strabon, liv. IV, chap. 4, § 4, édit. Didot-Müller et Dübner, p. 164.

que se maintenait encore à l'époque où Pomponius Méla écrivit sa géographie, vers la fin de l'année 43 ou le commencement de l'année 44 de notre ère. « Les Gaulois, » dit l'écrivain romain, « race su-
» perbe et superstitieuse... ont pour maîtres de la
» sagesse les druides. Ceux-ci prétendent savoir la
» grandeur et la forme de la terre et du monde, les
» mouvements du ciel et des astres, et la volonté
» des dieux ; ils enseignent beaucoup de choses aux
» plus nobles de la nation. Cet enseignement est
» long et secret, dure vingt ans, se donne dans des
» cavernes, se cache dans des forêts. Une de leurs
» doctrines s'est répandue dans le peuple, et en la
» divulguant leur but a été, sans doute, de rendre les
» guerriers plus braves : cette doctrine est que les
» âmes sont éternelles et qu'il y a une autre vie
» dans le séjour des morts (1). »

Méla est, de tous points, d'accord avec César, qui écrivait près d'un siècle avant lui. L'objet de l'enseignement est le même ; sa durée, quand il est complet, est toujours de vingt ans ; mais Méla ajoute un détail important dont les auteurs précédents n'ont rien dit : cet enseignement est secret, se donne dans des cavernes, se cache dans des forêts.

(1) « Gentes superbæ superstitiosæ... habent... magistros sapientiæ druidas. Hi terræ mundique magnitudinem et formam, motus cœli ac siderum, et, quid dii velint, scire profitentur. Docent multa nobilissimos gentis clam et diu, vicenis annis, aut in specu aut in abditis saltibus. Unum ex his quæ præcipiunt in vulgus effluxit, videlicet ut forent ad bella meliores, æternas esse animas, vitamque alteram ad Manes. » Pomponius Méla, livre III, chap. 2.

168 LIVRE II. — LES DRUIDES.

Lucain le répète vingt ans plus tard. « Druides, » dit-il, « vous habitez sous de grands arbres au fond « des bois (1). » Le même auteur signale deux branches de leur enseignement : « Vous prétendez, » dit-il, « connaître seuls les dieux et les puissances » du ciel ; peut-être êtes-vous seuls à les ignorer (2). » Puis il insiste sur leur doctrine de l'immortalité de l'âme. « Suivant vous, » dit-il, « les ombres ne ga-
» gnent pas le séjour silencieux de l'Erèbe et le pro-
» fond royaume du pâle Dis-Pater : la même âme va
» gouverner un corps dans un autre monde. Si vous
» savez ce que vous chantez dans vos vers, la mort
» est le milieu d'une longue vie. Certes, les peuples
» que du haut du ciel regarde la grande Ourse sont
» heureux dans cette erreur : la plus grande de tou-
» tes les craintes, la crainte de la mort, les laisse
» insensibles. De là, chez les guerriers, cette ardeur
» qui les précipite sur le fer, ce courage qui sait
» mourir, car il est lâche de ménager une vie qui
» reviendra (3). »

(1)   Nemora alta remotis
   Incolitis lucis.
           (*Pharsale*, liv. I, v. 452-453.)

(2)   Solis nosse Deos et cœli numina vobis
   Aut solis nescire datum.
           (*Pharsale*, liv. I, v. 453-454.)

(3)   Vobis auctoribus, umbræ
   Non tacitas Erebi sedes, Ditisque profundi
   Pallida regna petunt ; regit idem spiritus artus
   Orbe alio : longæ (canitis si cognita) vitæ
   Mors media est. Certe populi quos despicit Arctos
   Felices errore suo, quos ille timorum
   Maximus haud urget leti metus. Inde ruendi

CHAPITRE XI. — LES DRUIDES SONT PROFESSEURS. 169

La dernière mention que nous ayons de l'enseignement des druides en Gaule se trouve chez Pline, qui termina son *Histoire naturelle* vers l'an 77 de notre ère. Nous trouvons dans cet ouvrage une indication qui complète ce que César et Méla rapportent de leurs études astronomiques. Nous y voyons que les druides avaient un calendrier ; que les années et les mois commençaient chez eux le sixième jour de la lune ; que, par conséquent, leur année était lunaire ; mais pour établir la concordance de cette année avec le mouvement annuel apparent du soleil, ils avaient un cycle de trente ans, au bout duquel des mois intercalaires, ajoutés à certaines années de ce cycle, compensaient le retard de leur année sur l'année solaire (1).

Dans l'ancienne Irlande, la croyance à l'immortalité de l'âme est aussi répandue qu'elle l'était en Gaule, où elle était devenue vulgaire (2). Elle n'était

In ferrum mens prona viris, animæque capaces
Mortis, et ignavum redituræ parcere vitæ.
(*Pharsale*, liv. I, v. 454-462.)

(1) « Sexta luna quæ principia mensum annorumque his facit et sæculi post tricesimum annum. » Pline, *Histoire naturelle*, liv. XVI, § 250. Le retard annuel de l'année lunaire, de trois cent cinquante-quatre jours environ, sur l'année solaire, de trois cent soixante-cinq environ, est d'environ onze jours, qui, pour trente ans, font environ trois cent trente jours ; en intercalant onze mois lunaires de vingt-neuf ou de trente jours alternativement, soit trois cent vingt-cinq ou vingt-six jours, on réduit le retard à quatre ou cinq jours. On regagnait probablement ces quatre ou cinq jours en élevant de vingt-neuf à trente jours la durée d'un nombre égal de mois.

(2) « *In vulgus effluxit.* » Pomponius Mela, liv. III, chap. 2.

donc pas spéciale à l'enseignement des druides. Nous avons peu de notions sur les matières de cet enseignement en Irlande.

Il y a cependant à ce sujet une indication intéressante dans une glose du vieux recueil de jurisprudence irlandaise connu sous le nom de *Senchus Mór* ou grand traité d'antiquités. Suivant cette glose, il y avait en Connaught un sage nommé Connla et surnommé Cainbretach, « au beau jugement. » Il fut en conflit avec les druides, parce que ceux-ci disaient que c'étaient eux qui avaient fait le ciel, la terre, la mer, etc.; le soleil, la lune, etc. Ce fut Connla qui leur dit : « Faites en sorte que le soleil et la lune
» brillent au nord pour éclairer les hommes du
» monde, et nous croirons que tout ce que vous dites
» est vrai (1). »

Il y a là sur l'origine du monde une doctrine étrange qui a son analogue dans l'Inde : le prêtre a précédé le monde, et c'est par le culte que le monde a été créé (2). La puissance merveilleuse que cette doctrine attribue à l'homme se retrouve dans une légende qui est un des fondements de la mythologie

---

(1) « Is é dogne confliucht fri-sna druidhe, asberddis-sidhe badur et dodena nem ocus talam ocus muir ocus araile, ocus grein ocus escca, ocus araile. Bad eisidhe asbert-sum friu : Denâidh dino, ol se, corb taithne grian ocus escca i tuaidh do feruib betha, ocus creidfimid ini noraide as fír uile. » *Ancient Laws and Institutes of Ireland*, t. I, p. 22.

(2) Cf. Darmsteter, *Les Cosmogonies aryennes*, dans la *Revue philosophique de la France et de l'étranger*, 6ᵉ année (1881), p. 483-491.

irlandaise : les ancêtres des Irlandais, les ancêtres de la race celtique aujourd'hui établie en Irlande, ont, à leur arrivée dans cette île, trouvé les dieux installés dans le pays, leur ont livré bataille, les ont vaincus et les ont dépossédés. Par la magie, que les croyances primitives confondent ordinairement avec le culte, les hommes sont plus puissants que les dieux (1).

Dès la période païenne, cet enseignement étrange trouvait des incrédules. Un des rois du cycle de Finn et d'Oisin, Cormac mac Airt, qui suivant les *Annales de Tigernach*, mourut en 258, fut un de ceux qui refusèrent de croire. Le druide Maelcen en tira une vengeance éclatante : il envoya un génie mystérieux qui plaça une arête de saumon dans la gorge du roi, et ce prince périt étouffé (2).

---

(1) Cf. p. 139.

(2) Suivant la légende irlandaise, reproduite en 1636 dans les *Annales des quatre maîtres*, Cormac, fils d'Art… « fuair bâs ic-Cletech iar lenmhain cnâimh bradâin in-a-bhraghait tre-san siabhradh roimbir Mailgenn drai fair, iarn iompodh do Corbmac ar na draoithibh fo bithin adharta dé dô tairsibh. » *Annals of the Kingdom of Ireland by the four Masters*. Edit. d'O'Donovan, 1851, t. I, p. 114-116. Cf. Keating, *The history of Ireland*, trad. O'Mahony, pp. 355 et suiv. Voici, de la même légende, une autre rédaction qui date du onzième siècle : « Cormac hua Cuind Cetcathach doec a Cleiteach dia Mairt iar leanmain cnâma bratâin in a bragaid, no as-iad na siabra ro-n-ortadar, iarn-abrath do Maelcin draod, o na-r-cred Cormac do. » *Annales de Tigernach*, chez O'Conor, *Rerum hibernicarum scriptores*, p. 47. En termes plus brefs : « Iarn-glenamain cnâma bratan in-a-bragit, no ic-siabra ro-n-ort. » *Leabhar na hUidhre*, p. 50, col. 2, lignes 38-39.

La légende prétend que la raison pour laquelle Cormac refusait d'ajouter foi aux enseignements des druides était qu'il avait abandonné leur religion pour se faire chrétien (1); et le dieu des chrétiens n'avait pu le protéger contre la vengeance des druides.

Cormac mac Airt est un des personnages les plus célèbres de l'Irlande ancienne : on lui attribue une partie des règles de droit contenues dans le livre d'Aicil, qui est un des principaux monuments de la jurisprudence irlandaise (2); il serait aussi l'auteur d'un recueil de maximes à l'usage des rois conservé dans plusieurs manuscrits, dont le plus ancien est le *Livre de Leinster* (3). O'Donovan a donné de ce dernier document d'importants extraits dans l'intéressant recueil intitulé : *The Dublin penny journal* (4). Cette pièce est évidemment chrétienne et bien postérieure à Cormac. Ainsi deux des premières re-

---

(1) « Ar-na-draoithibh fo bithin adharta Dé dó tairsib. » *Annals of the Four Masters*, édit. d'O'Donovan, 1851, t. I, p. 116. Voir le traité intitulé : *Senchas na relec*, dans le *Leabhar na h-Uidhre*, p. 50-51.

(2) *Lebar Aicle*, dans *Ancient Laws of Ireland*, t. III, p. 81-547; voir sur Cormac les détails donnés, *ibid.*, p. 82, 84.

(3). Le titre de cette pièce est *Tecosca Cormaic*, « enseignements de Cormac, » livre de Leinster, fac-similé publié par l'Académie d'Irlande, p. 343-345. Cet enseignement est donné à Coirpré Lifechair, fils de Cormac et son successeur au trône d'Irlande. C'est à Coirpré que s'adressent aussi les règles de droit attribuées à Cormac et contenues dans le livre d'Aicil. La mort de Coirpré, à la bataille de Gabra, est un des événements importants de l'épopée ossianique.

(4) T. I, 1832-1833, p. 214-215. Ce travail est fait d'après le livre de Lecan, manuscrit du commencement du quinzième siècle.

commandations de Cormac à son fils sont : adorer le grand Dieu, « *adrad Dé moir,* » et faire d'abondantes aumônes, « *almsana ile.* » Les mots *adrad* et *almsana* sont empruntés au latin. Du moment où l'on soutenait l'authenticité de cette pièce, il fallait faire de Cormac un chrétien. C'est ce à quoi n'ont pas manqué les historiens irlandais.

Dans l'*Histoire des Cimetières*, on raconte que Cormac « croyait en un seul Dieu, selon le droit ; » car, disait-il, il adorait, non les pierres ni les ar- » bres, mais celui qui les a faits, et qui est le » protecteur de tous les êtres, c'est-à-dire le Dieu » unique, protecteur puissant, qui a formé les élé- » ments : c'était en celui-là qu'il voulait croire (1). » On raconte dans ce traité que les rois suprêmes d'Irlande contemporains du premier cycle héroïque, c'est-à-dire de Conchobar et de Cûchulainn, furent enterrés à Cruachan, capitale du Connaught ; que les rois postérieurs, jusqu'à l'époque chrétienne, se firent enterrer dans la région opposée de l'Irlande, à l'est, sur la rive septentrionale de la Boyne, dans dans l'endroit appelé Brug (2), célèbre par des tom-

---

(1) « Ar bâi cretim in ôen Dé oc *Cormac* do-rêir *rech*ta. Ar ro-râid-seom na aidêrad *cloch*a nâ crunnu, *acht* no adêrad intî do-s-roin *ocus* ro-po *chom*sid ar-cul na-uli-dûla, *idon* int-ôen-Dia nertchomsid-ro-crutaig na dûli, is-dô no chreitfed. » *Leabhar na hUidre*, p. 50, col. 2, ligne 23 et suivantes. — Cf. Petrie, *The ecclesiastical architecture of Ireland*, 2ᵉ édit., p. 97.

(2) « Oenach *Cruach*an *chet*us is-sand no-adnaictîs clanna hEremoin *idon* rigrad Temrach, no co-tânic Cremthand mac Lugdech

belles monumentales où la légende voit la sépulture des Tuatha Dé Danann, c'est-à-dire des dieux qui ont précédé les hommes sur la terre d'Irlande et qui, survivant à leurs désastres, viennent encore journellement visiter ce pays, tantôt visibles, tantôt invisibles, tantôt protecteurs, tantôt ennemis. On les appelle *sidé* ou fées ; le roi d'Irlande Crimthan Nianair avait épousé une fée, et c'est pour cela qu'à partir de lui le cimetière des fées, Brug na Boiné, (Brug sur la rivière de Boyne), devint le cimetière des rois d'Irlande (1).

Or, Cormac ne voulut pas être enterré là. « Il dit » à ses gens de ne pas l'enterrer dans le Brug, et cela » parce que c'était un cimetière païen (2). » « Il » voulait, disait-il, être enterré à Ros na Rig, qui est » de l'autre côté de la Boyne, et le visage vers » l'orient (3). » Il avait cru la veille de la bataille de

---

Riabnderg (*idon* iss eside cet ri dib ro-udnacht i-sin Brug.) » *Leabhar na hUidhre*, p. 51, col. 1, lignes 7-10. Cf. Petrie, *The ecclesiastical architecture of Ireland*, 2ᵉ édit., p. 98.

(1) « Uasli Tuathi de Danand (*idon* Dagda *ocus* a thri maic *ocus* Lug *ocus* Oe, *ocus* Ollam *ocus* Ogma *ocus* Etan *ocus* Corpre mac Etaine) issin Brug no-adnaictis ; ocus for-a-slicht-side dochoid Crimthand, ar ba do Thûaith Dea a ben *idon* Nâr, ocus is-si ro-aslaig fair combad he bad reilec adnaichti dô. » *Leabhar na hUidhre*, p. 51, col. 2, lignes 4-7. Cf. Petrie, *The ecclesiastical architecture of Ireland*, 2ᵉ édit., p. 99.

(2) Roraid seom (*idon* Cormac) fri-a-muintir cen-a-adnacul issin Brug (*idon* daig ba relec idaladartha). » *Leabhar na hUidhre*, p. 50, col. 2, lignes 36-37. Cf. Petrie, *The ecclesiastical architecture of Ireland*, 2ᵉ édit., p. 98.

(3) « *Acht* a-adnacol ir-Ros-na-rîg, *ocus* a aiged sair. » *Leabhar na*

Muccrumé, où périt Art son père ; il avait prédit la foi, c'est-à-dire l'établissement du christianisme en Irlande, et il avait dit que sa tombe serait sous un monticule couvert de roseaux rouges, dans l'endroit où est aujourd'hui Trevet; et là, écrivait-on au onzième siècle, on a bâti dans l'endroit de sa sépulture une église catholique à cause de la vérité et de la foi qui étaient en lui (1).

Suivant nous, la conversion de Cormac au christianisme est imaginaire. Elle a été inventée à l'époque chrétienne pour justifier l'attribution à ce prince du traité de maximes à l'usage des rois dont nous avons parlé. Mais il serait difficile d'admettre qu'un auteur chrétien ait créé la légende de sa lutte contre les druides et de la mort merveilleuse que leur vengeance lui aurait infligée.

Ainsi, les textes relatifs à la mort de Cormac mac Airt contiennent l'indication d'une résistance opposée par certains esprits à l'enseignement druidique en Irlande dès l'époque païenne, qui se termine au cinquième siècle de notre ère.

D'autres textes attestent, d'une façon formelle, le bon accueil que cet enseignement trouvait alors dans

---

hUidre, p. 50, col. 2, ligne 42. Cf. Petrie, *The ecclesiastical architecture of Ireland*, 2ᵉ édit., p. 99.

(1) « Rochreit in lá ria tabairt catha Muccrama *ocus* rotairngir *in* cretim (*idon* co-forberad *in* cristaidecht for Erind) *ocus* asbert com-bad *and* nobeth a fert *in* duma n-derglùacra àit hi fail Treoit indiu... Ar-rop-eclas cathalacda (*idon* Treoit indiu) iartain bali in-roadnacht, fo deig na firinni *ocus* na cretmi ro-m-bi. » *Leabhar na hUidhre*, p. 51, col. 1, lignes 29-32, 36-37.

la majorité de la population. Ainsi, dans l'*Enlèvement du taureau de Cúalngé*, le plus célèbre des morceaux qui composent le plus ancien cycle héroïque de l'Irlande, nous voyons Cathbad, le druide, accompagné de ses élèves, près d'Emain, capitale de l'Ulster. Le nombre de ces élèves est de cent dans la plus vieille rédaction que nous ayons du texte dont il s'agit : fin du onzième siècle au plus tard (1). Il est réduit à huit dans une autre rédaction conservée par un ms. du milieu du douzième siècle (2). Cathbad leur enseigne le druidisme, *druidecht*. L'homme de lettres chrétien qui, au milieu du douzième siècle, a remanié le vieux texte a pensé que c'était bien assez de huit âmes perverties par cette doctrine impie.

Une des légendes comprises dans la vie de saint Patrice est celle des deux filles du roi suprême Loégairé, fils de Niall, et des deux druides chargés de leur éducation. Elles s'appelaient Etné la blanche et Fedelm la rousse. Les druides auxquels était confié le soin de les instruire se nommaient, l'un Mail ou Mael et l'autre Caplit.

---

(1) « Bói Cathbad drûi hi fail a maic idon Conchobair maic Nessa. Cet fer ndéinmech dó oc foglaim druidechta ûad, is-é lîn do-n-inchoisced Cathbad. » « Cathbad le druide était près de son fils, c'est-à-dire de Conchobar mac Nessa. Cent vaniteux étourdis lui faisaient cortège, apprenant de lui le druidisme; tel était le nombre des élèves qu'instruisait Cathbad. » *Leabhar na h-Uidhre*, p. 61, col. 1, lignes 18, 20-23. Cf. O'Curry, *On the manners*, t. II, p. 200.

(2) « Cathbad drûi bûi oc-tabairt d-a-daltaib fri Emain anair tûaith ocus ocht n-dalta do aes in dâna druidechta [i]n-a-farrad. » *Livre de Leinster*, p. 64, col. 2, lignes 10-13.

Des textes hagiographiques nous représentent saint Patrice et ses prêtres vêtus de robes blanches et réunis, un matin, autour d'une source. « Suivant » l'usage des femmes, » dit l'antique récit, « les » deux filles du roi y viennent pour laver. » Il semble qu'à un certain degré de civilisation toutes les filles des rois ont ressemblé à Nausicaa; mais ici s'arrête l'analogie avec l'Odyssée. Les deux filles du roi d'Irlande regardent avec étonnement Patrice et ses prêtres. Elles se demandent ce que signifie cette assemblée d'inconnus, ce costume étrange : elles s'arrêtent tout émues : — « D'où venez-vous ? » s'écrient-elles. « Où allez-vous ? Etes-vous de ces êtres mystérieux qui habitent les cavernes des montagnes ? êtes-vous des dieux ? » — « Mieux vaudrait pour vous, » répond Patrice, « croire au vrai Dieu que savoir de quelle race nous sommes. » — « Quel est votre dieu ? » demanda l'aînée des jeunes filles, « où est-il ? a-t-il des fils et des filles, de l'or et de l'argent ? » Patrice profite de ces questions pour leur prêcher le Dieu du ciel, de la terre, de la mer, du soleil, de la lune; il leur propose pour fiancé le fils éternel de ce Dieu tout puissant. Elles acceptent, il les baptise et elles demandent à voir le divin époux qu'il leur a promis. — « Il faut, d'abord, » répond Patrice, « communier et mourir. » Elles consentent, reçoivent la communion de sa main, puis expirent. Alors, arrivent les deux druides chargés de leur éducation : ils accablent Patrice d'injures; mais l'éloquence du saint parvient à les convertir, comme elle a converti leurs élèves. Eux aussi sont baptisés et deviennent chrétiens (1).

Mais nous ne voyons pas ce que les druides enseignaient aux deux jeunes princesses. Le livre d'Armagh, manuscrit du neuvième siècle, nous a conservé, sur la doctrine des druides d'Irlande au cinquième siècle, une indication qui serait très précieuse si une des expressions dont s'est servi l'auteur était plus claire pour nous. On lit dans ce manuscrit que le roi Loégairé, père des deux jeunes filles dont nous venons de parler, refusa d'accepter les enseignements de saint Patrice.

« Néel (2), mon père, » dit-il, « ne m'a pas permis de
» croire. Je veux être enterré sur les hauteurs de
» Tara en appareil de guerre. » « Car, » ajoute le livre d'Armagh, « l'usage des païens est d'être placés dans
» leur sépulcre tout armés, avec leurs armes prêtes
» et le visage tourné vers l'ennemi, en attendant le
» jour de *erdathe*, comme disent les druides, car
» c'est ainsi qu'ils appellent le jour du jugement du
» Seigneur (3). »

---

(1) Ce récit se trouve plus ou moins détaillé dans plusieurs des vies de saint Patrice publiées par Colgan, *Trias thaumaturga* : Vie troisième, p. 25 ; vie quatrième, p. 42 ; vie cinquième, p. 53-54 ; vie sixième, p. 77-78 ; vie septième, p. 135-136. Cf. O'Curry, *On the manners*, t. II, p. 201-202 ; O'Donovan, *Supplément* à O'Reilly, p. 699, au mot *sidh*.

(2) Néel, variante de Niall.

(3) Ce texte est ainsi conçu : « Sed non potuit credere, dicens : Nam Neel, pater meus, non sinivit mihi credere, sed ut sepeliar in cacuminibus Temro, quasi viris consistentibus in bello. Quia utuntur

CHAPITRE XI. — LES DRUIDES SONT PROFESSEURS.

Il résulte de ce texte que l'usage d'enterrer les guerriers avec leurs armes se rattachait à une doctrine religieuse enseignée par les druides, et que Loégairé resta fidèle à cette doctrine. En effet, un document où l'on prétend qu'il se convertit, pièce que nous a conservée le *Leabhar na hUidhre*, contient les paroles suivantes : « Le corps de Loégairé fut enterré
» avec son armure, au sud-est et en dehors de la
» forteresse royale de Loégairé à Tara, sa face tour-
» née au midi, dans la direction du Leinster, comme
» s'il continuait à combattre les habitants de ce
» pays, car en son vivant il était l'ennemi des habi-
» tants de Leinster. A cette époque, la forteresse de
» Loégairé servait de salle de festin au roi suprême
» d'Irlande ; ce fut pour cela qu'il demanda d'être
» enterré là (1). »

gentiles in sepulcris armati prumptis armis facie ad faciem usque ad diem *erdathe* apud magos, id est judicii diem Domini. » Folio 10 recto, col. 2. Ce texte a été publié par Petrie, *On the history and antiquities of Tara hill*, p. 170 ; par O'Donovan, *Annals of the Kingdom of Ireland by the Four Masters*, 1851, t. I, p. 145 ; par M. Whitley Stokes, *The Calendar of Oengus*. p. CCLXXXVI, au mot *Loéguire*. Dans ce texte, comme dans les autres documents latins écrits par des Irlandais à la même époque, *magus* est l'équivalent de l'irlandais *drui*, génitif *druad*.

(1) « Corp Loegairi... rohadnacht con armgasciud i-sin-chlud im-echtrach airther descertach rigratha Loegairi hi-Temraig hé, *ocus* a-aiged fádes for-Laigniu oc-cathugud friu, ar-ropó-nama-side [i]n-a bíu do Laignib. Bá-si dana ráith Loegairi tech-midchúarta in-tan-sin, *ocus* is-airi con-aitech-side a-adnacul and. » *Leabhar na hUidhre*, p. 118, col. 2, les dernières lignes. Le titre de la pièce se trouve à la page précédente : « Comthoth Lóegairi có-cretim ocus a-aided adfét in-scel-so. » « Cette histoire raconte la conversion de Loégairé à la

On montre encore aujourd'hui, sur la montagne de Tara, l'emplacement de la forteresse ou *rath* de Loégairé. C'est une enceinte circulaire formée par deux rangs de fossés concentriques, avec rejet de terre en dedans. Le roi d'Irlande se fit enterrer près de là, en mémoire des bons festins qu'il y avait faits avec ses fidèles vassaux.

Ce n'est certes pas une préoccupation chrétienne ; et ce qui achève de montrer combien Loégairé était loin de la foi que saint Patrice prêchait, c'est le récit légendaire des événements qui ont amené sa fin. Je dis légendaire, parce que sa vérité historique intégrale n'est pas admissible ; mais le récit a pour base des faits réels, quoique certains détails aient été créés par l'imagination.

Les habitants de Leinster devaient au roi suprême d'Irlande une redevance qu'on appelait *borome*. On fait remonter l'origine de cet impôt à un roi suprême d'Irlande nommé Tùathal Techtmar. Tùathal avait deux filles, nommées l'une Fithir et l'autre Dârfinne. Alors régnait en Leinster Eochu Ancenn. Il demanda en mariage Dârfinne et l'obtint. Ses sujets lui dirent : — Tu as laissé la plus belle des deux. — Eochu alla trouver son beau-père. — La femme que tu m'as donnée est morte, lui dit-il ; donne-moi sa sœur. — Tùathal lui donna Fithir. Mais quand Fithir, arrivée au palais du roi de Leinster, y trouva Dârfinne,

---

foi et sa mort. » Cf. Petrie, *On the history and antiquities of Tara hill*, p. 169-170.

elle mourut de honte, et la douleur tua Dàrfinne.

Tùathal vint en Leinster demander compte de la vie de ses filles. Pour obtenir la paix, les habitants de Leinster furent contraints de s'engager à payer, tous les deux ans, au roi suprême d'Irlande, le *borome*. Le *borome* était une rente ou impôt bisannuel qui paraît avoir consisté en quinze mille vaches, quinze mille cochons et quinze mille manteaux. Quarante rois se le firent payer depuis Tùathal, au premier siècle de notre ère, jusqu'à Finnachta, fils de Dunchad, qui régnait à la fin du septième siècle (1). Mais si les habitants de Leinster se soumirent ainsi, ce ne fut pas sans de fréquentes résistances.

Une de leurs révoltes eut lieu sous le règne de Loégairé, et la victoire se déclara pour eux. Loégairé, vaincu, resta leur prisonnier et ne put obtenir sa liberté qu'en prêtant serment de ne plus exiger cette tyrannique redevance. La formule de son serment nous a été conservée; elle n'a rien de chrétien. « Il » jura par le soleil et la lune, par l'eau et l'air, par » le jour et la nuit, par la mer et la terre, qu'il ne » réclamerait pas le *borome* tant qu'il vivrait. » Eux le laissèrent partir.

On avait prédit à Loégairé que ce serait entre Eriu et Alba qu'il trouverait la mort (Eriu et Alba sont les noms de l'Irlande et de la Grande-Bretagne en vieil

---

(1) *Livre de Leinster*, p. 23, col. 2. Cf. p. 294 et suivantes. Voir aussi Keating, *The history of Ireland*, traduction de John O'Mahony, p. 304-306. Les textes ne sont pas complètement d'accord sur la détermination des redevances qui constituaient le *borome*.

irlandais), et pour éviter ce danger, il n'allait jamais sur mer. Or, un jour il entra en Leinster avec une armée pour demander le *borome*. Mais les éléments qu'il avait pris à témoin tirèrent vengeance de sa mauvaise foi : arrivé entre deux montagnes qui s'appelaient l'une Eriu et l'autre Alba, il mourut; et les auteurs de sa mort furent le soleil, le vent et les autres éléments qu'il avait pris à témoin (1).

Un autre exemple de la même formule nous est fourni par la légende de Tùathal Techtmar. Ce prince, étant monté sur le trône d'Irlande, dont l'usurpateur Corpré Cenn Caitt ou « à la tête de chat » s'était emparé, fit jurer à tous les habitants d'Irlande qu'ils n'auraient jamais de roi suprême pris ailleurs que parmi ses descendants. Ils jurèrent par le soleil, par la lune et par toutes les puissances qui sont au ciel et sur la terre (2).

---

(1) « Dobretha rat*h*a fri Laigniu *idon* grîan *ocus* esca, usci *ocus* aer, lâ *ocus* adaig, muir *ocus* tir, co-na-iârfad i*n*-mboromi céin bad bêo. Roleced ass iarom. Is *ed* tra-rotairgired do Loega*iri* com-bad eter Erind *ocus* Albain fogebad a-aidid, *c*onid de-sin na-deochaidsium muirchoblac*h*-riam. Luid tra Loega*i*re doridisi slogad mâr co-Laigniu do-saigid na-boromi faraib. Ni t*h*uc immo*rr*o a-rat*h*a dioid... eter na-dâ cnoc, *idon* Erin *ocus* Alba an-an*m*and, adbat*h* andsin, ô-gr*ê*in *ocus* o-gait*h* *ocus* o-na-rât*h*aib archena. » *Leabhar na hUidhre*, p. 118, col. 2, lignes 20-31.

(2) *Livre de Leinster*, p. 23, col. 2, ligne 24. Le texte peut se traduire littéralement ainsi : « Il donna ensuite le festin de Tara. Les hommes d'Irlande y vinrent avec leurs femmes, leurs fils et leurs filles. Tûathal prit pour caution le soleil, la lune, et toutes les puissances qui sont au ciel et dans la terre; que quelles que fussent les communes forces des provinces d'Irlande, les provinces d'Irlande n'auraient

Ce serment des Irlandais païens ressemble beaucoup à celui de Héré, la Junon des Romains, dans l'*Iliade*. « Sachent la terre, et le ciel qui nous domine,
» et l'eau du Styx qui coule au-dessous de nous. »
« C'est le serment le plus grand et le plus redoutable
» que puissent faire les dieux tout-puissants (1). »

Agamemnon emploie une formule analogue, mais il y fait deux additions, l'une au commencement, l'autre à la fin. En tête il place le nom de *Zeus*, le plus grand des dieux; puis il termine en invoquant les deux divinités qui, aux enfers, vengent les ser-

---

pas de droit commun contre la race de Tûathal Techtmar, mais que sa race posséderait la royauté à jamais. » Voici ce texte :

« Darónad feis Tem*r*ach leis iarsi*n*.

» Tancatar fir hE*r*end mnaaib ma*cc*aib ingenaib and. Rogab Tuathal rá*th*a grène *ocus* ésca *ocus* cacha cumachtai fil i*n*-nim *ocus*
» i-ta*l*ma*in*, ciamtìs comneirt cóicedaig hE*r*end, co-na-btis comcheirt cóicedaig hE*r*end ri clai*n*d Tuat*h*ail Techtmair acht rige di-achlai*n*d-seo*m* co bráth. » Il appartient au document intitulé : « Incipit do fhlat*h*iusaib hE*r*end *ocus* di-a-*h*amseraib o ré mac Miled co-hamsir Tuat*h*ail Tec*h*tmair. » Ce document se trouve aussi dans le livre de Ballymote, folio 22 recto, et dans le livre de Lecan, où il commence au folio 286 verso, col. 1. — Cf. Petrie, *On the history and antiquities of Tara Hill*, p. 33-34. — Une autre copie du même traité est contenue dans le manuscrit irlandais Stowe, n° 1, aujourd'hui dans la collection de lord Ashburnham. Le passage qui concerne le serment prêté à Tûathal se trouve au fol. 31 de ce manuscrit, comme on peut le voir dans l'ouvrage d'O'Conor, *Bibliotheca manuscripta Stowensis, a descriptive catalogue of the manuscripts in the Stowe Library*, t. I, p. 34.

(1) Ἴστω νῦν τόδε Γαῖα καὶ Οὐρανὸς εὐρὺς ὕπερθεν
καὶ τὸ κατειβόμενον Στυγὸς ὕδωρ, ὅστε μέγιστος
ὅρκος δεινότατός τε πέλει μακάρεσσι θεοῖσιν.
(*Iliade*, chant XV, v. 36-38.)

ments violés ; tandis que, comme la formule irlandaise, la formule employée par Héré ne parle que des forces de la nature : « Jupiter, » dit Agamemnon, « toi qui règnes sur l'Ida, toi le très auguste et tout
» puissant ; et toi, ô soleil ! qui vois tout et entends
» tout ; et vous, les fleuves et la terre ; et vous, ô
» dieux qui, tous deux (1), sous la terre, punissez
» les morts parjures, soyez-moi témoins, soyez les
» gardiens de mes loyaux serments (2). »

Les dieux, qui tiennent une si grande place dans la formule de serment employée par Agamemnon, n'interviennent pas dans le serment imposé aux Irlandais par le roi suprême Tûathal Techtmar au premier siècle de notre ère, ni dans celle du serment prêté par Loégairé, au quatrième. Du reste, la formule irlandaise est à peu près identique à la formule du serment d'Agamemnon.

Ce sont les forces physiques de la nature que l'on prend à témoins. Les Irlandais, comme Agamemnon, commencent par le soleil ; l'énumération qui suit n'est pas la même, mais présente de grandes analogies. Ainsi la terre est prise à témoin par Agamemnon et par Loégairé ; Tûathal parle des puis-

---

(1) Aïdès et Perséphoné ; dans la mythologie gréco-latine, Pluton et Proserpine.

(2) Ζεῦ πάτερ, Ἴδηθεν μεδέων, κύδιστε, μέγιστε,
Ἠέλιός θ' ὅς πάντ' ἐφορᾷς καὶ πάντ' ἐπακούεις,
καὶ ποταμοὶ καὶ γαῖα, καὶ οἳ ὑπένερθε καμόντας
ἀνθρώπους τίνυσθον ὅστις κ' ἐπίορκον ὀμόσσῃ,
ὑμεῖς μάρτυροι ἔστε, φυλάσσετε δ' ὅρκια πιστά.

(*Iliade*, chant III, v. 276-280.)

sances de la terre ; rappelons-nous que dans le serment de Héré, tel que nous l'offre l'Iliade, la terre apparaît en première ligne. Les fleuves du serment d'Agamemnon, l'eau du Styx du serment de Héré sont remplacés par l'eau, sans épithète ni détermination quelconque, dans le serment de Loégairé ; et il n'en est pas question dans la formule employée par Tùathal, mais au ciel, interpellé par Héré, correspondent les puissances du ciel dans le serment de Tùathal.

Ces points identiques et ces variantes nous permettent de supposer une formule de serment originairement commune aux Grecs et aux Celtes et dans laquelle les forces physiques de la nature étaient seules caution de l'engagement contracté. Dans la théogonie d'Hésiode, ces forces précèdent les dieux (1).

Quoi qu'il en soit, la formule du serment, prêté par Loégairé, roi suprême d'Irlande, aux habitants de Leinster vainqueurs, est païenne. Ce prince mourut païen ; en conformité à ses dernières volontés, on l'enterra sur la colline de Tara sa capitale, près de la grande salle de festins, où ses viandes cuisaient dans de vastes chaudières, et où il avait tant de fois réuni de son vivant la foule joyeuse de ses nombreux vassaux ; et le jour que, dans la pensée de ses sujets, son cadavre venait attendre au fond de la tombe, n'était pas celui que le dogme chrétien de la résurrection et du jugement annonce aux disciples de

---

(1) Hésiode, *Théogonie*, v. 116 et suiv.

l'Évangile. Le jour sur lequel comptaient les guerriers d'Irlande accompagnant le corps de Loégairé au lieu de la sépulture, était celui que les druides appelaient *erdathe*. Un commentateur chrétien dont la glose a pénétré dans le texte du livre d'Armagh, écrit dans la première moitié du neuvième siècle, a dit que jour d'*erdathe* signifie « jour du jugement du Seigneur : » *id est judicii diem Domini*. Mais c'est une idée chrétienne. Je n'ai trouvé nulle part, ni dans les textes latins et grecs relatifs aux croyances celtiques, ni dans la littérature païenne des Néo-Celtes, l'idée d'un jugement après la mort. Cette idée est une de celles que saint Patrice apporta en Irlande; elle est une de celles sur lesquelles il insistait d'une façon toute particulière.

Des deux expressions que la racine BER, « porter, » avait fournies à la langue irlandaise pour exprimer l'idée de jugement : *breth*, primitivement **breta*, et *bráth*, primitivement *brátus*, l'expression que Patrice préféra fut la seconde, usitée en gallois, c'est-à-dire dans sa langue maternelle; et souvent, au grand étonnement des Irlandais, il prononçait ce mot à la façon galloise de ce temps-là, avec un *ó* long au lieu d'un *á* long, comme dans l'inscription de Margam dans le Glamorganshire, où le nom propre *Boduácus* est écrit au génitif *Boduoci* (1). Il faisait usage d'une

---

(1) Hübner, *Inscriptiones Britanniæ christianæ*, p. 26, n° 71. Cf. *Cunomor[i]* pour *Cunomári*, p. 7, n° 20 ; *Conetoci* pour *Conetáci*, p. 4, n° 12.

sorte de juron ainsi conçu : *Mo Dé broth* (1). « Mon Dieu de jugement. »

L'authenticité de cette tradition nous est attestée par le glossaire de Cormac : l'auteur de ce glossaire conteste cette authenticité par des raisons qui précisément l'établissent. « Les Irlandais, » dit-il, « reproduisent incorrectement cette formule galloise ; il faut dire *muin duiu braut* ; *muin* veut dire « mon ; » *duiu*, « Dieu ; » et *braut*, « jugement » (2).

C'était vers 900 que Cormac écrivait ; l'orthographe rectifiée qu'il propose, et qui, suivant lui, aurait été celle de saint Patrice au cinquième siècle, est l'orthographe galloise du neuvième et du dixième siècle. Sa critique est donc mal fondée. Le religieux respect des chrétiens irlandais pour tout ce qui se rattachait à saint Patrice leur a fait garder intact, avec son juron, un monument de la prononciation galloise contemporaine des plus anciennes inscriptions chrétiennes de l'Angleterre, et où, comme dans ces inscriptions, la diphtongaison des voyelles longues celtiques n'a encore pas commencé. Le substantif celtique *brâtu-s*, en vieil irlandais *brâth;* au génitif **brâtavos*, **brâtâs*, en vieil irlandais *brâtha*, était devenu dans le gallois du cinquième siècle, c'est-à-dire dans la langue maternelle de saint Patrice, *brôt*, avec changement d'*â* long en *ô* et chute de la dési-

---

(1) *Betha Phatraic*, chez Whitley Stokes, *Three-middle irish homilies*, p. 30.

(2) Whitley Stokes, *Three irish Glossaries*, p. 28. Cf. *Cormac's Glossary*, p. 106.

nence. Mais il n'était pas encore devenu *braut* avec diphtongaison de l'*ó* en *au*, comme dans le gallois du neuvième siècle (1).

La prononciation de saint Patrice fut conservée dans la mémoire des Irlandais comme une curiosité et une sorte de pieuse relique, mais elle ne pénétra pas dans leur langue. La seule influence qu'eurent les habitudes de langage du célèbre apôtre fut de faire adopter aux Irlandais chrétiens l'usage de désigner par le mot *bráth* le jugement que Patrice avait prêché, le jugement dernier; tandis que le synonyme *breth* était réservé pour les jugements prononcés en ce monde par les jurisconsultes, le peuple et les rois (2). C'est avec le sens de « jugement dernier » que le mot *bráth* a pris place dans la formule adverbiale *co bráth*, « pour jamais, » « toujours, » littéralement, « jusqu'au jugement dernier. »

En résumé, la doctrine du jugement dernier est, en Irlande, d'importation chrétienne. Elle n'est donc pas exprimée par le mot *erdathe*, qui représente une idée païenne. Il semble un peu téméraire de chercher actuellement l'explication de ce mot : elle se trouvera peut-être un jour très clairement donnée dans quelqu'un des nombreux textes inédits que nous tiennent en réserve les bibliothèques des îles Britanniques. Cependant on pourrait proposer de con-

---

(1) Voir la *Grammatica celtica*, 2ᵉ édit., p. 93-94.
(2) La formule *bráth-caei*, « jugement de Caé, » fait seule exception.

sidérer *erdathe* comme un composé de la particule *er* ou *air*, qui veut dire «vers, pour, dans,» mais qui souvent n'a qu'une valeur augmentative, et d'un dérivé du substantif *dath*, « couleur; » le jour d'*erdathe* serait celui où le mort reprend sa couleur. Mais on peut aussi croire que *dathe*, dans *erdathe*, est identique à *data* que O'Clery rend par l'irlandais moderne *dathamhail*, « agréable, » et qui a pénétré avec ce sens dans les glossaires d'O'Brien et d'O'Reilly. Le jour d'*erdathe* serait donc simplement le jour agréable.

Quoi qu'il en soit de ces hypothèses, il est établi que les druides d'Irlande avaient une doctrine sur le sort futur du corps des guerriers enterrés avec leur attirail de guerre. Nous avons vu qu'ils prétendaient avoir créé le monde. Quant à la doctrine de l'immortalité de l'âme, elle était générale en Irlande avant le christianisme, et, comme en Gaule avant la conquête romaine, elle n'était pas plus spéciale aux druides qu'à aucune autre classe de la société.

Ainsi nous n'avons que des indications incomplètes sur les matières de l'enseignement des druides d'Irlande. Nous sommes cependant certain que, comme ceux de Gaule, ils professaient. La littérature épique nous montre le druide Cathbad entouré d'élèves. La littérature hagiographique nous parle des deux druides chargés de l'éducation des filles du roi suprême Loégairé, quand saint Patrice vint évangéliser l'Irlande.

CHAPITRE XII.

HONNEURS RENDUS AUX DRUIDES.

Un point sur lequel César insiste, ce sont les grands honneurs qu'obtenaient les druides en Gaule de son temps (1). Diodore de Sicile en parle également (2). On rendait aussi de grands honneurs aux druides irlandais, à l'époque païenne. Un exemple remarquable nous en est donné par un épisode de la grande épopée connue sous le nom d'« Enlèvement du Taureau de Cûalngé (3) : » nous y voyons attribuer à un druide une sorte de préséance honorifique sur le roi.

Une maladie mystérieuse rend les guerriers d'Uls-

---

(1) « Magnoque hi sunt apud eos honore. » César, *De bello gallico*, livre VI, ch. 13, § 4.

(2) « Περιττῶς τιμώμενοι. » Diodore de Sicile, livre V, ch. 31, § 2. Edition Didot-Müller, t. I, p. 272.

(3) Cûalngé est aujourd'hui Cooley, dans le comté de Louth. La pointe de Cooley se trouve entre les baies de Dundalk et de Carlingford.

ter incapables de combattre (1); Medb, reine de Connaught, femme divorcée de Conchobar, roi d'Ulster, qui hait ce prince autant qu'elle l'a aimé jadis, réunit avec Ailill, son nouvel époux, une armée à laquelle se joignent des contingents fournis par trois autres des cinq provinces de l'Irlande; et le royaume de Conchobar, l'Ulster, est envahi. Pour résister à ces innombrables ennemis, un seul guerrier se présente : c'est le héros Cùchulainn. Il provoque successivement les plus braves à des combats singuliers, où toujours il triomphe, mais non sans une fatigue excessive, non sans recevoir des blessures terribles qui finalement le condamnent à l'impuissance. Il se retire de la lutte.

Sualtam, son père, vient le visiter. Cùchulainn prie Sualtam d'aller à Emain, capitale de l'Ulster, prévenir le roi Conchobar et ses guerriers du danger auquel les expose une invasion qu'aucune résistance n'arrête plus. Sualtam part, monté sur le Lîath Macha, le « Gris de Macha, » l'un des deux chevaux qui traînaient le char de bataille du héros. « Il arrive sur
» le flanc de la forteresse d'Emain, et aussitôt éle-
» vant la voix : « On tue les hommes, on enlève les
» femmes, on emmène les vaches, ô habitants d'Uls-
» ter! » s'écrie Sualtam. — Mais il n'obtint pas des
» habitants d'Ulster la réponse qu'il attendait. En

---

(1) Sur la cause de cette maladie, voir la pièce intitulée [*Ces*] *noinden Ulad*, dont le plus ancien manuscrit est le *Livre de Leinster*, p. 125, col. 2.

» conséquence, il s'avança jusqu'à ce qu'il fût en
» face d'Emain, et là il renouvela son avertissement :
« On tue les hommes, on enlève les femmes, on
» emmène les vaches, ô habitants d'Ulster ! » s'écria
» Sualtam ; mais il n'obtint pas des habitants d'Ulster
» la réponse qu'il attendait. Car telle était la règle
» en Ulster : défense aux habitants d'Ulster de parler
» avant le roi ; défense au roi de parler avant ses
» druides. Alors Sualtam, s'avançant plus, vint sur
» la pierre des hôtes dans Emain, et là il répéta :
« On tue les hommes, on enlève les femmes, on
» emmène les vaches. » — Le druide enfin ouvrit la
» bouche : « Qui donc tue les hommes ? qui enlève
» les femmes ? qui emmène les vaches ? » demanda
» Cathbād. — « Ceux qui vous dépouillent, » répon-
» dit Sualtam, « sont le roi Ailill et Medb ; on prend
» vos femmes, vos enfants de tout âge, vos chevaux
» de toute espèce, vos troupeaux... Cûchulainn est
» seul pour défendre et garder contre quatre des
» cinq grandes provinces de l'Irlande les vallées et
» les défilés du canton de Murthemné... Personne
» ne vient le secourir ni le défendre... » — « Il
» mérite trois fois la mort, l'homme qui s'attaque
» ainsi à un roi, » dit Cathbad le druide. — « C'est
» vrai, certes, » s'écrièrent tous ceux qui étaient là.
» Sualtam fut mis hors de lui par la colère et l'in-
» dignation, car il n'avait pas obtenu des [ingrats]
» habitants d'Ulster la réponse qu'il attendait. »

Alors se produisit un événement merveilleux et tragique.

« Le Lîath Macha, sur lequel était monté Sualtam,
» sortit d'Emain et, portant toujours sur son dos le
» malheureux père de Cûchulainn, il alla se placer
» en face de la forteresse.

» Tout le monde abandonnait Sualtam, son bou-
» clier même se tourna contre lui, et le bord tran-
» chant de ce bouclier coupa la tête de Sualtam (1). Le
» cheval, revenant sur ses pas, rentra dans Emain.
» Le bouclier était sur le cheval, la tête sur le bou-
» clier; et la tête de Sualtam répétait les mêmes
» paroles : « On tue les hommes, on enlève les
» femmes, on emmène les vaches, ô habitants d'Uls-
» ter, » murmurait la tête de Sualtam. » — « Il
» y a quelque chose de bien grand dans ce petit
» cri, » dit le roi Conchobar (2). Ce fut alors que les

---

(1) Un accident analogue se produit quelquefois dans les régiments de cuirassiers. Un cavalier qui tombe de cheval la tête la première est décapité par sa cuirasse.

(2) « Uair rânic do thaeib na-hEmna, rabert na briathra-sa and : Fir gontair, mna berdair, bae aegdair, a-Ultu, bar Sualtam. Ni-fhuair [in frecra] ba léor leis ô-Ultaib, acus dâig nâ fûair, tanic reme fa-fhordreich na-hEmna. Acus rabert na-briathra cetna and : Fir gontair, mna bertair, bae aegtair, a-Ultu, bar Sualtam. Ni-fhuair in-frecra ra-bu leor leis ô-Ultaib. Is amlaid rabatar Ulaid : geiss d-Ultaib labrad ren-a-rîg ; geis don-rîg labrad ren-a-druidib. Tanic reme ass-a-aithle for-lic nan-giall in Emain Macha. Rabert na-briathra cetna and : Fir gondair, mnâ berdair, bae aegtair. — Cia ro-da-s-gon acus cia ro-ta-s-brat, acus cia ro-da-s-beir ale, for Cathbath drûi. — Ra-barn-airg Aillill acus Medb, bar Sualtam. Tuctha far-mna acus far meic acus far-maccaemu, farn-eich acus farn-echrada, farn-albi... Ata Cûchulainn a-oenur ac-fostud acus ac-imfhuire... cethri n-olchoiced n-hErend for-bernaib acus for-belgib criche...

guerriers d'Ulster se décidèrent à préparer leur entrée en campagne et à prendre les armes pour défendre leurs biens, leurs familles, leur honneur.

Au point de vue qui nous occupe, le passage le plus intéressant de ce morceau est celui où se trouve formulée la loi qui défend aux habitants d'Ulster de parler avant le roi, et au roi de parler avant ses druides. En conséquence, quelques lignes plus loin, c'est le druide Cathbad qui, le premier, prend la parole pour répondre à Sualtam. Ainsi le druide Cathbad tient honorifiquement un rang supérieur à celui du roi d'Ulster qui, dans l'épopée, possède cependant une place éminente.

On a, dans l'Irlande ancienne, imaginé d'expliquer cette suprématie sacerdotale en faisant de Cathbad le père naturel de Conchobar, dont le père légal était Fachtna. Fachtna fut le premier mari de Ness, mère de Conchobar. Ness resta veuve, et Conchobar dut la

Mur*th*emni... ni-thic nech d-a-fhortacht na d-a-fhòrithin... — « Is-uissiu a-bâs *acus* a-êc *acus* a-aided in*d*-fhir congreiss i*n*-rig samlaid, » for Cathba*th* drûi. — « Is fîr âm » [for] uile annaide. — Tanic Sual*tam* reme tri-a-lunne *acus* an-feirc, dâig na-fuair i*n*-[f]recra ba-leor leis ô-Ul*taib*... In liath Macha ba Sual*tam*... tanic reme fa urdreic na-hEm*n*a. Is-and-sain imsôi a-scîath-fein bar Sual*tam*, cotopach*t* bil a-scêith-fêin a-chend de [idon] Sual*taim*. Luid int-ech-fêin bar cûlu ar-îs i*n*-Emain, *acus* i*n*-sciath bar-sinn-eoch, *acus* i*n*-cend bar-sin-sciath. *Acus* rabe*r*t cend Sual*taim* na-briath*ra* cetna : « Fir gondair, mnâ berdair, bae aegdair, a-Ultu, » bar cend Sual*taim*. « Romôr bic i*n*-nûall-sa, » bar Conchobar » (*Livre de Leinster*, p. 93-94).

Ce fragment est extrait de la subdivision du *Tain bô Cuailnge*, intulée *Sir robud Sualtaim*, « Long avertissement de Sualtam. » On en trouve une analyse chez O'Curry, *On the manners*, t. II, p. 319.

CHAPITRE XII. — HONNEURS QU'ILS REÇOIVENT. 195

couronne à l'adresse et au tendre amour maternel de sa mère qui épousa, dupa ou détrôna le roi Fergus Mac Roig ; de là l'usage d'ajouter au nom de Conchobar le nom de sa mère, et de l'appeler Conchobar fils de Ness, *Conchobar Mac Nessa*; mais légalement il s'appelait *Conchobar Mac Fachtna*. C'est ainsi qu'il se désigne lui-même lors de son combat contre son beau-père et ennemi, Fergus Mac Roig, dans un des épisodes du *Táin bó Cúalnge* (1).

Ainsi, officiellement, Conchobar était fils de Fachtna ; mais, dans l'usage, quand on ne le surnommait pas fils de Ness, c'était de Cathbad qu'on le disait fils. Le *glossaire* de Cormac nous a conservé un quatrain attribué à Cúchulainn, où le héros se sert des mots « fils de Cathbad » pour désigner le célèbre roi d'Ulster :

« Cúl était le nom du char où, suivant un ordre
» dur, j'avais coutume de précéder Conchobar; Neit
» était le nom du combat que je livrais d'ordinaire
» devant le fils de Cathbad (2). »

Le fils de Cathbad est Conchobar, roi d'Ulster, et voici comment. Une légende irlandaise nous montre Ness, l'amazone, à la recherche de l'assassin de ses tuteurs qu'elle veut venger. Cet assassin était Cathbad. Pendant que Ness était à sa poursuite, il la surprit au bain, la rendit mère et bientôt Conchobar naquit (3).

(1) *Livre de Leinster*, p. 102, col. 2, lignes 20-21. Cf. O'Curry, *On the manners*, t. II, p. 321.
(2) Whitley Stokes, *Three irish glossaries*, p. 12-13.
(3) *Livre de Leinster*, p. 106, col. 1, lignes 1-29.

Ainsi l'épopée irlandaise donne un druide pour père au roi le plus illustre du premier cycle héroïque. Dans le second cycle, c'est de souche druidique que sont issus, du côté maternel, les trois principaux personnages : Murni, mère de Find, grand' mère d'Ossin, bisaïeule d'Oscar, est fille du druide Tadg, petit-fille du druide Nuadu. Nuadu fut druide du roi suprême d'Irlande, Cathair le Grand, au commencement du second siècle de notre ère. Tadg, fils de Nuadu, succéda à son père et remplit les fonctions de druide royal, d'abord sous Cathair le Grand, ensuite sous Conn Cetchathach, successeur de Cathair. Morni, fille de Tadg, fut enlevée par Cumall, commandant en chef de l'armée d'Irlande ; le célèbre Find naquit de leur union. Almain, château ou *dûn* de Find, forteresse célèbre dans la légende ossianique, avait été fondé par le druide Nuadu, bisaïeul maternel de Find (1).

Il y a donc du sang druidique chez plusieurs des plus illustres héros de l'épopée irlandaise, et dans l' « Enlèvement du taureau de Cûalngé, » qui est la pièce la plus importante de cette épopée, le druide Cathbad tient honorifiquement un rang supérieur à celui du roi.

Ce n'est pas la situation que les druides occupent après l'établissement du christianisme. Un exemple

---

(1) *Fotha Catha Cnucha*, dans le *Leabhar na hUidre*, p. 41 ; Hennessy, dans la *Revue celtique*, t. II, p. 86 ; Windisch, *Kurzgefasste irische Grammatik*, p. 121.

de leur abaissement est donné par les descriptions qui nous restent de la salle royale des festins de Tara, capitale de l'Irlande.

Cette salle, célèbre dans la littérature irlandaise, est connue sous le nom de *Tech Midchuarta*. On croit en reconnaître l'emplacement entre deux fossés parallèles sur la colline de Tara. Un scribe irlandais inconnu a dressé de cette salle un plan fort curieux, et ce plan nous a été conservé par deux manuscrits importants d'après lesquels, de nos jours, on l'a publié (1). Ces manuscrits sont le *Livre de Leinster*, qui date du milieu du douzième siècle, et le livre jaune de Lecan, écrit vers la fin du quatorzième siècle, tous deux appartenant à la bibliothèque de Trinity-College à Dublin. Il y a trois éditions du plan contenu dans le *Livre de Leinster* : la première se trouve dans l'ouvrage de Petrie, *On the history and antiquities of Tara hill*, en face de la page 205 ; la seconde chez Gilbert, *Facsimiles of national manuscrits of Ireland*, part. II, pl. LIII ; la troisième dans le fac-similé *Livre de Leinster*, publié par l'Académie d'Irlande, p. 29. Le plan conservé par le livre jaune de Lecan a été reproduit deux fois : la première dans

---

(1) Cette salle des festins était carrée, comme celle du roi des Arvernes Bituitos (Posidonius chez Athénée, Didot-Müller, *Fragmenta historicorum græcorum*, t. III, p. 262), tandis que les habitations irlandaises, comme les habitations gauloises, étaient ordinairement rondes. Voir Strabon, livre IV, ch. 4, § 3, édition Didot-Müller et Dübner, p. 164. Cet auteur se sert du mot θολοειδής, « qui a l'apparence d'une coupe, » pour caractériser la forme des maisons gauloises.

le livre déjà cité de Petrie, la seconde chez Gilbert, *Facsimiles of national manuscripts of Ireland*, part III, pl. XXIV.

Le sol de la salle est divisé en cinq tranches : la tranche centrale est occupée par le feu, une cuve et l'éclairage. Les deux tranches qui avoisinent la tranche centrale, à droite et à gauche, sont affectées à divers personnages secondaires, et les deux tranches qui joignent la paroi extérieure, à droite et à gauche, sont celles où les gens importants prennent place.

Chacune de ces tranches est subdivisée en un certain nombre de cases. Dans la tranche qui touche la paroi extérieure de droite, les rois occupent la quatrième case à partir du haut : la quatrième case est, dans cette tranche, la place d'honneur (1). Vis-à-vis, dans la tranche qui touche la paroi extérieure de gauche, la quatrième case est affectée au savant en lettres (2), c'est-à-dire au prêtre chrétien. C'est la place d'honneur à gauche, faisant pendant à la place d'honneur où, à droite, nous trouvons les rois. Les drui-

---

(1) Dans le *Livre de Leinster*, on a écrit *muirig*, c'est une faute pour *ruirig*; dans le livre jaune de Lecan, on trouve *ruiri*, *righan*, et *ri ruireach*. *Ruirig* est le nominatif pluriel d'un substantif dont *ruiri* est le nominatif singulier ; ce mot veut dire d'une façon générale « roi, » et plus spécialement « roi de grande province. » *Rigan* signifie « reine, » et *ri ruireach* veut dire « roi des rois, » c'est-à-dire « roi suprême d'Irlande. »

(2) *Suid littri*, dans le *Livre de Leinster*, c'est le nominatif pluriel. *Sui litri*, « savant en lettre, » au singulier, dans le livre jaune de Lecan.

des s'asseoient à gauche comme le savant en lettres ou le prêtre, mais six rangs plus bas dans le *Livre de Leinster*, sept rangs plus bas dans le livre jaune de Lecan.

Leur rang dans la tranche gauche correspond, dans la tranche droite, à celui des *Aire desa*. Or, dans l'aristocratie de fortune, qui est l'élément fondamental de la société irlandaise, l'*Aire desa* ou noble de cinquième classe occupe un des degrés inférieurs. Quand on commence par la dignité royale, on trouve l'*Aire desa* au sixième rang :

1 Roi ;
2 *Aire forgill*, ou noble de première classe ;
3 *Aire tuisi*, ou noble de deuxième classe ;
4 *Aire ard*, ou noble de troisième classe ;
5 *Aire echta*, ou noble de quatrième classe ;
6 *Aire desa* (1), ou noble de cinquième classe.

L'*Aire desa* est le plus petit des nobles qui ont des vassaux. Au-dessous de lui se trouve le *bo-aire* dont les sujets les plus importants sont des vaches et des bœufs.

Quand on fait les parts des animaux, bœufs ou cochons, cuits tout entiers, dont les découpeurs distribuent les différents morceaux, les druides, comme l'*Aire desa*, doivent se contenter d'un morceau secondaire, du pied et du bas de la jambe, c'est-à-dire de ce qu'on appelle *colpa* en irlandais ; tandis que les

---

(1) Pour cette classification de l'aristocratie irlandaise, voir le traité intitulé *Crith gablach*, dans *Ancient Laws of Ireland*, t. IV, p. 298 ; O'Curry, *On the manners*, III, 467.

bons morceaux sont réservés à des personnages plus considérables.

Le meilleur morceau paraît avoir été le filet, dont on distinguait deux catégories : la première, *prîm-crúachait* (1), était réservée aux prêtres chrétiens, *suid littri*, et aux rois ; la seconde catégorie, *lôn-crúachait* (2), revenait au noble de première classe, *aire forgill*. Les nobles de seconde et de troisième classe, *aire tuisi* (3) et *aire ard*, mangent « de » la cuisse bonne et tendre, un honneur qui n'est » pas bête (4). » L'*aire echta* ou noble de quatrième classe reçoit une ration d'épaule de cochon, *muc-formuin*, littéralement « le morceau qui est au-dessus du cou (5). » Une fois ces bons morceaux distribués, les seules pièces un peu distinguées qui restassent étaient les pieds ; le druide les partageait avec l'*aire desa* ou noble de cinquième classe et avec quelques autres personnages de petite dignité.

---

(1) Suivant Petrie, *On the history and Antiquities of Tara Hill*, *crúachait* devrait se traduire par *steak*, « tranche de viande. »

(2) « *Lôn* glose *adeps*, » dans le manuscrit de Saint-Gall, *Grammatica celtica*, 2ᵉ édit., p. 24, 33, 1001.

(3) Dans le *Livre de Leinster*, au lieu d'*aire tuisi*, on a écrit *aire desa*, faute que n'a pas commise le copiste auquel nous devons le livre jaune de Lecan.

(4) « Loarg maith mìn, mìad nad borb. Loarg » est une forme moderne du plus ancien *lârac*. Ce mot apparaît chez O'Reilly sous la forme *lairge* (*thigh*, *haunch*, *leg*). Voir, sur la forme plus ancienne *lárac*, Windisch, *Irische Texte*, p. 654. Cf. Petrie, *On the history and Antiquities of Tara Hill*, p. 201.

(5) « Dobertar doib muc-formuin. » Livre de Lecan, chez Petrie, *On the history and antiquities of Tara Hill*, p. 201.

Alors la situation des druides à la cour des rois était bien moins élevée qu'au temps de Conchobar et de Cathbad. Il serait intéressant de pouvoir déterminer la date de la pièce qui nous fournit ces détails caractéristiques. Son titre est : « Situation de la » maison de *Midchuairt*. » On lit ensuite ces mots : « Chaque roi, chez qui elle est aujourd'hui, la fait » comme elle était dans le principe (1). »

A l'époque où cette phrase a été rédigée, le druide était encore en Irlande un personnage officiel. Mais quelle que puisse être la date de ce document, dont nous n'avons pas de manuscrit antérieur au douzième siècle, il établit d'une façon péremptoire qu'à l'époque où il a été écrit, les druides d'Irlande étaient tombés de la haute position, où le cycle épique de Conchobar et de Cùchulainn nous les montre, conformément aux textes qui concernent les druides de la Gaule transalpine au moment de sa conquête par César et au début de la domination romaine.

(1) « Suidigud tigi Midchuarda. Nî cach rî, la-s-tâ indiu, amal robói ar tossuch. » *Livre de Leinster*, p. 29, col. 1; Livre jaune de Lecan (Trinity-College, H. 2. 16), col. 810; cf. British Museum, ms. Egerton, 1782, f° 45 v°.

CHAPITRE XIII.

LES DRUIDES N'ÉCRIVENT PAS DE LIVRES.

Nous arrivons à deux points sur lesquels les textes irlandais ne nous offrent pas d'information directe. César nous dit : 1° que les druides de Gaule n'avaient pas consigné par écrit leur doctrine; 2° que cette doctrine venait de Grande-Bretagne, et qu'on allait encore l'y étudier. Que se passait-il en Irlande sur ces deux points, à l'époque où nous reporte la vieille épopée?

D'abord, les druides d'Irlande écrivaient-ils? La légende leur attribue de courtes inscriptions magiques en caractères ogamiques (1), mais non des livres. Ils ne pouvaient avoir des livres, puisque les premiers livres qu'on ait vus en Irlande y ont été apportés par les chrétiens : il n'est nulle part question de livres dans les textes épiques les plus anciens. Il n'y avait qu'une manière de conserver le souvenir du passé : c'étaient les « mémoires con- » cordantes de plusieurs personnes, » et la « trans-

(1) Voir par exemple plus haut, p. 138.

» mission d'une oreille à l'autre (1). » Voilà comment, nous dit un texte formel, la science du droit passait d'une génération à l'autre.

Une préface du *Táin bó Cúalnge* nous montre les *file* d'Irlande associant leurs mémoires rebelles pour reconstituer l'ensemble de cette composition épique dont leurs efforts combinés ne retrouvent que des fragments. C'est au septième siècle de notre ère, et, à cette date, après trois siècles de christianisme, on ne connaît encore qu'un seul manuscrit du *Táin bó Cúalnge* : ce manuscrit a été transporté sur le continent. Pour tirer d'embarras les *file* d'Irlande, il faut une apparition du héros Fergus, mort depuis six cents ans. Fergus raconte à un d'entre eux le *Táin*, l'« Enlèvement du taureau de Cualngé, » depuis le commencement jusqu'à la fin (2). Telle est, suivant la tradition, l'origine de la plus importante des épopées irlandaises.

Suivant César, les druides de Gaule n'écrivaient point leur doctrine, parce que recourir à ce moyen pour en assurer la conservation leur semblait une chose défendue (3). En Irlande, il n'était pas besoin de pareille prohibition : les druides irlandais des temps épiques n'écrivaient pas de livres, parce que personne, en Irlande, n'aurait été capable de le faire.

---

(1) « Comcuimne... tidnacul cluaise di-araile. » Introduction du *Senchus Môr*, *Ancient Laws of Ireland*, t. I, p. 30.

(2) *Livre de Leinster*, p. 245, col. 2.

(3) « Neque fas esse existimant ea litteris mandare. » *De bello gallico*, VI, 14, § 3.

CHAPITRE XIV.

LIEU D'ORIGINE DU DRUIDISME IRLANDAIS.

Le druidisme gaulois, dit César, passe pour être originaire de la Grande-Bretagne, et c'est en Grande-Bretagne qu'on va étudier quand on veut connaître à fond la doctrine druidique (1). Il n'existe pas, à ma connaissance, de texte irlandais qui nous montre les druides d'Irlande allant étudier leur art en Grande-Bretagne; mais le défaut de renseignement sur ce point tient probablement à l'état fragmentaire des documents qui nous ont été transmis sur les druides d'Irlande. L'épopée irlandaise ne nous est parvenue qu'en traversant un milieu chrétien, et naturellement, dans ce milieu, ce qui concernait les druides, c'est-à-dire l'ennemi, a été fort mutilé.

---

(1) « Disciplina in Britannia reperta atque inde in Galliam translata esse existimatur ; et nunc qui diligentius eam rem cognoscere volunt, plerumque illo discendi causa proficiscuntur. » *De bello gallico*, l. VI, ch. 13, § 11 et 12.

CHAPITRE XIV. — LIEU D'ORIGINE. 205

Le guerrier et le *file* sont les seuls types sur lesquels nous trouvions dans l'épopée, telle qu'elle est arrivée entre nos mains, des renseignements détaillés. Or, dans le cycle épique de Conchobar et de Cûchulainn, c'est en Grande-Bretagne, en *Alba*, que le guerrier et le *file* vont compléter leur éducation.

Quand le grand héros Cûchulainn veut se marier, il demande Emer, fille de Forgall Mona; Forgall lui conseille d'aller préalablement en Grande-Bretagne compléter son éducation militaire sous la direction du héros Domnall et de l'amazone Scathach. Cûchulainn suivit ce conseil, et l'enseignement qu'il reçut en conséquence fut une des causes de la merveilleuse supériorité qui le distingua de ses compatriotes (1).

Dans la plus ancienne rédaction du *Tâin bô Cûalnge*, c'est en Grande-Bretagne, en *Alba*, qu'a été formée à la science des *file*, Fedelm, *file* femme, qui annonce à la reine Medb les résultats désastreux de la campagne entreprise contre l'Ulster (2).

(1) Ce récit fait partie de la pièce intitulée *Demande en mariage d'Emer*, «*Tochmarc Emere*». La plus ancienne copie que nous ayons de ce document se trouve dans le *Leabhar na hUidhre*, p. 121-127. Malheureusement cette copie est fort mutilée. Une autre copie est conservée au musée britannique, dans le ms. Harleian 5280, f° 17 recto, quinzième siècle; un fac-similé des sept premières lignes existe dans l'*Appendix A to M. Coopers miscellaneons extracts from foreign correspondance*, Plate XVIII. Une analyse de ce document a été donnée par O'Curry, *On the manners and customs of the ancient Irish*, t. II, p. 368. et suiv

(2) *Leabhar na hUidhre*, p. 55, col. 2, l. 12-13.

Dans une autre pièce du même cycle, le chef suprême des *file* d'Irlande a un fils : ce fils va étudier en Grande-Bretagne, en *Alba*, et y reste jusqu'à ce qu'il ait acquis la science spéciale qui doit lui assurer un jour la même dignité qu'à son père. Le document où nous rencontrons ce fait caractéristique est un des morceaux les plus célèbres de l'ancienne littérature de l'Irlande ; son titre est : « Dialogue des deux Docteurs, » *Accallam in da suad* (1).

La rédaction que nous en possédons a été consignée par écrit, comme le reste des morceaux les plus anciens de la littérature irlandaise, depuis l'établissement du christianisme et avant les invasions normandes du neuvième siècle, c'est-à-dire probablement au septième ou au huitième siècle. Mais au septième et au huitième siècle l'usage n'était pas

(1) Les principaux manuscrits qui nous la conservent sont : le *Livre de Leinster*, p. 186-188 ; le manuscrit d'Oxford, coté Rawlinson 502, f° 60 recto ; ce manuscrit est du douzième siècle, comme le précédent. Voici le commencement de cette pièce dans le *Livre de Leinster* : « Adna mac Uth[id]ir de t*h*uathaib Olnecmacht, ollam Erend in-ecsi *acus* f*h*ilid*ec*ht, atacomnaic mac laiside *idon* Nede. Luid iar*om* in-mac-side do-f*h*oglaim ecsi in-Albain co Eochu Ec*h*běl, *acus* robůi i-farrad Ec*h*d*ach* co-r-bo eolach in-ecsi. » Adné, fils d'Uthider de Connaught, chef des poètes et des *file* d'Irlande, eut un fils qui s'appela Nédé ; puis ce fils alla apprendre la poésie en Grande-Bretagne, près d'Eochaid Echběl (*ou* à la Bouche de Cheval), et il resta en compagnie d'Eochaid jusqu'à ce qu'il fut savant en poésie.
— D'autres manuscrits plus récents sont : au Musée britannique, celui qui est coté Egerton 88, f° 75 recto, col. 2, seizième siècle ; et à Trinity College, les manuscrits : H. 2. 16, col. 549-569, quatorzième siècle ; H. 2. 17, p. 185-187, 192-194, seizième siècle ; H. 3. 18, p. 545-555, 656-660, seizième siècle.

pour les Irlandais d'aller chercher l'instruction en Grande-Bretagne. La coutume était tout opposée : c'étaient les habitants de la Grande-Bretagne qui allaient étudier en Irlande. Bède, dans son *Histoire ecclésiastique*, terminée en 731, après avoir parlé de la peste qui sévit en Grande-Bretagne et en Irlande en 664, continue en ces termes :

« Il y avait en Irlande, en ce temps, beaucoup
» de gens de race anglaise, nobles ou de moindre
» naissance, qui, au temps des évêques Finan et
» Colman, avaient quitté leur île et s'étaient retirés
» en Irlande, soit pour y étudier les lettres divines,
» soit pour y mener une vie plus parfaite. Quelques-
» uns d'entre eux s'engagèrent bientôt dans les liens
» de la loi monastique; d'autres, aimant mieux res-
» ter libres de changer de domicile et de maître,
» trouvaient leur plaisir dans l'étude. Les Irlandais
» les recevaient avec plaisir, et leur fournissaient
» gratuitement la nourriture quotidienne, des livres
» à lire, et leur donnaient l'enseignement sans exi-
» ger aucun salaire (1). »

(1) « Erant ibidem eo tempore multi nobilium simul et mediocrium de gente Anglorum qui, tempore Finani et Colmani episcoporum relicta insula patria, vel divinæ lectionis vel continentioris vitæ gratia illo secesserant ; et quidam quidem mox se monasticæ conversationi fideliter manciparunt, alii magis circumeundo per cellas magistrorum, lectioni operam dare gaudebant, quos omnes Scotti libentissime suscipientes, victum eis quotidianum sine pretio, libros quoque ad legendum et magisterium gratuitum præbere curabant. » Bède, *Historia ecclesiastica*, l. III, ch. 27 ; chez Migne, *Patrologia latina*, t. 95, col. 165.

Vers la fin du même siècle, l'Anglo-Saxon Aldhelm, poète latin, professeur, abbé, évêque en Angleterre, écrit à un de ses amis qui vient d'étudier en Irlande pendant six ans. En un latin emphatique, surchargé d'épithètes étranges et mélangé, avec affectation, de mots grecs, il parle des éloges, exagérés suivant lui, qu'on donne à cet enseignement irlandais que son correspondant vient de recevoir.

Il en a les oreilles brisées comme du bruit de la foudre en temps d'orage; et il se demande pourquoi l'Irlande, où affluent des foules d'étudiants conduits par des flottes, jouit d'une sorte de privilège mystérieux, comme si, sur le sol fécond de la Bretagne, on ne pouvait trouver des maîtres de grec et de latin assez habiles pour résoudre les noirs problèmes de la bibliothèque céleste dont on viendrait leur demander la solution (1).

(1) « Fateor, sodalitatis fraternæ cliens, altique municipatus municeps, postquam vestram repedantem istuc ambrosiam ex Hiberniæ brumosis circionum insulæ climatibus (ubi ter bino circiter annorum circulo uber sophiæ sugens metabatur) territorii marginem britannici sospitem applicuisse, rumigerulis referentibus, comperimus, illico (ut flammiger flagransque flagitabat amor) ineffabiles altithrono grates, pansis in edito utrinque volis, tripudiantes obtulimus... illud æque almitati beatitudinis vestræ ex penetralibus præcordii nequaquam promens dissimulo propalare (ad augmentum, mystisque ut reor, tripudium imo ad doxam onomatis Kyrii) magnopere inolevisse : quod præconio citra modum rumoris scotico in solo degentium (quorum contubernio parumper fretus es) seu tonitruali quodam boatu fragore nimboso emergenti auditus nostri quatiuntur... cur inquam Hibernia quo catervatim istinc lectores classibus advecti confluunt ineffabili quodam privilegio efferatur, ac

CHAPITRE XIV. — LIEU D'ORIGINE.

La plus ancienne rédaction du *Táin bó Cúalnge* et le « dialogue des deux docteurs » conservent le souvenir d'une époque antérieure à celle où l'ami d'Aldhelm allait chercher l'instruction en Irlande, et où les Saxons dont parle Bède recevaient gratuitement des Irlandais la nourriture, le prêt des livres et l'enseignement. Il nous reporte aux temps dont nous parle César, et où la Grande-Bretagne, non encore conquise par les Romains, était considérée par les druides de Gaule comme le foyer de la science. C'était alors à ce foyer que, d'Irlande comme de Gaule, on allait chercher la lumière.

si istic facundo Britanniæ in cespite didascali argivi romanive quirites reperiri minime queant, qui, cœlestis tetrica enodantes bibliothecæ problemata, sciolis reserare se sciscitantibus valeant? » Migne, *Patrologia latina*, t. 89, col. 93-94. Cf. Ozanam, *Etudes germaniques*, 4ᵉ édit., tome II, p. 577 et suiv.

CHAPITRE XV.

LES DRUIDES DE GAULE ET NON CEUX D'IRLANDE
CONSTITUENT UNE CORPORATION JUDICIAIRE.

Jusqu'ici le druidisme irlandais s'est présenté à nous sous le même aspect que le druidisme de Gaule. Comme les druides de Gaule, les druides d'Irlande sont devins, magiciens, médecins, prêtres, professeurs, fort honorés ; n'ont pas de livres ; leur science paraît originaire de Grande-Bretagne. Restent deux points sur lesquels les druides d'Irlande paraissent avoir différé de ceux de Gaule. En premier lieu, les druides d'Irlande ne sont pas juges ; ils ne nous offrent rien d'analogue à cette corporation judiciaire si puissante que les druides de Gaule forment au temps de César. En second lieu, nous ne trouvons aucune preuve que les druides d'Irlande aient été, comme ceux de Gaule, exempts du service militaire.

Nous allons, dans ce chapitre, nous occuper du premier point.

Suivant César, « les druides sont juges de presque

CHAPITRE XV. — ILS JUGENT EN GAULE.

» toutes les contestations publiques ou privées. Si un
» crime a été commis, si un meurtre a eu lieu, s'il
» y a procès en matière d'héritage ou sur des limites
» de territoires, ce sont eux qui décident; ils sont
» arbitres des dommages-intérêts et des châtiments.
» Si un particulier ou un peuple ne se soumet pas à
» leur sentence, ils lui interdisent les sacrifices :
» c'est chez eux la peine la plus grave. Ceux contre
» lesquels cet interdit a été prononcé sont mis au
» nombre des impies et des scélérats; tout le monde
» s'éloigne d'eux, fuit leur rencontre et leur con-
» versation; on craint la contagion du mal dont ils
» sont atteints. S'ils adressent une demande en jus-
» tice, elle n'est pas accueillie, et on ne leur rend
» aucun honneur... Tous les ans, à une date déter-
» minée, les druides se réunissent et siègent en un
» lieu consacré, dans le territoire des Carnutes, que
» l'on considère comme le centre de toute la Gaule.
» Là se rendent de toutes parts tous ceux qui ont
» des procès, et ils obéissent aux arrêts des drui-
» des (1). »

(1) « Nam fere de omnibus controversiis publicis privatisque constituunt, et, si quod est admissum facinus, si cædes facta, si de hæ-
reditate, de finibus controversia est, idem decernunt, præmia pœ-
nasque constituunt; si qui aut privatus aut populus eorum decreto
non stetit, sacrificiis interdicunt. Hæc pœna apud eos est gravis-
sima. Quibus ita est interdictum, in numero impiorum ac scelera-
torum habentur, his omnes decedunt, aditum sermonemque defu-
giunt, ne quid ex contagione incommodi accipiant, neque his peten-
tibus jus redditur neque honos ullus communicatur... Hi certo anni
tempore in finibus Carnutum, quæ regio totius Galliæ media habe-

D'après Diodore de Sicile, « les druides sont, avec
» les bardes, les juges des questions qui divisent
» les hommes et dans la paix et dans la guerre.
» Souvent, quand des armées s'approchent l'une de
» l'autre, que les épées sont tirées, les piques abais-
» sées, ils s'avancent entre les deux partis et les
» arrêtent comme par un chant magique on dompte-
» rait des bêtes fauves. Ainsi, chez les barbares les
» plus sauvages, la colère cède à la sagesse et le
» dieu de la guerre rend honneur aux Muses (1). »
Diodore composa son ouvrage après la mort de Jules
César, mais avant l'organisation de l'administration
romaine dans la partie de la Gaule transalpine conquise par le grand capitaine romain : au temps où
Diodore écrivait l'influence des druides était restée
toute puissante.

Strabon dit que « les Gaulois considèrent les
» druides comme des hommes très justes, et en
» conséquence leur confient le jugement des affaires
» privées et publiques; en sorte que les druides

tur, considunt in loco consecrato. Huc omnes undique, qui controversias habent, conveniunt, eorumque decretis judiciisque parent. »
De bello gallico, l. VI, chap. 13, § 5, 6, 7, 10.

(1) « Οὐ μόνον δ'ἐν ταῖς εἰρηνικαῖς χρείαις, ἀλλὰ καὶ κατὰ τοὺς πολέμους
τούτοις μάλιστα πείθονται καὶ τοῖς μελῳδοῦσι ποιηταῖς οὐ μόνον οἱ φίλοι,
ἀλλὰ καὶ οἱ πολέμιοι · πολλάκις δ'ἐν ταῖς παρατάξεσι πλησιαζόντων-ἀλλή-
λοις τῶν στρατοπέδων καὶ τοῖς ξίφεσιν ἀνατεταμένοις καὶ ταῖς λόγχαις
προβεβλημέναις, εἰς τὸ μέσον οὗτοι προελθόντες παύουσιν αὐτούς, ὥσπερ
τινὰ θηρία κατεπάσαντες. Οὕτω καὶ παρὰ τοῖς ἀγριωτάτοις βαρβάροις ὁ
θυμὸς εἴκει τῇ σοφίᾳ καὶ ὁ Ἄρης αἰδεῖται τὰς Μούσας. » Diodore de Sicile,
liv. V, ch. 31, § 5, édit. Didot-Müller, p. 273.

CHAPITRE XV. — ILS JUGENT EN GAULE. 213

» étaient autrefois arbitres des guerres et arrêtaient
» les armées prêtes à combattre : c'était à eux que
» de préférence on remettait la décision des procès
» pour meurtre (1). »

On remarquera que dans ces lignes, qui datent de l'an 19 de notre ère, et qui sont postérieures à Auguste de cinq ans, une partie des verbes sont au passé : déjà la grande puissance des druides appartient à l'histoire. Bientôt le peu de crédit qui leur restait allait tout entier s'évanouir. Mais vers la fin du premier siècle de notre ère, le souvenir des beaux temps du druidisme gaulois n'était pas encore effacé. Dion Chrysostôme, qui mourut en l'an 117 de J.-C., compare aux mages des Perses, aux prêtres égyptiens, « les druides qui, chez les Celtes, se consa-
» craient à la divination et à l'étude de la sagesse,
» et sans lesquels il n'était permis aux rois de rien
» faire ni décider. Les druides étaient les vrais maî-
» tres : les rois, assis dans des trônes d'or, habitant
» de grandes maisons, faisant des festins somp-
» tueux, étaient leurs serviteurs et les exécuteurs
» de leurs décisions (2). »

(1) « Δρυΐδαι... δικαιότατοι... νομίζονται καὶ διὰ τοῦτο πιστεύονται τάς τε ἰδιωτικὰς κρίσεις καὶ τὰς κοινάς, ὥστε καὶ πολέμους διῄτων πρότερον καὶ παρατάττεσθαι μέλλοντας ἔπαυον, τὰς δὲ φονικὰς δίκας μάλιστα τούτοις ἐπετέτραπτο δικάζειν. » Strabon, livre IV, ch. 4, § 4, édit. Didot-Müller et Dübner, p. 164.

(2) « Κελτοὶ δὲ οὓς ὀνομάζουσι δρυΐδας, καὶ τούτους περὶ μαντικὴν ὄντας καὶ τὴν ἄλλην σοφίαν, ὧν ἄνευ τοῖς βασιλεῦσιν οὐδὲν ἐξῆν πράττειν οὐδὲ βουλεύεσθαι · ὥστε τὸ μὲν ἀληθὲς ἐκείνους ἄρχειν, τοὺς δὲ βασιλέας αὐτῶν ὑπηρέτας καὶ διακόνους γίγνεσθαι τῆς γνώμης, ἐν θρόνοις χρυσοῖς καθη-

214   LIVRE II. — LES DRUIDES.

La domination romaine enleva aux druides toute juridiction. Il n'y eut plus de guerre entre les peuples de la Gaule, et par conséquent la dramatique intervention des druides et des bardes entre deux armées prêtes à combattre n'eut plus occasion de se produire. L'assemblée annuelle du pays des Carnutes où les druides tenaient solennellement et régulièrement leurs assises fut prohibée : elle tombait sous le coup d'une des mesures prises par Auguste, et qui, dans l'idée première, semblait devoir s'appliquer exclusivement à Rome.

« Beaucoup de factions, » dit Suétone, « sous
» prétexte de fonder une corporation nouvelle, for-
» maient une association dont le but était de com-
» mettre toutes sortes de crimes. Auguste prononça
» la dissolution de toutes les corporations qui
» n'étaient pas anciennes et pourvues d'un titre
» légal (1). »

Si les druides étaient anciens, le titre légal leur manquait : leurs réunions furent par conséquent prohibées (2), et les jugements qu'on y rendait pas-

μένους καὶ οἰκίας μεγάλας οἰκοῦντας καὶ πολυτίμως εὐωχουμένους. » Dion-Chrysostôme, *Oratio*, 49. Edit. Teubner-Louis Dindorf, t. II, p. 147, lignes 3-9.

(1) « Plurimæ factiones, titulo collegi novi, ad nullius non facinoris societatem coibant... collegia præter antiqua et legitima dissolvit. » Suétone, *Auguste*, c. 32, édit. Teubner-Roth, p. 53, l. 8-12. — Timagène dit que les Druides formaient une corporation ou des corporations : « sodalitiis astricti consortiis. » Ammien Marcellin, XV, 9.

(2) V. Duruy, dans la *Revue archéologique*, tome XXXIX (avril 1880), p. 350.

sèrent aux juridictions municipales et aux magistrats romains. A l'assemblée de Chartres succéda celle de Lugudunum, Lyon, mais elle n'eut pas le même caractère : ce fut une fête exclusivement religieuse, et le culte qu'on y célébra fut celui de la servitude.

Près de cette ville, et où une colonie romaine avait été établie l'an 43 avant J.-C. par Munatius Plancus (1) et où dès l'époque du triumvirat d'Auguste, de Lépide et d'Antoine (2), ce dernier, devenu maître de la Gaule, faisait frapper monnaie, les cités de la Gaule élevèrent en commun, trente ans plus tard, un temple à César Auguste. Sur l'autel étaient inscrits les noms de ces peuples au nombre de soixante ; on y voyait aussi soixante petites statues réprésentant chacun de ces peuples (3).

La dédicace de ce temple eut lieu le 1er août, l'an 12 avant notre ère (4), le jour de la naissance de Claude, qui devait régner de 41 à 54. Claude naquit à Lyon. Drusus, son père, était alors gouverneur de la Gaule. Au même moment, dans

---

(1) Dion-Cassius, l. LVI, c. 50, éd. Bekker, t. I, p. 402.
(2) Le triumvirat commença l'an 43 avant notre ère.
(3) « Τότε ἱερὸν τὸ ἀναδειχθὲν ὑπὸ πάντων κοινῇ τῶν Γαλατῶν Καίσαρι τῷ Σεβαστῷ πρὸ ταύτης ἵδρυται τῆς πόλεως ἐπὶ τῇ συμβολῇ τῶν ποταμῶν· ἔστι δὲ βωμὸς ἀξιόλογος ἐπιγραφὴν ἔχων τῶν ἐθνῶν ἑξήκοντα τὸν ἀριθμὸν καὶ εἰκόνες τούτων ἑκάστου μία. » Strabon, liv. IV, c. 3, § 2, édit. Didot-Müller et Dübner, p. 159.
(4) « Claudius natus est Julio Antonio Fabio Africano consulibus kalendis Augusti Lugduni, eo ipso die quo primum ara ibi Augusto dedicata est. Suétone, *Divus Claudius*, chap. 2, édit. Teubner-Roth, p. 148.

l'*Histoire romaine* de Dion Cassius, nous voyons Drusus réunissant les premiers des Gaulois sous prétexte d'une fête autour de l'autel d'Auguste, à Lyon (1).

Nous n'avons plus le livre de Tite-Live où les événements de cette année étaient racontés : le sommaire seul en subsiste, et on y voit qu'après l'apaisement de troubles occasionnés en Gaule par un recensement que dirigeait Drusus, un autel fut dédié à l'empereur au confluent de la Saône et du Rhône, et l'Eduen C. Julius Vercondaris Dubius fut créé prêtre de cet autel (2).

La fête anniversaire de cette dédicace se célébrait encore au temps de Dion Cassius, c'est-à-dire au commencement du troisième siècle de notre ère (3). Il existe plusieurs textes relatifs aux jeux dont elle était l'occasion. L'un est de Juvénal et date de l'an 100 environ de J.-C. :

« Qu'il pâlisse, comme celui qui serre sous ses
» talons nus un serpent, ou comme le rhéteur qui
» va parler près de l'autel de Lyon (4). »

(1) « Τοὺς πρώτους αὐτοῦ προφάσει τῆς ἑορτῆς ἣν καὶ νῦν περὶ τὸν τοῦ Αὐγούστου βωμὸν ἐν Λουγδούνῳ τελοῦσι, μεταπεμψάμενος. » Dion Cassius, liv. LIV, ch. 32, édit. Immanuel Bekker, t. II, p. 75.

(2) « Tumultus, qui ob censum exortus in Gallia erat, compositus; ara Caesari ad confluentem Araris et Rhodani dedicata sacerdote creato C. Julio Vercondari Dubio aeduo. » Tite-Live, épitome du livre CXXXVII.

(3) Voir le texte que nous venons de citer note 1.

(4)   Palleat, ut nudis pressit qui calcibus anguem,
    Aut Lugdunensem rhetor dicturus ad aram.
                  Juvénal, *Satire* I, vers 43-44.

CHAPITRE XV. — ILS JUGENT EN GAULE.

Ce rhéteur qui pâlissait près de l'autel de Lyon était celui qui concourait aux prix établis par Caligula. Ce prince, qui régna de l'an 37 à l'an 41 de notre ère, avait fondé à Lyon un concours d'éloquence grecque et latine. Mais, administrateur économe des deniers publics, il n'avait pas mis les prix à la charge de l'Etat. C'étaient les concurrents malheureux qui devaient en supporter la dépense. Ils étaient, en outre, contraints de composer des morceaux littéraires à l'éloge des heureux vainqueurs.

L'auteur qui nous donne ces détails ne nous dit pas que le public sifflât les auteurs dont il était le plus mécontent. On leur imposait un châtiment bien plus dur : c'était d'effacer leurs écrits avec une éponge ou même avec leur langue, à moins qu'ils ne préférassent être battus de verges ou plongés dans le fleuve qui coulait près de là comme une menace (1). Voilà pourquoi le rhéteur qui s'exposait à ces dangers pâlissait, dit Juvénal, avant de commencer son exorde.

Telle était la fondation de Caligula qui remonte à l'an 39 de notre ère (2). Il y avait aussi à Lyon des combats de gladiateurs auxquels Vitellius assista en

---

(1) « Edidit... in Gallia Lugduni miscellos ; sed hic certamen quoque græcæ latinæque facundiæ, quo certamine ferunt victoribus præmia victos contulisse, eorundem et laudes componere coactos ; eos autem, qui maxime displicuissent, scripta sua spongia linguave delere jussos, nisi ferulis objurgari aut flumine proximo mergi maluissent. » Suétone, *Caligula*, 20, édit. Teubner-Roth, p. 127.

(2) « Γαῖος... θέας τινὰς ἐν τῷ Αὐγδούνῳ ἐπετέλεσεν. » Dion Cassius, livre LIX, c. 22, édit. Bekker, t. II, p. 189.

l'an 69 (1). C'était, pour le public, plus amusant que les assemblées druidiques de Chartres, alors défendues et dont il n'est plus question sous la domination romaine.

Nous ne voyons pas non plus trace d'assemblée druidique dans les textes irlandais. Les druides d'Irlande ne forment pas une corporation, comme ceux de Gaule, chez Timagène (2). Ils agissent isolément ou par petits groupes. Dans la légende de saint Patrice, ils vont deux à deux. Nous avons déjà parlé des deux druides Mail et Caplit, qui élevaient les deux filles du roi Loégairé (3). Deux autres druides accompagnent le roi : ils s'appellent Locru et Lucatmail. Ce sont eux qui prédisent l'arrivée de saint Patrice et qui font assaut de prodiges avec lui (4).

Dans le récit mythologique qui raconte l'établissement des Gôidels ou des fils de Milé, c'est-à-dire de la race irlandaise dans l'île qu'elle habite aujourd'hui, cette race nous apparaît accompagnée des deux druides Uar et Ethiar, qui perdent la vie à la première rencontre, c'est-à-dire au combat de Sliab-Mis (5).

---

(1) « Οὐιτέλλιος εἶδεν ἐν Λυγδούνῳ μονομάχων ἀγῶνας. » Dion Cassius.
(2) « Sodalitiis astricti consortiis. » Ammien Marcellin, XV, 9.
(3) Voir plus haut, p. 176-178.
(4) Septième vie de saint Patrice, chez Colgan ; *Trias Thaumaturga*, p. 123 et suiv. Cf. quatrième vie, p. 40 et suiv. ; et *Betha Phatraic*, chez Witley Stocke ; *Three middle irish homilies*, p. 22, 24, etc.
(5) Keating, *History of Ireland*, édit. de 1811, p. 294.

L'épopée héroïque nous montre, au second siècle de notre ère, le roi suprême d'Irlande, Conn Cetchathach, arrivant chaque matin, avant le lever du soleil, sur les remparts de Tara, pour s'assurer si quelqu'un de ces êtres mystérieux qu'on appelait *side* ne venait pas s'emparer de l'Irlande. Trois druides marchent à ses côtés. Un jour il met le pied sur une pierre, et la pierre jette un cri; il demande aux trois druides ce que signifie cet événement miraculeux (1).

Un autre récit épique raconte une invasion du Munster, c'est-à-dire de l'Irlande méridionale, par le monarque Cormac mac Airt, qui régnait au troisième siècle de notre ère. Ce prince amène avec lui deux druides qui lui assurent la victoire, et qui, en desséchant toutes les sources du Munster, réduisent les habitants à la dernière extrémité; mais un druide plus habile vient à l'aide des vaincus : accompagné d'un élève, il allume un feu plus puissant que celui des druides du roi Cormac. Les deux feux dirigent leur flamme vers le Nord. C'est pour Cormac le signal de la retraite : une force mystérieuse l'oblige à prendre la route indiquée par les feux, à marcher vers le Nord, à regagner Tara, sa capitale; et ses druides, réduits à l'impuissance, sont changés en pierres (2).

---

(1) *Baile an Scáil*, British Museum, ms. Egerton 5280, f° 60; O'Curry, *Manuscript materials*, p. 618, cf. p. 388.

(2) *Forbais Droma Damgaire*, ou « siège de Druim Damgaire. » Un fragment de cette pièce se trouve dans le livre de Lismore, ms.

Dans tous ces textes, les druides agissent par petits groupes : il n'y a pas trace de corporation druidique.

Chez César, les druides de Gaule ont un chef électif nommé à vie, et dont le remplacement donne lieu quelquefois à des contestations qui se vident les armes à la main (1). En Irlande, nous ne rencontrons rien de pareil. L'autorité judiciaire que les druides exerçaient en Gaule a été saisie en Irlande par les *file* (2), qui sont les devins de Diodore, les οὐάτεις de Strabon, les *euhages* de Timagène ; et c'est chez les *file* que nous trouvons la puissante organisation hiérarchique qui probablement avait assuré aux druides de Gaule la suprématie sur leurs concurrents.

---

du quinzième siècle, appartenant à un particulier ; copie d'O'Curry, conservée à l'Académie royale d'Irlande, f° 169-176. Cf. O'Curry, *Mss. Materials*, p. 200, 271 ; *On the manners*, t. II, p. 212-215 ; Keating, *History of Ireland*, traduction O'Mahony, p. 340-341.

(1) « His autem omnibus druidibus præest unus, qui summam inter eos habet auctoritatem. Hoc mortuo, aut, si quis ex reliquis excellit dignitate, succedit, aut, si sunt plures pares, suffragio druidum ; nonnumquam etiam armis de principatu contendunt. » César, *De bello gallico*, l. VI, ch. 13, § 8 et 9.

(2) Sur les *file*, considérés comme juges, voir livre III, chap. VII.

CHAPITRE XVI.

EXEMPTION DU SERVICE MILITAIRE.

Suivant César, les druides sont exempts du service militaire et des charges publiques (1). Disons, toutefois, que l'illustre auteur paraît se contredire dans un autre passage de son ouvrage si justement célèbre. Des nombreux chefs gaulois dont il nous a conservé les noms, il n'y en a aucun auquel il donne la qualité de druide; cependant Cicéron nous apprend qu'un d'entre eux appartenait à cette puissante corporation : c'est l'Eduen Divitiacus. Or, dans le livre II des *Commentaires*, César nous montre Divitiacus à la tête de l'armée des Eduens, qui vient prêter main-forte au général romain en guerre contre les Belges (2).

Dans l'épopée irlandaise, nous voyons les druides

---

(1) « Druides a bello abesse consuerunt neque tributa una cum reliquis pendunt, militiæque vacationem omniumque rerum habent inmunitatem. » *De bello gallico*, l. VI, ch. 14, § 1.

(2) « Divitiacum atque Æduos finibus Bellovacorum appropinquare cognoverant. » *De bello gallico*, l. II, ch. 10, § 5.

prendre part aux combats. Nous avons déjà cité le récit mythologique où est racontée l'arrivée des Gôidels en Irlande, et nous avons parlé des deux druides, Uar et Ethiar, qui, suivant ce récit, périrent à la bataille de Sliab-Mis (1), la première des batailles livrées aux Tùatha dè Danann par les nouveaux conquérants de l'île.

Plus tard, à une époque où les récits légendaires paraissent contenir un fonds historique plus sérieux, la destruction d'Emain, capitale dans laquelle le roi épique Conchobar résidait trois siècles auparavant, a pour prélude, en 322, la bataille de Dubcomair, et cette bataille, où succomba Fiacha Sraibtinne, roi suprême d'Irlande, dut son nom, dit-on, au druide Dubcomair qui y perdit la vie. Dubcomair, dit l'annaliste Tigernach, était le nom du druide de Fiacha Sraibtinne, et il fut tué dans ce combat; de là vient qu'on dit « combat de Dubcomair (2). » Enfin une des légendes qui composent le cycle de Conchobar et de Cùchulainn nous dit que le fameux Cathbad, dans sa jeunesse, était à la fois *drui*, c'est-à-dire druide, et *fennid*, c'est-à-dire guerrier (3).

(1) Keating, *A complete history of Ireland*, édit. de 1811, p. 294.

(2) « Dubcomair ainm druad Fiach[aid] [S]raibtene, ocus romarbad i-sin-cath he, conid de dogarar cath Dubchomair. » Annales de Tigernach, chez O'Conor, *Rerum hibernicarum scriptores*, p. 65. Cf. O'Donovan, *Annals of the Kingdom of Ireland by the four masters*, 1851, t. I, p. 122 texte, et note *l*. La destruction d'Emain eut lieu dix ans plus tard, en 332, suivant Tigernach. O'Conor, t. II, p. 69.

(3) « Sech ba drui side, ba fênnid. » *Livre de Leinster*, p. 106, col. 1, ligne 9.

CHAPITRE XVI. — SERVICE MILITAIRE. 223

Une exemption de service militaire, accordée aux druides d'Irlande, aurait été un privilège fort extraordinaire, car il paraît que jusque vers la fin du septième siècle, les femmes même ne jouissaient pas de cette exemption. Voici ce que nous lisons dans le martyrologe d'Œngus, qui date de l'année 800 et qui a été publié par M. Whitley Stokes dans les *Transactions* de l'Académie royale d'Irlande :

« A Adamnan d'Iova, qui a une troupe d'expia-
» tion, le noble Jésus accorda pour jamais la libé-
» ration des femmes des Gôidels (1). »

Une note, conservée par un manuscrit du quatorzième siècle, nous explique en quoi consista cette libération des femmes. Un jour, le célèbre abbé Adamnan traversait la plaine de Mag-Breg. Il portait sa mère sur son dos. Ils virent deux armées qui se battaient. La mère d'Adamnan aperçut une femme qui tenait à la main une faucille de fer ; elle avait enfoncé la pointe de la faucille dans la mamelle d'une autre femme qui appartenait à l'armée ennemie ; elle tirait cette femme à elle, car, dit l'annotateur, en ce temps les femmes allaient à la guerre comme les hommes. La mère d'Adamnan s'assit

---

(1)   « Do Adomnan Iae,
   » assa toidlech toiden,
   » roi Isu ûasal
   » soerad m-buan m-ban Goidel. »
Transactions of the royal irish Academy, irish manuscripts series vol. I, p. 139. Sur la date de ce document, voir *Revue critique*, nouvelle série, t. XI, p. 185-186.

par terre et dit à son fils : « Tu ne m'emmèneras
» pas d'ici tant que tu ne m'auras pas promis de
» faire en sorte qu'à l'avenir les femmes soient
» affranchies de cette épouvantable obligation de
» prendre part aux combats. » Adamnan tout ému fit
à sa mère la promesse qu'elle demandait. Il arriva
ensuite qu'il y eut en Irlande une grande assemblée.
Adamnan, choisi par les clercs d'Irlande, s'y rendit
et obtint pour les femmes l'affranchissement du service militaire.

Il y a donc, continue le glossateur, quatre lois en Irlande : celle de Patrice défend de tuer les clercs ; celle de Dari la religieuse défend de tuer les vaches ; celle d'Adamnan défend de tuer les femmes ; celle du dimanche défend de manquer à l'observation de ce jour (1).

Suivant la chronique irlandaise connue sous le nom de *Chronicon Scotorum*, la loi portée sur la proposition d'Adamnan se serait appelée en latin *lex innocentium*, « loi des innocents, » ce qu'un texte irlandais explique en disant qu'elle défendait de tuer les enfants et les femmes. Sa date paraît être 692 (2).

---

(1) *Transactions of the royal irish Academy, irish manuscripts series*, vol. I, p. CXLVI-CXLVII. L'exemption du service militaire ne fut accordée aux clercs irlandais que vers le commencement du neuvième siècle. *Livre de Leinster*, p. 149, col. 1 ; Martyrologe d'Œngus, préface, dans *The Transactions of the royal irish Academy, irish manuscripts series*, vol. I, page I ; cf. *Annals of the Four Masters*, édit. O'Donovan, 1851, t. I, p. 408.

(2) « Gan maca, gan mná do marbad. » Hennessy, *Chronicon Scotorum*, p. 112, note.

CHAPITRE XVI. — SERVICE MILITAIRE.

En Irlande, avant cette époque, les femmes pouvaient être astreintes au service militaire ; le clergé chrétien y fut obligé jusqu'en 804 (1) ; il semblerait étrange que les druides en eussent été exempts : aussi, dans la littérature épique, il y a, comme nous l'avons montré, des exemples de druides tués dans les combats. Quant à l'exemption dont auraient joui les druides de Gaule, il faut bien admettre qu'elle existait en principe, puisque César l'affirme ; mais il n'est pas certain que les faits fussent toujours conformes à la théorie, puisque nous voyons, également chez César, le druide Divitiacus en campagne à la tête d'une armée.

En résumé, il y a entre les druides d'Irlande, tels qu'ils se montrent à nous dans la littérature épique, et les druides de Gaule, tels que nous les dépeignent les auteurs de la fin de la république et des premiers temps de l'empire romain, une ressemblance des plus frappantes. Les druides de Gaule et les druides d'Irlande sont devins, magiciens, médecins, prêtres, professeurs, comblés d'honneurs, n'écrivent pas ce qu'ils enseignent ; à l'époque héroïque, la science irlandaise vient de Grande-Bretagne, comme chez César la science des druides de Gaule.

La différence fondamentale consiste en ce que les druides de Gaule exercent un pouvoir judiciaire, qui en Irlande appartient aux *file* ; c'est que les druides

---

(1) ***Annals of the kingdom of Ireland by the Four Masters***, édit. O'Donovan, 1851, t. I, p. 408-410, note.

de Gaule constituent une corporation avec des assemblées périodiques et un chef électif, et qu'en Irlande ce sont les *file* qui ont cette organisation. Enfin, nous ne voyons pas que les druides d'Irlande aient été exempts du service militaire, et César attribue ce privilège aux druides de Gaule, bien que toutefois ils semblent ne pas l'avoir exercé.

CHAPITRE XVII.

LITTÉRATURE DRUIDIQUE.

Les druides de Gaule avaient une littérature considérable. César nous dit qu'ils faisaient apprendre à leurs élèves un grand nombre de vers, et que cet enseignement durait vingt ans (1). De ces vers, rien ne nous est parvenu, ni dans la langue originale, ni sous forme de traductions.

Pour les druides d'Irlande, nous ne sommes pas plus heureux. Aucun traité composé par eux ne nous a été conservé. Nous ne connaissons les druides d'Irlande que par ce que nous ont dit d'eux 1° les hagiographes chrétiens, leurs ennemis naturels, 2° les auteurs de la littérature épique, c'est-à-dire les *file*, leurs rivaux heureux. Ces derniers leur mettent quelquefois dans la bouche des discours en vers qu'ils ont probablement fabriqués eux-mêmes. Telle est la

---

(1) « Magnum ibi numerum versuum ediscere dicuntur. Itaque annos nonnulli vicenos in disciplina permanent. » César, *De bello gallico*, livre VI, ch. 14, § 3.

prophétie de Cathbad, druide de Conchobar, dans l'émouvante légende de l'exil des fils d'Usnech et de la mort tragique de Derdriu.

Les principaux d'Ulster sont réunis dans la maison de Fedlimid, conteur de Conchobar. La femme de Fedlimid est sur le point d'accoucher, et du fond de ses entrailles l'enfant qu'elle porte a poussé un cri qui a jeté la stupeur parmi les assistants. Cathbad prévoit l'avenir, et l'annonce en vers à la foule attentive qui se presse autour de lui ; il s'adresse à la femme de Fedlimid :

« L'enfant qui du fond de tes entrailles a fait en-
» tendre un cri sera une fille aux cheveux blonds
» et bouclés, avec de beaux yeux bleus, des joues
» d'un pourpre foncé comme celui de la digitale.
» C'est à la couleur de la neige que nous pouvons
» comparer le précieux trésor de ses dents sans
» tache. Ses lèvres brillantes seront rouges comme le
» corail. A cause de ta fille, il y aura beaucoup de
» meurtres en Ulster parmi les guerriers qui vont en
» char. Le cri qui s'est échappé du fond de tes en-
» trailles annonce une belle fille à la chevelure lon-
» gue. Pour toi, ô enfant, les héros combattront les
» héros, de grands rois demanderont ton amour (1). »

---

(1) « Fo-t-chriol brond becestar
 » Bé fhuilt budi-chas,
 » Ségdaib sell-glassaib,
 » Sian a grûadi gorm-chorcrai.
 » Fri dâth snechtai samlamar
 » Set a dêtgni dianim ;

CHAPITRE XVII. — LITTÉRATURE DRUIDIQUE. 229

Cette prophétie est trop littéraire et trop claire pour nous donner une idée de ce que pouvaient être en réalité les compositions par lesquelles les druides prétendaient annoncer l'avenir. Voici deux exemples plus curieux. Ils semblent se rapporter à un type commun : les vers, très courts, ne forment pas de quatrains. La pensée, exprimée d'une façon énigmatique et sciemment obscure, ne se dégagera d'une façon claire qu'après l'événement.

L'une de ces pièces appartient à la littérature épique, l'autre nous est fournie par un document hagiographique.

La première de ces prophéties est attribuée au druide Ollgaeth, annonçant la mort d'un fils de la reine Medb, de Mané, victime de la haine du roi Conchobar. Elle se termine ainsi :

« La déesse de la mort brisera ;
» un pouvoir insensé sera ;
» orgueil sur Medb ;
» nombreux trépas,
» carnage sur armée,
» pitoyables les cris (1) ; »

> » Niamdai a beóil partar-deirg.
> » Bé dia-m-biat ilar-dbe
> » Eter Ulto erredaib.
> » Geisid, fô-t-brû bûrithar
> » Be-fhind fhota-fholt lebor.
> » Imma[t] curaid cossenait
> » Immat ard-rig iarfassat. »

Windisch, *Irische Texte*, p. 69.

(1)   » Brisfid Badb ;
    » Bid brîg borb ;

Nous avons déjà cité la seconde prophétie. On la met dans la bouche des deux druides du roi Loégairé; elle annonce l'arrivée de saint Patrice en Irlande :

« Il viendra un homme à la tête de hache (1),
» à travers la mer orageuse ;
» son manteau a un trou pour la tête ;
» son bâton a le bout recourbé,
» sa table est à l'orient de sa maison ;
» tous ses gens répondront :
  » *Amen, amen* (2). »

Tels sont les spécimens que nous pouvons offrir de la littérature druidique d'Irlande ; et, sans en garantir l'authenticité, nous les reproduisons tels que les manuscrits irlandais nous les ont conservés.

» Tolg *for* Meidb ;
» Ilar écht,
» Ar *for* slûag,
» Trûag in deilm. »

Extrait de la pièce intitulée *Tochmarc Feirbe*, dans le *Livre de Leinster*, p. 254, col. 1, lignes 16-17. — Ces vers ont déjà été publiés par M. Hennessy dans la *Revue celtique*, t. I, p. 38.

(1) C'est-à-dire à la tête polie comme une hache, à la tête rasée ou chauve.

(2)   « Ticfa talcend
   » Tar muir mercend ;
   » A brat tolcend,
   » A chrand cromcend ;
   » A mîas in âirthair a thige ;
   » Frisgêrat a muinter uile :
      » *Amen, amen.* »

Windisch, *Irische Texte*, p. 20 ; cf. Petrie, *On the history and antiquities of Tara-Hill*, p. 77-88 ; O'Curry, *Lectures on the manuscript Materials*, p. 386, 387, 397, 617, 624.

CHAPITRE XVIII.

LES DRUIDES DE GRANDE-BRETAGNE

Jusqu'ici nous n'avons rien dit des druides de Grande-Bretagne. Suivant César, le druidisme gaulois était originaire de cette île. Mais les auteurs de l'antiquité nous donnent peu d'indications sur le druidisme breton. Cependant nous devons à Tacite un témoignage précieux.

Quand cet historien nous raconte l'expédition de Suétonius Paulinus dans l'île d'Anglesey, où trouvaient asile ceux des Bretons qui ne voulaient pas courber la tête sous le joug de Rome, il nous montre les druides rangés autour de l'armée bretonne qui allait livrer bataille au général romain. Ils lèvent les mains au ciel, en adressant à leurs dieux de terribles mais inutiles prières (1). Suétonius Paüli-

---

(1) « Stabat pro litore diversa acies... druidæque circum preces diras sublatis ad cœlum manibus fundentes. » Tacite, *Annales*, livre XIV, ch. 30.

nus, vainqueur, « fit abattre un bois sacré, célèbre, » dit l'auteur latin, « par des superstitions cruelles. » Car on considérait comme permis d'y arroser les » autels du sang des captifs et d'y chercher les » conseils des dieux dans le corps des hommes » immolés (1). » C'était en l'an 62 de notre ère.

A cette époque, en Bretagne comme en Gaule, Rome traitait le druidisme en ennemi. Le culte druidique ne put se maintenir que dans les régions septentrionales qui restèrent indépendantes. C'est des parties de la Bretagne encore libres que parle Pline l'Ancien, environ quinze ans après Suétonius Paulinus, quand, venant de rappeler les mesures prises contre le druidisme par Tibère, il nous montre cette institution « réfugiée au delà de l'Océan et » transportée jusqu'au point où la nature n'offre plus » que le néant. »

« Aujourd'hui, » ajoute-t-il, « la Bretagne étonnée » pratique la magie avec tant de cérémonies, qu'on » pourrait croire qu'elle a donné cet art aux Per- » ses. Ainsi tous les peuples se sont accordés sur » ce point, malgré leurs discordes, et sans se con- » naître les uns les autres ; et on ne peut évaluer » trop haut la dette de l'humanité envers les Ro- » mains, qui ont supprimé la religion monstrueuse » où tuer un homme était un acte de haute piété,

---

(1) « Excisi luci sævis superstitionibus sacri, nam cruore captivo adolere aras et hominum fibris consulere deos fas habebant. » Tacite, *Annales*, livre XIV, ch. 30.

» où le manger semblait la plus salutaire des.prati-
» ques (1). »

On sait que Pline dédia son *Histoire naturelle* à Titus en l'année 77 de notre ère. Quelques années plus tard, en 84, Agricola terminait, après sept campagnes, la conquête de la partie de l'île qui devint province romaine (2). Le druidisme se réfugia dans le Nord, resté indépendant. Saint Columba l'y retrouva au bout de près de cinq siècles, quand, après avoir, en 563, fondé en Ecosse son monastère d'Iova (3), il commença, en 565, à prêcher le christianisme aux Pictes septentrionaux (4).

---

(1) « Quid ego hæc commemorem in arte Oceanum quoque transgressa et ad naturæ inane pervecta? Britannia hodieque eam attonita celebrat tantis cærimoniis ut dedisse Persis videri possit : adeo ista toto mundo consensere quamquam discordi et sibi ignoto ; nec satis æstimari potest quantum Romanis debeatur qui sustulere monstra in quibus hominem occidere religiosissimum erat, mandi vero etiam saluberrimum. » Pline, *Histoire naturelle*, livre XXX § 13, édit. Teubner-Ianus, tome IV, p. 235.

(2) Tacite, *Agricola*, c. 18-38. Cf. W.-F. Skene, *Celtic Scotland*, t. I, p. 41-58. Tillemont, *Histoire des empereurs*, t. II, p. 77.

(3) *Iova*. On dit ordinairement *Iona* avec un *n* au lieu de *v*. Grâce à cette modification, le nom du monastère de saint Columba devient un mot hébreux, qui signifie « colombe ». C'est le sens qu'a en latin le nom du fondateur. Je dois cette observation à M. F. Lenormant.

(4) Bède, *Histoire ecclésiastique*, livre III, ch. 4, chez Migne, *Patrologia latina*, t. XCV, col. 121. Cf. Skene, *Celtic Scotland*, t. I, p. 130. En face de la page 228 du même volume, M. Skene a donné une carte du nord de la Grande-Bretagne à cette époque. — La plus ancienne mention des Pictes se trouve dans le panégyrique du César Constance Chlore, prononcé en 296, qui est le cinquième de la collection des *Panegyrici veteres*, édit. Teubner-Bährens, p. 14. On

Le roi des Pictes s'appelait Brudé (1). Il y avait dans ses Etats plusieurs druides. Un d'entre eux était spécialement attaché à sa personne : le nom de ce druide était Broichan. Broichan fut l'adversaire principal de saint Columba. Je dis que c'était un druide : la vie latine de saint Columba par Adamnan, l'un de ses successeurs comme abbé d'Iova, donne à Broichan la qualification de *magus;* mais nous avons vu que *magus*, dans les textes latins écrits par les clercs irlandais, est la traduction du substantif irlandais *drui*, génitif *druad*, datif *druid*.

Broichan, comme ses confrères d'Irlande, avait à sa disposition une puissance surnaturelle. Ainsi, un jour, saint Columba veut faire un voyage sur mer : Broichan envoie un brouillard qui produit une obscurité complète, et il fait souffler un vent contraire. Il semblait impossible que le moine chrétien pût quitter le rivage. Son biographe nous le représente sur le bord de la mer, accompagné d'une suite nombreuse. Près de là est un groupe de druides venus pour jouir de son humiliation et pour en triompher. Columba adresse une prière à Dieu, monte dans la barque : à son ordre, les matelots, après bien des hésitations, suspendent la voile au mât, et, con-

---

les voit reparaître en 310 dans le panégyrique de l'empereur Constantin, qui est le septième de la collection (*ibidem*, p. 165). Dans ce passage, il est question des exploits de Constance Chlore, qui mourut, comme on sait, en 306.

(1) Chez Bède, *loco citato*, « Bridius, filius Meilochon; » chez Adamnan, auquel nous renvoyons plus loin : Brudeus.

trairement à l'attente générale, au grand désappointement des druides, la barque se met en marche dans la direction que le saint a déterminée (1).

A côté du druide picte Broichan, qui est un personnage historique, la légende épique de l'Irlande nous en offre un autre qui appartient à la mythologie. Il l'appelait Drostan. Quand, venant de contrées lointaines, la race picte arriva pour la première fois dans les îles Britanniques, ce fut en Irlande qu'elle débarqua.

Les Irlandais, qu'on appelait alors Gôidels, étaient en guerre avec une troupe de nobles Bretons qui voulaient s'établir en Irlande. Les armes empoisonnées des Bretons faisaient des blessures incurables. Le roi des Irlandais demanda un remède au druide picte Drostan. « Recueillez, » lui dit Drostan, « le lait » de cent quarante vaches blanches sans cornes ; » faites-le verser dans un trou creusé sur le champ » de bataille, et tous les blessés qui se baigneront » dans ce trou seront guéris. » Le roi des Irlandais suivit ce conseil ; il dut à Drostan la vie de ses soldats et la victoire (2).

Si le druidisme picte survécut à la mission de saint Columba et au triomphe du christianisme qui

---

(1) Adamnan, *Vie de saint Columba*, livre II, ch. 21-22, chez Migne, *Patrologia latina*, t. LXXXVIII, col. 752-754.

(2) Le *Livre de Leinster*, p. 15, col. 1, lignes 22 et suiv., donne de cette légende un récit abrégé qu'on trouve plus complet dans le *Nennius irlandais*, édité par Todd, p. 122-124, et Appendix, p. LXVIII ; voir aussi Keating, *Histoire d'Irlande*, édition de 1811, p. 314-315.

en fut la conséquence vers la fin du sixième siècle, il dut bientôt disparaître avec la race picte qui, à partir du neuvième siècle, se fond peu à peu dans la race scote ou irlandaise, de plus en plus dominante dans le nord de la Grande-Bretagne.

Quand, au cinquième siècle de notre ère, les Bretons méridionaux reprirent leur indépendance; quand leur langue, dominée par la langue latine pendant plus de trois siècles, fut délivrée de cette servitude, le nom des druides y était tombé en désuétude : le peuple avait perdu le souvenir des druides nationaux. Il entendit parler des druides d'Irlande, des druides des Scots, car c'était ainsi qu'alors on appelait les Irlandais.

Les Scots, qui, alors, et au moins dès le quatrième siècle, faisaient en Grande-Bretagne des incursions (1), qui s'y créèrent des établissements, tant

---

(1) « In Britanniis cum Scottorum Pictorumque gentium ferarum excursus... » 360. Ammien Marcellin, XX, 1. « Picti Saxonesque et Scotti et Attacotti Brittannos ærumnis vexavere continuis. » 364. *Ibidem*, XXVI, 4. — « Scotti per diversa vagantes multa populabantur. » 368. *Ibidem*, XXVII, 8. Edition Teubner-Gardthausen, t. I, p. 196-197 ; t. II, p. 71, 112. Il est plusieurs fois question de ces invasions des Scots en Grande-Bretagne dans les poésies de Claudien. C'est ainsi que dans son poème sur le troisième consulat d'Honorius, en 396, vers 55, Claudien parle des exploits accomplis contre eux en 369 par le père de l'empereur Théodose le Grand :

... Scotumque vago mucrone secutus.

Dans le poème sur le quatrième consulat d'Honorius (398), il célèbre de nouveau les victoires du même guerrier ; de là le vers 33 :

Scotorum cumulos flevit glacialis Ierne.

au nord-ouest qu'au sud-ouest (1), durent plus d'une fois amener avec eux des druides. Pour les

Edition Teubner-Jeep, t. I, p. 60, 69; Cf. Ammien Marcellin, XXVIII, 4. édition Teubner-Gardthausen, t. II, p. 141 ; Tillemont *Histoire des empereurs*, t. V, p. 39.

Dans l'*Eloge de Stilicon*, livre II, vers 251-254, Claudien loue Stilicon d'avoir repoussé de Grande-Bretagne les incursions des Scots :

... totum cum Scotus Iernen
Movit...

Edition Teubner-Jeep, t. II, p. 239 ; Tillemont, *Histoire des empereurs*, t. V, p. 503. Ce poème a été écrit en 400. Voyez aussi l'ouvrage de Skene, *Celtic Scotland*, t. I, p. 97 et suiv. Le texte le plus ancien qui puisse faire allusion à une invasion irlandaise en Grande-Bretagne est un panégyrique de Constance Chlore, qui date de 296 : « Solis [Britanni] Pictis modo et Hibernis assueta hostibus. » Chap. XI, *Panegyrici latini*, édition Teubner-Bæhrens, p. 140.

(1) C'est des établissements des Scots dans la région nord-ouest de la Grande-Bretagne que vient le nom moderne d'Ecosse. Sur les colonies moins célèbres, fondées par les Scots au sud-ouest de la même île, on connaît surtout Nennius, chap. 62. On y lit : « Mailcunus rex apud Brittones regnabat, id est in regione Guenedotæ, quia atavus illius, id est Cunedag cum filiis suis, quorum numerus octo erat, venerat prius de parte sinistrali, id est de regione quæ vocatur Manau Guotodin centum quadraginta sex annis antequam Mailcun regnaret, et Scottos cum ingentissima clade expulerunt ab istis regionibus et nunquam reversi sunt ad habitandum. » — La *regio Guenedotæ* est le nord du pays de Galles. — Les Scots s'installèrent aussi dans la presqu'île située au sud du canal de Bristol, où se trouvent le comté de Somerset, celui de Devon, ainsi nommé des antiques *Dumnonii*, celui de Cornwall ainsi nommé d'un autre peuple breton, les *Cornavii*. Un vieux texte irlandais, conservé par le *Glossaire* de Cormac au mot *Mug Eime*, raconte qu'au temps de Crimthann le Grand, roi d'Irlande au quatrième siècle (366-378 suivant les *Quatre Maîtres*), la domination irlandaise en Alba, c'est-à-dire en Grande-Bretagne, atteignait la mer *Icht*, c'est-à-dire la Manche, comme O'Donovan l'a reconnu, *Annals of the Four Masters*, t. I,

désigner, les Bretons créèrent un mot nouveau. Ce fut le composé *darwid* ou *derwid*, que l'on trouve quelquefois dans les plus anciens poèmes lyriques du pays de Galles (1), et dont l'exemple le plus ancien semble se trouver dans les gloses bretonnes d'Orléans, sous la forme *darguid* ou *dorguid* (2).

Ce mot est composé : 1° d'un préfixe *der* ou *dar*, qu'on trouve dans le gallois *darpar*, « préparation, » en cornique *darbar*, « prépare, » et dans le moyen

---

p. 126-127; t. V, p. 1445, note. Ce glossaire ajoute que *Glasimpere*, Glastonbury dans le comté de Somerset, était alors dans le pays des *Gáidel*, un des noms de la race irlandaise ; que dans les régions soumises à la domination irlandaise se trouvait Dinn map Lethain, en irlandais Dûn maic Liathain, chez les Bretons corniques, c'est-à-dire en Cornwall. Whitley Stokes, *Three irish glossaries*, p. 29-30 ; *Sanas Chormaic*, p. 111. Dûn maic Liathain veut dire « forteresse du fils de *Léthan*. » Nennius parle aussi de l'établissement des Irlandais descendants de Liathan ou Léthan, ou, comme il l'écrit « de Liethan, » en Grande-Bretagne ; mais au lieu de le mettre en Cornouailles, il le place dans la partie méridionale du Pays de Galles, chez les *Demetæ*. *Appendix ad opera edita ab Angelo Maio*, 1871, p. 99 ; cf. Todd, *The irish version of the Historia Britonum*, p. 52.

(1) *Deruhid ych ki(n)ghor*, « druide, votre conseil. » Livre noir de Caermarthen, chez Skene, *The four ancient books of Wales*, II, 49. On attribue ce manuscrit à la fin du douzième siècle. Les exemples de ce mot sont surtout fréquents dans le livre de Taliésin, qui est du quatorzième siècle. Il y est écrit au singulier, *derwyd* (*The four ancient books of Wales*, II, 208), et au pluriel, *derwydon* (*The four ancient books of Wales*, II, 128, 144, 153, 174, 210).

(2) M. Whitley Stokes, *The breton glosses at Orleans*, p. 6, n° 26, donne *dorguid* (gl. pithonicus). Suivant M. Loth, on peut tout aussi bien lire *darguid* que *dorguid*. Il est difficile d'admettre que le *d* initial tienne lieu du *t* du breton *tor* ou *teur*, « ventre », et que le composé *dorguid* signifie « ventriloque. »

breton *darempret*, « se hâter, » *daremprediff*, « fréquenter » (1) ; 2° de la racine VID, « savoir, » conservée dans le breton *gwiziek*, « savant, » dans le verbe breton *gouzout*, composé de la racine *vid* et de l'infinitif du verbe substantif ; le gallois l'a aussi gardée dans le substantif *gwydd*, « science. »

Le substantif *daruid* ou *deruid*, formé de ces deux termes, était employé par les Gallois pour désigner les druides irlandais. Nous lisons dans le livre de Taliésin : « Les *deruid* prédisent au delà de la » mer, au delà des Bretons (2). »

Les textes plus anciens des lois galloises ne parlent pas des druides. Le druide-barde, *derwydd-vardd*, dont il est question dans les textes légaux les plus récents du pays de Galles, est de fabrication moderne, comme ces textes eux-mêmes, dus à l'esprit inventif d'un archéologue trop zélé pour la gloire de son pays (3).

En résumé, si le druidisme s'est maintenu en

---

(1) *Grammatica celtica*, 2º édit., p. 906. Les mots *darempret* et *daremprediff* se lisent dans le *Catholicon* de Lagadeuc, édition Le Men, p. 67. Cf. La Villemarqué, *Poèmes bretons du moyen âge*, p. 189. On les trouve encore chez Le Gonidec.

(2)   Dysgogan Deruydon
   Tra mor tra Brython.

Ce sont les vers 106 et 107 de la pièce intitulée *Gwawt Lud y mawr* (*Panégyrique de Lud le Grand*), chez Skene, *The four ancient books of Wales*, t. II, p. 210. La traduction de cette pièce se trouve au t. I, p. 271-274. Le contexte ne permet pas de rendre ces mots comme on l'a fait souvent : « Tant la mer, tant les Bretons. »

(3) *Cyvreithiau Cymru*, l. XII, chap. 2, § LXXI, dans *Ancient laws and institutes of Wales*, p. 649.

Grande-Bretagne après la conquête romaine, c'est seulement dans les régions montagneuses du Nord, qui échappèrent à cette conquête, c'est-à-dire chez le peuple qui, à partir de la fin du troisième siècle, apparaît dans l'histoire sous le nom de Pictes (1). Mais comme la littérature des Pictes ne nous est point parvenue, la littérature irlandaise est, au moyen âge, la seule à laquelle nous puissions nous adresser pour compléter les renseignements que les auteurs romains et grecs nous ont conservés sur le druidisme antique.

(1) Voyez le passage du panégyrique de Constance Chlore cité à la fin de la note 1, de la page 236. Tillemont, *Histoire des empereurs*, t. IV, p. 91, n'a pas connu la date de ce document. Comparez Teuffel, *Geschichte des rœmischen Literatur*, 3º édition, p. 914, § 8.

LIVRE III

LES FILE

CHAPITRE PREMIER.

LES FILE EN GAULE.

Il n'est pas question des *file* chez Posidonius d'Apamée, le premier auteur qui nous donne le nom des bardes. César, qui s'étend avec tant de complaisance sur les druides, ne parle pas des *file*. Le témoignage le plus ancien que nous ayons sur les *file* se trouve chez Diodore de Sicile, qui écrivait après César vers l'an 40 avant notre ère.

Après avoir parlé des bardes et des druides, il arrive à la classe d'hommes qu'il appelle devins, μάντεις. Les peuples auxquels il donne alternativement le nom de Celtes et celui de Galates « ont, » dit-il, « des devins auxquels ils témoignent beaucoup de
» respect. Par l'observation des oiseaux et des vic-
» times immolées, ils prédisent l'avenir et se font
» obéir de tout le peuple. Surtout quand ils veulent

» prévoir des événements importants, ils observent
» un rite étrange et incroyable. Après avoir aspergé
» un homme de libations, ils lui frappent la poitrine
» de l'épée, puis ils regardent comment il tombe,
» quelles convulsions agitent ses membres, de quelle
» manière le sang coule; c'est d'après ces indices
» qu'ils prédisent l'avenir. Ils ont là-dessus une
» vieille et longue série d'observations dans laquelle
» ils ont confiance (1). »

Suivant Timagène, tel qu'Ammien-Marcellin nous l'a conservé, ces devins s'appellent *euhages*; « étu-
» diant la suite des faits, ils cherchent à pénétrer
» les secrets les plus élevés de la nature (2). »

Strabon les appelle οὐάτεις : c'est le latin *vates*, « devin, prophète, » et la présence de ce mot en vieil irlandais, sous la forme *fáith* (3), peut nous permettre

---

(1) « Χρῶνται δὲ καὶ μάντεσιν, ἀποδοχῆς μεγάλης ἀξιοῦντες αὐτούς · οὗτοι δὲ διά τε τῆς οἰωνοσκοπίας καὶ διὰ τῆς τῶν ἱερείων θυσίας τὰ μέλλοντα προλέγουσι, καὶ πᾶν τὸ πλῆθος ἔχουσιν ὑπήκοον. Μάλιστα δ'ὅταν περί τινων μεγάλων ἐπισκέπτωνται, παράδοξον καὶ ἄπιστον ἔχουσι νόμιμον · ἄνθρωπον γὰρ κατασπείσαντες τύπτουσι μαχαίρᾳ κατὰ τὸν ὑπὲρ τὸ διάφραγμα τόπον, καὶ πεσόντος τοῦ πληγέντος ἐκ τῆς πτώσεως καὶ τοῦ σπαραγμοῦ τῶν μελῶν, ἔτι δὲ τῆς τοῦ αἵματος ῥύσεος τὸ μέλλον νοοῦσι, παλαιᾷ τινι καὶ πολυχρονίῳ παρατηρήσει περὶ τούτων πεπιστευκότες. » Diodore de Sicile, livre V, chap. 31, § 3, édit. Didot-Müller, t. I, p. 272-273.

(2) « Euhages vero scrutantes seriem et sublimia naturæ pandere conabantur. » Ammien Marcellin, livre XV, chap. 9, édition Teubner-Gardthausen, t. I, p. 169 ; cf. Didot-Müller, *Fragmenta historicorum græcorum*, t. III, p. 323.

(3) *Fáith* a déjà un dérivé dans le manuscrit de Milan, qui est du huitième siècle ; c'est *fáithsine*, qu'il ne faut pas confondre avec le latin *vaticinium*, puisqu'en irlandais le *c* latin reste guttural. — Sur

de supposer que ce mot était celtique en même temps que latin. Chez Strabon, les οὐάτεις font des sacrifices et ils étudient la nature (1).

Dans la formule obscure et emphatique de Timagène, dans la formule encore plus concise de Strabon, on ne doit probablement voir autre chose qu'un résumé de la doctrine que nous enseigne Diodore de Sicile. Une des trois sections du monde lettré de la Gaule, celle que Diodore, dans son récit, place la troisième, après les bardes et les druides, celle que Timagène et Strabon mentionnent la seconde, après les bardes et avant les druides, avait pour objet principal la divination.

L'ordre dans lequel les anciens ont nommé ces trois sections de la grande corporation savante n'a aucune importance. Ainsi Diodore, Timagène et Strabon sont d'accord pour mettre les bardes les premiers des trois; Lucain, qui ne parle que des bardes et des druides, semble aussi donner aux bardes le pas sur les druides (2). C'est une fantaisie d'hommes de lettres : dire que les bardes avaient la préséance en Gaule sur les druides et sur les devins, que les Ir-

---

faithsine, voir Grammatica celtica, 2ᵉ édit., p. 777; Ascoli, *Il codice Irlandese dell' Ambrosiana*, t. I, p. 57, note 5 ; p. 101, note 17.

(1) « Οὐάτεις δὲ ἱεροποιοὶ καὶ φυσιολόγοι. » Strabon, livre IV, chapitre 4, § 4, édition Didot-Müller et Dübner, p. 164.

(2)   Vos quoque qui fortes animas, belloque peremtas
   Laudibus in longum vates dimittis ævum,
   Plurima securi fudistis carmina, Bardi.
  Et vos barbaricos ritus moremque sinistrum
   Sacrorum, Druidæ, positis repetistis ab armis.
Pharsale, livre I, vers 447-451.

landais ont appelés *file*, serait aussi juste que d'attribuer aux poëtes lyriques de Rome la préséance sur le sénat. Les vers, sans doute, ont été quelquefois une voie plus sûre que la politique pour conduire le nom d'un homme à la postérité : peut-être cette pensée a-t-elle jadis un peu dédommagé les bardes gaulois de leur infériorité sociale. Combien de poètes malheureux n'a-t-elle pas soutenus dont les noms sont oubliés comme les leurs !

Quelquefois, en Gaule, les bardes ont disputé aux druides le rôle d'arbitres dans les querelles entre particuliers, dans les guerres entre peuples; Diodore de Sicile l'atteste (1). Mais c'était un fait exceptionnel, le résultat de l'influence personnelle d'un homme qui avait su inspirer une confiance spéciale, et dont la sagesse ou l'impartialité était particulièrement appréciée. En règle générale, la croyance qui attribuait aux *file* de Gaule, appelés μάντεις, « devins » par Diodore, une science surnaturelle, leur donne sur les esprits, vers l'époque de la conquête romaine, une autorité qui manque aux bardes. Diodore, parlant de ces μάντεις ou devins, après César, vers l'an 40 avant notre ère, s'exprime au présent et nous dit : « Tout le peuple leur obéit (2). »

(1) « Οὐ μόνον δ'ἐν ταῖς εἰρηνικαῖς χρείαις ἀλλὰ καὶ κατὰ τοὺς πολέμους τούτοις (aux Druides) μάλιστα πείθονται καὶ τοῖς μελῳδοῦσι ποιηταῖς (aux Bardes) οὐ μόνον οἱ φίλοι ἀλλὰ καὶ οἱ πολέμιοι. » Diodore de Sicile, livre V, chap. XXVI, § 5. Edition Didot-Müller, t. I, p. 273.

(2) « Πᾶν τὸ πλῆθος ἔχουσιν ὑπήκοον. » Diodore, livre V, chap. 31, § 3. Edition Didot-Müller, t. I, p. 272.

Nous allons étudier les *file* d'Irlande, d'abord comme devins, et, à ce point de vue, comme continuateurs des devins de Diodore, des euhages de Timagène et des οὐάτεις de Strabon. Nous verrons ensuite qu'ils sont non seulement devins, mais aussi magiciens ; nous verrons dans les textes irlandais les effets merveilleux de leurs satires, la sanction surnaturelle de leurs sentences, leur origine, leur rang dans la société, leur situation si considérable dans les tribunaux ; enfin nous réunirons quelques indications sommaires sur la littérature qu'ils ont produite et sur les écoles où ils se sont formés.

CHAPITRE II.

LES FILE D'IRLANDE CONSIDÉRÉS COMME DEVINS.

Dans les textes irlandais il n'est pas question de l'emploi des sacrifices humains comme procédé de divination. L'Irlande avait sans doute subi, un certain temps avant saint Patrice, l'effet de cet adoucissement général des mœurs qui, au commencement du premier siècle avant notre ère, avait fait abolir à Rome des sacrifices humains (1). Mais les textes nous montrent chez les *file* l'usage de trois procédés de divination : deux furent prohibés par le christianisme, un fut toléré par le clergé chrétien. Les deux procédés prohibés par le christianisme s'appellent, l'un, *imbas forosnai*, c'est-à-dire grande science qui éclaire (2), et l'autre *teinm lóida,* lumière du poëme

---

(1) L'usage des sacrifices humains a existé en Irlande. Il y a un texte formel sur ce sujet dans le *Dinn-senchus*, *Livre de Leinster*, p. 213, colonne 2, ligne 38 et suivantes. Cf. O'Conor, *Bibliotheca manuscripta Stowensis*, p. 40-41.

(2) De *im* = *imm* = *imb*, préfixe qui a ici valeur augmentative, et de *bas*, « science. » Voir Whitley Stokes, *Sanas Chormaic*, p. 22.

lyrique. Le nom du procédé que le christianisme toléra était *dichetal di chennaib cnáime*, incantation ou chant magique par les bouts des os, c'est-à-dire des doigts (1).

Le *glossaire* de Cormac, qui paraît dater des environs de l'année 900, nous a conservé le formulaire de l'*imbas forosnai*. De cette partie du célèbre glossaire, un des plus anciens manuscrits que nous ayons est du quatorzième siècle. C'est le *Leabhar Breac*, dont l'Académie d'Irlande a publié un fac-similé. Voici une traduction du passage :

« *Imbas forosnai* (2) : Ce procédé décrit toute chose
» quelconque qu'il paraît bon au *file* et qu'il désire
» faire connaître. Voici comment on s'y prend. Le
» *file* mâche un morceau de la chair d'un cochon
» rouge, d'un chat ou d'un chien ; puis il le met sur
» la pierre (l'autel) qui est derrière la porte. Il chante
» une incantation sur ce morceau de chair, l'offre aux
» faux dieux, puis appelle à lui ses faux dieux. Mais
» la journée du lendemain s'écoule sans qu'il ob-
» tienne d'eux une réponse. Alors il chante sur ses
» deux mains des paroles magiques ; puis il invoque
» ses faux dieux, leur demande qu'autour de lui rien

Sur la valeur augmentative de *imm*, voir *Grammatica celtica*, 2ᵉ édition, p. 877. Sur *bas*, « science, » voir le Glossaire d'O'Cléry au mot *feal-bhas*, « mauvaise science, » « artifice. » *Revue celtique*, t. IV, p. 415.

(1) *Ancient laws of Ireland*, t. I, p. 40, 44.

(2) Le ms. porte *forosnai*; on trouve la même orthographe dans le *Leabhar na hUidhre*, p. 125, col. 2, l. 9.

» ne vienne troubler son sommeil, et il met ses deux
» mains autour de ses deux joues jusqu'à ce qu'il
» s'endorme. On monte la garde près de lui pour
» empêcher que personne n'approche et ne le re-
» veille jusqu'à ce qu'il ait vu tout ce dont il est
» question. Cela dure neuf jours, deux jours, trois
» jours; en un mot, le temps qui a été jugé néces-
» saire au moment de l'offrande aux dieux (1). »

Ainsi le premier procédé de divination employé par les *file* comprend quatre éléments : 1° un sacrifice aux dieux ; 2° deux incantations chantées, l'une sur un morceau de la chair de la victime, l'autre sur les deux mains du *file* ; 3° deux invocations aux dieux, l'une après la première incantation, l'autre après la seconde ; 4° un sommeil magique qui dure deux jours, trois jours, neuf jours même quelquefois.

(1) « Himbas forosnai *idon* dofuarascaib seicib ca*ch* raet bid maith la-si*n*-fílid *acus* bud âdlac dô do-*fh*aillsi*u*gud. Is-amlaid dognithe*r* sin : *idon* cocnaid (no concnâ) i*n*-file mîr do-c*h*arn*n*a d*h*ergmuice *no* chon *no* chaitt *acus* do-s-ber iarom i-si*n*-lìg for-a-chula nâ-comlad, *acus* canaid dîchedul fair, *acus* hidbraid sin do-dheib hîdal; *acus* gutagair (*lisez* cotagair) dô iarom a-hîdalu; *acus* ni-s-fad*h*aib (*lisez* faghaib) di*n*o iar-na-mârach, *acus* docan brichta for-a-d*h*i-baiss ; *c*otagair beus a-d*h*ee hîdal c*h*uige ar-na-thoirmesc*t*ha a-c*h*odlad im*m*be ; *acus* do-s-be*r* a-dî bois im-a-dîb-lecnib, *c*ontuil i-sûan, *acus* bither oc-a-f*h*aire, ar-na-roimp*e*ra *acus* na-rothairmesca nech, co-taispentar dhô cac*h*-ni im*m*b-am-bî, co-cend nômaide *no* a-dô no a-tri, *no* fot nom*h*essed*h* oc-hîdbert. » *Leabhar Breac*, p. 268, col. 1, lignes 43 et suivantes. Ce texte a été publié par M. Whitley Stokes, *Three irish glossaries*, p. 25, et par M. Windisch, *Irische Texte*, p. 616. Le plus ancien traducteur est O'Donovan. M. Whitley Stokes a publié sa traduction avec corrections, *Sanas Chormaic*, p. 94-95.

CHAPITRE II. — ILS SONT DEVINS EN IRLANDE. 249

Pendant ce sommeil, le *file* a un songe dans lequel il voit ce qu'il a besoin de savoir. C'est par ce procédé que, comme nous l'avons vu, se faisait l'élection des rois suprêmes d'Irlande (1).

Le second procédé s'appelait, avons-nous dit, *teinm lóida* (2), « lumière du poëme lyrique. » Nous n'avons que des indications fragmentaires sur le rituel de ce genre d'incantation. Dans un texte conservé par le *glossaire* de Cormac, Find mac Cumail, au retour d'une expédition, trouve un corps récemment décapité. La tête a disparu. Find se met le pouce dans la bouche et chante les paroles magiques du *teinm lóida*. Il apprend par là que le cadavre est celui de Lômna, son fou. Il se met en route avec ses compagnons et entre dans la maison de l'assassin, où il trouve la tête de la victime fixée sur une broche auprès du foyer.

Sa mort avait été un acte de vengeance. Une des femmes de Find était infidèle. Lômna, témoin de

---

(1) Voir plus haut, p. 151-153.

(2) Le manuscrit le plus ancien où j'aie rencontré le nom de ce procédé de divination est le *Livre de Leinster*, p. 30, col. 4, ligne 35, où le second mot est écrit *laeda*. *Laeda*, pour *lóida*, est le génitif de *lóid*, dont le plus ancien exemple (*lóid luin lúad*, « chant rapide du merle ») nous est conservé par le manuscrit de Saint-Gall, n° 904, neuvième siècle, dans une courte pièce de vers publiée par Ebel, *Grammatica celtica*, 2ᵉ édit., p. 953-954 ; par Nigra, *Reliquie celtiche*, p. 23 ; par Ascoli, *Il codice irlandese dell' Ambrosiana*, t. II, p. 119, et enfin par Windisch, *Kurzgefasste irische Grammatik*, p. 118. Le génitif *laegha*, et *laegda* de manuscrits plus récents, nous offre une forme corrompue.

l'adultère, l'avait dénoncé en gravant sur une baguette carrée une inscription ogamique que Find avait lue; et Find avait répudié la femme. Celle-ci, furieuse, avait fait tuer le fou par son amant (1).

De ce récit ce qui est important pour nous, c'est le procédé employé par Find pour exécuter le *teinm lóida* : il se met le pouce dans la bouche (2). Ce geste semble être un des éléments du rituel magique du *teinm lóida*.

Un autre élément de ce rituel nous est fourni par deux autres textes. L'introduction du corps de lois connu sous le nom de *Senchus Mór* parle du bâton que le *file* plaçait sur le corps ou sur la tête de l'individu au sujet duquel une question lui était posée. Par ce moyen il trouvait le nom de l'individu, le nom de son père, le nom de sa mère, et toute autre chose inconnue qui lui était demandée. C'est, ajoute ce texte, ce qu'on appelle *teinm lóida* (3). Les *file* avaient donc un bâton (4) ou une baguette (5) qui servait à la divination.

Le poëte Lugaid était aveugle. Un jour on lui présente un petit crâne rejeté sur le rivage par les flots.

---

(1) *Glossaire de Cormac*, au mot *orc treith*, chez Whitley Stokes, *Three irish glossaries*, p. 34 ; et *Sanas Chormaic*, p. 130.

(2) « Dosber tra Find a ordu[in] in a beolu *ocus* dochan tri-athainm laegda. » *Leabhar Breac*, p. 270, col. 1, lignes 68-69. *Three irish glossaries*, p. 34.

(3) *Ancient laws of Ireland*, t. I, p. 44.

(4) Aurland, *Ancient laws of Ireland*, t. I, p. 44.

(5) Flesc, *Glossaire* de Cormac, au mot *coire Brecain*. Chez Whitley Stokes, *Three irish glossaries*, p. 14.

On lui demande de qui vient ce débris. « Mettez dessus le bout de ma baguette, » répond Lugaid, et il chante une courte pièce de vers qu'il termine en disant : « C'est la tête du chien de Brecan. D'une » grande chose, il ne reste que ce petit débris, car » la mer a englouti dans son gouffre Brecan et ses » compagnons (1). »

Brecan était un personnage qui avait péri en traversant le canal qui sépare l'Angleterre de l'Irlande.

Ainsi, pour exécuter ce qu'on appelait *teinm lóida*, il fallait mettre un pouce dans la bouche, poser un bâton ou une baguette sur l'objet à l'occasion duquel une question avait été soumise au devin ; puis on chantait des vers. Une quatrième cérémonie obligatoire était un sacrifice aux dieux, le *Senchus Mór* nous l'apprend ; c'est ce sacrifice qui fit prohiber par saint Patrice le *teinm lóida*.

Le troisième procédé de divination employé par les *file* est appelé « incantation du bout des os : » *dichetal di chennaib cnáime*. Nous avons à ce sujet un texte légal intéressant. Suivant ce texte, le *file*, capable d'employer avec succès ce procédé de divination, marchait sur pied d'égalité avec les rois et les évêques ; on l'appelait *sui file*, que nous pourrions traduire par « docteur en poésie. » L'élément principal de ce procédé consistait dans l'improvisation d'un quatrain. Aucune préparation n'était permise :

---

(1) *Glossaire* de Cormac, *ibid.*

il fallait composer et chanter en même temps (1).

Tels étaient les procédés de divination employés par les *file* d'Irlande aux temps auxquels nous reporte la littérature irlandaise la plus ancienne. Outre les textes que le *Glossaire* de Cormac et le *Senchus Môr* nous ont fournis pour établir le rituel de ces procédés, la littérature épique et la littérature grammaticale la plus ancienne de l'Irlande, nous offrent, sur la divination des *file*, quelques détails complémentaires.

Il est question de l'*imbas forosnai* (2), dans le plus vieux manuscrit de la grande épopée irlandaise, connue sous le nom « d'Enlèvement du taureau de Cùalngé. » La reine Medb a terminé les préparatifs de son expédition contre Conchobar et le royaume d'Ulster. Les guerriers de quatre des cinq grandes

---

(1) « Is a Sencas Mâr roairled comdire do rig ocus epscop.... ocus suad filed forcan di cendaib forosna. » « C'est le *Senchus Môr* qui a » établi les mêmes dommages-intérêts pour le roi, pour l'évêque... » et pour le docteur *file* enseignant par les bouts qui éclairent. » — Voilà ce que nous lisons dans le texte de l'introduction du *Senchus Môr*, Ancient laws of Ireland, t. I, p. 40. Voici la glose, p. 44 : « In tan adchid in filid in duine anall in-a-dochum no in tadbur, dognid comrac dó focetair do cendaib a cnama, no a menman cen scrutain, ocus is imale no canadh ocus dognid. » « Quand le *file* voit de loin » un homme qui se dirige vers lui, ou qui se montre à lui, il fait » immédiatement un quatrain sur lui avec les bouts de ses os ou » avec son esprit sans préparation, et c'est au même moment qu'il » chante et qu'il compose. »

(2) Le ms. porte ici *forosna* sans *i* final, *Leabhar na h-Uidhre*, p. 55, col. 2, ligne 13. C'est l'orthographe qu'exige la grammaire du vieil irlandais. *Forosnaim* est un verbe de la seconde classe. Windisch, *Irische Texte*, p. 571 ; cf. *Grammatica celtica*, 2ᵉ édition, p. 434.

provinces dont se compose l'Irlande se sont réunis à Crûachan, capitale du Connaught, et pendant quinze jours ils ont été retenus par les druides ; ils attendaient le signe magique du départ. Enfin, le jour fatal arrive, on se met en route.

La reine est la dernière ; elle adresse la parole à son cocher : « Chacun, aujourd'hui, s'est séparé de la beauté qu'il aime et chacun jette des malédictions sur moi, car c'est moi qui suis la cause de cette expédition. » Son cocher lui propose de faire tourner son char à droite, ce qui était considéré comme de bon augure : « Ce sera, » dit-il, « une manière d'attirer à nous les effets du signe puissant qu'ont obtenu les Druides. » Le cocher fait tourner le char, comme il avait dit ; on part.

Tout à coup, la reine voit devant elle une grande jeune fille à la chevelure blonde, vêtue d'un manteau bigarré que retient une épingle d'or. Sa tunique est munie d'un capuchon avec broderie rouge.
« — Comment t'appelles-tu ? » lui dit Medb.
— « Mon nom est Fedelm, la *file* de Connaught. »
— « D'où viens-tu ? » dit Medb. « — De Grande-Bretagne, où j'ai été apprendre la science des *file*, » répond la jeune fille. — « As-tu avec toi l'*imbas forosnai* (le premier des trois procédés de divination dont nous venons de parler) ? » demande Medb.
— « Oui, certes, » répondit la jeune fille. — « Fedelm, ô prophétesse, » dit Medb, « dans quel état vois-tu l'armée ? » — « Je la vois rouge, » répondit Fedelm, « je la vois sanglante. » — « Cela n'est pas

» vrai, » s'écrie Medb; « Conchobar est à Emain, » malade, entouré de tous ses guerriers, malades » comme lui. Mes envoyés en sont venus et m'ont » apporté là-dessus des renseignements exacts. — « Fedelm, la prophétesse, dans quel état vois-tu » l'armée? » demande Medb — « Je la vois san- » glante, » dit la jeune fille. — « Cela n'est pas » vrai! » s'écrie Medb ; « car Celchar, fils de Gu- » thar, entouré de guerriers d'Ulster, est à Dûn-leth- » glaisse, et Fergus, fils de Roech, est ici avec nous, » entouré de trois mille hommes bannis comme lui. » — « Fedelm, ô prophétesse, dans quel état vois-tu » l'armée? » — « Je la vois toute rouge, » répond la jeune fille.

Encore une fois la reine dit à Fedelm qu'elle se trompe, et insiste pour que de nouveau la prophétesse regarde l'armée ; Medb reçoit d'elle toujours la même réponse : son armée paraît rouge de sang ; Fedelm aperçoit le héros Cûchulainn qui s'avance et qui défendra l'honneur de l'Ulster. La prophétesse, grâce à l'*imbas forosnai*, avait vu les désastres qui se préparaient (1).

Nous passerons à un sujet moins grave.

La légende relative à l'origine des chiens bichons d'Irlande nous offre un exemple de *teinm lóida*. Cette légende nous reporte au troisième siècle

---

(1) *Leabhar na hUidre*, p. 55, col. 1 et 2. Une rédaction sensiblement différente se trouve dans le *Livre de Leinster*, p. 55-56. Un arrangement abrégé de ce passage a été publié par M. Windisch, et la traduction par M. Ernault a paru dans la *Revue celtique*, t. V, p. 72-73.

avant notre ère, au temps du roi d'Irlande Cormac mac Airt (1). Les Irlandais avaient, dès cette époque, des colonies en Grande-Bretagne (2). Cairpré Musc, fils de Conairé, un des grands personnages d'Irlande à cette époque (3), alla, un jour, visiter un de ses amis de Grande-Bretagne. Cet ami avait un chien bichon, et Cairpré désirait vivement en devenir propriétaire. Voici comment il s'y prit. Il avait une dague dont la poignée était ornée d'or et d'argent. C'était un vrai bijou. Il enduisit cette poignée de graisse et la laissa à la portée du petit chien qui la mordit pendant plusieurs heures et la dégrada de manière à la rendre méconnaissable. Le lendemain, Cairpré se plaignit et demanda une indemnité : « Je vous paierai ce que je vous dois, » répliqua le propriétaire du chien. — « Ce n'est pas de » l'argent que je veux, » répondit Cairpré, « je pré- » tends que la loi sera exécutée : la loi c'est chaque » animal pour son crime. » On lui donna le chien bichon : le petit animal était une femelle, cette fe-

---

(1) Cormac mac Airt serait mort en 258, suivant les *Annales de Tigernach*, O'Conor, *Rerum hibernicarum scriptores*, t. II, p. 47. Les Quatre Maîtres le font mourir en 266. O'Donovan, *Annals of the Kingdom of Ireland by the Four Masters*, 1851, t. I, p. 114.

(2) Voir plus haut, p. 237, note.

(3) *Annales de Tigernach*, sous l'année 212, chez O'Conor, *Rerum hibernicarum scriptores*, t. II, p. 37-38. Les Quatre Maîtres parlent de lui dans l'année 165. O'Donovan, *Annals of the Kingdom of Ireland by the Four Masters*, 1851, t. I, p. 106. Sur les trois Cairpré, fils de Conaire, voir le morceau intitulé : *Incipit do maccaib Conaire*, Livre de Leinster, p. 292, col. 1; cf. T. C. D., H. 3. 17, col. 861-862.

melle était pleine et d'elle devaient descendre tous les chiens bichons d'Irlande.

Lorsque Cairpré arriva en Irlande le bruit de sa bonne fortune se répandit partout. Le roi de Munster et le roi suprême d'Irlande le prièrent de leur prêter son petit chien ; il fut obligé de se rendre à leurs instances et de s'en séparer quelque temps. Enfin, un jour vint où le charmant animal mourut. Quelqu'un qui en avait conservé le crâne le présenta au *file* Maen. Celui-ci recourut au *Teinm lóida* ; il chanta un quatrain et devina que ce crâne était celui du premier chien bichon d'Irlande (1).

Plusieurs textes nous présentent l'*imbas forosnai*, le *teinm lóida* et le *dichetal di chennaib* comme des éléments de la science du *file*. Le principal de ces textes est le *Livre de l'ollam*, où l'on voit exposé le cours d'études que devait suivre un jeune homme quand il désirait atteindre le degré le plus élevé de la hiérarchie des *file* et obtenir le titre le plus haut de cette hiérarchie, le titre d'*ollam*. Ces études duraient douze ans, et c'était pendant la huitième année qu'on apprenait le *teinm lóida*, l'*imbas forosnai* et le *dichetal di chennaib* (2).

---

(1) *Glossaire de Cormac,* chez Whitley Stokes, *Three irish glossaries,* p. 30, et *Sanas Chormaic,* p. 111-112.

(2) Livre de Ballymote, cité par O'Curry, *Manners and customs* t. II, p. 172. Cf. Livre de Lecan, cité par le même, *Manuscript materials,* p. 240. Ces deux manuscrits appartiennent à l'Académie royale d'Irlande ; Dans le livre de Ballymote, le livre de l'*Ollam* commence au f° 163 r°. Dans le livre de Lecan, le document auquel O'Curry renvoie est un traité de droit qui se trouve au fol. 168.

Le livre de Leinster nous apprend, en quelques mots, quels moyens produisaient la science des *file*. Il y a, dit l'auteur, quatorze ruisseaux de la science : de ces quatorze ruisseaux, trois sont l'*imbas*, le *dichetal* et le *teinm lóida* ; les autres sont : la modestie, la dignité, le jugement, l'étude, etc. (1).

Suivant le *Glossaire* de Cormac et la glose de la préface du *Senchus Môr*, saint Patrice prohiba l'*imbas forosnai* et le *teinm lóida*, parce qu'on ne pouvait les pratiquer sans un sacrifice aux idoles, et que sacrifier aux idoles c'était renoncer au baptême. Il ne défendit pas le *dichetal di chennaib* ; il admit que les effets merveilleux attribués à ce procédé de divination pouvaient être le résultat naturel de la méditation et d'une longue étude antérieure (2) : dans le formulaire du *dichetal di chennaib*, il n'y avait pas de sacrifice aux dieux (3).

---

(1) Fac-similé du Livre de Leinster, p. 30, col. 4, l. 30 et suivantes. Quand un *filé* était dégradé, il n'avait plus le droit de pratiquer l'*imbas forosnai* ni le *teinm lóida*. Voyez la glose à l'introduction du *Senchus Môr*, Ancient laws of Ireland, t. I, p. 24, lignes 32 et 33.

(2) « Dichetal do cendaib, ar is forcraidh fois ocus frithghnamha fodera son, roleced donaib fileadaib » : « Il laissa aux *filé* l'incantation » des bouts, car c'est le résultat de l'excès du repos et de la prépara- » tion. » — *Ancient laws of Ireland*, I, 44. Deux textes canoniques irlandais condamnent la sorcellerie : l'un est le canon XVI du synode des évêques Patrice, Auxilius et Isserninus (Migne, *Patrologia latina*, t. 53, col. 825) ; l'autre est le livre LXIV de la collection des canons irlandais (Wasserschleben, *Die irische Kanonen Sammlung*, p. 261). Mais ces textes sont moins précis que le *Glossaire de Cormac*, et que la glose du *Senchus Môr*.

(3) *Glossaire de Cormac*, chez Whitley Stokes, *Three irish glossaries*, p. 25.

On continua donc à pratiquer l'incantation du bout des os, *dichetal di chennaib*, après l'établissement du christianisme. Il paraît même que, malgré les prescriptions de l'Eglise, l'usage de l'*imbas forosnai* et du *teinm lóida* persista longtemps. Cet usage est présenté comme encore en vigueur dans une pièce qui nous fait descendre à la seconde moitié du dixième siècle, à environ cinq cents ans après saint Patrice.

Les guerriers du roi d'Irlande, Domnall O'Neill, ont pillé et démoli la demeure du *file* Urard mac Coisi. Urard vient demander une indemnité au roi : il obtient des dommages-intérêts égaux au préjudice qu'il a subi, et de plus on lui donne, en réparation de l'outrage fait à son honneur, quarante-deux vaches et une feuille d'or aussi large que son visage. Il est, dit-on, entendu que la même réparation sera due, en cas analogue, à tous les *file* qui ont dans leur répertoire l'*imbas forosnai*, le *teinm lóida* et le *dichetal di chennaib*. Ainsi l'*imbas forosnai* et le *teinm lóida* se pratiquaient encore sous le roi Domnall O'Neill, qui mourut vers 978 (1), et à cette époque les prohibitions attribuées à saint Patrice n'avaient encore pu amener la suppression de cet usage païen.

(1) Voir l'analyse de cette pièce donnée par O'Curry, *Manners and customs*, t. II, p. 135. Sur la date de la mort de Domnall O'Neill, consulter O'Donovan, *Annals of the Kingdom of Ireland by the Four Masters*. 1851, t. II, p. 708-711 ; Hennessy, *Chronicon Scotorum*, p. 224-225.

CHAPITRE III.

SATIRES DES FILE D'IRLANDE.

Les incantations dont nous venons de parler avaient pour objet la divination. Nous allons maintenant parler d'une autre incantation dont le but est tout différent : c'est la satire, en vieil irlandais *áir* (1). Le résultat de la satire est d'infliger toutes sortes de maux à la personne contre laquelle elle est dirigée.

Suivant les légendes irlandaises, la plus ancienne satire qui ait été prononcée en Irlande a eu pour auteur le *file* Coirpré, fils d'Etan. Ce personnage appartient à l'épopée mythologique, et nous fait remonter à l'époque où l'Irlande était habitée par les dieux. Ces dieux appartenaient à deux groupes : les Tûatha dê Danann, d'un côté; de l'autre, les Fomoré.

Bress, qui régnait, appartenait au second groupe. Il voyait de mauvais œil les *file*, qui appartenaient

---

(1) Gloses de Würzbourg, neuvième siècle, dans la *Grammatica celtica*, 2ᵉ édit., p. 30, 881, et chez Zimmer, *Glossæ hibernicæ*, p. 106.

au premier, au groupe des Tùatha dê Danann. Les *file*, même à l'époque historique, ont toujours prétendu se rattacher aux Tùatha dê Danann. En vieil irlandais, *dân* veut dire talent, génie, et spécialement talent littéraire, génie poétique. Les *file* se qualifiaient de *des dâna*, qu'on peut traduire par « gens de lettres. » Entre *dâna* et *Danann*, il y avait une consonance qui paraissait justifier leur prétention : il semblait incontestable que les gens de lettres, *des dâna*, étaient proches parents des dieux *Danann* ou *déi Danann* (1).

Quoi qu'il en soit, le *file* Coirpré se rendit un jour à la cour de Bress, qui le reçut fort mal, le logea et le nourrit aussi misérablement que possible. Coirpré se vengea par la satire que voici :

« Point de mets sur plats rapides, point de lait de
» vache pour faire grandir les veaux, point d'asile
» pour l'homme qui s'égare dans les ténèbres, point
» de salaire pour la troupe des conteurs d'histoires,
» que telle soit la prospérité de Bress (2) ! »

---

(1) Sur cette prétention des *file*, voir le Dialogue des deux docteurs dans le Livre de Leinster, p. 187, col. 3, et 188, col. 1.

(2) Cette satire nous a été conservée par une glose de l'*Amra Coluimb-chille*. *Leabhar na hUidhre*, p. 8, col. 1, lignes 24-28, édit. O'Beirne Crowe, p. 26. Le texte est ainsi conçu :

« Cen cholt ar crâib cernîne,
» Cen gert ferbba for-an-assa at*h*irni,
» Cen adba fir fod*r*uba disorc*h*i,
» Cen dil dâmi resi, rob sen Brisse! »

Une partie des mots est glosée, et de manière à montrer qu'à l'époque où cette glose a été écrite, c'est-à-dire vers la fin du onzième

Cette malédiction inspira à Bress un tel effroi qu'il abandonna le trône (1).

Une autre satire célèbre est celle que le *file* Nédé, fils d'Adné, fit contre Caier, roi de Munster. Nédé appartient au cycle de Conchobar et de Cùchulainn ; c'est un des deux interlocuteurs de la célèbre pièce connue sous le nom de *Dialogue des deux docteurs*.

Nédé avait un oncle, frère de son père : c'était Caier, roi de Connaught. Caier, n'ayant point d'enfant, considérait Nédé comme son fils ; mais il avait une femme ; celle-ci devint amoureuse de Nédé et lui donna, comme gage de sa passion, une pomme d'argent. Nédé, cependant, refusait de se rendre à ses désirs. Elle lui promit de lui faire obtenir le royaume de Connaught, s'il s'engageait à l'épouser ensuite. — « Comment pourriez-vous me faire monter sur le » trône ? » dit Nédé. — « Cela n'est pas difficile, » répondit la jeune femme. « Fais une satire contre » Caier, en sorte qu'il lui survienne une difformité

---

siècle, ce vieux texte n'était plus parfaitement compris. Ainsi les mots *cen gert*, que nous avons traduit « point de lait, » avec O'Davoren (Whitley Stokes, *Three irish glossaries*, p. 94), chez lequel on lit : « gert *idon* lacht, ut est gin gert ferba, » est glosé dans le *Leabhar na hUidhre* : « cen loim no cen geilt, » c'est-à-dire « sans lait ou sans pâturage. » Cf. Whitley Stokes, *Sanas Chormaic*, p. 37 au mot *cernine*, et p. 144 au mot *ris*; et O'Beirne Crowe, *The Amra Coluim chilli*, p. 26. Une courte notice sur cette satire se trouve dans le livre jaune de Lecan, T. C. D., H. 2, 16, col. 805.

(1) Seconde bataille de Mag-tured, dans le manuscrit du British Museum, côté Harleian 5280, folios 52 recto-59 verso. Une analyse de cette pièce a été donnée par O'Curry, *Lectures on the manuscript materials*, p. 247-250.

» qui le rende incapable de conserver la royauté. —
» Il est bien dur, » répondit Nédé, « de composer
» une satire contre un si excellent homme : jamais je
» ne recevrai de lui un refus. Il n'a en sa possession
» rien au monde qu'il ne soit disposé à me donner.
» — Je sais bien, » reprit la femme, « une chose
» qu'il ne te donnera pas : c'est le poignard qu'il a
» rapporté de Grande-Bretagne. Il ne te le donnera
» pas, car il y a pour lui défense de s'en séparer. »
Nédé demanda à Caier de lui donner le poignard.
— « C'est un malheur pour moi, » dit Caier, « je
» n'ai pas le droit de m'en séparer. » Nédé prononça
contre lui une satire qui fit apparaître sur les joues
du malheureux roi trois énormes boutons. Voici la
satire : « Male mort, courte vie à Caier; que les
» lances de la bataille blessent Caier; trépas à Caier;
» que Caier soit sous terre; que Caier soit sous des
» murs, sous des pierres. »

Le lendemain matin Caier se leva, se rendit à la source pour se laver. Il porta la main à son visage; il y sentit les trois boutons que la satire avait produits; il les aperçut en se mirant dans l'eau. Le premier était rouge, le second vert, le troisième blanc. On les appela tache, flétrissure et honte. Pour ne laisser voir son malheur à personne, il prit la fuite et alla se réfugier à Dun-Cermnai, chez Cacher, fils d'Etarscel. Nédé devint roi de Connaught; il le fut pendant un an.

En pensant au malheur de Caier, il éprouvait une vive douleur. Un jour, voulant le voir, il partit pour

Dun-Cermnai. Il était monté sur le char de Caier; il avait à côté de lui la femme et le chien de Caier. Combien était beau Nédé, conduisant lui-même le char et s'approchant de Dun-Cermnai! La dignité royale était peinte sur ses traits. « Qui donc est cet » homme si beau? » s'écriait chacun. Caier dit : « Autrefois c'était nous qui, sur ce char, occupions » le siège du guerrier à côté du siège du cocher. » — « C'est une parole de roi, » s'écria Cacher, fils d'Etarscel. Jusque-là on n'avait pas reconnu Caier.

« Non je ne suis pas roi, » dit Caier; et il s'enfuit. Il alla se cacher derrière le fort. Pendant ce temps, Nédé, sur le chariot, entrait dans Dun-Cermnai. Les chiens suivirent la piste de Caier, et le trouvèrent dans l'asile où il s'était réfugié; Caier y mourut de honte et de l'émotion que lui avait causée la vue de Nédé. Au même moment le rocher éclata, un fragment atteignit à la tête Nédé, qui en mourut et subit ainsi, comme il le méritait, le châtiment de son ingratitude (1).

Cette légende se rattache au cycle de Conchobar et Cûchulainn, puisque Nédé était contemporain de ces deux personnages et que Conchobar assista à la joute littéraire de Nédé contre Fercertné. Voici un

---

(1) Livre jaune de Lecan, manuscrit de Trinity College, coté H. 2. 16, col. 47. Ce texte a été publié et traduit par M. Whitley Stokes, *Three irish glossaries*, p. XXXVI-XL. Une traduction de la satire se trouve dans *Sanas Chormaic*, p. 87. Une variante importante du texte a été reproduite dans le même ouvrage, p. 57, au mot *doi duine*.

autre récit du même cycle dans lequel le roi Conchobar est personnellement intéressé.

Après la mort de Derdriu, Conchobar resta quelque temps dans la désolation. Enfin il consentit à ce qu'on lui cherchât une autre femme. Deux messagères se mirent en route et lui amenèrent Luainé, fille de Domancenn. Elle plut à Conchobar, qui l'épousa. Le poète Athirné profita de cette occasion pour venir à la cour et solliciter des présents. Ses deux fils l'accompagnaient. Le père et les deux jeunes gens se laissèrent captiver par les charmes de la nouvelle reine : tous trois demandèrent son amour. Elle refusa de les écouter ; ils se vengèrent chacun par une satire. Son visage se couvrit de boutons : défigurée, elle alla cacher sa honte chez sa mère et y mourut de chagrin. Conchobar irrité envoya des guerriers qui tuèrent Athirné, ses fils et ses filles, et démolirent sa maison (1).

Un exemple de la terreur qu'inspiraient les satires des *file* nous est fourni par un des récits merveilleux qui composent l'histoire de Mongan, fils de Fiachna et roi d'Ulster. Mongan mourut, suivant les annalistes d'Irlande, en 620, 624 ou 625 : il fut tué d'un coup de pierre par le Breton Arthur, fils de Bicur (2). Or, voici ce que nous lisons au sujet de Mongan dans le *Leabhar na hUidhre* :

---

(1) Livre de Ballymote, folio 141 recto. Ce manuscrit appartient à l'Académie d'Irlande et date de la fin du quatorzième siècle. Cf. ms. H. 2. 16 du Collège de la Trinité de Dublin, col. 880-885.

(2) Suivant les *Annales des Quatre Maîtres*, cet événement eut lieu

CHAPITRE III. — LEURS SATIRES EN IRLANDE.

Un soir, en hiver, ce prince était dans son château entouré d'hôtes nombreux. Le *file* Forgoll s'y présenta. C'était une chose convenue que du 1ᵉʳ novembre au 1ᵉʳ mai, Forgoll, moyennant une rémunération déterminée, venait, tous les soirs, raconter une histoire au roi.

Or, il arriva que cette fois Mongan demanda à Forgoll comment était mort Fothad Airgtech. Fothad Airgtech est un roi d'Irlande qui appartient au cycle ossianique et dont les *Annales des Quatre Maîtres* mettent la mort en 285, c'est-à-dire trois siècles au moins avant l'époque où vivait Mongan (1). Forgoll dit que Fothad avait été tué à Dubtir, en Leinster. « Vous en avez menti, » répliqua le roi. — « Puisque vous me contredisez, » répliqua le *file*, « je ferai une satire contre vous, j'en ferai contre
» votre père, votre mère et votre grand-père ; je
» chanterai des paroles magiques sur les eaux de
» votre royaume, et on ne prendra plus de poisson
» dans vos rivières ; je chanterai des paroles magi-
» ques sur vos arbres, et ils ne porteront plus de
» fruits ; j'en chanterai sur vos champs, ils devien-
» dront stériles et ils ne produiront plus jamais de
» récoltes. »

---

en 620 ; éd. d'O'Donovan, 1851, t. I, p. 242-244. La date de 624 est donnée par les Annales d'Ulster et par celles de Clon-mac-Nois, citées en note par O'Donovan, *ibid.* La date de 625 se trouve dans le *Chronicon Scotorum*, édition Hennessy, p. 79.

(1) *Annals of the kingdom of Ireland by the Four Masters*, édition d'O'Donovan, 1851, t. I, p. 284-285.

Mongan effrayé demanda grâce, offrit au *file*, à titre de réparation, la valeur de sept femmes esclaves ; le *file* refusa. Il éleva son offre à quatorze femmes esclaves, le *file* la rejeta ; à vingt et une femmes esclaves, ce fut encore en vain. Alors les guerriers qui se trouvaient là avec leurs femmes proposèrent successivement à Forgoll, d'abord le tiers de tous les biens que possédait Mongan, ensuite la moitié, enfin la totalité de ces biens, ne réservant au roi que la liberté de sa personne et de sa femme. Forgoll refusait toujours. Enfin il fut convenu que Mongan aurait un délai de trois jours pour prouver que Forgoll s'était trompé et que Fothad n'avait pas été tué à Dubtir, en Leinster. Au cas où dans ce délai il n'aurait pu fournir cette preuve, il devait, lui et tous ses biens, devenir la propriété du redoutable *file*, la reine seule conserverait sa liberté.

Mongan ne s'était pas trompé : Mongan n'était autre que le célèbre héros Find mac Cumail, mort trois siècles plus tôt (1) et auquel une seconde naissance avait donné une vie nouvelle et un trône en Irlande. Il avait été témoin oculaire de la mort de Fothad. Il évoqua du royaume des morts Cailté, compagnon de ses combats : au moment où le troisième jour allait expirer, le témoignage de Cailté fournit la preuve que Mongan avait dit vrai, que le *file*

---

(1) Find mac Cumail fut tué à la bataille d'Ath Brea, sur la Boyne, en 274, suivant les Annales de Tigernach, chez O'Conor, *Rerum hibernicarum scriptores*, t. II, p. 49, et en 283, suivant les *Annales des Quatre Maîtres*, édit. O'Donovan, 1851, tome I, p. 118-121.

Forgoll était dans l'erreur sur le nom de la localité où le roi d'Irlande Fothad avait perdu la vie (1).

Cette pièce ne peut être contemporaine du règne de Mongan. Le merveilleux qu'elle contient doit s'être développé depuis la mort de ce prince. Nous ne pouvons guère fixer sa date plus haut que la fin du septième siècle, et cependant elle ne nous offre aucune trace du christianisme, prêché en Irlande par saint Patrice deux siècles plus tôt.

En voici une autre qui se rapporte à des événements à peu près contemporains de Mongan. Il en a existé une rédaction païenne dont un fragment nous a été conservé par le glossaire de Cormac. Mais nous n'avons la pièce entière que sous une forme chrétienne, et le plus ancien manuscrit date, dit-on, du quatorzième siècle. C'est ce qu'on appelle la « Tournée de la Lourde Compagnie. »

L'objet de cette tournée, de ce voyage, était la recherche du fameux morceau épique intitulé : *Enlèvement du taureau de Cúalngé*. La Lourde Compagnie était formée des *file* qui faisaient cortège à l'*ollam*, c'est-à-dire au chef des *file* d'Irlande, alors Senchan Torpeist.

Senchan Torpeist était le successeur de Dallan, fils de Forgall. Dallan est le chef des *file* qui a chanté

---

(1) « Scél as-am-berar com-bad he Finn mac Cumail Mongan, ocus a-ní di-a fil aided Fothaid Airgdig. » *Leabhar na hUïdhre*, p. 133-134; cf. Trinity College de Dublin, H. 2. 16, col. 912-913, 953-954; H. 3. 18, p. 555, col. 2; Royal irish Academy, 23. N. 10 (Betham, 145), p. 46-66.

le panégyrique de saint Columba (1), mort en 597. Or, le récit de la « Tournée de la Lourde Compagnie » commence par l'exposé des événements qui, quelques années plus tard, auraient amené la mort de Dallan.

Deux princes se distinguaient par leur libéralité envers Dallan : c'étaient le roi d'Airgiall, Aed, fils de Duach-Dub ; et le roi de Brefné, Aed le Beau, fils de Fergné. Le premier avait un bouclier merveilleux qu'on appelait le Valet-Noir. Un guerrier, derrière ce bouclier, mettait en fuite une armée entière ; car tout ennemi qui approchait de ce bouclier sur le champ de bataille devenait aussi faible qu'une vieille femme.

Aed, roi de Brefné, persuada un jour à Dallan d'aller demander ce bouclier au roi d'Airgiall. Il lui promit, s'il pouvait l'obtenir, cent têtes de chaque espèce de bétail. Dallan se rendit au *dún* ou palais du roi d'Airgiall et le pria de lui faire présent de son bouclier.

— « Cette demande n'est pas celle d'un vrai sa-
» vant, » lui répondit le roi ; « si elle l'était, je vous
» l'accorderais. » Dallan insista. Le roi lui fit des offres magnifiques, mais ne voulut pas céder son bouclier. — « Je composerai une satire contre vous, » dit Dallan. — « Rappelez-vous, » répliqua le roi, « l'assemblée de Druim-Ceta. Le roi suprême d'Ir-

---

(1) L'*Amra Choluimb-Chilli*, pièce dont il a déjà été question p. 56, 74.

» lande avait condamné les *file* au bannissement.
» Les saints intercédèrent près de ce prince et ob-
» tinrent la grâce des *file*, et alors il a été convenu
» que, si quelqu'un de ces derniers faisait une satire
» injuste, trois boutons d'infamie viendraient flétrir
» son visage. Ce sera le châtiment que vous méri-
» terez, si vous me traitez comme vous le dites. »

Dallan, sans s'émouvoir, prononça contre le roi la satire qu'il avait annoncée; et, invité par ce prince à sortir, il partit entouré des autres *file* qui lui avaient fait cortège. Dallan était aveugle : « Chose étonnante, » dit-il tout à coup à ses compagnons, « on a prétendu jusqu'ici que les auteurs » de satires injustes ont à s'en repentir. Moi, au » contraire, j'ai beaucoup gagné : en venant au pa- » lais, je ne voyais goutte, maintenant j'ai deux bons » yeux. » — Est-ce possible ! » s'écrièrent les *file*. — « Oui, certes, » répondit Dallan, « je vous vois » dix-huit devant moi et neuf derrière. Et cepen- » dant, » continua-t-il, « j'ignore si c'est bon signe. » Saint Columba m'a assuré qu'un événement ex- » traordinaire me préviendrait du moment où ma » mort serait prochaine; et peut-il m'arriver rien de » plus extraordinaire que de recouvrer subitement la » vue? »

Rentré chez lui, Dallan vécut encore trois jours et trois nuits, et la mort fut le châtiment de l'injuste satire qu'il avait adressée au roi d'Airgiall (1). De

---

(1) La « Tournée de la Lourde Compagnie » (*Imtheacht na tromdhai-*

même, Nédé, fils d'Adné, avait, dès les temps païens, subi, par une mort merveilleuse, la peine de la satire imméritée lancée par lui contre Caier, son oncle, et qui avait fait perdre le trône à ce bon et malheureux prince.

mhe) a été publiée dans le tome V. des *Transactions of the Ossianic Society*, d'après un manuscrit que l'éditeur attribue au quatorzième siècle. Un fragment de la rédaction païenne nous a été conservé par le *Glossaire* de Cormac, au mot *prûl*, chez Whitley Stokes, *Three irish glossaries*, p. 36-38, et *Sanas Chormaic*, p. 135-137.

CHAPITRE IV.

SANCTION MAGIQUE DES SENTENCES RENDUES PAR LES FILE.

La légende du châtiment de Dallan et celle du châtiment de Nédé attestent la croyance que lorsqu'un *file* se rendait coupable d'injustice il subissait une peine surnaturelle. Un *file* se rendait coupable d'injustice non seulement quand il prononçait une satire imméritée, mais quand il rendait un jugement inique. Alors il lui venait ordinairement sur le visage des boutons qui étaient le châtiment visible de sa prévarication.

Un des textes qui attestent cette croyance appartient à la légende de saint Patrice. Le roi Loégairé veut faire tuer le célèbre missionnaire. Il donne la liberté à Nuadu-Derg, son neveu, qui était chez lui prisonnier comme otage, et il lui promet une récompense s'il ôte la vie à Patrice. Nuadu lance un javelot sur le saint, qui passait monté sur un char et accompagné d'un cocher. Nuadu avait mal dirigé son arme : il tue le cocher; et Patrice indigné va demander justice au tribunal du roi. Le *file* Dubthach prononce la sentence et condamne l'assassin à mort (1).

L'introduction du *Senchus Môr* contient une pièce qui, suivant l'auteur de cette introduction, serait le texte même du jugement prononcé par Dubthach. Cette pièce est certainement postérieure de plusieurs siècles à l'époque où vivait saint Patrice. Cela ne l'empêche pas d'être fort ancienne. Peut-être date-t-elle du neuvième siècle. Nous y trouvons un témoignage de la croyance irlandaise aux boutons qui punissaient les juges prévaricateurs. « Par mes » joues, » dit Dubthach, « dont aucun bouton ne » souillera l'honneur sans tache, j'atteste que je » rends une sentence équitable (2). » En effet, suivant l'introduction au *Senchus Môr*, Sencha, fils d'Ailill, juge du célèbre Conchobar, roi d'Ulster, avait trois boutons sur le visage comme châtiment pour chaque faux jugement qu'il rendait (3).

---

(1) Dans ce récit nous avons fait usage de deux textes : l'un est la *Vie de saint Patrice*, par Jocelin, § 61, chez les Bollandistes, mars, tome II, p. 555 ; l'autre est l'introduction du *Senchus Môr*, dans *Ancient laws of Ireland*, t. I, p. 4-7.

(2)   « Demnigur di-m-gruadib
    » Nad goirfet gel-miad,
    » Midair mesemnacht slân. »

Littéralement : « Par mes joues, qui ne souilleront pas de pus leur honneur blanc, j'atteste que je juge un jugement sain. » *Ancient laws of Ireland*, tome I, p. 10.

(3) « Sencha mac Aililla ni conberedh breth n-gua gin teora failche astuda cacha breithe. » Littéralement : « Sencha, fils d'Ailill, ne rendait pas de sentence mensongère sans trois boutons d'attache

CHAP. IV. — SANCTION MAGIQUE DE LEURS SENTENCES. 273

Ces boutons ne sont pas le seul effet que des jugements injustes aient produit dans l'histoire légendaire d'Irlande. Ainsi, quand un autre des juges du cycle de Conchobar, Fachtna, fils de Sencha (1), prononçait un jugement injuste, si c'était à l'époque des fruits, tous les fruits de la terre où il se trouvait tombaient des arbres en une nuit; si c'était à l'époque du lait, les vaches refusaient le lait à leurs veaux (2).

Un autre juge de l'Irlande païenne est célèbre par son merveilleux collier : c'est Morann, connu sous le surnom de fils de Maen. Son histoire tout entière nous transporte à une époque où les lois de la nature n'étaient pas les mêmes qu'aujourd'hui.

Cairpré Cenn-chaitt ou à la Tête de Chat, père de Morann, était un usurpateur devenu roi suprême d'Irlande par trahison. Cette iniquité fut punie d'une façon terrible : tant que son règne dura, on ne vit jamais plus d'un grain dans un épi de blé, ni plus d'un gland sur un chêne. Il eut successivement deux enfants, deux monstres, qu'il fit noyer aussitôt après leur naissance. Ils venaient au monde avec une espèce de casque sur la tête (3).

(c'est-à-dire comme conséquence légale) de chaque jugement. » *Ancient laws of Ireland*, t. I, p. 24.

(1) Voir sur lui les textes insérés dans le *Glossaire* de Cormac, aux mots *fir*, *laith* et *tuir[i]gin*, chez Whitley Stokes, *Three irish glossaries*, p. 20, 26 et 42; *Sanas Chormaic*, p. 72, 101 et 159.

(2) *Ancient laws of Ireland*, tome I, p. 24.

(3) « Fobithin no-bitis a-cathbairr fo-cennaib. » Livre de Leinster, p. 126, col. 2, lignes 12-13.

Un troisième enfant lui naquit : c'était Morann. Il avait la même difformité que les premiers. Cairpré voulut le traiter comme eux. « Allez, » dit-il à ses gens, « et mettez-le dans la gueule de l'onde (1). »

Les domestiques obéirent et allèrent jeter le nouveau-né dans la mer; mais une vague brisa le casque et fit remonter l'enfant à la surface; on aperçut son visage au-dessus de l'eau; et quoique né le même jour, Morann parlait déjà. « La mer est agitée, » criait-il. Les domestiques se précipitèrent dans l'eau et l'en retirèrent. « Ne me levez pas si haut, » dit l'enfant, « le vent est froid (2). » Les domestiques eurent pitié du petit Morann; au lieu de le jeter de nouveau dans la mer, ils le déposèrent sur la porte de Maen, forgeron du roi, et ils se cachèrent pour voir ce qui arriverait.

Maen, sortant de chez lui, trouva l'enfant, le prit et rentra. « Allume une chandelle, » dit-il à sa femme : « nous verrons ce que c'est que la trouvaille » que j'ai faite. » Quand on approcha la chandelle du petit Morann, cet enfant dit : « La chandelle est brillante (3). » Maen l'éleva comme son fils. On l'appelait Morann fils de Maen; c'est ainsi que le désigne toute

---

(1) « D-a-chur im-béolu na tuinne. » Livre de Leinster, ibid, ligne 15.
(2) « Brissis in tond in-cathbarr ocus tôcbaid in-tond uasa in mac, con-accatar a-gnûis for-barr na-tuinne. Is-and asbert-som : « Garg bé tond, » ar in mac. Folengat chuce na-oclâig focus dofogbat sùas : « Nach-am-turcbaid, » ar-se-seom : « Uar bé gáeth. » Livre de Leinster, p. 126, col. 2, lignes 16-20.
(3) « Solus bé caindell. » Ibid., ligne 27.

la littérature irlandaise. Et cependant les domestiques savaient bien que Maen n'était pas le père de Morann.

Or, un jour, le roi Cairpré alla boire de la bière dans la maison du forgeron Maen. La reine l'accompagnait. L'enfant vint se mettre successivement sur les genoux de toutes les personnes présentes et finit par s'asseoir sur ceux du roi. « C'est une chose » agréable à entendre que cette voix d'enfant, » dit le roi Cairpré; « à qui est ce petit garçon? » ajouta-t-il avec un grand soupir. Et la reine poussa un autre soupir, car ils n'avaient point d'enfant. « Quoi- » que j'aime beaucoup ce petit garçon, » répondit Maen, « et qu'il soit mon fils, j'aimerais mieux qu'il » vous appartînt, à cause de l'affection qu'il vous in- » spire et parce qu'il vous en faudrait un. » — « Que » donneriez-vous, » dit au roi un de ses domestiques, « à quelqu'un qui vous apporterait un fils semblable » à celui-là? » — « Je donnerais, » répondit le roi, « son pesant d'argent et le tiers de son pesant d'or. »

Pendant ces conversations, l'enfant avait quitté Cairpré et était allé courir d'un autre côté. Les domestiques le prirent, le replacèrent sur les genoux du roi, lui dirent que c'était son fils, et lui racontèrent comment ils l'avaient épargné. Le forgeron Maen confirma leur témoignage; le roi Cairpré reprit possession de son fils et donna l'or et l'argent qu'il avait promis (1).

---

(1) Ce récit est emprunté au traité qui a pour objet l'histoire des

Morann, cependant, ne succéda pas à Cairpré sur le trône d'Irlande. Nous avons dit que c'était une trahison qui avait donné à Cairpré la couronne. Ce prince devait le pouvoir à une insurrection des classes inférieures contre la noblesse, et un assassinat dans un festin avait assuré le succès de cette insurrection.

Dans les récits légendaires qui concernent cet événement, les classes inférieures sont appelées *Aithech Túatha*, c'est-à-dire gens qui doivent des rentes. *Aithech* est dérivé d'*aithe*, action de rendre ce qu'on a reçu, et, par conséquent, paiement, intérêt, rente (1). Sous le nom d'*Aithech Túatha*, nous devons reconnaître cette classe subordonnée que César a trouvée en Gaule, cette multitude qui, accablée par les dettes, l'exagération des impôts et les injustices des grands, avait accepté une situation analogue à la servitude, et sur laquelle la noblesse avait des droits semblables

---

trois personnes qui auraient parlé immédiatement après leur naissance. Ce traité a été transcrit dans le Livre de Leinster, p. 126; la fin manque. On trouve le texte complet dans le manuscrit du Collège de la Trinité de Dublin, coté H. 2. 16, col. 808-810. Une traduction abrégée de cette légende a été donnée par M. Atkinson dans la partie de la préface du Livre de Leinster qui est intitulé *Contents*, p. 31, col. 2.

(1) On trouve aussi ce mot avec le sens de « vengeance. » Sur ces différentes significations, voir *Grammatica celtica*, 2ᵉ édition, p. 4, 247, 248, 869. Cf. O'Donovan, *Supplément à O'Reilly*, p. 569, et Glossaire d'O'Clery, dans la *Revue celtique*, t. IV, p. 364. Il y a dans ce mot plusieurs éléments dont le premier est la préposition *aith* = *ate* (*iterum*).

à ceux du maître romain sur l'esclave (1). En Irlande, ces serfs s'étaient révoltés et avaient massacré la plus grande partie de leurs maîtres.

Parmi les personnes qui échappèrent au massacre, on cite la femme du roi d'Irlande, qui s'enfuit en Grande-Bretagne. Elle était grosse et mit au monde Feradach Find-fechtnach. Ce prince fut élevé en Grande-Bretagne, puis vint prendre possession du trône injustement enlevé à son père avec la vie. Morann, fils de l'usurpateur, au lieu de régner, fut juge du nouveau monarque (2). Nous avons encore un traité des devoirs des rois, attribué à Morann quoique évidemment bien postérieur à lui, et qui serait le testament que Morann, avant de mourir, aurait laissé au roi Feradach Find-fechtnach (3).

Morann est célèbre, dans les légendes irlandaises, par son collier. Ce collier jouissait d'une propriété singulière : il s'élargissait quand Morann prononçait un jugement juste ; il se resserrait quand la sentence était injuste (4).

---

(1) César, *De bello gallico*, livre VI, chap. 13, § 1, 2.

(2) Sur Morann, voir *Annales de Tigernach*, chez O'Conor, *Rerum hibernicarum scriptores*, t. II, p. 25, et la citation du *Leabhar Gabhala*, donnée par O'Donovan dans son édition des *Annales des Quatre Maîtres*, 1851, t. I, p. 96, note r. Cette citation n'est pas conforme au Livre de Leinster, p. 23, col. 2, lignes 9-11.

(3) Ce traité se trouve notamment dans le Livre de Leinster, p. 293-294, et dans le manuscrit H. 2. 16 du Collège de la Trinité de Dublin, colonne 234-236.

(4) Glose de l'introduction du *Senchus Môr*, dans *Ancient laws of Ireland*, t. I, p. 24 ; *Glossaire* de Cormac, au mot *sin*, dans *Three*

Ainsi les plaideurs avaient plusieurs moyens surnaturels de s'assurer si les sentences des *file* étaient équitables ou iniques. S'agissait-il de Morann? On jetait les yeux sur son collier, et si on voyait ce collier lui serrer la gorge, on était certain qu'il avait mal jugé. Etait-ce Fachtna? Si les fruits tombaient des arbres, si les vaches refusaient le lait à leurs veaux, il était évident que Fachtna avait rendu un jugement injuste. Quand la décision n'émanait ni de Morann ni de Fachtna, et qu'on se défiait de l'équité du *file* qui avait jugé, il fallait, après le prononcé de la sentence, regarder le visage de ce *file*. S'il y venait des boutons, les soupçons dont cette sentence était l'objet se changeaient en certitude; mais s'il ne venait pas de boutons sur le visage du *file*, il fallait s'incliner et reconnaître qu'on avait eu tort de révoquer en doute la justice du jugement.

D'un autre côté, dans le cas de résistance aux décisions judiciaires des *file*, on s'exposait à leur faire prononcer une satire qui devait attirer sur le plaideur récalcitrant un déluge de maux. Enfin, les *file* avaient à leur disposition, quand ils voulaient se venger, un procédé d'une efficacité bien plus rapide et bien plus redoutable que tous les autres. Il leur suffisait de saisir entre deux doigts le bout de l'oreille de leur ennemi : en pressant ce bout de l'oreille

---

irish Glossaries, p. 41 ; *Sanas Chormaic*, p. 152. Cf. *Annals of the kingdom of Ireland by the Four Masters*, édition d'O'Donovan, 1851, p. 96, note.

d'une certaine façon, ils faisaient mourir l'homme immédiatement. Cette opération avait un nom consacré par le droit : elle s'appelait *briamon smethraige* (1).

Ces croyances donnaient aux *file* une grande force. Ce fut grâce à elles, autant qu'à leur science juridique, qu'ils durent leur situation importante en Irlande comme juges. Nous ne voyons nulle part qu'en Irlande les druides aient jamais exercé une autorité judiciaire. La littérature épique nous montre toujours, au contraire, les fonctions judiciaires entre les mains des *file*; c'est-à-dire qu'en général c'est conformément à leur opinion que les rois et les assemblées populaires décident les affaires contentieuses.

On prétend même qu'il fut un temps où les décisions des *file* n'avaient pas besoin d'être promulguées par les rois ni d'être ratifiées par les assemblées populaires; à cette prétention s'associe la croyance à l'origine divine de la science des *file*. Nous parlerons de cette croyance dans le chapitre suivant.

(1) « Briamon smethraige *idon* ainm nemtheossa dogniat filid [im n]ech a-d-a-toing. Melid smitt *in* duine iter a dá mhêr, *ocus* doêcci *in* duine im-an-déni nemthess. » — « Briamon smethraige, c'est-à-dire nom d'une opération distinguée que font les *file* à quiconque jure contre eux (?). [Le *file*] presse entre deux doigts le bout de l'oreille de l'homme, et celui auquel il fait cette opération distinguée en meurt. » Extrait du traité de droit intitulé *Bretha nemed*, dans le *Glossaire* de Cormac. Fac-similé du *Leabhar Breacc*, ms. du quatorzième siècle, p. 264, col. 1 et 2. Cf. Whitley Stokes, *Three irish glossaries*, p. 8, et *Sanas Chormaic*, p. 22.

CHAPITRE V.

ORIGINE DES FILE SUIVANT LES LÉGENDES IRLANDAISES.

La mythologie irlandaise nous fait remonter, par ses fictions, d'abord à l'époque où les dieux habitaient l'Irlande, puis à celle où, arrivant de la région mystérieuse du sud-ouest que l'évhémérisme chrétien, dès le dixième siècle, identifiait avec l'Espagne, les fils de Milé, c'est-à-dire les Celtes d'Irlande, parvinrent pour la première fois dans leur île; il y avait alors parmi eux un *file* : c'était Amergin Au-genou-blanc, *Glun-gel*. Il prononça trois jugements.

Par le premier de ces jugements, les fils de Milé, qui s'étaient déjà avancés jusqu'au centre de l'Irlande, jusqu'à Tara, capitale de l'île, furent condamnés à regagner le port où ils avaient débarqué, à remonter dans leurs navires et à s'éloigner en mer à une distance de neuf vagues; ils avaient eu le tort d'entrer en Irlande sans avoir préalablement prévenu les divins habitants de cette île, qu'ils allaient en expulser (1). Les fils de Milé se soumirent à cette sen-

---

(1) Livre de Leinster, p. 13, col. 1, lignes 41-45. Le texte de la sen-

tence, regagnèrent le rivage, remontèrent dans leurs vaisseaux, s'éloignèrent des côtes à la distance voulue, puis débarquèrent de nouveau, mais après une tempête où une partie d'entre eux perdit la vie.

Le second jugement d'Amergin eut lieu à l'occasion d'une querelle entre les deux frères Eber et Erémon qui se disputaient le trône d'Irlande. Amergin attribua le trône à Erémon, et décida qu'Eber lui succéderait ; mais Eber n'eut pas la patience d'attendre la succession de son frère et exigea une part immédiate qu'Erémon lui abandonna (1).

Enfin Amergin fit entre Erémon et Eber une sorte de règlement sur la chasse, et ce fut son troisième jugement (2).

On nous a conservé le texte du premier. Naturellement nous ne nous portons pas garant de l'authenticité de cette pièce, pas plus que de l'authenticité du traité de grammaire qu'on attribue au même auteur (3). Les jugements et la grammaire sont d'Amer-

tence d'Amergin a été publié dans les *Transactions of the Ossianic Society*, tome V, p. 231, d'après les livres de Lecan, f° 284 v°, et de Ballymote, f° 21 v°. Voir aussi le manuscrit du Trinity College de Dublin, coté H. 3. 17, col. 841, et Keating, *A complete history of Ireland*, édition de 1811, p. 290.

(1) Livre de Leinster, p. 14, fin de la première colonne. Les choses sont présentées autrement dans le Nennius irlandais. Todd, *The irish version of the historia Britonum*, p. 56-57. — Cf. Keating, *A complete history of Ireland*, édition de 1811, p. 300.

(2) Livre de Leinster, p. 14, col. 2; Livre de Ballymote, folio 22 v°, col. 1 ; livre de Lecan, de l'Académie d'Irlande, f° 286 r°.

(3) C'est le troisième livre d'un recueil grammatical, sur lequel on peut voir O'Curry, *On the manners*, t. II, p. 53-54.

gin comme sont d'Achille et d'Agamemnon les discours qu'Homère a mis dans leur bouche.

Quoi qu'il en soit, le *file* Amergin, grâce à ses jugements et au traité grammatical qu'on lui attribue, est considéré comme le premier en date des auteurs irlandais (1). Sur l'origine de sa science, et en général de la science des *file*, on trouve, dans la littérature irlandaise, deux systèmes : l'un est chrétien, le résultat des efforts plus ou moins ingénieux faits dans les premiers siècles qui ont suivi la conversion des Irlandais au christianisme, pour établir un trait d'union entre la Genèse et les traditions celtiques; l'autre système nous offre la doctrine ancienne.

Cette doctrine fait remonter la science des *file* au plus grand dieu du paganisme irlandais. Parmi les dieux du paganisme irlandais, il y en avait un plus important que les autres : on l'appelait *Dagdé*, c'està-dire « bon dieu; » en moyen irlandais *Dagda*. C'était le dieu de la terre (2). On le surnommait le Grand

---

(1) « Cetna ugdur ceta robuidh in Eirinn Aimeirgin Gluin-geal, in file. » Glose de l'introduction du *Senchus Mór*, dans *Ancient laws of Ireland*, tome I, p. 20.

(2) *Dagda*, c'est-à-dire « bon dieu, » c'est-à-dire que c'était un dieu principal chez les païens parce que les *Tuatha dé Danann* l'adoraient. En effet, il était pour eux le dieu de la terre, à cause de la grandeur de sa puissance. « Dagda *idon* Dagh dé *idon* dia soinemail ag-nageintibh é, ar-doadhradhais Tuatha dé Danann dó, ar-ba dia talman dóib é, ar-macht a cumachta. » Cette définition se trouve à la page 582 du manuscrit H. 3. 18 du Collège de la Trinité de Dublin. Elle nous a été conservée par un glossaire. Son origine est inconnue; le manuscrit a été écrit au seizième siècle.

(*Môr*), le seigneur de la Grande Science, (*Ruad-Rof-hessa*), le fils de tous les talents et de tous les arts ; et Brigit, sa fille, portait le titre de *file* féminine, *banfile* (1).

Brigit était devenue la femme de Bress, fils d'Elatha. *Elatha* veut dire « science et composition littéraire. » Du mariage de Brigit avec Bress naquirent Brian, Iuchar et Uar, dit ailleurs Iucharba, les trois dieux des arts, qui eurent en commun un fils appelé *Ecné* ou Sagesse (2). Sagesse fut père de Connaissance (3). Connaissance fut père de Grand-Jugement (4). Grand-Jugement fut père de Grande-Science (5). Grande-Science fut père de Réflexion (6).

---

(1) Brigit, la *file* féminine, fille du grand Dagda, roi d'Irlande... et on dit que le nom de celui-ci était le seigneur à la Grande-Science, c'est-à-dire le nom de Dagda était « seigneur à la Grande-Science, fils de tous les talents ou de tous les arts, c'est-à-dire le fils chez lequel sont tous les talents et tous les arts. « Brigit banfhile, ingen in-Dagdai môir rig E*rend, acus* ainm dó-*side in*-Ruad-rofhessa atherar sund... Brigit banfhili ingen Ruaid-rofhessa, *idon* ainm don-Dagda Ruad-rofhessa *mac* nan-ule n-dana, *idon mac* oc-ambi in dân uile. » Dialogue des deux docteurs, dans le Livre de Leinster, p. 187, col. 3, et p. 188, col. 1.

(2) « Ecna *mac* na-trî n-dea n-dana. Na-trî-dei dana, tri *maic* Brigti banfhili, *idon* Brian *acus* Iuchar *acus* Uar, tri *maic* Bressi, *maic* Eladan, *acus* Brigit banfhile. » Dialogue des deux docteurs dans le Livre de Leinster, p. 187, col. 3. — « Trî dee Donand, *idon* tri *maic* Bressa *maic* Elathan, *idon* Brian *acus* Iuchar, *acus* Iucharba. » Livre de Leinster, p. 30, colonne 4.

(3) « Ergna *mac* Ecnai. » Livre de Leinster, p. 187, col. 3.

(4) « Rochond mac Ergnai. » *Ibid.*

(5) « Rofhis mac Rochuind. » *Ibid.*

(6) « Imradud mac Rofhis. » *Ibid.* Je supprime : « Rofis mac Foch-

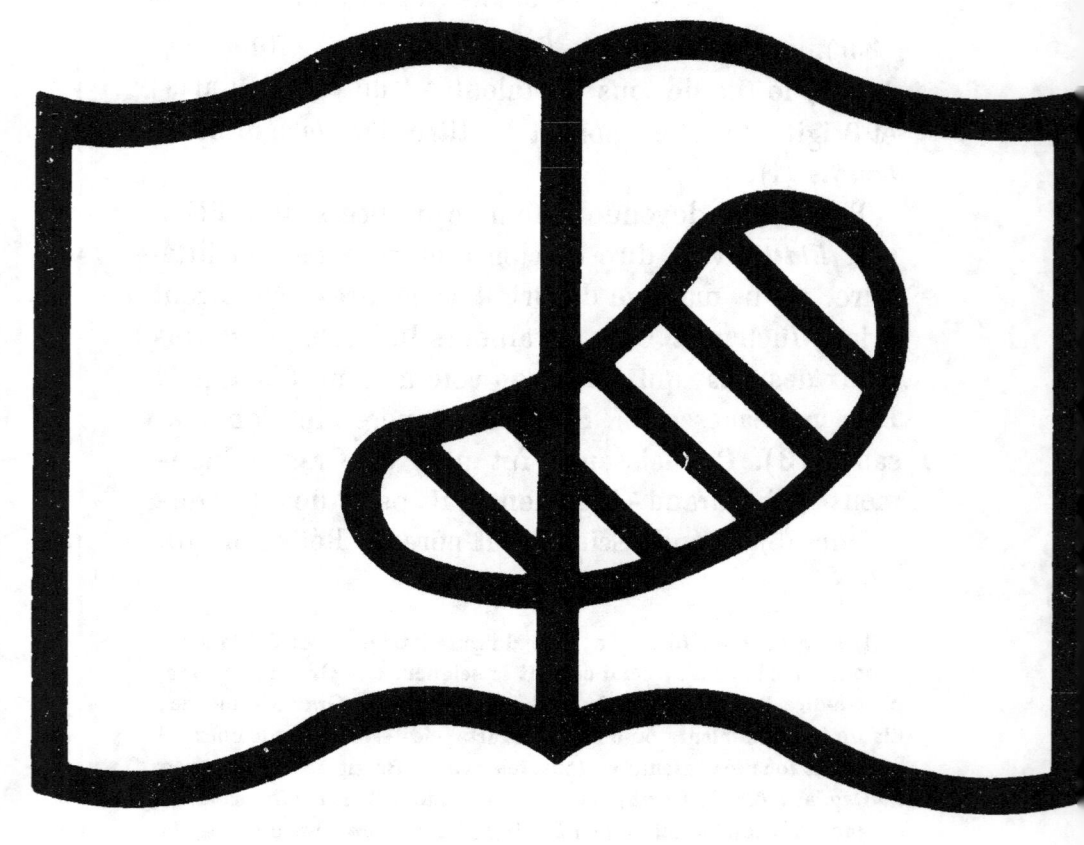

Original illisible

NF Z 43-120-10

Réflexion fut père de Haute-Instruction (1). Haute-Instruction fut père d'Art (2). Enfin Art fut père de *File*.

Telle est la généalogie que se donne Nédé, fils d'Adné, dans sa joute littéraire avec Fercertné, quand tous deux se disputaient la chaire et la robe de chef des *file* dans Emain, capitale de l'Ulster, en présence du roi Conchobar et de sa cour (3).

Nous retrouvons un abrégé, une sorte de seconde édition corrigée et réduite de la même généalogie, dans une pièce du dixième siècle qui est intitulée « Destruction du château de Mael-mil-scothach. » Mais l'auteur, subissant, d'une façon puissante, l'influence

---

mairc, Fochmorc mac Rochmairc et Rochmorc mac Rofhessa ; » « Grande-Science, fils de Petite-Recherche ; Petite-Recherche, fils de Grande-Recherche, et Grande-Recherche, fils de Grande-Science, » que je considère comme une interpolation.

(1) « Osmunta mac Imrâti. » *Ibid.*

(2) « Dan mac Osmiunta *idon* iar-na-mûnud-dam-sa coûais. » *Ibid. Osmunta*, que je traduis par « Haute-Instruction » est composé de *ós*, *ûas* « haut », et de *munta*, dérivé de *munad*, qui est l'infinitif de *mûnim* « j'enseigne. »

(3) « Mac-sa dana, » « je suis fils d'Art. » *Ibid.* Une analyse de ce passage, par O'Donovan, a été publiée par M. Whitley Stokes, *Sanas Chormaic*, p. 144-145, au mot *Ruad-rofhessa*. Cette analyse contient une erreur singulière. Dans le manuscrit, la réponse de Nédé : « Je suis fils d'Art » (« mac-sa dana »), est précédée de la question que lui adresse Fercertné : « Dis-moi, jeune savant, de qui es-tu fils ? » « *Ceist a-gilla forcitail* cia-do-ai-siu mac. » O'Donovan a pris pour un nom de personne « ai-siu, » seconde personne du singulier du présent de l'indicatif du verbe substantif *am*, « je suis, » et il fait de *ai-siu*, « tu es, » le père de Dân, qu'il traduit par « poésie. »

du christianisme, termine cette généalogie en lui donnant pour base une idée chrétienne qui en change le caractère. Le *file* dont il s'agit se nommait Urard mac Coisi; il avait imaginé de se faire appeler Mael-mil-scothach. Or, dit-il, Mael-mil-scothach est fils de Nom-Illustre; Nom-Illustre est fils de Bonne-Correction-des-Foules; Bonne-Correction-des-Foules est fils d'Ollam (ou chef des *file*)-de-Composition-Poétique; Ollam est fils d'Art-Légitime; Art-Légitime est fils de Lugaid Aux-arts-multiples; Lugaid Aux-arts-multiples est fils de Rûad-Rofhessa, c'est-à-dire du seigneur de la Grande-Science; Rûad-Rofhessa, seigneur de la Grande-Science, est fils de la Croyance au Saint-Esprit, au Père et au Fils (1).

Le degré fondamental de cette généalogie bizarre, Croyance au Père, au Fils et au Saint-Esprit, est d'origine chrétienne. C'est une interpolation relativement récente, que nous retrancherons; et pour premier ancêtre à Mael-mil-scothach, au lieu de la Croyance au Père, au Fils et au Saint-Esprit, nous trouverons le seigneur de la Grande-Science, en irlandais *Rûad Ro-*

(1) « Orgain cathrach Mail-mil-scothaic, maic anma aermiten, maic socoisc sochaide, maic olloman aircetail, maic dana dligedaig maic Lugdach Ildanaig, maic Ruaid-rofhessa, maic creitme in Spiruta naoim, Athair sceo Mac. » Voir à Oxford le manuscrit Rawlinson, B. 512, de la bibliothèque Bodléienne, folio 110 r°, col. 1 ; à Londres, le manuscrit Harléien 5280 du Musée britannique, fol. 47 v° ; à Dublin, le manuscrit de l'Académie royale d'Irlande, fonds Betham, n° 145, (aujourd'hui classé sous la cote 23. N. 10), p. 29-32. — On trouve une analyse de cette pièce chez O'Curry, *On the manners and Customs of the ancient irish*, tome II, p. 130-135.

fhessa. C'est un des noms par lesquels on désigne *Dagdé*, le plus ancien des ancêtres que se donne Nédé dans le *Dialogue des deux docteurs* ; la généalogie mythique que Nédé s'attribue dans ce document donne à *Dagdé* ce surnom de *Rûad Rofhessa* ou seigneur de la Grande-Science. Ainsi la généalogie mythique des deux *file*, de Nédé et de Mael-mil-scothach, autrement dit Urard mac Coisi, part du même ancêtre. Cet ancêtre est un dieu des Irlandais païens ; c'est *Dagdé* surnommé *Rûad Rofhessa*, le Seigneur à la Grande-Science.

Le second et le troisième degré de la généalogie de Nédé sont occupés par Brigit, fille de Dagdé, qui a de Bress trois fils : Brian, Iuchar et Uar, et ceux-ci s'associant ont, à eux trois, un fils unique, Ecné, la Sagesse (1). Il était difficile, à une époque chrétienne, d'admettre dans une généalogie ces éléments. D'abord on savait que Brigit était une déesse des païens.

Nous le lisons dans le *Glossaire* de Cormac, écrit vers l'année 900 : « Brigit, c'est-à-dire la *file*, fille de
» Dagdé, c'est Brigit la poétesse, ou, pour nous ex-
» primer autrement, c'est Brigit la déesse qu'ado-
» raient les *file*, à cause de la très grande et très
» illustre protection qu'ils recevaient d'elle. Voilà
» pourquoi les poètes l'appelèrent déesse. Il y avait
» trois sœurs de même nom : outre Brigit la *file*, une
» seconde Brigit qui pratiquait la médecine, et une
» troisième Brigit, qui forgeait le fer. Toutes trois

---

(1) Dialogue des deux docteurs, plus haut, p. 283, note 1.

» étaient déesses, toutes trois filles de Dagdé; et
» chez les Irlandais le nom de déesse Brigit les dé-
» signait toutes trois ensemble (1). »

Dans la généalogie d'Urard mac Coisi, le dieu des païens Dagdé avait pu se maintenir sous son surnom de *Rúad-Rofhessa*, grâce à la suppression du nom de Dagdé par lequel il était ordinairement désigné. Mais pour Brigit, pareille supercherie était impossible ; et la monstrueuse association par laquelle ses trois fils donnaient la vie à un seul enfant répugnait à la conscience nouvelle que la chute du paganisme et les conquêtes de la morale chrétienne avaient fait accepter aux Irlandais. Voilà pourquoi dans la généalogie d'Urard mac Coisi, Brigit et ses trois fils sont remplacés par un autre dieu moins célèbre que Brigit et qui, comme père, n'a pas eu le rôle étrange que la mythologie irlandaise donne aux trois fils de la déesse des *file*.

Ce dieu est Lugaid Aux-arts-multiples, *Lugaid Ildánach*, plus souvent appelé Lug. Il porte le surnom de « prince aux arts multiples » dans la composition épique connue sous le nom de seconde bataille

---

(1) « Brigit banfhile *ingen in* Dagdai; is-eiside Brigit ban-e ceas [no ben-eicsi *idon* Brigit ban]dee no ádradîs fil*id*, ar-ba-romor *acus* ba-roán a-frithgnam ; is-aire-sin ideo eam deeam vocaverunt poet*æ*, hoc *nomine cujus* sorores erant Brigit bê legis, Brigit bê goibnech*ta idon* bandé, *idon* tri-hingena *in* Dagdai insin, de quarum nominibus pene homines ibernenses dea Brigit vocabatur. » *Leabhar Breacc*, p. 264, col. 2. — Cf. Whitley Stokes, *Three irish glossaries*, p. 8 ; *Sanas Chormaic*, p. 23.

de Mag Tured (1). Lug avait pour mère Ethniu (2) fille de Balar Aux-coups-puissants. Il était du nombre des *Tuatha dé Danann*, tandis que son grand-père était un *Fomore*, par conséquent un dieu d'une race ennemie de la sienne ; et il le tua d'un coup de fronde à la seconde bataille de Mag Tured.

Tel est le personnage que, dans sa généalogie mythique, Urard mac Coisi substitue à Brigit et aux trois fils de Brigit. Quoique Lug ou Lugaid eût été con-

---

(1) Il est plusieurs fois question de cette bataille de Mag Tured dans le Livre de Leinster. Voir, par exemple, p. 9, col. 2. Un fragment de la légende a été conservé par le *Glossaire* de Cormac, qui paraît remonter aux environs de l'année 900, et dont une partie se trouve dans le Livre de Leinster, douzième siècle. Quant à l'article de ce glossaire, qui contient le fragment de la bataille de Mag Tured, un des plus anciens mss est le *Leabhar Breacc*, p. 269-270, qui n'est pas antérieur au quatorzième siècle. Quant à un manuscrit à peu près complet de cette composition épique, le seul qu'on puisse citer est le manuscrit du British Museum cote harleian 5280, qui date du quinzième siècle. La pièce se trouve aux folios 52 recto-59 verso. La fin manque.

(2) Le nom de la mère de Lug est au nominatif *Eithne* dans le Livre de Leinster. « Lug, Eithne ingen Balair Bailc-beinmig a-mathairside. » Livre de Leinster, p. 9, col. 2. *Eithne* est moyen irlandais pour *Ethniu*. Au génitif, *Ethniu* devient *Ethnen*, qui est écrit *Eithnend* dans le Livre de Leinster, p. 9, col. 1 et 2. L'orthographe *Ethlend* nous offre une forme affaiblie par le changement de *n* en *l*. On trouve déjà cette orthographe dans le *Leabhar na hUidhre*, p. 78, col. 1. Elle persiste au quinzième siècle, dans le manuscrit du musée britannique harléien 5280, p. 119, reproduit par O'Curry, *Manuscript Materials*, p. 619. Au quatorzième siècle, le copiste du *Leabhar Breacc*, p. 268, col. 1, arrivé à l'article *Lug-nasad* du *Glossaire* de Cormac, a écrit par erreur *Ethne* comme un génitif, et a proposé *Ethlend* comme une correction.

sidéré comme un dieu, dans les temps païens, à l'époque chrétienne l'opinion changea sur son compte. On admit qu'il était un homme, descendant d'Adam comme nous. Je n'insisterai pas sur le fait qu'il avait été intercalé dans la liste des rois d'Irlande, telle que nous la trouvons dans le *Livre des conquêtes*, et qu'on savait même le nombre d'années qu'il avait régné (1). Mais longtemps après sa mort il avait, dit-on, apparu miraculeusement au célèbre Conn Cetchathach, roi d'Irlande, et lui avait dit : « Je suis de la race d'Adam (2). » Il n'était donc pas un démon comme les autres dieux des païens. Voilà comment, au dixième siècle de notre ère, Lug occupe, au lieu de Brigit, le second degré dans la généalogie mythique d'Urard mac Coisi.

Viennent ensuite, comme dans la généalogie de Nédé, des personnages abstraits : Art-légitime, Bonne-correction-des-foules, Nom-illustre, qui s'engendrent l'un l'autre ; ce sont des doublets de Sagesse, père de Grand-Jugement, à son tour père de Grande-Science, qui fut père de Pensée, père lui-même de Méditation, qui eût Art pour fils. Un seul mot est commun à cette partie des deux généalogies, c'est Art; mais des deux côtés l'idée mère est la même, des

---

(1) Il était resté quarante ans sur le trône. Livre de Leinster, p. 9, col. 2. — Cf. *Annals of the kingdom of Ireland by the Four Masters*, édition O'Donovan, 1851, t. I, p. 20.

(2) « Is do cinel Adaim tau (ms. *daum*) : isse mo slandad : Lug, mac Edlend, mic (*lisez* ingene) Tighernmais. » O'Curry, *Manuscript Materials*, p. 619. Tigernma[i]s est un des noms de Balar.

deux côtés le même goût pour l'abstraction et l'allégorie. Urard mac Coisi a, toutefois, intercalé dans sa liste la dignité d'*ollam* ou chef des *file*, qui pourrait représenter un personnage réel ; mais ici c'est encore une abstraction.

Ainsi les deux généalogies du *file*, celle qui est attribuée à Nédé, celle qui est attribuée à Urard proviennent de la même source : elles donnent pour origine aux *file* d'abord un dieu païen, Dagdé, le Prince de la Grande-Science ; de lui naissent les travaux de l'intelligence, dont les noms abstraits sont personnifiés ; et c'est de ces abstractions puissantes que le *file* tient la science qui fait en ce monde son rôle dominateur, sa vie. Telle est la théorie primitive et païenne.

A côté de cette vieille doctrine, conservée intacte dans la généalogie de Nédé ; mutilée, interpolée, mais reconnaissable dans la généalogie d'Urard mac Coisi ; il y a une doctrine plus récente, issue du christianisme et du désir de trouver une origine chrétienne à des institutions qui ont une origine celtique et qui ont précédé de bien des siècles l'introduction du christianisme en Irlande. De là l'intervention de deux personnages par l'entremise desquels le *file* Amergin, le premier de tous les auteurs d'Irlande, le plus ancien juge de la race irlandaise, a reçu toute la science des patriarches bibliques. Ces deux personnages sont Fênius Fersaid, et Caé surnommé Aubeau-jugement, ou *Cain-brethach*.

Si nous en croyons un poème composé par Gilla

Coemain, qui mourut en 1072 (1), Gaedel Glas, ancêtre des Gâidels ou Gôidels, c'est-à-dire de toute la race irlandaise, fut fils de Nêl, dont le père s'appelait Fènius Fersaid (2). Fènius Fersaid est un des descendants de Noé qui se trouvèrent à la tour de Babel au moment de la confusion des langues.

Il parlait déjà le plus ancien irlandais, celui qu'au onzième et au douzième siècle on ne comprenait plus qu'à force de travail et quelquefois d'hypothèses, le *berla fêne*. Non seulement il savait cette langue difficile, mais il fonda une école où l'on pouvait apprendre toutes les langues nouvelles qui venaient de paraître : elles étaient au nombre de soixante et douze. Il s'établit ensuite en Scythie et devint roi de ce pays (3).

Caé, surnommé Au-beau-jugement, fut un élève de l'école fondée par Fènius Fersaid. Caé s'était consacré à l'étude de l'égyptien et de l'hébreu : il alla en Egypte, il obtint pour Nêl, fils de Fênius, la main de

---

(1) O'Curry, *On the manners and customs of the ancient Irish*, t. II, p. 222.

(2) « Gaidel glas o-tât Gaedil,
  » Mac side Nîuil nert-mâinig ;
  » Robo thrên tîar acus tair
  » Nel, mac Foeniusa Farsaid. »

  « Gaedel bleu, d'où les Gaidels,
  » eut pour père Nêl le vigoureux ;
  » il fut puissant à l'orient et à l'occident,
  » Nêl, fils de Fênius Farsaid. »
      (Livre de Leinster, p. 3, col. 2.)

(3) Livre de Leinster, p. 2, col. 1.

Scote, fille de Pharaon; de là le nom de Scots porté par les descendants de Nêl, c'est-à-dire par les Irlandais à la fin de l'empire romain et pendant les premiers temps du moyen âge, et transplanté par eux dans le nord de la Grande-Bretagne, où il s'est maintenu. Ce nom, du reste, dans les idées courantes du moyen âge chrétien, est justifié par la parenté des Irlandais avec les Scythes, puisque, nous l'avons vu, Fênius Fersaid, beau-père de Scote, est le fondateur du royaume de Scythie. Caé se trouvait en Egypte au moment de la lutte de Moïse avec les prêtres de Pharaon, et il accompagna les Hébreux dans leur fuite (1).

Ces doctrines, inspirées par le désir de faire concorder les origines de l'Irlande avec la Bible, avaient déjà cours au dixième siècle. Ainsi, dans l'histoire des Bretons, dite de Nennius, l'auteur déclare tenir de savants irlandais qu'au moment où les Egyptiens persécutèrent les fils d'Israël, il y avait parmi les Egyptiens un homme noble, originaire de Scythie, et il raconte le voyage de cet homme noble, qui se rendit en Espagne avec sa famille, et de là gagna l'Irlande (2).

Nous avons deux courts textes irlandais dont on

---

(1) Glose de l'introduction au *Senchus Môr*, dans *Ancient laws of Ireland*, t. I, p. 20. Voir aussi le *Glossaire de Cormac* au mot *brâth Chaei*, chez Whitley Stokes, *Three irish glossaries*, p. 7, et *Sanas Chormaic*, p. 22.

(2) *Martii episcopi historia Britonum*, dans *Appendix ad opera edita ab Angelo Maio*. Rome, 1871, p. 99.

prétend que Caé serait l'auteur. L'un est un axiome de droit relatif aux règles de la saisie : « Si la sai-
» sie est précédée d'un délai, la durée de ce délai
» est égale à la durée du temps pendant lequel l'ob-
» jet saisi reste en fourrière, quand la saisie n'a été
» précédée d'aucun délai. » Ce brocard a été inséré dans le *Senchus Môr*, dans lequel il est dit que c'est du jugement de Caé, *Brâh Chae*, qu'on l'a extrait (1).

C'est aussi à Caé qu'on attribue la règle qui détermine comment doivent être choisis les *sêt*, c'est-à-dire les bêtes à corne que l'auteur d'un délit ou d'un crime condamné par le juge doit payer à titre de réparation, en irlandais *eric*, au plaignant (2). Ainsi ces règles de droit étaient placées sous le nom d'un personnage mythologique.

Ce fut à Caé qu'Amergin dut sa science. Amergin Au-genou-blanc, le *file*, était l'élève de Caé Au-beau-

---

(1) « Amail isbeir am-brath Chae : anad cach athgabala iar fut, is-edh dithim cach athgabala taulla cen anad itir. » *Ancient laws of Ireland*, t. I, p. 210, 212. Le *brâth Chaei* est encore mentionné à la page 260. Voir la glose de ce passage à la page 274.

(2) « Is e cruth adrenai*ter* am bra*th* ChaeiChaenbre*th*aig : ca*ch* tri seoit gablae [samaisc] alaile laulgach *no* dam timchill ara*thair* araile ; impûd foraib beos co-ri-cend na *h*erca. » Voici la forme prescrite dans le jugement de Cai Au-beau-jugement : « Autant de fois il y aura trois *sêt*, autant de fois on donnera : 1° l'espèce de bête à corne appelée *gabla*; 2° celle qui est appelée *samaisc*; 3° celle qui est appelée *laulgach*, ou un bœuf capable de traîner la charrue ; et on recommencera jusqu'à ce qu'on ait achevé de payer l'*eric*. » *Glossaire de Cormac*, dans le *Leabhar Breacc*, p. 264, col. 2, au mot *clithar sêt*. Cf. Whitley Stokes, *Three irish glossaries*, p. 8-9, et *Sanas Chormaic*, p. 29-30.

jugement, et celui-ci était un des soixante et douze disciples réunis dans l'école de Fênius Fersaid (1).

Au temps de Nennius, cette doctrine présentait une petite difficulté. Amergin Au-genou-blanc aurait été, nous l'avons vu, un des chefs des fils de Milé, ou de la race irlandaise, quand cette race vint s'établir dans l'île dont elle porte le nom ; or, suivant Nennius, il s'est écoulé mille deux ans entre la mort des Egyptiens dans la mer Rouge, et l'arrivée des fils de Milé en Irlande (2). Caé Au-beau-jugement fut contemporain du passage de la mer Rouge par les Juifs, qui eut lieu, suivant saint Jérôme, l'an 506 d'Abraham ou 1508 ans avant J.-C.; Amergin est un des fils de Milé qui seraient venus s'établir en Irlande mille deux ans plus tard, c'est-à-dire 506 ans avant notre ère. Quelque longues qu'aient pu être la vie de Caé et celle d'Amergin, il est difficile de comprendre comment le second a pu recevoir l'enseignement oral du premier.

L'auteur du *Livre des Conquêtes*, qui écrivait probablement au onzième siècle, c'est-à-dire un siècle après Nennius, a tout arrangé en faisant arriver les fils de Milé en Irlande dix siècles plus tôt qu'on ne le croyait jusque-là, et en inventant, pour remplir ce

---

(1) « Aimeirgin Gluin-geal in file, dalta Cai Cain-brethaigh eiside, ind-ala descipul sechtmogat scoile Feiniusa Farsaid. » Glose à l'introduction du *Senchus Môr*, dans *Ancient laws of Ireland*, t. I, p. 20.

(2) « Postea venerunt ad Hiberniam post mille et duos annos postquam demersi sunt in mari Rubro. » *Appendix ad opera edita ab Angelo Maio*. Rome, 1871, p. 99.

long espace, toute une succession de rois qui, malgré la protestation du chroniqueur Tigernach (1), mort en 1088, a pénétré dans les histoires modernes d'Irlande et a été prise au sérieux par bien des savants d'ailleurs recommandables.

Voilà le résumé des légendes chrétiennes imaginées pour donner à la science des *file* d'Irlande une origine biblique. Le premier auteur irlandais, Amergin Au-genou-blanc, le plus ancien *file* dont on prétende conserver quelques œuvres, a reçu les enseignements de Caé Au-beau-jugement, qui en Egypte avait fréquenté Moïse, et qui était élève de Fénius Fersaid, contemporain et témoin de la confusion des langues à la tour de Babel. Telle est la doctrine que l'on voulait substituer au vieil enseignement celtique. Suivant cet enseignement, du dieu Dagdé, Prince-de-la-grande-science, était issue une dynastie divine dont les derniers rejetons s'appelaient Science, Réflexion, Haute-Instruction, etc., et les *file* descendaient de ces abstractions personnifiées.

(1) Sur cet important passage de Tigernach, voyez O'Curry, *Lectures on the manuscripts materials*, p. 63, 67, 517-524. On a ordinairement jusqu'ici reproduit ce texte d'après O'Conor, *Rerum hibernicarum scriptores*, t. II, p. 1. Une meilleure leçon est donnée par Gilbert, *Fac-similes of national manuscripts of Ireland*, part I, plate XLIII, qui nous débarrasse de l'imaginaire Liccus.

CHAPITRE VI.

LES FILE JUGES DANS LA PLUS ANCIENNE LITTÉRATURE ÉPIQUE ET DANS LE DROIT LE PLUS ANCIEN DE L'IRLANDE.

Dans les fonctions du *file* on distinguait différentes spécialités ; un texte de loi en indique trois : celle de conteur d'histoires (*fer comgne*, ailleurs *scelaige*), celle de juge ou *brithem*, et celle de poète proprement dit ou *fercerte* (1). De ces trois spécialités, les deux plus importantes sont les deux premières : conteur d'histoires et juge.

Dans le cycle de Conchobar et de Cûchulainn, le conteur d'histoires est Feidlimid, fils de Dall. Feidlimid fut père de Derdriu, qui est la Darthula de Macpherson, et dont la légende épique est un des morceaux les plus émouvants de ce cycle (2). Dans les deux plans de la salle royale des festins de Tara,

---

(1) Introduction au *Senchus Môr*, p. 18, 44.
(2) Elle a été publiée sous le titre de *Longes mac n-Usnig*, par Windisch, *Irische Texte*, p. 67 et suiv.

capitale de l'Irlande, on trouve indiquée la place occupée par les *scelaige* (1).

Le juge, *brithem*, du cycle de Conchobar et de Cûchulainn, est Sencha, fils d'Ailill. Il occupe une situation considérable. Avant de parler des textes de droit qui le concernent, nous allons dire quelques mots de son rôle dans la littérature épique. Un document intéressant à consulter à ce sujet est la pièce intitulée : Festin de Bricriu, *Fled Bricrend*.

Bricriu est le personnage qui, dans le cycle de Conchobar et Cûchulainn, a pour rôle de provoquer des querelles ; et quand il a atteint son but, Sencha intervient pour les apaiser. Bricriu prépare un grand festin ; il a fait construire une vaste salle, imitée de la salle des festins d'Emain, capitale de l'Ulster (2), et de la salle royale des festins de Tara. Il comptait bien que le repas ne se passerait pas sans querelle. Les usages irlandais, à l'époque héroïque, étaient ceux dont Posidonius a trouvé le souvenir chez les Celtes du continent, quand il visita la Gaule vers l'an 100 avant notre ère.

« Autrefois, » dit-il, « quand un festin était servi,
» et que parmi les morceaux se trouvait la cuisse

---

(1) La salle royale des festins de Tara s'appelait *Tech midchuarda*. Voir, au sujet de cette salle, ce que nous avons dit plus haut, p. 197 et suivantes. Consulter surtout un poème publié par Petrie, *On the history and antiquities of Tara-Hill*, p. 200 et suivantes. Le mot *scolaige* s'y trouve à la page 203, ligne 2. C'est une faute pour *scelaige*. Cette faute se trouve déjà dans les manuscrits.

(2) On appelait cette salle *Craeb-ruad*.

» d'un animal, c'était la part que le plus brave pre-
» nait pour lui, et si un autre élevait des prétentions
» sur ce morceau, il y avait entre eux combat sin
» gulier jusqu'à ce que mort s'ensuivît (1). » Au
temps de Posidonius, il n'y avait plus de morceau
réservé au plus brave, mais souvent les festins dégénéraient en combats qui amenaient mort d'homme.

« Les Celtes, » dit-il, « engagent quelquefois des
» combats singuliers dans les festins : ils s'y ren-
» dent armés, et souvent imaginent de simuler un
» combat par manière d'exercice et de jeu ; dans
» la chaleur de la lutte, ils se font des bles-
» sures qui les animent davantage, et ils en vien-
» nent à se tuer si les assistants n'interviennent
» pas (2). »

L'usage de ces batailles dans les festins existait encore en Gaule dans les temps qui ont immédiatement suivi la conquête : nous l'apprenons par Diodore de Sicile (3).

---

(1) « Τὸ δὲ παλαιόν φησιν ὅτι παρατεθέντων κωλήνων τὸ μηρίον ὁ κράτιστος ἐλάμβανεν· εἰ δέ τις ἕτερος ἀντιποιήσαιτο, συνίσταντο μονομαχήσοντες μέχρι θανάτου. » *Athénée*, livre IV, p. 154 *b*, édition Teubner-Meineke, livre IV, chap. 40, tome I, p. 276. Didot-Müller, *Fragmenta historicorum græcorum*, t. III, p. 260, col. 1.

(2) « Κελτοὶ φησὶν ἐνίοτε παρὰ τὸ δεῖπνον μονομαχοῦσιν· ἐν γὰρ τοῖς ὅπλοις ἀγερθέντες σκιαμαχοῦσι καὶ πρὸς ἀλλήλους ἀκροχειρίζονται, ποτὲ δὲ καὶ μέχρι τραύματος προΐασι, καὶ, ἐκ τούτου ἐρεθισθέντες, ἐὰν μὴ ἐπισχῶσιν οἱ παρόντες, καὶ ἕως ἀναιρέσεως ἔρχονται. » Athénée, *ibid*. Didot-Müller, *Fragmenta historicorum græcorum*, t. III, p. 259-260.

(8) « Εἰώθασι δὲ παρὰ τὸ δεῖπνον...... ἐκ προκλήσεως μονομαχεῖν πρὸς ἀλλήλους, παρ' οὐδὲν τιθέμενοι τὴν τοῦ βίου τελευτήν. » Diodore de Sicile, l. V, chap. 28, § 5, édit. Didot-Müller, t. I, p. 271.

Dans le cycle de Conchobar et de Cûchulainn, la coutume irlandaise réserve comme chez Posidonius le meilleur morceau au plus brave. Il y a même dans la langue un terme consacré pour désigner ce morceau : c'est *curad mír*, de *mír*, « morceau, » et de *curad*, génitif singulier du substantif *caur, cur,* « héros. »

Ce dernier mot, dont le thème est *caurat*, dérive du gaulois *cavaros*, usité comme nom propre et qui apparaît pour la première fois au troisième siècle avant notre ère (1) ; c'est le nom d'un Gaulois qui, lors de la première expédition celtique en Asie Mineure, enleva une femme de Milet et l'emmena dans les environs de Marseille (2). Quand, au commencement du second siècle avant J.-C., le royaume gaulois de Thrace succomba, il avait à sa tête un prince appelé *Cavaros* (3). Sous les Romains, au premier siècle après notre ère, les Cavares sont un peuple de la Gaule Narbonnaise, entre la Durance et l'Isère (4). Nous trouvons chez César, dans son récit

---

(1) *Cavaros* est dérivé de *cavo-s*, second terme du mot Andecavi, nom de peuple gaulois, qui apparaît pour la première fois chez Pline l'Ancien, liv. IV, § 107, et d'où vient le français *Angers*. Comparez le sanscrit *çav-as*, « force. »

(2) Aristodème de Nysa, cité par Parthénius, chap. 8. Voir Didot-Müller, *Fragmenta historicorum græcorum*, t. III, p. 307, et *Erotici scriptores*, de la même collection, p. 8. Aristodème paraît avoir terminé ce mot en *as*, Καυάρας, à l'accusatif, Καυάραν.

(3) Καύαρος, Polybe, livre IV, chap. 46, 52 ; livre VIII, chap. 24, seconde édit. Didot, p. 235, 238, 404. Cf. Contzen, *Die Wanderungen der Kelten*, p. 217.

(4) Καούαροι, chez Strabon, l. IV, chap. 1, § 11 et 12, édit. Didot-Müller et Dübner, p. 153-154. *Cavares*, chez Méla, livre II, c. 5;

de la guerre des Gaules, deux dérivés de ce nom : l'un est *Cavarinus*, l'autre *Cavarillus*. Cavarinus fut fait roi des Sénons par César (1). Cavarillus est un chef éduen, fait prisonnier par les Romains dans la campagne contre Vercingétorix, l'an 52 avant notre ère (2).

Le mot gaulois *cavaros* avait, comme l'irlandais *caur*, le sens moral « héros, » que nous trouvons dans le sanscrit *çûrus* d'où *çûratâ*, « courage, » mais il y joignit le sens physique du gallois *cawr*, « géant (3). » En effet, ce dernier sens était connu des anciens; nous l'apprenons par Pausanias. « Je n'admire pas, » dit-il, « la grande taille des Gaulois qu'on appelle » Cabares » (Pausanias, écrivain du second siècle, de notre ère, emploie déjà le *b* pour le *v*), « qui habi-

---

Pline, *Histoire naturelle*, livre III, § 36 ; dans la Table de Peutinger ; cf. Desjardins, *Géographie de la Gaule d'après la Table de Peutinger*, p. 32-33 ; *Géographie historique et administrative de la Gaule romaine*, t. II, p. 225-228.

(1) *De bello gallico*, livre V, chap. 54, § 2 ; cf. l. VI, chap. 5, § 2.

(2) *De bello gallico*, livre VII, c. 67, § 7. Comparez les noms propres d'hommes : *Cavarius* (*Corpus inscriptionum latinarum*, t. V, n° 3042) et *Cavarasius* (*ibidem*, n° 3710), *Caurinus* (t. III, n° 5381), *Cauru* (*ibidem*, n° 4842), fournis par des monuments : 1° de Padoue ; 2° des environs de Vérone ; 3° et 4° du Norique. Le nom de saint Corentin, en breton *Kaourentin*, a la même origine. C'est un dérivé d'un thème *caurent*, *caurant*, qui est la forme forte du thème irlandais *caurat*.

(3) *Grammatica celtica*, p. 129. Cf. *Glossaire cornique*, au mot *caur march*, *ibid.*, p. 1075. — Le grec χῦρος, « puissance, » d'où χύριος, « seigneur, » paraît être le même mot. Georg Curtius, *Grundzüge der griechischen Etymologie*. 5ᵉ édition, p. 158.

CHAPITRE VI. — ILS SONT JUGES EN IRLANDE. 301

» tent à l'extrémité du monde, dans le voisinage
» de régions que le froid excessif rend désertes. On
» ne trouve pas chez eux de cadavres plus grands
» que ceux que montrent les Egyptiens (1). »

Ainsi le gaulois possédait un mot *cavaros* que les Grecs ont écrit Καύαρος, Καύαρας, Καούαρος, Καβαρίς, qui signifiait à la fois « héros » et « géant. » Nous le retrouvons avec ces deux sens dans les langues néo-celtiques. En gallois *cawr* veut dire « géant. » En irlandais *caur* ou *cur*, génitif *curad*, signifie « héros ; » de là le composé *curad mîr*, « part du héros, » nom irlandais du morceau de viande qui *autrefois*, dit Posidonius vers l'an 100 avant notre ère, était un sujet de luttes à main armée dans les festins des Gaulois. Une querelle de ce genre a fourni le thème principal de la composition épique irlandaise intitulée *Festin de Bricriu*; et si cette querelle ne dégénère pas en une lutte meurtrière, cela est dû à l'intervention du juge ou *brithem* Sencha, fils d'Aillill, et à l'autorité qu'il exerce.

Au début, Bricriu ayant terminé ses préparatifs se rend au palais d'Emain pour inviter le roi d'Ulster Conchobar et les grands seigneurs de ce royaume au splendide repas qu'il leur destine. « Venez manger chez moi, » leur dit-il. « Je le veux bien, » répondit le roi, « si cela convient aux *Ulat* ; » c'est ainsi

(1) « Ἐγὼ δέ, ὁπόσοι μὲν οἰκοῦσιν ἔσχατοι Κελτῶν ἔχοντες ὅμορον τῇ διὰ κρυμὸν ἐρήμῳ, οὓς Καβαρεῖς ὀνομάζουσι, τούτων μὲν οὐκ ἐθαύμασα τὸ μῆκος, οἳ νεκρῶν οὐδέν τι διαφόρως ἔχουσιν Αἰγυπτίων. » Pausanias, livre I, chap. 35, § 5, édit. Didot-Dindorf, p. 52.

qu'on appelait les habitants d'Ulster. « Nous n'irons pas, » répondirent tout d'une voix les nobles ulates : « Car si nous nous rendons à ce festin, Bri-
» criu provoquera entre nous des querelles, et
» parmi nous les morts seront plus nombreux que
» les vivants. » — « Eh bien, » s'écria Bricriu, « si
» vous ne venez pas, ce que je vous ferai sera
» pire. » — « Que feras-tu donc, » s'écria Conchobar, « si les Ulates ne viennent pas chez toi? » —
« Ce que je ferai? » répondit Bricriu, « j'exciterai les
» uns contre les autres les rois, les princes, les
» héros, les jeunes seigneurs : il se tueront l'un l'au-
» tre, s'ils ne viennent pas boire la bière de mon
» festin. » — « Nous n'irons pas, » dit Conchobar. —
« Eh bien, » répliqua Bricriu, « j'exciterai l'un con-
» tre l'autre le fils et le père, afin qu'ils s'entre-
» tuent; si je n'y parviens pas, j'exciterai l'une con-
» tre l'autre la fille et la mère ; si je n'y parviens
» pas, j'exciterai l'une contre l'autre les deux ma-
» melles de chaque femme : elles se frotteront l'une
» contre l'autre, elles pourriront, elles périront. »
« — Il vaut mieux y aller, » dit Fergus mac Roig, et son avis prévalut.

C'est alors que Sencha, fils d'Ailill, le juge ou *brithem* de l'Ulster, intervient. Il propose de délibérer avant de prendre une décision. « Il faudrait, » dit-il, « que la question fût examinée par une réunion peu
» nombreuse des grands seigneurs d'Ulster. » Cette proposition est acceptée. Le roi ajoute que le comité ainsi formé fera bien de prendre l'avis d'un conseil.

Le comité délibère ; se conformant à l'opinion du roi, il demande l'avis d'un conseil, et ce conseil, c'est Sencha. Sencha déclare que, suivant lui, on ne peut se dispenser d'accepter l'invitation de Bricriu ; mais qu'il faudra faire en sorte de l'empêcher de provoquer des querelles parmi ses invités ; qu'en conséquence on devra exiger de lui l'engagement de sortir de la salle du festin aussitôt qu'il aura montré ses préparatifs, et de n'y plus rentrer. Pour être sûr qu'il tiendra cet engagement, on exigera de lui des otages, et huit guerriers, l'épée à la main, les garderont à vue (1). Les grands seigneurs d'Ulster accueillirent cette proposition, et l'invitation de Bricriu fut acceptée à ces conditions.

Le roi et les grands seigneurs d'Ulster se rendirent dans la salle du festin. Mais dès que les découpeurs eurent commencé à faire les parts, on vit se soulever la question de savoir qui aurait « le morceau du héros. » Trois guerriers en Ulster s'étaient particulièrement distingués par leurs exploits : c'étaient Loégairé Bûadach, Conall Cernach, et l'illustre Cûchulainn. Tous trois gardaient le silence ; mais leurs cochers, habitués à les conduire au combat sur leurs chars de guerre, compagnons ordinaires de leurs dangers et de leurs triomphes, ne purent maîtriser l'expression d'une fierté qui semblait à chacun d'eux légitime : chacun demanda pour son maître ce « morceau du héros, » qui était la

(1) Windisch, *Irische Texte*, p. 255, 256.

récompense du plus brave. Après leurs cochers, les trois guerriers se laissèrent entraîner : en un instant, ils furent tous trois debout sur l'aire de la salle, tenant le bouclier d'une main et l'épée de l'autre ; le combat commença.

Sencha prit la parole, et s'adressant au roi : « Séparez-les, » dit-il. Conchobar, accompagné de Fergus, le mari de sa mère et son prédécesseur au trône, alla se placer entre les trois guerriers, dont les mains et les épées s'inclinèrent aussitôt vers la terre. — « Suivez mon conseil, » leur cria Sencha. — « Nous le suivrons, » répondirent les trois guerriers d'une seule voix. — « Voici mon conseil, » repartit Sencha : « Qu'on partage le morceau du hé-
» ros entre tous les assistants ; et après le festin,
» nous irons demander sur la question de pré-
» séance un jugement au roi de Connaught, Ailill,
» fils de Magach. » L'avis de Sencha fut suivi et le calme se rétablit (1).

Mais, un instant après, la querelle se renouvela. Ce ne furent plus les cochers des trois guerriers, ce furent leurs femmes qui en prirent l'initiative. Chacune d'elles voulut avoir le pas sur les deux autres, et les trois guerriers saisirent une seconde fois leurs armes. Un nouveau combat commença. — « Arrêtez ! » cria Sencha. Conchobar frappa d'une baguette d'argent, qu'il tenait à la main, le poteau de laiton qui supportait la couverture de la salle ; et, à

---

(1) Windisch, *Irische Texte*, p. 258, 259.

ce signal, tout le monde s'assit. « Arrêtez ! » répéta Sencha : « Ce qu'il faut ici, n'est pas un combat par les armes : c'est un combat de paroles entre les femmes. » Et chacune des trois femmes prit la parole à son tour (1).

Le calme se rétablit pour quelque temps ; puis les querelles recommencèrent entre les trois femmes, entre les trois guerriers. Sencha se leva ; il agita sa baguette, et tous les Ulates se turent. Au milieu du silence, il adressa une semonce aux femmes (2).

Plus tard, la cour d'Ulster tout entière, conformément à la proposition faite par Sencha, se rend dans la capitale du Connaught ; elle va prier Ailill de décider qui des trois guerriers aura la primauté. Loégairé Bùadach, Conall Cernach, Cùchulainn, montés sur leurs chars, arrivent les premiers. La reine Medb, femme d'Ailill, accompagnée de cent cinquante jeunes femmes, vient au-devant d'eux ; elle leur apporte trois cuves d'eau fraîche. Elle leur offre le choix ou d'avoir chacun sa chambre, ou d'avoir une chambre pour trois : « Chacun sa chambre, » répond Cùchulainn. On leur donne aussitôt des chambres séparées, et pour compagnie à chacun une des plus belles des cent cinquante jeunes femmes. Celle qui vint près de Cùchulainn fut la fille même de la reine. Après les trois guerriers arrivèrent le reste des Ulates. Ailill et Medb, vin-

---

(1) Windisch, *Irische Texte*, p. 260, 261.
(2) *Id., ibid.*, p. 266, 267.

rent témoigner leur joie de recevoir cette visite. Ce fut Sencha qui, au nom des Ulates, répondit : « Nous sommes contents de votre accueil (1).

Dans la pièce intitulée : *Maladie de Cûchulainn*, on voit les Ulates réunis pour célébrer la fête de *samain* (2). Deux personnages importants manquent au rendez-vous ; ce sont : Conall Cernach, l'illustre guerrier, et Fergus mac Roig, l'ancien roi, le prédécesseur de Conchobar. « Il faut commencer » disent la plupart des assistants. Cûchulainn s'y oppose : « Attendons, » dit-il, « l'arrivée de Conall et de Fergus. » Sencha, fils d'Ailill, prend la parole : « Nous allons, » dit-il, « tout de suite, jouer aux » échecs. Les chanteurs et les jongleurs vont com- » mencer. » Et Sencha est obéi (3).

Ces exemples suffisent pour établir quelle est la situation du *brithem* ou juge dans la littérature épique de l'Irlande, et, comme nous l'avons dit, on donne le titre de *brithem* au *file* qui a pour spécialité l'étude et la pratique du droit.

Sencha, fils d'Ailill, est un des juges antiques dont les décisions, apocryphes ou non, ont été conservées dans le *Senchus Môr*.

Suivant ce vieux texte du droit, c'est à Sencha que l'on doit la règle aux termes de laquelle toute saisie de propriétés féminines, c'est-à-dire de biens

---

(1) Windisch, *Irische Texte*, p. 280, 281.
(2) 1ᵉʳ novembre.
(3) Windisch, *Irische Texte*, p. 205.

que les filles héritent de leurs mères, doit être précédée d'un délai, non d'un jour ni de trois jours, mais de durée intermédiaire, c'est-à-dire de deux jours. Sencha, en formulant cette règle était inspiré, non par la loi de la lettre, c'est-à-dire de l'Evangile, qu'il ne connaissait pas, mais par la loi de la nature, qui a précédé la loi de l'Evangile (1).

Rappelant cette décision un peu plus bas, le *Senchus Môr* dit qu'elle eut pour auteurs non seulement Sencha, mais Brig Briugad, et que les habitants d'Ulster, les Ulates, jugèrent en conséquence. A l'époque où le *Senchus Môr* fut rédigé, les usages judiciaires sur la durée de ce délai étaient modifiés et cette durée avait été portée de deux jours à trois (2).

---

(1) « Athgabail aile, itir uin ocus treise, ro-s-midir Sencha i rechtaib aicnid im cach m-bandte. » — Littéralement : « Saisie de deux jours, entre un et trois jours, que jugea Sencha suivant les droits de nature concernant toute possession féminine. » *Ancient laws of Ireland*, t. I, p. 126, 144. Sur la distinction entre le droit de la lettre, *recht litre*, et le droit de nature, *recht aicnid*, voir *ibid.*, p. 30, 38. Sur les propriétés spécialement féminines, *bante*, ou mieux *bantellach*, voir *ibid.*, p. 146-151.

(2) « Is co se conai[th]mes[s] athgabail aile ro-s-uc Brig Briugad bui hi Feisin, ocus Sencha, mac Ailella, mic Culclain ; fo-n-geltais Ulad. Is iarsund ro-latha oena tar aile, ar itbath fir Fene ma-na tistais treisi. » *Ancient laws of Ireland*, t. I, p. 150, 154. « C'est à ce sujet qu'a été mentionnée la saisie [précédée d'un délai] de deux jours, comme l'ont décidé Brig Briugad, qui fut à Fesen, et Sencha, fils d'Ailill, fils de Culclan ; les Ulates jugèrent conformément à cette décision. Ce fut après cela qu'un jour fut ajouté aux deux, car la justice des Féné aurait péri, si les trois jours n'étaient venus. »

On attribue aussi à Sencha la création du délai de cinq jours qui devait précéder la saisie dans un grand nombre d'autres circonstances. Voici comment, suivant le *Senchus Môr*, ce délai fut établi.

Pour comprendre le récit du vieux texte, il faut se rappeler que l'institution des huissiers appartient à un degré de civilisation auquel les législations primitives ne sont point encore parvenues. Dans le vieux droit irlandais, comme dans le droit le plus ancien de Rome, c'est le demandeur qui pratique lui-même la saisie. Si le défendeur résiste, il y a bataille au lieu de jugement.

Dans l'espèce rapportée dans le vieux texte irlandais, la bataille allait commencer; et le récit débute au moment où, pour donner à cette bataille la forme régulière, on attendait les témoins : « Pour-
« quoi remarque-t-on que la saisie précédée d'un dé-
» lai de cinq jours est toujours plus fréquente que
» les autres saisies? C'est à cause de la bataille
» livrée entre deux hommes à Mag-inis (1). Ils al-
» laient prendre les armes : les témoins seuls man-
» quaient, lorsqu'une femme s'assit près d'eux sur
» le champ de bataille et leur demanda de se donner
» mutuellement délai. Elle dit : — « Si mon mari
» avait été ici, vous auriez eu délai. » — « J'accor-
» derais le délai, » dit l'un deux (c'est-à-dire le défendeur contre lequel le demandeur voulait pratiquer la saisie). « Mais ce serait bien dur pour le saisissant :

---

(1) Mag-inis, comté de Down, en Ulster.

CHAPITRE VI. — ILS SONT JUGES EN IRLANDE. 309

» le délai est contre son intérêt. » — « J'accepte le délai, » répondit le demandeur. Le combat fut renvoyé à une époque ultérieure; mais ni l'une ni l'autre des deux parties ne savait à quelle date le délai devait expirer. Conchobar (le célèbre roi d'Ulster) jugea la question avec Sencha. Ce dernier demanda à la femme quel était son nom. — « Je m'appelle » Cuicthe, » répondit-elle. (En irlandais, *cuicthe* » veut dire cinq jours). » — « Eh bien, » dit Sencha, « que le délai de la bataille soit comme le nom » de la femme; qu'il dure cinq jours. » — « De là » le proverbe : « La justice des Fêné (1) aurait péri, » si ce n'eût été les cinq jours. » « En réalité, la » femme s'appelait Brig, et non Cuicthe (2). » Sa

---

(1) *Fêne*, un des noms de la race irlandaise, est un dérivé de *fîau*, « héros; » c'est un équivalent de Οὐεννίκνιος, nom d'un peuple établi sur la côte nord-ouest de l'Irlande, suivant Ptolémée, livre II, c. 2, § 3, édition Nobbe, p. 65; Wilberg, p. 102. Οὐεννίκνιος, veut dire « fils de *Vennos*, » et *fîan* s'explique par un primitif * *vênos*, où l'allongement de l'*e* compense le double *n* de *vennos*.

(2) « Cid fri-sn-aragar aithgabail cuicthi in dul is gnâthu do gres oldas cach athgabail? Fobith na roe fechtae itir dis i Maig-inis. O tainic co tabairt an-airm doaib, acht fiadna nama, doseisid (*édit.* dofeisid) ben occaib i maigin na roe, ocus guidsius im anad forru. Asbert : Mad mo cheile no beth and, atetad anad foraib. No ainfaind-se, ol an dalai nai, acht is andsa dond-ni doboing : is e a les anas. Ainfait-se, ol-suide. Immanad dino in roe, acht ni fetatar cia bad airet ar-a-curthe, co fuigled Conchubur imbi ocus Senchae, con-imchomarcair Senchae : cia ainm inna mna so ? — Cuicthi, ol si, mo ainm si. — Imanad in roi, ol Sencha, in anmaim ina mna co cûicthi. — Is de ata : « adbath fir Feiniu ma-ni-pad cuicthi. » Is i Brig inso fil for Cuicti. » *Senchus Môr*, dans *Ancient laws of Ireland*, t. I, p. 250.

réponse avait été une façon ingénieuse d'indiquer le délai qu'elle proposait.

Malgré la forme impérative qu'emploie Sencha dans une partie des circonstances dont nous venons de parler, son rôle est celui d'un simple conseiller. Il le prend d'une façon formelle toutes les fois qu'il s'agit d'une affaire particulièrement grave au sujet de laquelle le narrateur s'exprime d'une façon détaillée. Nous l'avons vu, par exemple, quand se présentait la question de savoir si Conchobar et les grands seigneurs de sa cour accepteraient l'invitation de Bricriu. L'expression dont se sert l'auteur, pour désigner la part qui est revenue à Sencha dans la décision, est *comarle* « conseil » (1); et l'opinion exprimée par Sencha ne prend le caractère d'une décision que grâce à son évidente sagesse, qui entraîne l'approbation universelle.

Le texte du *Senchus Mór* relatif à l'institution du délai de deux jours en matière de saisie distingue deux opérations. Brig Briugad et Sencha, fils d'Ailill, portèrent un jugement qui instituait ce délai (2); et ce fut la première opération. Mais ce jugement avait un caractère purement doctrinal; c'était quelque chose d'analogue à ce qu'est chez nous une consultation d'avocats; on peut le comparer aux *responsa prudentum* du droit romain, ou à ce qu'est

---

(1) Windisch, *Irische Texte*, p. 255, lignes 30 et 32.

(2) « Aithgabail aile ro-s-uc Brig Briugad bui i Feisin ocus Sencha mac Ailella. » *Ancient laws of Ireland*, t. I, p. 150.

chez nous la décision des arbitres nommés par un tribunal, tant que ce tribunal ne l'a pas homologuée. La seconde opération fut l'œuvre des habitants d'Ulster, des Ulates, qui, en adoptant la décision de Brig et de Sencha, lui donnèrent le caractère légal (1).

Dans les jugements légendaires d'Amergin Au-genou-blanc, on ne distingue pas ces deux opérations ; ses jugements n'ont pas besoin d'être ratifiés par le peuple ou par le roi. Dans l'épopée héroïque de l'Irlande, cette différence s'explique par une réforme due au fameux Conchobar, roi d'Ulster ; et cette réforme date de la compétition qui donna lieu à la dispute littéraire connue sous le nom de « *Dialogue des deux docteurs.* » En voici l'origine :

Adné, fils d'Uthider, chef ou *ollam* des *file* d'Irlande, avait un fils nommé Nédé, qui alla étudier en Grande-Bretagne près d'Echaid A-la-bouche-de-cheval, et acquit à son école des connaissances approfondies. Un jour, il se promenait en Grande-Bretagne sur les bords de la mer, car c'était toujours sur les bords de la mer que la science se manifestait aux *file*. Il entendit comme une voix dans les vagues : c'était une sorte de gémissement, c'était triste, et cela lui parut extraordinaire. Il prononça sur les

---

(1) « Fo-n-geltais Ulad. » *Ancient laws of Ireland*, t. I, p. 150. Le verbe *fo-gellaim* ou *fuigillim* et le substantif *fugell*, *fuigell*, sont les termes qui proprement, dans les textes les plus anciens, désignent l'homologation de la sentence portée par le *brithem*. Le sens précis de ces mots s'est plus tard obscurci. Voyez la glose : *Ancient laws of Ireland*, t. I, p. 154.

vagues une incantation afin de savoir ce que cela voulait dire, et il comprit que les ondes lui apportaient la plainte funèbre sur la mort récente de son père, dont la robe officielle était passée au *file* Fercertné; ce dernier avait été investi de la dignité d'*ollam* à la place d'Adné. Nédé rentra à la maison et raconta tout cela à Echaid, son maître. Celui-ci lui donna le conseil de retourner en Irlande.

Arrivé à Emain, Nédé entra dans le palais, s'assit dans la chaire de l'*ollam* et revêtit la robe officielle. Cette robe était de trois couleurs et tout entière formée de peaux d'oiseaux. Fercertné, prévenu par Bricriu, se présenta immédiatement et adressa au jeune *file* une série de questions auxquelles Nédé répondit avec succès, ajoutant à ses réponses des questions qui donnaient à Fercertné l'occasion de montrer sa science à son tour (1).

Conchobar et les grands seigneurs d'Ulster assistèrent à cette joute littéraire. Nous ne savons pas s'ils y comprirent grand'chose; mais ce qu'on rapporte, c'est qu'ils ne purent saisir le sens du jugement que les *file* présents prononcèrent sur la question en litige, c'est-à-dire sur la question de savoir qui, des deux concurrents, ou Nédé ou Fercertné, méritait la succession du défunt *ollam* Adné.

« C'est pour eux seuls que ces gens-là ont porté

---

(1) *Livre de Leinster*, p. 186-188. Sur les autres mss. du *Dialogue des deux docteurs*, voir plus haut p. 206, note 1. Cf. *Glossaire* de Cormac, au mot *tugen*, chez Withley Stokes, *Three irish glossaries*, p. 43; *Sanas Chormaic*, p. 160.

» ce jugement : ils font de leur science un mono-
» pole, » s'écrièrent les seigneurs d'Ulster ; « nous
» ne comprenons pas le premier mot de ce qu'ils
» disent. » — « A l'avenir, » dit Conchobar, « chacun
» prendra part aux jugements. Les *file* proposeront
» comme il convient la décision à prendre, mais ils
» ne feront pas davantage, et la résolution définitive
» sera l'œuvre collective de toute l'assemblée (1). »

Un des jugements les plus célèbres que les *file* aient rendus est celui de Dubthach, fils de Ua Lugair, en faveur de saint Patrice. Nous avons déjà dit quelques mots de cette sentence ; l'auteur était *file* royal

(1) « Ba dorcha dino in labrad ro-labairset na filedha i-sin-fuigell-sin ocus ni-r-bu reill do-naib-flathib in brethemnus ro-n-ucsat. « La-sna-firu-so an-aenur am-brethemnus-[s]a ocus an-eolus » oldat na flathe « nî-thuicam-ne cetumus a-raidit. » — « Is menann, » ol Conchobar, « biaid cuit do cach andson o-nniu ; acht in-ni, bus duthaigh doibsom de, ni-s-ricfa ; gebaid cach a drechta de. » Introduction au *Senchus Môr*, dans *Ancient laws of Ireland*, p. 18. O'Curry, dans ses *Manuscript Materials*, p. 511, a reproduit, d'après le livre de Ballymote, folio 142 verso, une autre rédaction du même texte. La décision de Conchobar y est donnée plus clairement. La voici : « Biedh cuid do cach andsom o-n-diu co-brâth, acht an breth duthaig dôibseom dhe, nî ricfa anail, gebid cach an-drechta de. » Dans cette rédaction, la part laissée aux *file* dans les décisions judiciaires porte le nom de *breth*. Ce mot est ordinairement traduit par « jugement ; » mais son sens précis est « sentence arbitrale non promulguée. » Une fois cette sentence prononcée, reste au roi ou à l'assemblée populaire le droit de refuser la promulgation, qui s'appelle *fuigell*. Le *fuigell* ressemble à ce que, dans notre procédure criminelle, on appelle « arrêt, » tandis que la *breth* pourrait se comparer au « verdict. » Toutefois, chez nous, l'arrêt est de la compétence des magistrats, qui sont des jurisconsultes ; en Irlande, c'étaient les jurisconsultes qui prononçaient le verdict.

d'Irlande (1). On le trouve aussi qualifié de docteur en langue (2). La langue dont il s'agit là est celle que d'autres textes appellent la langue des Féné, c'est la langue du droit, langue mélangée, comme celle de la poésie, d'expressions archaïques qui échappaient à l'intelligence du vulgaire (3).

Dubthach avait été le premier des grands personnages de la cour d'Irlande qui eût donné à Patrice un témoignage de respect. Quand, pour la première fois, l'illustre missionnaire s'était rendu au palais de Tara, un seul homme s'était levé pour lui faire honneur, et cet homme était Dubthach.

Patrice s'en souvint. Nous avons déjà parlé de la

---

(1) *Righ-filed bfer n-Erend*, « poète royal des hommes d'Irlande, » dans l'introduction du *Senchus Môr*, *Ancient laws of Ireland*, p. 4 ; *rig-filid innsi hEirenn*, au génitif, « poète royal de l'île d'Irlande, » ibid., p. 6 ; *fili in-rig* dans la vie de saint Patrice, conservée par le *Leabhar Breacc*, et publiée par Whitley Stokes, *Three middle irish homilies*, p. 24. Dubthach est appelé *in file* tout court dans le dernier livre du *Senchus Môr*, *Ancient laws of Ireland*, t. III, p. 28 ; *in fili brethem fer n-Erend*, « le *fili* juge des hommes d'Irlande, » ibid., p. 30.

(2) *Sûi berla*. Introduction au *Senchus Môr*, dans *Ancient laws of Ireland*, t. I, p. 16.

(3) Dans la pièce intitulée *Comthoth Lôegairi cô cretim*, « Conversion de Loégairé à la foi, » Ros mac Tricim est qualifié de *sui berla Féni* (*Leabhar na h-Uidhre*, p. 118, col. 2, ligne 1). Il reçoit la même qualification (*sâi berla Feine*) dans la glose de l'introduction au *Senchus Môr*, *Ancient laws of Ireland*, t. I, p. 38. — Le même titre se trouve dans le *Glossaire* de Cormac, au mot *noes*. Il est écrit *sâid belra Fhêni* dans le *Leabhar Breacc*, p. 269, col. 2 ligne 41. Cf. Whitley Stokes, *Three irish glossaries*, p. 31-32 ; *Sanas Chormaic*, p. 122. Sur l'orthographe *bêrla* avec métathèse de l'*r* pour le plus ancien *bêlre*, voyez *Grammatica celtica*, 2ᵉ édition, p. 168.

CHAPITRE VI. — ILS SONT JUGES EN IRLANDE. 315

tentative criminelle dont il fut l'objet. Nuada Derg, neveu de Loégairé, prisonnier chez son oncle comme otage, reçut la liberté avec promesse de récompense s'il tuait un des compagnons du trop hardi missionnaire, quelques-uns disent le missionnaire lui-même ; et de son javelot il frappa mortellement Odran, le cocher assis sur le char de Patrice aux côtés de l'apôtre d'Irlande. Patrice demanda justice ; et comme, en sa qualité d'étranger, il avait le choix du juge, ce fut Dubthach qu'il désigna pour prononcer la sentence contre le meurtrier ; Dubthach condamna le coupable à mort.

Dubthach est donné pour un des auteurs du *Senchus Môr*. Le droit le plus ancien de l'Irlande, dans la forme où il est parvenu jusqu'à nous, se compose de deux éléments : le droit celtique primitif, ou droit de nature, en vieil irlandais *recht aicnid*, et le droit chrétien, ou droit écrit, en vieil irlandais *recht litre*, littéralement « droit de lettre. » Le droit de nature avait reçu sa forme par les poétiques compositions des *file* ; « les compositions poétiques des *file*, » disaient les Irlandais, « l'addition du droit
» de la lettre, la force du droit de nature, tels sont
» les trois rocs auxquels sont attachés les jugements
» du monde (1). »

Suivant l'introduction au *Senchus Môr*, une com-

---

(1) « Dicetal file, tormach o recht litre, nertad fri recht aicnidh : ar ite tre n-ailce insein fris-an-astaiter breta in betha » (l'édition porte *bethu*). Introduction au *Senchus Môr*, dans *Ancient laws of Ireland*, t. I, p. 30.

mission composée de trois évêques, de trois rois et de trois *file* aurait été chargée de mettre la législation d'Irlande d'accord avec l'enseignement chrétien. Patrick était un des trois évêques, Loégairé un des trois rois, Dubthach un des trois *file*, et ce serait Dubthach qui aurait eu pour mission d'exposer à ses collègues l'ensemble du vieux droit irlandais. « Dubthach reçut, » dit l'introduction au *Senchus Môr*, « mission de faire connaître les précédents ju-
» diciaires, toute la science des *file* d'Irlande et tou-
» tes les lois qui régnèrent chez les hommes d'Ir-
» lande dans le droit de nature, dans le droit des
» devins, dans les jugements de l'île d'Irlande et
» chez les *file* (1). »

Dans ce texte, nous voyons les *file* joindre en une certaine mesure, à leur fonction de juges ou d'arbitres, celle de législateurs. Ils étaient en même temps avocats. La procédure irlandaise était très formaliste. Il y a en droit français une maxime bien connue des jurisconsultes, et surtout des praticiens : « La forme emporte le fonds. » Cette maxime était aussi vraie dans le vieux droit de l'Irlande qu'elle peut l'être dans le droit moderne de la France. Il était donc imprudent, sous l'empire du vieux droit irlandais, de commencer un procès sans se faire ac-

---

(1) « Is and ro-erbhad do Dubthach tasfenad breithemnusa ocus uile filidechta Eirenn, ocus nach rechta ro-falnasat la firu Eirenn i recht aicnid ocus i recht faidi ocus im brethaib innsi Eirend ocus i filedhaib. » Introduction au *Senchus Môr*, dans *Ancient laws of Ireland*, t. I, p. 14 et 16.

compagner d'un avocat, qui veillait à ce qu'aucun des détails de la procédure traditionnelle ne fût oublié, et qui ensuite, arrivé en présence des juges, attestait comme témoin l'accomplissement de tous ces actes minutieux dont l'inexécution aurait entraîné la nullité de la procédure entière. Le *Senchus Mór* donne le conseil de ne jamais entreprendre une saisie « sans amener avec soi un homme habile dans
» l'art de manier sa langue, bon pour adresser
» la parole aux juges; car il y a un axiome qui dit
» que c'est à l'œil qu'on paie, et en Irlande on ne
» peut témoigner en justice d'une chose dont on
» n'est pas certain (1). »

Nous avons traduit par « homme habile dans l'art de manier sa langue » le composé irlandais *suithengthad*, littéralement « docteur muni de langue. » La glose du *Senchûs Mór* rend ce composé par *deg-tengaid* « qui a bonne langue, » et lui donne deux synonymes : l'un est le mot qui en irlandais veut dire juge, c'est-à-dire *brithem*; l'autre est le terme propre pour désigner l'avocat : *aigne*. *Aigne* est ailleurs défini « l'homme qui plaide la cause (2). » Le

---

(1) « Mani comtheit suithengthad fô searnad airechta, conid fri rosc ruirther, ar ni fuirgle nech la Feine ni nad airithe. » *Senchus Mór*, dans *Ancient laws of Ireland*, t. I, p. 84. La traduction anglaise, p. 85, est inacceptable. — La glose de la page 290 exige pour le saisissant l'assistance de deux personnes : un témoin (*fiadnuise*) et un avocat, l'avocat de la saisie (*aigne tocsuil*).

(2) « Aighne, idon fer aiges ai. » *Glossaire* de Cormac, chez Whitley Stokes, *Three irish glossaries*, p. 5. C'est la leçon du *Leabhar*

droit irlandais lui reconnaît certains privilèges. Tel est celui de pouvoir commettre certaines erreurs sans que cela tire à conséquence (1). La loi détermine le montant de ses honoraires (2).

Breac, p. 263, col. 2, ligne 45 ; cf. *Sanas Chormaic*, p. 12, au mot *ai*. La même définition, *inti aighus in ae*, a été reproduite par O'Donovan dans son *Supplément à O'Reilly*, au mot *ae*, d'après le manuscrit H. 3. 17, col. 36, de Trinity College. Il semble avoir existé en irlandais, à côté du verbe *agim*, « je pousse » (1re classe), le même que le latin *ago*, un verbe *agim*, « je parle, » identique au latin *aio*, et c'est de ce second verbe que dérivent probablement *aigne* (thème *aignet*), avocat, et *ai*, parole, cause, plaidoirie, procès. *Sanas Chormaic*, p. 16 ; *Senchus Môr* dans *Ancient laws of Ireland*, t. I, p. 266, 296, 298 ; *Glossaire* d'O'Clery, dans la *Revue celtique*, t. V, p. 359.

(1) « Tri baegall n-aigneda rosaerad la Feine. » Texte du *Senchus Môr* dans *Ancient laws of Ireland*, t. I, p. 90. Comparez la glose, *ibid.*, p. 92.

(2) Voir la glose sur le passage du *Senchus Môr*, qui est ainsi conçu : « Dilus cu cuic setuib i-selb n-aignedh. » *Ancient laws of Ireland*, t. II, p. 80.

CHAPITRE VII.

LES FILE SONT CONTEURS D'HISTOIRES ; DE LÀ, LEUR HIÉRARCHIE ET LEUR RANG DANS LA SOCIÉTÉ.

Les *file* sont donc, en Irlande, jurisconsultes, et, à ce titre, juges, législateurs, et avocats ; mais si c'est peut-être le côté le plus sérieux de leurs fonctions, ce n'est pas le plus brillant. Ils content des histoires, ils composent et débitent ou chantent les récits légendaires de guerre, d'amour, de fêtes et de voyages que l'Irlande considère comme son histoire nationale ; c'est la partie la plus attrayante de la mission que leur attribuent les mœurs de leur pays.

Ce double aspect de leur action sur les peuples a inspiré une glose inscrite au neuvième siècle par un moine irlandais entre les lignes d'un manuscrit des épîtres de saint Paul conservé à Wurzbourg. L'Apôtre, écrivant à Titus, son disciple, lui parle des ennemis du christianisme naissant : « Il y en a, » dit-il, « beaucoup qui refusent d'obéir ; par leurs » paroles vaines, ils séduisent les autres (1). »

---

(1) « **Sunt enim multi etiam inobedientes, vaniloqui et seductores.** » *Ad Titum*, I, 10.

Le moine irlandais, lisant ces paroles, a, un instant, oublié qu'il s'agissait des temps apostoliques, et qu'il était surtout ici question des adversaires circoncis que Paul rencontrait dans les synagogues, *maxime qui de circumcisione sunt*. Il a pensé à la puissante corporation des *file*, qu'en Irlande le christianisme, vainqueur des druides, avait encore en face de lui, et qui lui disputait avec succès la confiance et l'admiration des peuples, en opposant, dans les tribunaux, ses traditions juridiques aux canons de l'Eglise, et dans l'ordre des choses littéraires ses récits épiques aux sermons et aux légendes des saints. Le moine glossateur a donc cru devoir expliquer l'influence des adversaires de saint Paul par deux moyens : par les histoires, *scél*, qu'ils auraient racontées, et par leur science en droit païen, *senchas recto ocus geintlecte* (1).

Dans le chapitre précédent, nous avons parlé des *file*, considérés comme jurisconsultes et de l'action que, par leur connaissance du droit, ils exerçaient sur la société irlandaise. Dans celui-ci et dans le suivant il sera question des histoires, « *scél* » (2), qu'ils

---

(1) « No-s-moidet i-scéláib ocus senchassib recto ocus geintlecte. » « Ils se glorifient dans des histoires et des antiquités de droit et de paganisme. » Zimmer, *Glossæ hibernicæ*, p. 186.

(2) *Scél* = *squé-tlon*. C'est un dérivé d'une racine SQUE d'où viennent l'irlandais *in-sce*, « discours, » *aithe-sc*, « réponse, » *co-sc*, « réprimande ; » le vieux latin *in-sec-e*, « narrations ; » le vieux gallois *hep*, « dit-il, » *atep*, « réponse ; » le grec homérique ἔ-σπ-ετε, « dites, » ἔνι-σπ-εν, « il a dit, » etc. Windisch, chez Curtius, *Grundzuge der griechischen Etymologie*, 5ᵉ édition, p. 467.

CHAPITRE VII. — ILS SONT CONTEURS D'HISTOIRES. 321

racontaient. C'est le côté le plus séduisant de leur action sur les masses.

Pendant les longues soirées de l'hiver, leurs récits occupent les loisirs des rois et des vassaux des rois, chassés de la campagne par les ténèbres et le mauvais temps, et réunis autour du foyer à la lumière des torches et des lampes dans les grandes salles de ces rustiques palais de bois ou *dûn* (1) qu'habitaient les chefs de la nation. Ces « histoires, » entremêlées de vers chantés avec accompagnement de la harpe, en irlandais *crott*, tenaient à leurs auditeurs lieu de théâtres, de journaux et de livres. C'était des *file* que l'Irlande recevait toutes les jouissances intellectuelles qu'elle pouvait se procurer au degré de civilisation où elle s'offre à nous, soit avant le christianisme, soit depuis, pendant toute la durée du moyen âge.

Parmi les textes qui se rapportent au rôle des *file* comme conteurs, nous rappellerons celui qui est compris dans la légende de Mongan, fils de Fiachna. Mongan est un roi d'Ulster qui fut tué vers l'année 625 (2). De son vivant, Mongan avait un *file*

---

(1) Sur le mot *dûn* voir plus haut, p. 25-28.
(2) La date de 625 est donnée par Hennessy, *Chronicum Scotorum*, p. 78-79, d'accord avec les annales de Tigernach chez O'Conor, *Rerum hibernicarum scriptores*, t. II, p. 187. Les annales d'Ulster et celles de Clon-maic-Nois indiquent l'année 624, et les Quatre Maîtres 620 : O'Donovan, *Annals of the kingdom of Ireland by the Four Masters*, 1851, t. I, p. 242-245. Mongan fut tué par le Gallois Arthur, fils de Bicor.

I. 21

qui s'appelait Forgoll. De la fête de *Samain*, 1ᵉʳ novembre, à la fête de *Beltene*, 1ᵉʳ mai, Forgoll venait, tous les soirs, au palais de Mongan raconter une histoire, et il avait pour auditoire, outre le roi et sa famille, les vassaux du roi accompagnés de leurs femmes. Comme rémunération, il recevait du roi la nourriture et un salaire (1). Du 1ᵉʳ novembre au 1ᵉʳ mai, il y a six mois ou environ cent quatre-vingts soirées; tel était le nombre d'histoires qu'en une année Forgoll devait réciter.

Le rang des *file* dans la hiérarchie sociale dépendait du nombre des histoires qu'ils savaient par cœur et qu'ils pouvaient raconter aux rois et aux princes en y mêlant quelques indications de chronologie comparée (2). Suivant une glose du célèbre traité de droit connu sous le nom de *Senchus Mór* (3), il y a dix classes de *file* :

1° L'*ollam* (4), qui sait 350 histoires ;
2° L'*ânruth* (5), qui sait 175 histoires ;

---

(1) *Leabhar na h-Uidhre*, p. 133, col. 1, lignes 28-32.

(2) « Do nemthigud filed i-scélaib *ocus* i-comgnimaib inso sís d-anasnís do-rígaib *ocus* flathib... » Livre de Leinster, p. 189, col. 2, lignes 43-46. « Quant à la situation privilégiée que les *file* doivent aux histoires et aux synchronismes ci-dessous qu'ils racontent aux rois et aux nobles... » Cf. O'Curry, *Lectures on the manuscript materials*, p. 583-584; O'Looney, *Proceedings of the Royal irish Academy*, Second series, *Polite Litterature and Antiquities*, vol. 1, 1879, p. 216.

(3) *Ancient laws of Ireland*, t. I, p. 44-47.

(4) *Ollam* ou *ollom*, génitif *ollaman* ou *olloman*, est dérivé d'*oll*, « grand, puissant. »

(5) « *Anruth*, nomen secundi gradus poetarum. » Wh. Stokes, *Sanas Chormaic*, p. 5-6. Ce mot est écrit sans accent sur l'*a* dans

3° Le *cltt* (1), qui sait 80 histoires ;
4° Le *cana* (2), qui sait 60 histoires ;
5° Le *doss* (3), qui sait 50 histoires ;
6° Le *macfuirmid*, qui sait 40 histoires ;
7° Le *fochloc*[*on*] (4), qui sait 30 histoires ;
8° Le *drisac*, qui sait 20 histoires ;
9° Le *taman*, qui sait 10 histoires ;
10° L'*oblaire*, qui sait 7 histoires (5).

Des listes semblables, mais qui offrent quelques variantes se trouvent dans d'autres documents, parmi lesquels nous citerons d'abord le Livre de

---

Ancient laws of Ireland, t. I, p. 44, dans le *Leabhar breac*, p. 263, col. 1, lignes 34, 52 ; et chez Wh. Stokes, *Three irish glossaries*, p. 2-3. On trouve l'orthographe *ansruth* dans deux traités imprimés à la suite du *Crith gabhlach*: *Ancient laws of Ireland*, t. IV, p. 344, 348, 382, 384 ; elle paraît due à des préoccupations étymologiques, qui ont fait expliquer ce mot par *sruth an*, « ruisseau ou rivière brillante. »

(1) *Cltt*, Wh. Stokes, *Sanas Chormaic*, p. 34 ; ou *cltt*, Wh. Stokes ; *Three irish glossaries*, p. 10 ; *Leabhar breac*, p. 265, col. 2, ligne 16, *cli*, dans *Ancient laws of Ireland*, t. I, p. 44.

(2) *Cana*, *Leabhar breac*, p. 265, col. 1, ligne 24 ; Wh. Stokes, *Three irish glosaries*, p. 11 ; *Sanas Chormaic*, p. 34-35.

(3) *Doss*, *Leabhar breac*, p. 266, col. 1, ligne 19 ; Wh. Stokes, *Three irish glossaries*, p. 15 ; *Sanas Chormaic*, p. 53 ; *dos* dans *Ancient laws of Ireland*, t. I, p. 44.

(4) *Fochlocon*, *Leabhar breac*, p. 267, col. 1, ligne 40-41 ; Wh. Stokes, *Three irish glossaries*, p. 20 ; *Sanas Chormaic*, p. 72. Si nous nous en rapportons à l'article *doss* du glossaire de Cormac (*Leabhar breac*, p. 266, col. 1, ligne 18 ; Wh. Stokes, *Three irish glossaries*, p. 15 ; *Sanas Chomaic*, p. 53), le *fochloc*[*on*], aurait été élevé au rang de *doss* après une année de stage.

(5) *Ancient laws of Ireland*, t. I, p. 44-47.

l'*ollam* (1). Dans ce traité nous ne trouvons pas les trois derniers degrés de la liste fournie par le *Senchus Mór* ; mais, par une sorte de compensation, quatre degrés sont intercalés pour servir de transition entre la suprême dignité de l'*ollam* et le grade d'*ánruth* qui, dans notre première liste, le suit immédiatement. La liste que nous fournit le Livre de l'*ollam* est ainsi conçue :

1° *Ollamh*, comme dans la liste précédente ;

2° *Seaghdair*, qui manque dans la liste précédente ;

3° *Eiges*,   id. ;

4° *File*,   id. ;

5° *Sai*,   id. ;

6° *Anradh*, dans la liste précédente *ánruth* avec le second rang ;

7° *Cli*, dans la liste précédente *clí* avec le troisième rang ;

8° *Cana*, qui occupe le quatrième rang dans la liste précédente ;

9° *Dos*, dans la liste précédente *doss* avec le cinquième rang ;

10° *Fuirmid*, dans la liste précédente *macfuirmid* avec le sixième rang ;

11° *Fochlachan*, dans la liste précédente *fochlocon* avec le septième rang (2).

---

(1) *Leabhar ollamhan*, Livre de *Ballymote*, f° 163. Cf. Trinity College de Dublin, manuscrits cotés H. 2. 16, col. 500; H. 1. 15, p. 596.

(2) O'Curry, *On the manners and customs of the ancient irish*, t. II, p. 171.

Suivant le traité de droit connu sous le nom de *Crith gabhlach*, qui nous donne un système de hiérarchie sociale un peu absolu, plus théorique peut-être dans sa rigueur qu'il n'est conforme à la réalité des faits, il y a chez les *file* sept degrés :

1° *Éces*, correspondant à l'*ollam* des autres listes (1) ;

2° *Ansruth*, l'*anruth* qui tient le second rang dans la première liste, l'*anradh* qui tient le sixième rang dans la seconde liste ;

3° *Cli*, le *clii* qui tient le même rang dans la première liste, le *cli* qui tient le septième rang dans la seconde liste ;

4° *Cana*, qui tient le même rang dans la première liste, le huitième rang dans la seconde ;

5° *Dos*, qui tient le même rang dans la première liste, le neuvième rang dans la seconde ;

6° *Macfuirmid*, qui tient le même rang dans la première liste, le dixième rang dans la seconde ;

7° *Fochloco*, le *fochlocon* qui tient le même rang dans la première liste, le *fochlachan* qui tient le onzième rang dans la seconde liste (2).

---

(1) *Éces* est l'ancienne orthographe du mot *eiges*, qui occupe le troisième rang dans la seconde liste.

(2) *Ancient laws of Ireland*, t. IV, p. 356, les deux dernières lignes; et le commentaire qui suit, aux pages 358 et 360. O'Curry, *Lectures on the manuscript materials*, p. 461, article 4 reproduit d'après un glossaire contenu dans un manuscrit du Trinity College de Dublin, H. 3. 18, p. 63 et suivantes, une liste des sept degrés des *file*, qui se trouve à la page 81 de ce manuscrit. Cette liste est identique à

Au-dessous du *fochlocc* vient le barde. Le barde est un ignorant qui n'appartient pas à la hiérarchie des *file* ; le *Crith gabhlach* le rejette avec mépris plus bas que le dernier des sept degrés ou classes entre lesquels se répartissent les membres de la grande corporation officielle des littérateurs irlandais (1).

Ces sept degrés se retrouvent, sauf le sixième, dans le *Glossaire* de Cormac; dans ce savant recueil, le premier degré de la classe des *file* est occupé par l'*ollam* (2). Vient ensuite l'*ánruth*, dont il est dit à deux reprises que son nom est celui du second degré des poètes ou *file* (3). Le *Glossaire* de Cormac mentionne aussi le *clti*, homme de lettres, poète ou *file* du troisième degré (4); le *cana* ou *file* du quatrième degré (5); le *doss*, ou *file* du cinquième degré (6); le *fochloc* ou *fochlocon*, *file* du septième degré (7).

Le *fochloc* ou *fochlocon* est, dans le *Glossaire* de Cormac, le dernier de la série. Il y a à ce sujet un passage curieux : c'est celui où l'on prétend donner

---

celle du *Crith gabhlach*, si ce n'est qu'au premier rang l'*ollam* est substitué à l'*éces*.

(1) *Ancient laws of Ireland*, t. IV, p. 360.

(2) Wh. Stokes, *Three irish glossaries*, p. 3, 33; *Sanas Chormaic*, p. 6, 127, aux mots *anomain* et *ollamh*.

(3) « Anruth *nomen secundi gradus poetarum*, » *Three irish glossaries*, p. 2, 3.

(4) Wh. Stokes, *Three irish glossaries*, p. 10-11; *Sanas Chormaic*, p. 34.

(5) *Three irish glossaries*, p. 11; *Sanas Chormaic*, p. 34.

(6) *Three irish glossaries*, p. 15; *Sanas Chormaic*, p. 53.

(7) *Three irish glossaries*, p. 15, 20; *Sanas Chormaic*, p. 53, 72.

l'étymologie du mot *clí*, et l'expliquer par *cli*, « poteau. » « Le *file* du grade de *clí*, » nous dit le *Glossaire*, « protège les *file* de grade inférieur à lui ; et
» il est protégé par les *file* de grade supérieur. » Or, voici ce qu'ajoute un commentateur ; laissant de côté l'*ollam*, comme hors pair, il écrit : « Depuis
» l'*anruth* (ou *file* du second degré) jusqu'au *fochlo-*
» *con* (ou *file* du septième), le *clí* (ou *file* du troi-
» sième degré), protège celui qui est le plus bas ;
» il est protégé par celui qui est plus élevé (1). »
Le *fochlocon* est donc bien, suivant le *Glossaire* de Cormac, le dernier des *file*.

Dans le *Glossaire* de Cormac il n'est pas question du *macfuirmid*, qui, d'après la glose du *Senchus Mór* et le *Crith gablach*, s'intercale au sixième rang entre le *doss* et le *fochlocon*, et qu'on retrouve aussi dans le Livre de l'*ollam* où il forme le degré de transition entre le *doss* et le *fochlocon*. Il semble même que l'absence du *macfuirmid* dans le *Glossaire* de Cormac y est voulue, et n'y constitue pas une lacune : l'auteur considère le *doss* comme occupant le degré immédiatement supérieur à celui où se trouve le *fochloc* ou *fochlocon*. Dans l'article *fochlocon*, nous lisons : « *Fochlocon*, c'est-à-dire nom d'un
» degré des *file*... deux feuilles sur lui dans la pre-
» mière année, deux personnes pour l'accompagner

(1) « O-a; ruth co-fochlocoin die[i]m dana cli inni bes islim, doemar-som onn. bes uaisli[u]. » *Leabhar breac*, p. 265 ; col. 1, glose intercalée entre l. s lignes 21 et 22. Cf. *Three irish glossaries*, p. 11 lignes 2-5 ; *Sanas Chormaic*, p. 34, lignes 29-31.

» dans le territoire (1). » Dans l'article consacré au *doss*, les mêmes doctrines sont développées de la manière suivante : « *Doss*, nom d'un grade des » *file*... ; le *fochloc* est *doss* la seconde année. Quatre » feuilles sur lui, quatre personnes pour l'accompa- » gner dans le territoire (2). » Ces deux articles paraissent extraits d'un traité sur la hiérarchie des *file*. On peut supposer qu'ils se suivaient immédiatement ; le second article semble être un développement du premier. Le traité dont ces articles sont extraits n'aurait rien dit du *mac fuirmid*.

De ces quatre listes fournies, la première par la glose du *Senchus Môr* (3), la seconde par le *Livre de l'ollam* (4), la troisième par le *Crith gabhlach* (5), la quatrième par le *Glossaire* de Cormac (6), nous pouvons rapprocher le passage du Livre de Leinster où il est dit que les histoires ou *scél* se divisent en deux catégories : les histoires de premier ordre et celles de second ordre, et que la connaissance des histoires de second ordre n'est obligatoire que pour quatre grades de *file* : *ollam*, *anrath*, *cli*, *cano* (7). Nous reconnaissons dans cette énumération les quatre de-

---

(1) *Three irish glossaries*, p. 20 ; *Sanas Chormaic*, p. 72.
(2) *Three irish glossaries*, p. 15 ; *Sanas Chormaic*, p. 53.
(3) Voir plus haut, p. 322-323.
(4) Voir plus haut, p. 324.
(5) Voir plus haut, p. 325.
(6) Voir plus haut, p. 326-327.
(7) « Ni-hârmite*r* na-foscéoil-sin *acht* do *ch*e*th*ri grâdaib *nammâ idon* ollam *ocus* anrath *ocus* cli *ocus* cano. » Livre de Leinster, p. 189, col. 2, lignes 49-51.

CHAPITRE VII. — ILS SONT CONTEURS D'HISTOIRES. 329

grés supérieurs de la hiérarchie. Ces quatre degrés sont donc les seuls que mentionne notre cinquième et dernière liste, celle que nous fournit le Livre de Leinster.

Les cinq listes que nous venons de citer sont d'accord sur l'ordre dans lequel il faut ranger les différents degrés ; elles diffèrent seulement en ce que telle liste admet certains degrés intermédiaires qui manquent dans telle autre. Pour rendre clairs les points sur lesquels les listes sont d'accord et les points sur lesquels elles s'éloignent les unes des autres, nous allons en donner un tableau comparatif.

1° Senchus Mór.	2° Leabhar ollamhan.	3° Crith gabhlach.	4° Glossaire de Cormac.	5° Livre de Leinster.	
1. Ollam.	1. Ollamh.		1. ollam.	1. ollam.	I.
	2. seaghdair.				II.
	3. eiges.	1. êces.			III.
	4. file.				IV.
	5. sai.				V.
2. anruth.	6. anradh.	2. ansruth.	2. ânruth.	2. anrath.	VI.
3. clîi.	7. cli.	3. cli.	3. clîi.	3. cli.	VII.
4. cana.	8. cana.	4. cana.	4. cana.	4. cano.	VIII.
5. doss.	9. dos.	5. dos.	5. doss.		IX.
6. macfuirmid.	10. fuirmid.	6. macfuirmid.			X.
7. fochloc[on].	11. fochlachan.	7. fochlocc.	6. fochlocon.		XI.
8. drisac.					XII.
9. taman.					XIII.
10. oblaire.					XIV.

LIVRE III. — LES FILE.

CHAPITRE VII. — ILS SONT CONTEURS D'HISTOIRES. 331

La base de cette hiérarchie est le degré d'instruction ; plus est grand le nombre d'histoires que sait un homme de lettres plus est élevé le rang que cet homme occupe.

En outre, chez les *file*, certaines compositions sont le monopole d'un grade : ainsi, *anomain* est le nom d'une espèce de poème. que seul l'*ollam* sait composer, et qui exige une science que les *file* de grades inférieurs ne possèdent point. L'*anomain*, était le mieux payé de tous les poèmes ; aussi, le *Glossaire* de Cormac prétend-il que le sens étymologique d'*anomain* est « brillante richesse, » à cause « de la grandeur du salaire et du rang qu'il procure. » De là, » ajoute-t-il, vient le proverbe : « l'ano-» *main* soutient l'*ollam* (1). » Un exemple célèbre d'*anomain* est l'éloge de saint Columba, connu sous le nom d'*Amra Choluimb Chilli*, composé par Dallan, fils de Forgall, *ollam* ou chef des *file* d'Irlande à la fin du sixième siècle. Nous avons expliqué plus haut comment cette pièce débutant par un *n* et finissant par la même lettre, qui s'appelle *nin* ou « frêne » en vieil irlandais, on a pu dire que c'était un *ano-*

---

(1) « Anomain, i*don* ainmm airchedail, i*don* ansomain, i*don* formeit a luaigh*e* ocus a-grâid, ocus is-ê dân i*n*-ollaman, un*de dicitur* : inloing anoman olla*man*. » « *Anomain*, c'est-à-dire nom d'une com-
» position poétique, c'est-à-dire « brillante richesse, » à cause de
» la grandeur de son salaire et de son grade, et c'est le poème de
» l'*ollam*, d'où l'on dit *anomain* supporte ollam. » *Leabhar breac*,
p. 263, col. 1, lignes 48-51. Wh. Stokes, *Three irish glossaries*, p. 3;
Sanas Chormaic, p. 6.

main, ou, comme écrivent certains manuscrits, un *anamain* entre deux frênes (1).

La composition poétique réservée au *clî* s'appelait *anair* (2), et on donnait le nom d'*emain* au poème qui faisait la spécialité du *cana* (3).

Mais la base la plus claire de cette hiérarchie est le nombre des histoires dont la connaissance est nécessaire à chaque grade.

. On distingue les histoires ou *scél* en grandes et en petites. Dès le degré le plus bas de la hiérarchie, il faut savoir un certain nombre de grandes histoires, et le nombre obligatoire augmente, quand d'un degré on passe au degré immédiatement supérieur. La connaissance d'un certain nombre de petites histoires commence à être obligatoire quand on devient *cana*, ce qui est le septième degré à partir d'en bas, dans la liste du *Senchus Môr*, le quatrième dans la liste du *Leabhar ollaman* et du *Crith gabhlach*, le troisième dans le *Glossaire* de Cormac.

L'*ollam* était obligé de savoir trois cent cinquante histoires, c'est-à-dire deux cent cinquante grandes

---

(1) Wh. Stokes, *Goidelica*, 2e édition, p. 158, ligne 1; *Leabhar na hUidhre*, p. 6, col. 1, ligne 34. Voir, plus haut, p. 74-76. Si nous en croyons l'étymologiste auquel on doit l'article *emuin airchidail* des additions au *Glossaire* de Cormac, chez Wh. Stokes, *Sanas Chormaic*, p. 70, *anamain* ou *anomain* se dirait pour *anemuin* et voudrait dire non double, mais quadruple. Nous ne voyons pas ce qui, dans l'*Amra Choluimb Chilli*, justifie cette étymologie.

(2) *Leabhar breac*, p. 263, col. 1, lignes 53-54; Wh. Stokes, *Three irish glossaries*, p. 3; *Sanas Chormaic*, p. 6.

(3) Wh. Stokes, *Sanas Chormaic*, p. 35, cf. 70.

CHAPITRE VII. — ILS SONT CONTEURS D'HISTOIRES.

et cent petites, tandis que du débutant dans la carrière, c'est-à-dire de l'*ollaire*, on pouvait seulement exiger la connaissance de sept grandes histoires (1).

De nombreux privilèges étaient la sanction de cette organisation hiérarchique. Par exemple le *file* qui allait exercer son métier, raconter des histoires dans le palais d'un roi, dans la maison d'un membre de la noblesse, avait, quand il appartenait aux degrés supérieurs de la hiérarchie, le droit de se faire accompagner d'un cortège d'autant plus nombreux que son rang était plus élevé. Nous avons déjà dit que ce cortège était de deux personnes pour le *fochlocon* et de quatre pour le *doss*; au sixième siècle, Dallan, fils de Forgall, *ollam* ou chef des *file* d'Irlande, soutenait avoir le droit de se faire partout accompagner par trente *file*, que les rois, honorés de sa compagnie et récréés par ses récits, étaient obligés de loger et de nourrir avec lui. Les autres *ollam* avaient la même prétention; et les *anruth* ou *file* du second degré soutenaient qu'ils pouvaient se faire accompagner de quinze *file*, c'est-à-dire d'un cortège qui était la moitié du cortège de l'*ollam*.

Aed, fils d'Ainmire, était alors roi suprême d'Irlande (2). Aed, trouvant que les *file* abusaient de

---

(1) Sur l'étude de ces histoires, dans les écoles où se formaient les *file*, voir un passage du Livre de l'*ollam*, cité par O'Curry, *On the manners*, t. II, p. 172.

(2) Suivant le *Chronicum Scotorum*, édition Hennessy, p. 62-65, Aed, fils d'Ainmire, régna de 585 à 598. Les *Quatre Maîtres* placent son règne de 568 à 594. O'Donovan, *Annals of the kingdom of Ireland by the Four Masters*, 1851, t. 1, p. 206-221.

leurs privilèges, les condamna au bannissement ; eux firent appel de la sentence du roi à l'assemblée générale qui se tint à Druim Ceta. Le célèbre abbé Columba, en irlandais *Columb Cille*, alors aveugle, quitta son monastère d'Iova, en Ecosse, et vint en Irlande assister à cette assemblée ; choisi comme arbitre, il fit révoquer la sentence de bannissement ; mais, par manière de transaction, réduisit de trente personnes à vingt-quatre le cortège de l'*ollam*, de quinze à douze le cortège de l'*anruth* (1).

Trente personnes, c'était le cortège du roi suprême d'Irlande ou *rí rurech* (2) ; ainsi, la prétention de Dallan, fils de Forgall, avait été de se faire accompagner d'un nombre de personnes égal à celui qui formait la suite réglementaire du plus haut personnage de l'ordre politique irlandais. Le chiffre de vingt-quatre, auquel il fut réduit par la sentence arbitrale de saint Columba était celui du cortège attribué par l'usage aux rois de second ordre, c'est-à-

---

(1) *Leabhar na hUidhre*, p. 5, col. 1, lignes 14-17 ; col. 2, lignes 33-36 ; O'Beirne Crowe, *The Amra Choluim Chilli*, p. 8, 12. Wh. Stokes, *Goidelica*, 2ᵉ édition, p. 156-157, donne le texte du *Liber hymnorum*, qui offre une lacune. La suite du *Crith gabhlach* : *Ancient laws of Ireland*, t. IV, p. 354-355, fixe aussi à vingt-quatre personnes la suite de l'*ollam*.

Suivant Reeves, *The life of st. Columba founder of Hy written by Adamnan*. Dublin, 1857, p. 37, note *a* ; la date probable de cette assemblée est 574.

(2) *Crith gabhlach*, dans *Ancient laws of Ireland*, t. IV, p. 330, lignes 18-21 ; O'Curry, *On the manners*, p. 503. Sur le sens du mot *rí rurech*, voyez le *Senchus Mór* : *Ancient laws of Ireland*, t. II, p. 224, lignes 9-12.

dire aux rois de grandes provinces, *rí buiden*, *rí cuicid* ou *rure* (1). Le cortège de douze personnes, auquel la même sentence réduisait les *anruth*, c'est-à-dire les *file* de second ordre, était celui que la coutume affectait aux rois de troisième ordre, c'est-à-dire aux rois des petites provinces dont se composaient les grandes provinces placées sous l'autorité des rois de second ordre ou *rure*.

On appelait ces petits rois « roi de *túath*, *rí túaithe* ; » il y en avait, dit-on, cent quatre-vingt-quatre en Irlande vers le sixième ou le septième siècle (2). L'Irlande se divisait en cent quatre-vingt-quatre *túath*, et dans chacun de ces *túath* il y avait un roi de troisième ordre, *rí túaithe*, un évêque et un *file* de la dignité immédiatement inférieure à l'*ollam*, c'est-à-dire un *ánruth* ; d'autres textes l'appellent *éces* ou *sui file*. Ces trois dignitaires de la *túath*, le roi dans l'ordre civil et politique, l'évêque dans l'ordre des choses religieuses, l'*ánruth*, *éces* ou *sui file* dans le domaine littéraire et juridique, avaient droit

---

(1) *Crith gabhlach*, dans *Ancient laws of Ireland*, t. IV, p. 330 ; O'Curry, *On the manners*, t. III, p. 502-503. Le *Senchus Mór*, dans *Ancient laws of Ireland*, t. II, p. 224, lignes 7-10, établit que le titre de *rurech* désignait le degré immédiatement inférieur à celui de *rí rurech*, attribué au degré suprême. Tel est le sens technique du mot *rurech*, que la langue littéraire emploie souvent d'une façon moins précise. Cf. Windisch, *Irische Texte*, p. 751, col. 1.

(2) Sullivan, chez O'Curry, *On the manners*, t. I, p. xcvi. L'autorité sur laquelle il s'appuie est un poème publié par O'Curry, *Cath Muighe Lea[m]na*, p. 106-109, note. Cf. O'Conor, *Bibl. ms. Stowensis*, p. 91.

au même cortège qui était de douze personnes (1).

Le parallélisme se continuait dans les degrés inférieurs de la hiérarchie. On distinguait, au-dessous du roi de *tuath*, sept classes de nobles ou *aire* ;

1° *Aire forgill*, ou noble de première classe ;
2° *Aire tuisi*, ou noble de deuxième classe ;
3° *Aire ard*, ou noble de troisième classe ;
4° *Aire echta*, ou noble de quatrième classe ;
5° *Aire desa*, ou noble de cinquième classe ;
6° *Bô-aire*, ou noble de sixième classe ;
7° *Oc-aire*, ou noble de septième classe.

Les nobles appartenant à ces sept classes avaient droit à un cortège dont le chiffre allait diminuant de degré en degré comme parmi les rois. Nous avons vu que le roi suprême d'Irlande ou *rí rurech* pouvait se faire accompagner par trente personnes ; le roi de grande province, *rí buiden*, *rí coicid* ou *rurech*, par vingt-quatre ; le roi de petite province ou *rí tuaithe* par douze ; le cortège du *bô-aire* ou noble de sixième classe était réduit à quatre personnes, le cortège de l'*ôc-aire* ou noble de septième classe ne se composait que de deux personnes (2).

La même gradation existait dans le cortège des *file*. Le *file* qui occupe le dernier degré dans la plupart des listes, c'est-à-dire le *fochlocc* ou *fochlocon*, peut se faire accompagner de deux personnes,

---

(1) *Crith gabhlach*, dans *Ancient laws of Ireland*, t. IV, p. 328, 338 ; Cf. t. I, p. 40, 54 ; O'Curry, *On the manners*, t. III, p. 502, 510.

(2) *Senchus Môr*, dans *Ancient laws of Ireland*, t. II, p. 386.

comme l'*óc-aire* ou le dernier des nobles (1). Le *doss* qui, suivant le *Glossaire* de Cormac, occupe dans la hiérarchie des *file* le rang immédiatement supérieur au *fochlocon*, a droit à une suite de quatre personnes : c'est précisément la suite du *bó-aire* au noble de sixième ou avant-dernier ordre (2).

En résumé, le roi suprême d'Irlande ou *rí rurech* a un cortège de trente personnes, et les *ollam* ou chefs suprêmes des *file* ont prétendu avoir le droit de se faire accompagner par le même nombre de personnes ; mais l'assemblée de Druim Céta a déclaré cette prétention mal fondée ; c'était vers la fin du sixième siècle de notre ère. Le cortège du roi de grande province, *rure*, *rí coicid* ou *rí buden*, est de vingt-quatre personnes, et c'est à ce chiffre qu'a été fixé le cortège de l'*ollam* ou chef suprême des *file*, par l'assemblée de Druim Ceta, vers la fin du sixième siècle. Les rois des petites provinces ou *túath*, pour nous exprimer en vieil irlandais les *ríg túaithe*, ont une suite de douze personnes, c'est la suite des *file* de second ordre, *anruth*, *éces*, *sui file*. Il y a un de ces *file* de second ordre à côté d'un roi et d'un évêque dans chacune de cent quatre-vingt-quatre *tuath* ou petites provinces d'Irlande. Cette gradation continue dans les degrés inférieurs de la noblesse, c'est-à-dire des hommes qu'on appelait en irlandais *aire*,

---

(1) Wh. Stokes, *Three irish glossaries*, p. 20.
(2) *Id.*, *Three irish glossaries*, p. 15. Cf. *Ancient laws of Ireland*, t. II, p. 386.

et dans les rangs inférieurs des *file* : le *bô-aire* ou noble de sixième ordre voyage avec une suite de quatre personnes ; quatre personnes aussi accompagnent le *doss* ou *file* de sixième ordre ; l'*ôc-aire* ou noble de septième et dernier ordre se fait faire cortège par deux personnes seulement ; deux personnes accompagnent le *fochlocon* ou *file* de septième et dernier ordre.

Cette gradation que la législation irlandaise établit dans les cortèges attribués à chaque classe de l'aristocratie s'étend à d'autres matières : tel est, par exemple, le chiffre de l'indemnité due par l'insulteur à l'insulté. Ce chiffre est proportionné à la dignité de la personne qui a reçu l'insulte : il est, pour chaque grade des *file*, le même que pour le grade correspondant de la noblesse. Ainsi, l'*anruth* ou *file* de seconde classe, *sui file* ou chef des *file* dans la petite province appelée *tûath*, a droit, quand il est insulté, à recevoir une indemnité égale à celle que peut exiger le roi de troisième classe ou roi de *tûath*. Cette indemnité est celle à laquelle l'évêque peut aussi prétendre (1).

Elle doit, en cas d'injure grave, s'élever à sept *cumal* ou femmes esclaves dont l'équivalent, par tête, est trois bêtes à corne, ce qui fait en tout vingt et une bêtes à cornes.

Passons à un autre aspect de la hiérarchie sociale

---

(1) Introduction au *Senchus Môr*, dans *Ancient laws of Ireland*, t. I, p. 40.

irlandaise. L'usage est qu'on n'élève pas ses enfants soi-même : on les met en pension chez un tiers. Nous avons parlé plus haut des deux druides qui élevaient les filles du roi suprême d'Irlande à l'arrivée de saint Patrice, au cinquième siècle de notre ère (1). Le prix payé pour l'entretien et l'éducation d'un enfant est proportionné à la dignité du père. Pour un fils de roi, il est fixé à trente bêtes à cornes, et pour un fils de *bó-aire* ou de noble de l'avant-dernier rang, il n'est plus que de cinq bêtes à cornes ; pour un fils d'*óc-aire* ou noble de dernier rang, il est réduit à trois. S'agit-il du fils d'un *file*, on observe la même gradation, et l'indemnité due à celui qui se charge de l'élever est proportionnée à la dignité du père de l'enfant (2).

Cette différence de prix est motivée par la dépense que l'enfant exige et qui doit être en rapport avec la dignité du père. Ainsi, le vêtement d'un fils de roi ou du fils d'un *file* dont le rang est égal à celui d'un roi coûtera plus cher que le vêtement d'un enfant de rang inférieur. On évalue à sept bêtes à cornes la dépense qu'occasionne la toilette du fils d'un roi de *túath* pendant la durée de son éducation (3).

Les rangs des convives à la salle des festins de Tara nous offrent l'exemple d'une application ana-

---

(1) Voir, plus haut, p. 176-178.
(2) *Senchus Mór*, dans *Ancient laws of Ireland*, t. II, p. 150-155, 160-161.
(3) *Senchus Mór*, dans *Ancient laws of Ireland*, t. II, p. 158.

logue des lois de la hiérarchie. Nous avons déjà parlé de cette salle, *tech midcuartha*, vaste bâtiment situé dans la capitale de l'Irlande et où le roi suprême réunissait les principaux de ses sujets à des intervalles, périodiques suivant certains documents, irréguliers suivant d'autres. Dans la salle des festins de Tara, les rangs des convives sont distingués par la place qu'ils occupent et par le morceau qui leur est attribué. Le plus vieux plan que nous ayons de la salle des festins de Tara (1) nous montre chez les *file* la même hiérarchie que les documents cités par nous jusqu'ici :

1° *Ollam* ;
2° *Anruth* ;
3° *Clii* ;
4° *Cana* ;
5° *Doss* ;
6° *Macfuirmid* ;
7° *Fochloc* ou *fochlocon*.

Toutefois, dans ce plan, un nouveau venu, un dignitaire inconnu aux monuments les plus anciens de la littérature épique de l'Irlande, le prêtre chrétien qui sait les lettres sacrées, le *sui littre* ou docteur en théologie, a pris le pas sur l'*ollam*, et quand on compare les degré des *file* aux degrés correspondants de la hiérarchie nobiliaire, on voit que les *file* des degrés supérieurs sont descendus de plusieurs rangs. Mais, par compensation, les *file* des deux der-

(1) Voir plus haut, p. 197.

niers degrés sont admis dans la salle des festins de Tara, tandis que les nobles des deux classes correspondantes en sont exclus. Le tableau suivant nous montrera comment, dans la salle des festins de Tara, s'établissait la correspondance de la hiérarchie nobiliaire et de la hiérarchie des *file*.

1° *ri-rurech*, ou roi suprême d'Irlande ;
2° *rure*, ou roi de grande province ;
3° *rí tûaithe*, ou roi de petite province ;
4° *aire forgill*, ou noble de première classe ;
5° *aire tuisé*, ou noble de deuxième classe ;
6° *aire ard*, ou noble de troisième classe ;
. . . .
7° *aire echta*, ou noble de quatrième classe ;
. . . .
8° *aire desa*, ou noble de cinquième classe ;
. . . .
. . . .
. . . .
9° *bô-aire*, ou noble de sixième classe ;
10° *ôc-aire*, ou noble de septième classe.

sui littri, prêtre chrétien savant en lettres sacrées ou docteur en théologie.

1° A. *ollam brithem*, ou juge de premier ordre,
   B. *ollam file*, ou *file* du premier degré ;
2° *anruth*, ou *file* du deuxième degré ;
3° *cli*, ou *file* du troisième degré ;
. . . .
4° *cano*, ou *file* du quatrième degré ;
. . . .
5° *doss*, ou *file* du cinquième degré ;
6° *mac-fuirmid*, ou *file* du sixième degré ;
7° *fochlocon*, ou *file* du septième degré.

Ceux-ci ne sont pas admis dans la salle des festins de Tara.

CHAPITRE VII. — ILS SONT CONTEURS D'HISTOIRES. 343

A la date de l'histoire d'Irlande à laquelle paraissent nous reporter le plan de la salle des festins de Tara et le texte qui sert de légende à ce plan, la religion chrétienne a déjà pris dans la société irlandaise une place considérable. Le docteur en théologie, en irlandais, *sui littre*, « savant en lettres sacrées, » a pris le pas sur l'*ollam*, qui est le représentant le plus élevé de la vieille littérature et de la science celtique. Les rois et les reines sont assis près de la paroi de droite dans le quatrième compartiment de la salle à partir du haut ; c'est la place d'honneur. Vis-à-vis eux, contre la paroi de gauche, aussi dans le quatrième compartiment, le plan nous montre le savant en lettres sacrées, *sui littre*, ou docteur en théologie, qui tient ainsi la première place après les chefs les plus élevés de la société irlandaise (1).

L'*ollam* vient ensuite. Notre document distingue deux *ollam*. L'un a pour spécialité l'étude du droit et les jugements : c'est l'*ollam brithem* ; l'autre est celui dont le domaine est la littérature proprement dite : on l'appelle l'*ollam file*. L'*ollam brithem*, ou chef des jurisconsultes, siège au même rang que le noble de première classe, *aire forgill*. L'*aire forgill* s'assoit à droite des rois, près de la paroi droite de la salle, dans le troisième compartiment à partir du haut ; la place de l'*ollam brithem* est vis-à-vis, contre

---

(1) Pour être complet, disons que le texte distingue deux catégories de *sui littre* : celui de premier ordre, ou, à proprement parler, *sui littre*, et celui de second ordre, *tanaise*, qui s'assoit à droite du premier.

la paroi gauche ; il prend place à gauche du *sui littre*, ou docteur en théologie, dans le troisième compartiment à partir du haut. L'*ollam file*, docteur en littérature, chef des gens de lettre, vient ensuite ; il s'assoit près de la paroi gauche, à droite du docteur en théologie. En face de lui, contre la paroi droite et à gauche des rois, se trouve la place du noble de seconde classe, ou *aire tuisé* (1). A droite de l'*ollam file*, contre la paroi gauche de la salle comme lui, s'assoit le *file* ou homme de lettres de seconde classe, *anruth*, qui occupe ainsi la seconde place à droite des représentants de la science chrétienne. Vis-à-vis de lui, contre la paroi droite, on voit le noble de troisième classe, ou *aire ard*, qui, à gauche des rois, arrive le second (2). Les *file* des cinq dernières classes s'assoient du même côté que l'*aire ard*, à la suite, contre la paroi droite. L'*aire ard* ou noble de troisième classe a pour voisin de gauche le *cli*, ou homme de lettres du troisième degré. L'*aire echta* ou noble de quatrième classe, assis à la suite des précédents contre la paroi droite, touche, à gauche, le *cano*, ou homme de lettres du quatrième degré. A gauche du *cano*, on voit l'*aire desa* ou noble de cinquième classe, et, à gauche de celui-ci, le dernier des nobles admis dans la salle du

---

(1) Dans le manuscrit on a, par erreur, interverti l'ordre de l'*aire tuisi* et de l'*aire ard*.

(2) Un *lapsus calami* a fait écrire *aire desa* au lieu d'*aire tuisi* dans le plan conservé par le Livre de Leinster ; en sorte que le nom de l'*aire desa* y paraît deux fois.

festin, nous trouvons, toujours à droite, les hommes de lettre du cinquième, du sixième et du septième degré, *doss*, *macfuirmid*, *fochlocon*.

En résumé, voici quelles étaient les places des gens de lettres ou *file* et des chefs de l'aristocratie irlandaise dans la salle royale des banquets de Tara :

TRANCHE DE GAUCHE :

3° *Ollam brithem*, ou juge de 1er degré ;
4° Sui littre, ou docteur en théologie ;
5° *Ollam file*, ou *file* de 1er degré ;
6° *Anruth* ou *file* de 2e degré.

TRANCHE DE DROITE :

3° *Aire forgill*, ou noble de 1re classe ;
4° Rois, reines ;
5° *Aire tuisé*, ou noble de 2e classe ;
6° *Aire ard*, ou noble de 3e classe ;
7° *Cli*, ou *file* de 3e degré ;
8° *Aire echta*, ou noble de 4e degré ;
9° *Cano*, ou *file* de 4e degré ;
10° *Aire desa*, ou noble de 5e classe ;
11° *Doss*, ou *file* de 5e degré ;
12° *Macfuirmid*, ou *file* de 6e degré ;
13° *Fochlocon*, ou *file* de 7e degré.

Mais ce ne sont pas seulement les places où l'on s'assoit qui, dans la salle des festins, marquent les rangs de la hiérarchie sociale. Nous arrivons à un des aspects les plus importants de la gradation établie dans les classes supérieures de la société irlandaise. Un règlement détermine les morceaux qui pendant le repas seront servis à chacun. Or, les indications que le vieux texte irlandais nous donne sur les parts de viande qui revenaient aux différentes classes de la noblesse et des gens de lettres confirment et complètent les conséquences que l'on peut tirer des places assignées dans la salle à chacune de ces classes.

Le morceau préféré, la première catégorie du filet, *prim-chrúachait*, est réservé aux rois et au *sui littre*, savant en lettres sacrées ou docteur en théologie; l'*ollam* ou docteur en lettres profanes n'y a aucune part (1). Vient ensuite la seconde catégorie du filet, *lón-chrúachait*; elle est attribuée au noble de première classe ou *aire forgill*, et au chef des jurisconsultes, ou *ollam brithem*. Le troisième morceau est la cuisse, *larac* ou *loarg* :

« La cuisse bonne et tendre, un honneur qui n'est pas bête (2). »

C'est la part des nobles de seconde et de troisième classe, *aire tuisi* et *aire ard*; elle revient aussi au chef des gens de lettres, *ollam file*. Le noble de quatrième classe, *aire echta*, mange de l'épaule de

---

(1) Le mot *prim-chruachait* ne se trouve pas dans le plan : nous l'empruntons au poème publié par Petrie, *On the history and antiquities of Tara hill*, p. 201, vers 1. Dans le plan, on a écrit *lón-chruachait*, pour les personnes de ce rang comme pour celles du rang qui suit.

(2) « Loarg maith, min, miad nad borb. »

cochon, *muc formuin*; et, comme il n'y a pas assez de ce morceau pour en donner aux gens de lettres ou *file* de rang équivalent, ceux-ci reçoivent des côtelettes : la côtelette, *cam-cnaim*, voilà ce que mange l'homme de lettres ou *file* du second, du troisième et du quatrième degré, *anruth*, *cli*, *cana*. Le noble de cinquième classe ou *aire desa*, et le *file* du cinquième degré ou *doss* sont traités sur pied d'égalité; ils reçoivent le même morceau : c'est le bas de la jambe, avec le pied, en irlandais *colptha*. Quant aux *file* ou gens de lettres des deux derniers degrés, *macfuirmid* et *fochlocon*, qui ont l'honneur d'être admis dans la salle royale du festin, tandis que les deux dernières classes de la noblesse n'en ont pas l'entrée, ils doivent se contenter de la troisième catégorie du filet, *ir-chruachait*.

Tels étaient les honneurs que recevaient encore les représentants de la vieille science celtique à une époque où les progrès du christianisme avaient en grande partie détruit les bases primitives de la société celtique. Alors le druide, qui autrefois en Irlande tenait la tête de la société et marchait de pair avec les rois, était tombé dans les rangs inférieurs : le morceau qu'on lui servait aux festins royaux de Tara était le bas de la jambe et le pied, *colptha*. Il était à ce point de vue assimilé au noble de cinquième classe, *aire desa*, et au *file* du cinquième degré, *doss*. Il avait été supplanté par le docteur en théologie, par le savant en lettres sacrées, *sui littre*. Le *sui littre* s'asseyait à la place du druide, en face des rois : c'était lui qui, au lieu du druide, partageait avec le roi le filet de première catégorie, *primchrúachait*.

Cette dégradation du druide, cette profonde altération de l'ancienne hiérarchie nous reporte probablement à la seconde moitié du sixième siècle, à la fin du règne du roi suprême Diarmait, fils de Cerball. La dernière célébration de la fête de Tara aurait eu lieu en 558, suivant les Quatre Maîtres ; en 560, suivant Tigernach et le *Chronicon Scotorum* ; en 569, suivant les annales d'Ulster (1). C'est l'époque de la déchéance du druidisme ; c'est alors que le prêtre chrétien supplante le prêtre de la religion nationale ; mais, malgré cette grande révolution, les *file*, représentants de la science profane, conservent la plus grande partie de leur prestige traditionnel ; rangés dans l'ordre qu'établit entre eux la somme des connaissances acquises par chacun, ils s'assoient à la table royale côte à côte avec les chefs de l'aristocratie nobiliaire. Le savant qui conserve le trésor de la science celtique est, au commencement du moyen âge chrétien, comme à l'époque païenne, l'égal du noble, c'est-à-dire du riche et du guerrier.

(1) O'Donovan, *Annals of the kingdom of Ireland by the Four Masters*, 1851, t. I, p. 191 ; *Chronicon Scotorum*, édition Hennessy, p. 52-53 ; O'Conor, *Rerum hibernicarum scriptores*, t. II, p. 141.

CHAPITRE VIII.

LA LITTÉRATURE ÉPIQUE D'IRLANDE, ŒUVRE DES FILE.

Le fondement principal de la considération dont je *file* jouit, c'est le plaisir qu'il cause par les histoires qu'il raconte ; et le rang qu'il occupe dans la société irlandaise est proportionné au nombre de ces histoires, *scél* en irlandais. Qu'étaient-ce que ces *scél* ?

Nous avons dit qu'on distinguait les *scél* en deux catégories : les grandes histoires et les petites histoires. Les grandes histoires étaient de la compétence de tous les *file* ; il n'y avait de différence que pour le nombre : les *file* de degré inférieur en savaient moins ; les *file* des degrés supérieurs en savaient plus. Mais seuls, les *file* des quatre degrés supérieurs connaissaient les petites histoires.

On comptait cent petites histoires ; nous ne savons pas bien quel était leur sujet. Les grandes histoires étaient au nombre de deux cent cinquante ; une liste fort ancienne nous en a été conservée. Elle se trouve dans deux manuscrits : l'un du milieu du douzième siècle, c'est le Livre de Leinster (1) ; l'autre du seizième siècle, c'est le manuscrit H. 3. 17 du Collège de la Trinité de Dublin (2). Cette liste est incomplète; elle contient cent quatre-vingt-sept titres dans le premier manuscrit et cent quatre-vingt-trois seulement dans le second. On peut y distinguer deux parties : la première partie constitue la liste proprement dite; la seconde est un supplément. La première partie comprend les histoires dont les titres commencent par les douze mots contenus dans le quatrain que voici ; les vers sont de sept syllabes :

[1.] *Togla*, [2.] *tâna*, [3.] *tochmarca*,
[4.] *Catha*, [5.] *úatha*, [6.] *imrama*,
[7.] *Oitte*, [8.] *fessa*, [9.] *forbassa*,
[10.] *Echtrada*, [11.] *aithid*, [12.] *airgne*;

C'est-à-dire :

1° Prises et destructions de maisons et places fortes; 2° Enlèvements de bêtes à cornes; 3° Demandes en mariage;

4° Batailles ; 5° Cavernes ; 6° Voyages sur mer ;

7° Morts violentes ; 8° Fêtes ; 9° Sièges de forteresses ;

10° Expéditions lointaines ou aventures ; 11° En-

---

(1) Page 189, col. 2 et 3 ; p. 190, col. 1 et 2. Cf. O'Curry, *Lectures on the Manuscript Materials*, p. 584-593.

(2) Col. 797-800. Cf. O'Looney, dans *Proceedings of the R. I. A.*, Second series, vol. I, *Polite litterature and antiquities*, 1879, p. 215-240.

CHAPITRE VIII. — LITTÉRATURE ÉPIQUE D'IRLANDE. 351

lèvements de femmes ; et enfin 12° Massacres.
Le supplément ou seconde partie est compris en deux vers, chacun de six syllabes :

[13.] *Tomadma*, [14.] *fis*, [15.] *serca*,
[16.] *Sluagid*, [17.] *tochomlada*;

C'est-à-dire :
13° Irruptions d'eau ; 14° Visions ; 15° Amours ; 16° Expéditions guerrières ; 17° Emigrations.

Une autre liste moins ancienne est contenue dans la pièce intitulée *Airec menman Uraird, mac Coisi*, « Invention d'esprit par Urard fils de Coise (1). » Des dix-sept sections contenues dans la première liste, il y en a treize seulement que la seconde reproduit (2). Mais, par compensation, elle ajoute deux sections qui ne se trouvent pas dans la première liste :

[18.] *Coimperta*, [19.] *baili*;

en français : 18° Conceptions d'enfants ; 19° Extases, folies ou rêveries. Elle comprend cent cinquante-neuf titres (3), dont un certain nombre qui ne se trouvent pas dans la première liste.

(1) Cette pièce est conservée par les trois manuscrits suivants : 1° bibliothèque Bodléienne d'Oxford, Rawlinson B 512, f° 109, XIV°-XV° siècle ; 2° British Museum, Harleian 5280, f° 47, XV° siècle ; 3° Royal Irish Academy, 23. N. 10, autrefois fonds Betham n° 145, p. 29, XVI° siècle.
(2) Les sections qui manquent dans la seconde liste sont : 5. *uatha*, 6. *imrama*, 7. *oitte*, 9. *forbassa*, c'est-à-dire : 5. cavernes, 6. voyages sur mer, 7. morts violentes, 9. sièges de forteresses.
(3) Rawlinson, B 512, f°° 109-110.

Enfin, la glose de l'introduction du *Senchus Môr*, seizième siècle, nous donne une troisième et très courte liste de morceaux épiques, et, en tête de cette liste, une édition intéressante des douze mots par lesquels commencent les titres qui composent la première partie de la première liste (1). Je dis cette édition intéressante, surtout à cause d'une des variantes qu'elle offre; ce document est ainsi conçu :

[1.] *Togla*, [2.] *tana* [4.], *tochmarca*,
[4.] *Catha*, [5.] *uatha* (2), [6.] *irgala*,
[7.] *Aite* (3), [8.] *fesa*, [9.] *forbasa*,
[10.] *Echtra*, [11.] *aideda*, [12.] *airgne*.

L'article 6, *irgala*, « batailles, armes, » tient lieu de l'*imrama*, « voyages sur mer, » qu'on lit dans la première liste. Il semble donc avoir existé, outre les dix-neuf séries de grandes histoires que nous avons énumérées jusqu'ici, une vingtième série dont le titre commençait par *irgal*, « bataille, arme ; » et malheureusement la nomenclature des pièces qui la composaient paraît perdue.

Parmi les pièces énumérées dans les listes dont nous venons de parler, il y en a beaucoup dont le texte n'existe plus; mais un certain nombre nous a été conservé. Ainsi, une des pièces publiées par M. Windisch dans ses *Irische Texte*, le *Tochmarc*

---

(1) *Ancient laws of Ireland*, t. I, p. 46.
(2) Dans l'imprimé, *urtha* ; c'est évidemment une faute.
(3) Dans l'édition, *faite* ; l'*f* initiale empruntée par l'éditeur au manuscrit est une lettre parasite.

Etaine, « Demande en mariage d'Etain, » se trouve à la fois dans les deux manuscrits de la première liste (1) ; dans un manuscrit de la seconde (2), et dans le court fragment de liste que nous a gardé la glose du *Senchus Môr* (3).

Le morceau qui, dans la première liste, porte le titre d' « Enlèvement de Derdriu par les fils d'Usnech, » *Aithed Derdrenn* (4) *re macaib Uisnig* (5), est identique à celui que M. Windisch a édité sous le titre de « Bannissement des fils d'Usnech, » *Longes mac n-Usnig* (6). On trouve dans la seconde liste la mention d'une pièce intitulée : « Fête de la maison de Bricriu », *Feis tige Bricrend;* c'est le récit que M. Windisch a édité sous le titre de « Festin de Bricriu, » *Fled Bricrend* (7).

M. Wh. Stokes a donné dans la *Revue celtique*, d'après le Livre de Leinster, une analyse et des extraits de la « Mort de Cûchulainn (8). » Le titre de cette composition, *Aided Conculainn*, est inscrit

---

(1) Livre de Leinster, p. 189, col. 3, ligne 11 ; Trinity College de Dublin, H. 3. 17, col. 797.

(2) Bibliothèque Bodléienne d'Oxford, Rawlinson B 512, f° 109 verso, col. 1.

(3) *Ancient laws of Ireland*, t. I, p. 46.

(4) Les manuscrits portent *Derdrinde* (Livre de Leinster), p. 190, col. 1, et *Deirdrinde* (Trinity College de Dublin, H. 3. 17, col. 798 *b*).

(5) La leçon du manuscrit de Trinity College, H. 3. 17, est *Uisnech*. Dans le Livre de Leinster, on a écrit ce nom par une *l*, au lieu d'une *n* : *Uisl*[*ig*].

(6) *Irische Texte*, p. 67-92.

(7) *Irische Texte*, p. 254-311.

(8) *Revue celtique*, t. III, p. 175-185.

dans la première liste (1). On trouve aussi, dans cette liste, la « Mort de Ferdiad, » *Aided Fhirdead* (2), publiée sous le titre de « Combat de Ferdiad, *Comrac Fhirdead,* » par M. Sullivan (3) ; et la « bataille de Mag-Rath (4), » *Cath Maige-Rath*, éditée aux frais de la Société archéologique d'Irlande, en 1842 (5).

Nous nous bornons à ces exemples, dont nous pourrions beaucoup augmenter le nombre. Ils suffisent pour établir que les listes dont nous parlons ne sont pas des nomenclatures de compositions imaginaires, et que les titres qui y sont contenus correspondent à des récits épiques qui existaient réellement à l'époque où ces listes ont été rédigées.

Quelle est cette époque? Pour la liste contenue dans la glose du *Senchus Môr*, on peut affirmer qu'elle existait au seizième siècle, date du manuscrit ; et on ne peut guère la faire remonter plus haut que le onzième siècle, où la première bataille de Mag-Tured semble avoir été inventée (6). La liste

(1) Livre de Leinster, p. 189, col. 3 ; Trinity College, H. 3. 17, col. 798.

(2) *Ibidem*.

(3) A la fin de l'ouvrage posthume d'O'Curry, *On the manners and Customs of the ancient Irish*, t. III, p. 413-463.

(4) Livre de Leinster, p. 189, col. 3 ; Trinity College, H. 3. 17, col. 797.

(5) *The banquet of Dun na n-gedh and the battle of Magh-Rath, an ancient historical tale, now first published from a manuscript in the library of Trinity College, Dublin, with a translation and notes by* John O'Donovan. Dublin, 1842.

(6) La seconde bataille de Mag-Tured est celle que l'imagination des *file* d'Irlande a créée la première ; mais on distingue déjà deux ba-

conservée par la glose du *Senchus Mór* mentionne deux batailles de Mag-Tured, tandis qu'il n'y en a qu'une dans les deux premières listes et dans les monuments les plus anciens de la littérature irlandaise. Mais cette liste, quelle que soit sa date, étant fort courte, présente beaucoup moins d'intérêt que les deux autres.

La seconde liste, celle qui est contenue dans l'« Invention d'esprit d'Urard mac Coisi, » *Airec menman Uraird maic Coisi*, est datée par le monument même qui nous l'a conservée. L'*Airec menman Uraird* nous fait remonter au règne de Domnall O'Neill, roi suprême d'Irlande, qui régna de 956 à 980 environ (1). Le *file* Urard mac Coisi, dont la maison a été saccagée par les gens de ce prince, vient le trouver et lui offre de lui raconter une histoire : le roi choisira celle qu'il voudra. Urard lui en propose successivement un nombre considérable dont il lui donne les titres, et à chaque titre le prince fait une réponse négative : il sait déjà l'histoire dont il s'agit. Enfin, le *file* dit un titre inconnu jusque-là ; la curiosité du roi est piquée ; Domnall

---

tailles de Mag-Tured dans le *Lebar gabala*, onzième siècle (Livre de Leinster, p. 9, col. 1, lignes 9, 27, 51, et col. 2, ligne 1).

(1) Les annalistes d'Irlande ne sont pas d'accord sur l'année de son avènement ni sur celle de sa mort : ainsi pour cette dernière date ils varient entre 973 et 980. O'Donovan, *Annals of the kigndom o Ireland by the Four Masters*, 1851, t. II, p. 708-711. Suivant Hennessy, *Chronicum Scotorum*, p. 225, Domnall O'Neill serait mort en 978.

demande à entendre ce récit nouveau. Urard raconte le pillage de sa maison (1).

L'énumération des titres des histoires, qu'Urard mac Coisi offrit de réciter au roi suprême d'Irlande Domnall O'Neill et que ce dernier refusa d'entendre, constitue notre seconde liste, et nous ne voyons pas de raison pour attribuer à cette liste une date postérieure à celle qui résulte des circonstances dans lesquelles elle se produit, c'est-à-dire à la seconde moitié du dixième siècle. En effet, elle ne contient aucune pièce qui se rapporte à des événements postérieurs à cette date. De l'orthographe relativement moderne des manuscrits qui nous l'ont conservée, et qui appartiennent au quatorzième, au quinzième et au seizième siècle, il n'y a rien à conclure quant à la date de la rédaction primitive : les scribes irlandais ont toujours lourdement subi l'influence des lois grammaticales qui régissaient leur langue à l'époque où ils écrivaient.

L'édition, que nous possédons actuellement, de la première liste, nous semble antérieure d'un demi-siècle environ à la seconde liste. Mais sauf une ou deux interpolations, qui peuvent remonter à l'an 920 environ, cette édition paraît être la reproduction d'une rédaction plus ancienne et qu'on pourrait faire remonter à la fin du septième siècle ou au commencement du huitième. Cette date résulte du sujet des pièces dont notre première liste contient les titres.

---

(1) O'Curry, *On the manners*, t. II, p. 130-135.

Les pièces cataloguées dans cette liste peuvent se distinguer en quatre catégories : la première comprend les compositions épiques qui se rapportent à la plus ancienne histoire des dieux et à l'origine de l'homme et du monde, suivant les doctrines celtiques, sauf toutefois les modifications grâce auxquelles l'Irlande chrétienne a pu les conserver. C'est ce que nous appellerons le cycle mythologique.

Viennent ensuite deux cycles héroïques. Le premier comprend les récits légendaires groupés autour des noms du roi Conchobar et du héros Cûchulainn, que Tigernach, chroniqueur irlandais de la fin du onzième siècle, fait mourir, l'un en l'an 22 de notre ère, l'autre vingt ans plus tôt (1). Dans le second cycle héroïque sont réunies des compositions épiques relatives à des personnages dont le principal paraît être Find, fils de Cumall. Find fut père du fameux Ossin, plus connu de nos jours sous le nom d'Ossian. Nous appellerons donc « ossianique » le second cycle héroïque. Les événements qui lui ont donné naissance sont bien postérieurs aux faits historiques qui ont fourni la base du cycle de Conchobar et Cûchulainn. Suivant Tigernach, la mort de Find eut lieu en 274, c'est-à-dire deux cent cinquante-deux ans après celle de Conchobar (2).

Outre les pièces qui appartiennent à ces trois cycles, la première liste des monuments de la littérature

---

(1) O'Conor, *Rerum hibernicarum scriptores*, t. II, p. 14, 16.
(2) *Id., ibid.*, p. 49.

épique irlandaise mentionne un certain nombre de pièces relatives à des événements de date plus récente.

Par exemple, c'est à des événements du cinquième siècle que se rapportent les pièces intitulées : « Expédition militaire de Niall, fils d'Echaid, jusqu'à la Manche (1) ; » « Expédition militaire de Dathî jusqu'au mont Elpa (2) ; » « Demande en mariage d'Ethné Uathach (3). » L'expédition de Niall est datée de 411 par le *Chronicum Scotorum,* de 405 par Tigernach et les Quatre Maîtres (4) ; le *Chronicum Scotorum* et les Quatre Maîtres s'accordent pour mettre celle de Dathî ou Nathî en 428 (5). Quant à Ethné Uathach, son mari fut tué dans une bataille vers l'an 489 (6).

D'autres pièces, dont les titres sont aussi compris dans notre première liste, se rapportent à des événements du sixième siècle, tels sont : le « Voyage sur

---

(1) Sl*uaged* Neill ma*ic* Ech[d]ach co-muir n-Icht. Livre de Leinster, p. 190, col. 1, lignes 53-54; H. 3. 17, col. 799.

(2) Sl*uaged* Dathî co-sliab n-Elpa. Livre de Leinster, p. 190, col. 1, lignes 52-53 ; H. 3. 17, col. 799.

(3) « *Tochmarc* Eithne Uathaige, *ingine* Crimthaind. Livre de Leinster, p. 189, col. 3, lignes 16-17 ; H. 3. 17, col. 797.

(4) Hennessy, *Chronicum Scotorum,* p. 18-19 ; Annales de Tigernach chez O'Conor, *Rerum hibernicarum scriptores,* t. II, p. 84 ; O'Donovan, *Annals of the kingdom of Ireland by the Four Masters,* 1851, t. I, p. 126-127.

(5) *Chronicum Scotorum,* édition Hennessy, p. 20-21 ; O'Donovan, *Annals of the kingdom of Ireland,* t. I, p. 126-127 ; cf. Annales de Tigernach chez O'Conor, *Rerum hibernicarum scriptores,* t. II, p. 85.

(6) Voir les textes réunis par O'Donovan, *Annals of the kingdom of Ireland,* t. I, p. 152-153. Cf. Hennessy, *Chronicum Scotorum,* p. 30-31.

mer de Murchertach, fils d'Ercé (1), » puis les « Fêtes de Dun-Bolg et de Dun-Buchet (2). » Sous ces deux titres on racontait 1° une expédition de Murchertach, roi suprême d'Irlande de 504 à 526 suivant les Quatre Maîtres, de 508 à 531 d'après la chronologie du *Chronicum Scotorum* (3) ; 2° la mort d'Aed, fils d'Anmire, à Dun-Bolg, en 598 suivant Tigernach et le *Chronicum Scotorum*, en 594 suivant les Quatre Maîtres (4) ; et celle de Cumascach, fils d'Aed, à Dun-Buchet, en 597 d'après la chronologie de Tigernach et du *Chronicum Scotorum*, et en 593 d'après celle des Quatre Maîtres (5).

C'est à la fin du sixième siècle ou au commencement du septième que se rapportent : 1° la « Mort violente de Maelfathartach, » tué par Ronan son père, qui mourut lui-même en 610 suivant les Quatre

---

(1) « Imram luinge Murchertaig, maic Erca. » Livre de Leinster, p. 189, col. 3, lignes 30, 31 ; H. 3. 17, col. 798.

(2) « Feis Dûin-Bolgg, Feis Dûin-Buchet. » Livre de Leinster, p. 189, col. 3, lignes 47-48 ; H. 3. 17, col. 798, où le premier de ces deux titres se trouve seul.

(3) O'Donovan, *Annals of the kingdom of Ireland by the Four Masters*, 1851, t. I, p. 164, 165, 174, 175 ; Hennessy, *Chronicum Scotorum*, p. 36-37, 42-43.

(4) Hennessy, *Chronicum Scotorum*, p. 64-65 ; O'Donovan, *Annals of the kingdom of Ireland by the Four Masters*, 1851, t. I, p. 218-221 ; Annales de Tigernach chez O'Conor, *Rerum hibernicarum scriptores*, t. II, p. 160.

(5) Hennessy, *Chronicum Scotorum*, p. 64-65 ; O'Donovan, *Annals of the kingdom of Ireland by the Four Masters*, t. I, p. 216-217. Cf. Livre de Leinster, p. 300-302 ; Annales de Tigernach chez O'Conor, *Rerum hibernicarum scriptores*, t. II, p. 160.

Maîtres, en 615 suivant Tigernach et le *Chronicum Scotorum* (1) ; 2° l'« Expédition de Fiachna, fils de Baitan, à Dun-Guairé, chez les Saxons (2) ; » Fiachna, fils de Baitan, était roi d'Ulster : les Quatre Maîtres placent son premier exploit en 571, et sa mort en 622 (3) ; les dates correspondantes chez Tigernach et dans le *Chronicum Scotorum* sont 573 et 626 (4).

Au septième siècle se placent les faits qui ont inspiré les auteurs des pièces intitulées : « Aventures de Mongan, fils de Fiachna (5) ; » « Amour de Dubilacha pour Mongan (6) ; » « Bataille de Mag-Rath (7), » et « Enlèvement de Ruthcherné, par Cuanu, fils de Cailchen (8). » Mongan, le personnage principal des

---

(1) « A*ided* Maelfhathartaig, ma*ic* Ronain. » Livre de Leinster, p. 189, col. 3, ligne 38. (Cf. *ibid.*, p. 271-273, où la pièce même se trouve transcrite et où elle porte le titre de *Fingal Ronain*); H. 3. 17, col. 798. Hennessy, *Chronicum Scotorum*, p. 74-75 ; O'Donovan, *Annals of the kingdom of Ireland by the Four Masters*, 1851, t. I, p. 236-237; Annales de Tigernach chez O'Conor, *Rerum hibernicarum scriptores*, t. II, p. 183.

(2) « Slu*aged* Fiachna, ma*ic* Baitain, co Dûn n-Guaire i-Saxanaib. » Livre de Leinster, p. 190, col. 1, lignes 54-56 ; H. 3. 17, col. 799.

(3) O'Donovan, *Annals of the kingdom of Ireland by the Four Masters*, 1851, t. I, p. 206, 207, 246, 247.

(4) Annales de Tigernach, chez O'Conor, *Rerum hibernicarum scriptores*, t. II, p. 152, 188. Hennessy, *Chonicum Scotorum*, p. 58, 59, 80, 81.

(5) « E*chtra* Mo*ngain*, ma*ic* Fiachna. » Livre de Leinster, p. 189, col. 3, ligne 62 ; H. 3. 17, col. 798 *b*.

(6) « S*erc* Dubilac*ha* do Mongan. » Livre de Leinster, p. 190, col. 1, ligne 49 ; H. 3. 17, col. 799.

(7) « C*ath* Maige Rath. » Livre de Leinster, p. 189, col. 3, ligne 21.

(8) « A*ithed* Ruthcherni re Cuanu ma*c* Cailc*hin*. » Livre de Leinster, p. 190, col. 1, lignes 10 et 11 ; H. 3. 17, col. 798.

deux premières pièces, mourut en 620, si l'on adopte la chronologie des Quatre Maîtres ; en 625, s'il faut préférer celle de Tigernach et du *Chronicum Scotorum* (1). La bataille de Mag-Rath est datée par les annalistes irlandais de 634, 636 ou 637 (2). L'amant qui enleva Ruthcherné mourut en 640 ou en 641 (3). Les titres de ces morceaux épiques sont, comme les précédents, inscrits dans la première liste.

Suivant O'Curry, une des pièces contenues dans cette liste aurait été inspirée par des événements du huitième siècle : c'est le « Voyage fait sur mer par Maeldun (4). » Mais ailleurs, il met en l'année 700 le le voyage réel, fort hypothétique, sur lequel on aurait brodé le voyage fantastique que le récit légendaire nous a conservé (5). Quoi qu'on pense de la

---

(1) O'Donovan, *Annals of the kingdom of Ireland by the Four Masters*, 1851, t. I, p. 242-245 ; Hennessy, *Chronicum Scotorum*, p. 78-79. Annales de Tigernach, chez O'Conor, *Rerum hibernicarum scriptores*, t. II, p. 188.

(2) O'Donovan, *Annals of the kingdom of Ireland by the Four Masters*, 1851, t. I, p. 252-253; Hennessy, *Chronicum Scotorum*, p. 84-85. Annales de Tigernach, chez O'Conor, *Rerum hibernicarum scriptores*, t. II, p. 193.

(3) O'Donovan, *Annals of the kingdom of Ireland by the Four Masters* 1851, t. I, p. 258-259; Hennessy, *Chronicum Scotorum*, p. 88-89. Sur cette légende, voir le Livre de Leinster, p. 275, col. 1, et Atkinson, *The book of Leinster*, Contents, p. 62.

(4) « Imrom Máeleduin. » Livre de Leinster, p. 189, col. 3 lignes 29-30 ; H. 3. 17, col. 798 ; O'Curry, *Lectures on the manuscript materials*, p. 289.

(5) O'Curry, *On the manners*, t. III, p. 158-159.

part de vérité historique qui se puisse trouver dans le voyage de Maeldun, il paraît établi qu'aucun des faits historiques auxquels fait allusion la première liste des compositions épiques irlandaises n'est postérieur au septième siècle.

Il y a cependant une exception : elle est fournie par le dernier article de la section intitulée « Amours, » *serca*. L'amour de Gormlaith pour Niall Glundub nous reporte aux premières années du dixième siècle. Gormlaith, qui aimait Cormac mac Cuilennain, *file*, évêque et roi, se sépara de Cerball son mari, quand celui-ci, vainqueur de Cormac, rapporta du champ de bataille la tête sanglante de son rival. C'était en 903, d'autres disent 907 ou 908 (1); et c'est alors que Gorm-laith voulut se faire épouser par Niall Glûndub (2). Le titre de la pièce relative à ces événements semble avoir été ajouté au dixième siècle à une nomenclature beaucoup plus ancienne.

Remarquons, en effet, que les guerres civiles, si fréquentes et si sanglantes en Irlande au septième siècle, après la bataille de Mag-Rath, c'est-à-dire pendant les soixante dernières années de ce siècle, celles du siècle suivant, les guerres si terribles du neuvième et du dixième siècle, — à plus forte raison celles du onzième, — contre les pirates et les conquérants scandinaves, n'ont fourni aucun titre aux

---

(1) O'Donovan, *Annals of the kingdom of Ireland by the Four Masters*, 1851, t. II, p. 564-571 ; Hennessy, *Chronicum Scotorum*, 180-183.

(2) Livre de Leinster, p. 52, col. 2. Cf. Atkinson, *The book of Leinster*, Contents, p. 26.

sections intitulées « batailles, » « sièges, » « expéditions, » « massacres. »

Ce n'est pas que la littérature irlandaise ait négligé les événements militaires postérieurs à la bataille de Mag-Rath. Ainsi, dans le *Leabhar na h-Uidre*, manuscrit de la fin du onzième siècle, nous trouvons un traité intitulé « Bataille de Carnn-Conaill (1). » Cette bataille fut livrée vers l'année 646, environ dix ans après la bataille de Mag-Rath (2). Il n'en est rien dit dans notre liste. On n'y trouve pas non plus mentionnée la célèbre bataille d'Allen, livrée en 722 et dont le récit se trouve dans plusieurs manuscrits, un par exemple du quatorzième siècle, un autre du quinzième (3). A plus forte raison, il n'y est pas question de cette fameuse bataille de Clontarf, qui en 1014 (4) aurait marqué le terme des invasions scandinaves, et qui tient une place si considérable dans le traité irlandais des guerres contre les *Gall*, car c'est ainsi qu'on appelait en Irlande les redoutables pirates et conquérants qui, pendant deux siècles, mirent l'île à feu et à sang. Ils étaient

---

(1) « Cath Cairnd Chonaill. » *Leabhar na h-Uidhre*, p. 115-117.
(2) Hennessy, *Chronicum Scotorum*, p. 90-91 ; O'Donovan, *Annals of the kingdom of Ireland by the Four Masters*, 1851, t. I, p. 260-261. Les Annales de Tigernach, chez O'Conor, *Rerum hibernicarum scriptores*, t. II, p. 197, la mettent en 649.
(3) *Cath Almaine.* Trinity College, H. 2. 16, col. 939-942 ; Livre de Fermoy, f° 79, analysé par Todd, *Proceedings of the Royal irish Academy*, irish manuscripts series, vol. I, part I, 1870, p. 35.
(4) Hennessy, *Chronicum Scotorum*, p. 250.

de même race que ceux qui donnèrent à une province de France le nom de Normandie (1).

Il nous paraît donc vraisemblable que notre première liste des monuments de la littérature épique irlandaise, telle qu'elle nous a été conservée, est, sauf interpolation, la reproduction d'un catalogue qui remonte, soit à la fin du septième siècle, soit au commencement du huitième, à une époque où la bataille de Clontarf, peut-être même celle d'Allen, n'avaient pas encore été livrées, et où le récit de la bataille de Carnn Conaill n'avait point encore pénétré dans le cadre officiel de la littérature épique. Cette liste fut ensuite interpolée : on y intercala à la fin de la courte section consacrée aux « amours » le titre de la pièce qui racontait l'amour malheureux de Gormlaith pour Niall Glûndub, au commencement du dixième siècle.

De plus, à la fin de la section des « massacres, » en irlandais *airgne*, nous trouvons inscrit le titre d'une pièce étrangère à la littérature nationale irlandaise : l' « Hospitalité d'Arthur, » *aigidecht Artuir* (2). Le roi Arthur est un personnage épique gallois ; il est étranger à la littérature nationale de l'Irlande. Nous

---

(1) Sur la bataille de Clontarf, voir *Gogadh Gaedhel re Gallaibh*, « *The war of the Gaedhil with the Gaill*, » publié par Todd, p. 151 et suiv. Cf. Hennessy, *The Annals of Loch Cé*, I, 3-13.

(2) Livre de Leinster, p. 190, col. 1, lignes 38-39. Cf. Trinity College H. 3. 17, col. 799 ; O'Curry, *Lectures on the manuscript materials*, p. 591 ; O'Looney, dans *Proceedings of the royal irish Academy*, sec. series, vol. 1, *Polite literature and antiquities*, 1879, p. 237.

n'avons pas de preuves qu'on l'ait connu en Irlande avant le onzième siècle, auquel remonte la traduction irlandaise de l' « Histoire des Bretons » de Nennius (1), et où nous voyons un personnage irlandais porter le nom, devenu célèbre, du grand guerrier gallois. En 1052, nous disent les Quatre Maîtres, mourut Arthur, fils de Muredach, régisseur de l'abbaye de Clon-mor; il était la gloire du Leinster (2). Ainsi, au onzième siècle, le nom gallois d'Arthur était connu en Irlande. Cependant, la pièce intitulée « Hospitalité d'Arthur » n'existe pas aujourd'hui; il est bien possible qu'elle n'ait jamais existé et que le texte original portât « Hospitalité d'Athirné, » *aigidecht Athirni*. Athirné est un personnage du cycle de Conchobar et de Cùchulainn; le récit de son hospitalité, c'est-à-dire de l'hospitalité qu'il reçut, nous a été conservé par un manuscrit du quinzième siècle (3), et il est question des voyages d'Athirné dans un manuscrit plus ancien (4). Il se peut donc que la mention d'Arthur, à la fin de la section des « massacres, » dans la plus ancienne liste des monuments de la littérature épique irlandaise, soit le résultat d'une faute de copie, et non

---

(1) Voyez *Leabhar breathnach annso sis*, *The irish version of the Historia Britonum of Nennius*, édition Todd, p. 108-113.

(2) *Annals of the kingdom of Ireland by the Four Masters*, édition d'O'Donovan, 1851, t. II, p. 860.

(3) British Museum, Harleian 5280, f° 66. Cf. O'Curry, *On the manners*, t. III, p. 161-162.

(4) Livre de Leinster, p. 117-118.

une interpolation. Quoi qu'il en soit, la première rédaction de la plus ancienne de nos listes paraît nous faire remonter aux dernières années du septième siècle ou aux premières années du huitième siècle. Le septième et le huitième siècle sont l'âge d'or de la littérature irlandaise. C'est au septième siècle, c'est-à-dire au règne de Guairé Aidné, roi de Connaught, mort en 659, suivant les uns, en 662 suivant les autres, que les récits des *file* irlandais rapportent la rédaction de la grande épopée qui célèbre l'enlèvement du taureau de Cùalngé. La plus grande partie de la vieille littérature épique de l'Irlande paraît avoir été consignée par écrit pendant les cent cinquante ans qui suivent. C'est au septième siècle que moururent Dallan, fils de Forgall, Senchan Torpeist et Cennfaelad, les plus anciens ou à peu près de ceux des *file* d'Irlande qu'on peut considérer comme les vrais auteurs des compositions littéraires qui portent leur nom. A la même époque, la culture des lettres latines et grecques était pratiquée en Irlande avec une ardeur et un succès merveilleux ; cette culture est un autre aspect du mouvement intellectuel qui a fait consigner par écrit les plus anciens monuments de la littérature nationale irlandaise.

CHAPITRE IX.

LES ÉCOLES D'IRLANDE AU SIXIÈME, AU SEPTIÈME ET AU HUITIÈME SIÈCLE.

La seconde moitié du sixième siècle, le septième et le huitième siècle sont en Irlande la grande époque de la littérature classique. La culture des lettres grecques et latines a cessé en Gaule depuis la conquête germanique, au cinquième siècle; l'Irlande, qu'à cette époque n'ont pas encore envahie les barbares des contrées situées au nord-ouest de la Gaule, paraît avoir donné asile aux hommes d'étude chassés de la Gaule par les armes et la domination sauvage des Burgundes, des Wisigoths et des Francs (1).

---

(1) Jonas, qui, vers la fin du septième siècle, écrivait la vie du saint abbé Columban, fait remarquer, au chapitre VI de cette vie, que l'Irlande, « diversarum capax nationum, cæterorum caret bellis populorum. » Au chapitre XI, il nous montre son héros et ses compagnons se rendant en Gaule, « ubi tunc vel frequentatione hostium exterorum, vel ob negligentiam præsulum, religionis virtus pene abolita videbatur. » Migne, *Patrologia latina*, t. 87, col. 1014, 1017, 1018.

On ne peut déterminer la date exacte à laquelle remonte l'introduction des études classiques latines en Irlande. Elles n'y apparaissent qu'associées au christianisme. L'année 432 semble être celle où commença l'apostolat de saint Patrice (1) ; mais saint Patrice n'est pas le fondateur de l'Eglise d'Irlande. L'année précédente, le pape Célestin Ier avait envoyé en Irlande l'évêque Palladius, qui y bâtit, dit-on, trois églises, et la chronique de Prosper d'Aquitaine, parlant de cette mission à cette date, dit que l'objet de l'apostolat de Palladius était « les Scots, » c'est-à-dire les Irlandais, « croyant dans le Christ (2). » Prosper était contemporain du pape Célestin Ier et de l'évêque Palladius ; il termina sa chronique en 455. Son témoignage établit qu'en l'année qui précéda l'apostolat de saint Patrice, en 431, il y avait déjà des chrétiens en Irlande.

Antérieurement, saint Jérôme, qui, comme l'on sait, mourut en 420, se plaint des attaques dirigées contre un de ses livres par un Scot, c'est-à-dire un Irlandais, disciple de l'hérésiarque Pélage. Le livre ainsi critiqué était un commentaire de l'épître de saint Paul aux Ephésiens, et ce commentaire a paru

---

(1) *Chronicum Scotorum*, édition Hennessy, p. 20-21. *Annals of the kingdom of Ireland by the Four Masters*, édit. O'Donovan, 1851, t. I, p. 130-131. *Annales inisfalenses*, chez O'Conor, *Rerum hibernicarum scriptores*, t. II, p. 94, 95.

(2) « Ad Scotos in Christum credentes ordinatur a papa Cælestino Palladius et primus episcopus mittitur. » Migne, *Patrologia latina*, t. 51, col. 595.

avant l'année 392 de notre ère (1). Saint Jérôme parle de son adversaire dans un commentaire sur Jérémie, écrit postérieurement à l'année 392. Il dit que son critique est « un grand sot, alourdi par les » potages des Irlandais (2). » Plus loin, il traite de chien d'Albion le breton Pélage, maître de l'hérétique contre lequel il se défend. « Ce chien est grand, » gros, édenté, et il ne pourrait nuire qu'en don- » nant des coups de pieds ; il a un fils de race ir- » landaise (3). »

Cette réplique passionnée a été écrite avant l'année 420 où saint Jérôme mourut. Il est donc certain qu'il y a eu des Irlandais chrétiens avant l'apostolat de saint Patrice (4) ; et celui de ces chrétiens qui

---

(1) Teuffel, *Geschichte der römischen Literatur*, 3ᵉ édit., p. 1022.

(2) « Stolidissimus et pultibus Scotorum prægravatus. » Prologue au premier livre des commentaires sur Jérémie. Migne, *Patrologia latina*, t. 24, col. 682 A.

(3) « Albinum canem, grandem et corpulentum et qui calcibus magis possit sævire quam dentibus; habet enim progeniem scoticæ gentis de Britannorum vicinia. » Prologue au troisième livre des commentaires sur Jérémie. Migne, *Patrologia latina*, t. 24, col. 758 B.

(4) Nous ne voyons pas sur quoi O'Donovan se fonde pour prétendre que le pélagien Cælestius, auquel Gennadius de Marseille a consacré le chapitre XLIV de son livre *De scriptoribus ecclesiasticis* ou *De viris illustribus* (Migne, *Patrologia latina*, t. 58, col. 1083-84) est identique au pélagien irlandais dont parle saint Jérôme. (*Annals of the kingdom of Ireland by the Four Masters*, 1851, t. I, p. LI). On ne peut compter comme une autorité sérieuse le passage qui concerne Cælestius dans le Supplément de Tigernach fabriqué par O'Conor, *Rerum hibernicarum scriptores*, t. II, p. 86. Cælestius n'est qualifié d'Irlandais ni dans les actes du concile de Carthage qui le condam-

entra en lutte avec saint Jérôme joignait évidemment à la connaissance du latin une certaine culture littéraire. On était alors à la fin du quatrième siècle ou au commencement du cinquième. Mais le critique de saint Jérôme, comme, en général, les Irlandais chrétiens, faisait exception au milieu d'une population alors presque entièrement païenne.

C'est à la fondation d'Armagh, métropole religieuse de l'Irlande chrétienne, que l'on peut faire remonter les premiers débuts d'une organisation de l'enseignement de la théologie chrétienne et des lettres classiques en Irlande. La date de ce grand événement n'est pas rigoureusement déterminée. Il se produisit vers le milieu du cinquième siècle (1). Ses fruits n'apparaissent clairement qu'un siècle plus tard. Alors furent créés les principaux des grands monastères d'Irlande, centres littéraires en même temps que religieux, d'où un essaim d'apôtres rapporta, dans diverses régions du continent et dans la Grande-Bretagne redevenues barbares et restées en partie païennes, le culte des lettres classiques et l'enseignement théologique du christianisme.

Nous citerons l'abbaye de Clonard, fondée par

---

nent, Migne, *Patrologia latina*, t. 20, col. 565, ni dans les lettres du pape Zozime aux évêques d'Afrique, *ibid.*, col. 649 et suivantes.

(1) 444 suivant les annales d'Ulster; 457 suivant les *Quatre Maters* : O'Donovan, *Annals of the kingdom of Ireland by the Four Mastres*, 1851, t. I, p. 142-143. Cf. O'Conor, *Rerum hibernicarum scriptores*, t. II, p 104, qui propose l'année 445.

saint Findia, qui mourut en 563 (1) ; et celle de Bangor, qui paraît dater de 558 (2). De Clonard sortit saint Columba, auquel on doit l'établissement de l'abbaye d'Iova en Ecosse, un des principaux centres religieux et littéraires de la Grande-Bretagne. A Bangor fut élevé saint Columban, célèbre par ses fondations monastiques dans la Gaule orientale et l'Italie du nord. C'est de 563 que datent les commencements de l'abbaye d'Iova ; l'apostolat de Columban sur le continent commença quelques années plus tard et finit avec sa vie, en 615. Ses succès comme missionnaire chrétien n'entrent pas dans notre sujet (3) ; ce qui s'y rattache, c'est la supériorité littéraire de cet Irlandais sur les plus instruits des Gallo-Romains de son temps.

On sait ce qu'a dit très justement de ses propres connaissances littéraires et grammaticales un des membres les plus éminents du clergé de la Gaule à cette époque, Grégoire de Tours, le plus ancien et l'un des plus illustres de nos chroniqueurs nationaux, qui mourut en 595, à une date où Columban habitait déjà la Gaule depuis plusieurs années. Gré-

---

(1) D'autres disent 552. O'Donovan, *Annals of the kingdom of Ireland by the Four Masters*, 1851, t. I, p. 187. Le nom irlandais de Clonard est *Cluain Iraird*.

(2) *Chronicum Scotorum*, édition Hennessy, p. 52-53. O'Donovan, *Annals of the kingdom of Ireland by the Four Masters*, 1851, t. I, p. 188-189.

(3) Voyez Montalembert, *Les moines d'Occident*, 6ᵉ édition, t. II, p. 491 et suiv.

goire, dans un de ses livres, s'adresse lui-même la parole en ces termes : « Toi qui n'as aucune prati-
» que des lettres, qui ne sais pas distinguer les
» mots, qui prends souvent pour masculins ceux
» qui sont féminins, pour féminins les neutres, et
» pour neutres les masculins; qui mets souvent
» hors de leur place les prépositions elles-mêmes,
» dont les règles ont eu la sanction des plus illus-
» tres auteurs : car tu leur joins des accusatifs pour
» des ablatifs, et, à l'inverse, des ablatifs pour des
» accusatifs (1). » Ces critiques que Grégoire s'adresse sont amplement justifiées par les plus anciens manuscrits de ses œuvres. Les éditions ne nous offrent qu'un texte expurgé conformément aux lois de la langue latine, telle que l'enseignent les grammairiens modernes. Les contemporains gallo-romains de Grégoire ne savaient pas mieux la grammaire que lui : les manuscrits mérovingiens en donnent d'innombrables preuves.

Qui a suggéré les critiques si justifiées que Grégoire répète humblement ? Probablement quelque moine irlandais voyageant sur le continent. Saint Columban arriva en Gaule avec ses disciples une

(1) Grégoire de Tours, *De gloria beatorum confessorum*, prologue, traduction de M. Bordier, dans son ouvrage intitulé *Les livres des miracles et autres opuscules de George Florent Grégoire, évêque de Tours*, t. II, p. 339. Grégoire exprime la même idée d'une façon plus brève dans son *Histoire ecclésiastique des Francs*, prologue du livre I, où il s'exprime en ces termes : « Veniam a legentibus precor si aut in litteris aut in syllabis grammaticam artem excessero, de qua adplene non sum imbutus. » Dom Bouquet, t. II, p. 139.

vingtaine d'années avant la mort de Grégoire. Il suffit de jeter les yeux sur les écrits de Columban pour reconnaître immédiatement sa merveilleuse supériorité sur Grégoire de Tours et sur les Gallo-Romains de son temps. Il a vécu dans le commerce des auteurs classiques, comme le devaient faire plus tard les érudits du seizième siècle, dont il n'est pas certainement l'égal, mais pour lesquels il semble une sorte de précurseur. Ce moine sévère, célèbre de son vivant par ses jeûnes, et qui repoussait avec indignation les enfants qu'un roi mérovingien devait à l'adultère, adressait à un ami une ode en vers adoniques, imitée des anciens :

« Combien de maux a causés la Toison d'or !
» Quelques grains d'or ont bouleversé le banquet
» des dieux, suscité le plus vif débat entre trois
» déesses, et armé le bras dévastateur de la jeu-
» nesse dorienne contre l'opulent royaume des
» Troyens... Souvent une chaste femme vend sa pu-
» deur pour de l'or. Jupiter ne se change pas en
» pluie d'or; la pluie d'or, c'est l'or qu'offrait cet
» adultère. Pour un collier d'or, Amphiaraüs fut li-
» vré par une perfide épouse. Achille vendit à prix
» d'or les restes du héros troyen ; et l'on assure
» que le sombre asile de Pluton s'ouvre à qui paye
» une somme d'or convenue... (1). »

(1) Traduction de M. Hauréau, *Singularités historiques et littéraires*, 1861, p. 13. Voici le texte :

<pre>
         Exstitit ingens
         Causa malorum
</pre>

Quand le moine irlandais approche de la conclusion : « J'ai été, » dit-il, « assez long dans ces vers, » et leur forme vous paraît peut-être étrange. Cepen- » dant tel est le mètre dont avait l'usage de se ser- » vir en ses doux chants Sapho, célèbre femme-

>Aurea pellis.
>Corruit auri
>Munere parvo
>Cena deorum
>Ac tribus illis
>Maxima lis est
>Orta deabus.
>Hinc populavit
>Trojugenarum
>Ditia regna
>Dorica pubes.
>. . . . .
>Femina sæpe
>Perdit ob aurum
>Casta pudorem.
>Non Jovis auri
>Fluxit in imbre;
>Sed quod adulter
>Obtulit aurum,
>Aureus ille
>Fingitur imber.
>Amphiaraüm
>Prodidit auro
>Perfida conjunx.
>Hectoris heros
>Vendidit auro
>Corpus Achilles.
>Et reserari
>Munere certo
>Nigra feruntur
>Limina Ditis.

Migne, *Patrologia latina*, t. 80, col. 292. *Jovis* est un archaïsme latin.

» poète d'une race issue des Troyens (1). » — « Si
» par hasard vous vouliez composer des vers sem-
» blables, vous aurez soin de les commencer par
» un dactyle que vous ferez suivre d'un trochée ;
» telle est la règle, à moins que vous ne terminiez
» le vers par deux longues, ce qui est encore per-
» mis (2). »

Dans un des cinq courts poèmes latins qui nous

    Nam nova forsan
    Esse videtur
    Ista legenti
    Formula versus.
    Sed tamen illa
    Trojugenarum
    Inclyta vates
    Nomine Sappho
    Versibus istis
    Dulce solebat
    Edere carmen.

Migne, *Patrologia latina*, t. 80, col. 292.

(2)   Si tibi cura
    Forte volenti
    Carmina tali
    Condere versu,
    Semper ut unus
    Ordine cert
    Dactylus istic
    Incipiat pes.
    Inde sequenti
    Parte trochæus
    Proximus illi
    Rite locetur.
    Sæpe duabus
    Claudere longis
    Ultima versus
    Jure licebit.

Migne, *ibid.*, col. 292-293.

restent de saint Columban, on trouve un centon de Virgile :

> Fugit irreparabile tempus (1).

Dans un autre, l'auteur cite la quatorzième satire de Juvénal :

> Semper avarus eget nummo, testante poeta :
> *Crescit amor nummi quantum ipsa pecunia crevit* (2).

Et il reproduit le commencement d'un vers d'Horace :

> Vilius argentum est auro (3).

Jonas, écrivant la vie de saint Columban peu après l'année 615, date de la mort de ce célèbre abbé, dit que son héros, au sortir de l'enfance, s'était adonné en Irlande à l'étude des lettres et de la grammaire (4). Les vers latins de saint Columban

---

(1) *Ad Fedolium*, vers 164. Migne, *Patrologia latina*, t. 80, col. 294.

(2) *Ad Hunaldum epistola*, vers 53-54. Migne, *Patrologia latina*, t. 80, col. 286. Cf. Juvénal, *Satire* XIV, vers 139.

(3) Horace, *Epîtres*, livre I, 1, à Mécène, vers 52. Cf. saint Columban, *Ad Hunaldum*, v. 9. Migne, *Patrologia latina*, t. 80, col. 285. Les Irlandais du neuvième siècle avaient conservé ces goûts littéraires ; voir chez Zimmer, *Glossæ hibernicæ*, p. xxxi, la description du ms. 363 de Berne, où se trouve le commentaire de Servius sur Virgile, un Horace, des scolies sur Ovide, etc. Ce manuscrit est en écriture irlandaise.

(4) « Peractis itaque infantiæ annis, in pueritiæ ætate pubescens, liberalium litterarum doctrinis et grammaticorum studiis, ingenio

attestent combien était sérieuse la valeur de l'enseignement qu'il reçut. On a établi que les fantastiques doctrines grammaticales professées, vers la fin du sixième siècle, par le grammairien Virgile de Toulouse, ont pénétré en Irlande. Les « *Hesperica famina* » en fournissent la preuve (1). Saint Columban n'a rien de la prétentieuse obscurité qui distingue Virgile et son école : on retrouve chez lui la saine tradition classique que son contemporain Grégoire de Tours et les autres écrivains gallo-romains du même temps ont perdue.

La science grammaticale et littéraire de l'illustre abbé irlandais ne paraît pas avoir formé beaucoup d'adeptes en Gaule. Cependant nous trouvons sur le siège épiscopal de Paris, de 667 à 675, l'évêque Agilbert, qui, Gallo-Romain de naissance, avait été étudier en Irlande (2). Mais la grande action de l'enseignement irlandais dans l'ordre des études classiques sur le continent appartient à l'époque carlovingienne. Elle commence sous Charlemagne, quand l'irlandais Clément vient professer la grammaire à l'école du palais. C'est vers l'année 780 (3),

---

capaci dare operam cœpit. » Jonas, *Columbani vita*, c. 7. Migne, *Patrologia latina*, t. 87, col. 1015.

(1) Ozanam, *Etudes germaniques*, t. II, 5ᵉ édition, p. 568 et suiv. Cf. *ibid.*, p. 496-529.

(2) « Legendarum gratia Scripturarum, in Hibernia non parvo tempore demoratus. » Bède, *Historia ecclesiastica*, livre III, c. 7 ; chez Migne, *Patrologia latina*, t. 95, col. 127. Cf. Hauréau, *Singularités historiques et littéraires*, p. 5.

(3) Le moine de Saint-Gall, *De gestis Caroli Magni*, l. I, c. 1, 2,

environ deux siècles après l'époque où, avec saint Columban, les Irlandais ont, pour la première fois, rapporté en Gaule la tradition des études classiques qu'ils en avaient reçue.

Mais c'est surtout dans le siècle suivant, sous le règne de Charles le Chauve, que les études classiques irlandaises semblent émigrer sur le continent. Les pirates scandinaves dévastent l'Irlande ; ils brûlent les monastères ; enfin, leur roi Turgésius prend pour capitale Armagh, métropole ecclésiastique ; et, pour y être plus à l'aise, il en chasse le clergé. C'était vers l'année 841 (1). Au même moment, Clonard, l'abbaye qui avait formé saint Columba, est détruite (2). A cette époque, les dévastations de tout genre commises en Irlande par les barbares, qui, sur leurs navires, sont arrivés de l'Occident, forment presque à elles seules l'histoire de la malheureuse île.

Un nombre considérable de moines et de savants

chez D. Bouquet, t. V, p. 107, B C D. Migne, *Patrologia latina*, t. 98, col. 1371-1373. Il résulte formellement de ce texte que Clément précéda Alcuin à la cour de Charlemagne. Un traité grammatical composé par Clément se trouve à la bibliothèque nationale, ms., fonds latin, n° 13026 (autrefois Saint-Germain 1188), f° 131 v°. Voir, sur ce ms., Hauréau, *Singularités historiques et littéraires*, p. 19, 20, 23, 24; et L. Delisle, *Le cabinet des manuscrits*, t. II, p. 123 note.

(1) Todd, *Cogadh Gaedhel re Gallaibh, The war of the Gaedhil with the Gaill*, Introduction, p. xlv ; texte, p. 9, 224.

(2) *Chronicum Scotorum*, édition Hennessy, p. 142-143. Cf. O'Donovan, *Annals of the kingdom of Ireland by the Four Masters*, t. I, p. 462-463.

irlandais allèrent chercher asile en Gaule sous le sceptre bienveillant d'un prince ami des lettres : c'était Charles le Chauve. Le moine Héric le félicite des progrès que les études doivent à ses hauts encouragements. « La Grèce, » dit-il, « en est jalouse, » et l'Irlande presque entière, méprisant la mer et » ses dangers, se transporte sur nos rivages avec » la troupe de ses philosophes. Plus un Irlandais » est instruit et habile, plus il se décide volontiers » à cet exil, où il va répondre aux vœux d'un nou- » veau Salomon (1). »

Ce qui nous surprend le plus chez ces Irlandais réfugiés sur le continent au neuvième siècle, c'est qu'ils savent le grec; et dans toute l'Europe occidentale ils paraissent être alors les seuls qui le sachent (2). Ils ont des glossaires grecs-latins, des

---

(1) *Epistola ad Carolum Calvum*, ou dédicace mise en tête de la *Vie de saint Germain d'Auxerre*, chap. 2. Migne, *Patrologia latina*, t. 124, col. 1133 D. C'est vers le même temps qu'a été écrit un passage célèbre de Walafridus Strabo, *Vie de saint Gall*, livre II, chap. 47 : « Scottorum quibus consuetudo peregrinandi jam pene in naturam conversa est. » Migne, *Patrologia latina*, t. 114, col. 1029 c. Walafridus Strabo mourut en 849, c'est-à-dire huit ans après l'expulsion du clergé d'Armagh par Turgésius.

(2) M. Hauréau, *Singularités historiques et littéraires*, p. 3, établit que la connaissance du grec était conservée à Marseille au cinquième siècle. Dans le recueil intitulé : *The palæographical society, Fac-similes of manuscripts and inscriptions*, edited by E.-A. Bond and E.-M. Thompson; on trouve, pl. 14, 15 et 80, des photogravures de pages : 1° du Nouveau Testament grec de la bibliothèque de l'Université de Cambridge, dit *Codex Bezæ*, qui paraît avoir été écrit dans le midi de la France, au sixième siècle; 2° des *Actes des Apô-*

grammaires grecques (1), des livres de la Bible en grec, accompagnés de traductions latines (2). Un

tres en grec, ms. Laud 35 de la bibliothèque Bodléienne d'Oxford, que l'on croit avoir été écrit en Sardaigne au septième siècle. Passé cette date, les Irlandais paraissent avoir eu le monopole de la science du grec en Occident. Il ne faut pas s'exagérer l'importance de l'enseignement du grec fondé à Cantorbéry par Théodore de Tarse, élevé sur le siège archiépiscopal de cette ville en 668. Cet enseignement est mentionné par Bède, *Histoire ecclésiastique*, livre IV, c. 2, Migne, *Patrologia latina*, t. 95, col. 174. Mais il a, du reste, laissé peu de traces.

(1) Voyez l'étude sur le glossaire grec-latin de la bibliothèque de Laon, publiée par M. Miller, dans les *Notices et extraits de manuscrits de la bibliothèque nationale et des autres bibliothèques*, t. XXIX, 2ᵉ partie. Le manuscrit de Laon est l'œuvre d'un scribe irlandais, et paraît avoir fait partie de la bibliothèque de Charles le Chauve. Il contient deux glossaires grecs-latins et une grammaire grecque. La bibliothèque du monastère de Saint-Paul en Carinthie possède aussi un manuscrit irlandais qui renferme un vocabulaire grec et des paradigmes de la déclinaison grecque. Zimmer, *Glossæ hibernicæ*, p. XXXVIII.

(2) Rettig a publié à Zurich, en 1836, le fac-similé lithographique d'un manuscrit de la bibliothèque de Saint-Gall qui contient le texte grec des quatre évangiles avec une traduction latine interlinéaire. Ce manuscrit est l'œuvre d'un irlandais. Le titre de l'ouvrage de Rettig est *Antiquissimi quatuor evangeliorum canonicorum codex sangallensis*. Rettig, à la p. 43 de ce livre, cite un manuscrit grec-latin des Psaumes, également d'origine irlandaise, qui appartient à la bibliothèque de Bâle. M. Omont, jeune savant déjà connu par de bons travaux, nous signale, à la bibliothèque de l'Arsenal de Paris, un autre psautier grec d'origine irlandaise aujourd'hui conservé sous les nᵒˢ 8407 de la série générale et 2 des manuscrits grecs, et autrefois étudié par Montfaucon, *Palæographia græca*, p. 235-247. A la suite de ce psautier sont copiées diverses pièces accompagnées de traductions latines. La bibliothèque royale de Dresde contient un manuscrit irlandais du texte grec des épîtres de saint Paul, avec

d'entre eux, Jean Scot dit *Eringène*, a traduit du grec en latin les ouvrages apocryphes de Denys l'aréopagite (1). C'est un disciple de Platon, dont il paraît avoir lu le *Timée* dans le texte original ; et sur les doctrines du célèbre écrivain grec, il a fondé un système de philosophie aussi étonnant pour son époque que dangereux par sa témérité (2). Dans ce temps-là, et dès les siècles précédents, il était de bon goût, chez les Irlandais et un peu ailleurs, de parsemer de mots grecs les textes latins que l'on composait. Jean Scot est plus hardi : il écrit en grec des vers tout entiers (3).

Ce développement des études classiques parmi les

---

traduction latine interlinéaire, sur lequel on peut voir Zimmer, *Glossæ hibernicæ*, p. xxxiii et suivantes.

(1) Migne, *Patrologia latina*, t. 122, col. 1023-1193.

(2) Περὶ φύσεως μερισμοῦ, *id est : De divisione naturæ*. Migne, *Patrologia latina*, t. 122, p. 442-1022. Cf. Hauréau, *Histoire de la philosophie scolastique*, première partie, 2ᵉ édition, 1872, p. 148-175.

(3) Migne, *Patrologia latina*, t. 122, col. 1237-1240, cf. col. 1225 B, 1229 A, 1231 A. Montfaucon, *Palæographia græca*, p. 42. Le premier auteur français de ce siècle qui ait écrit sur les études grecques en Irlande au moyen âge est M. Ernest Renan, dans son mémoire *Sur l'étude de la langue grecque au moyen âge*, couronné par l'Institut en 1848 et dont il a bien voulu me communiquer le manuscrit inédit. Vient ensuite Ozanam, dans ses *Etudes germaniques*, 5ᵉ édition, t. II, p. 564. Nous citerons après lui M. Hauréau, *Singularités historiques et littéraires*, 1861, p. 19, 24, 31 ; enfin M. Gidel, *Nouvelles études sur la littérature grecque moderne*, Paris, 1878. M. Miller, dans le mémoire précité, trouve que M. Gidel pousse un peu trop loin son admiration pour l'état des études grecques en Gaule au neuvième siècle. Suivant lui, les vers grecs de Jean Scot sont loin d'atteindre la perfection. Il n'est pas moins curieux que Jean Scot en ait pu composer.

Irlandais ne nous est connu d'une façon complète qu'à partir du moment où la culture des lettres étant rendue impossible dans l'île par l'invasion scandinave, nous voyons transportée tout entière en Gaule la science irlandaise dont Columban dans les dernières années du sixième siècle, Clément à la fin du huitième, n'avaient pu nous donner qu'une idée superficielle. Ainsi, nous ne connaissons bien l'enseignement classique donné dans les grandes écoles d'Irlande qu'à partir du moment où ces écoles ont à peu près cessé d'exister et où leurs derniers élèves ont presque tous émigré sur le continent.

L'époque où les études classiques ont fleuri en Irlande avec un si merveilleux succès est précisément celle où les plus anciens et les plus curieux monuments de la littérature nationale ont été consignés par écrit en irlandais. On a pu dire que les deux recueils de la littérature profane irlandaise les plus anciens que Dublin possède, le *Leabar nah hUidhre* et le Livre de Leinster, fin du onzième siècle et milieu du douzième siècle, sont des « collections de débris d'une riche littérature manuscrite qui a été anéantie avec les monastères par les invasions des hommes du Nord, au neuvième et au dixième siècle (1). » Ces deux recueils contiennent beaucoup de pièces composées avant ces invasions ; et même, dans les manuscrits du quatorzième, du quinzième et du seizième siècle, les œuvres littéraires anté-

---

(1) Zimmer, *Keltische Studien*, Erstes Heft, p. 28, cf. p. 26.

rieures au neuvième siècle se rencontrent en abondance. On ne peut expliquer autrement l'opiniâtreté avec laquelle ces manuscrits conservent, dans une foule de mots, des lettres qui avaient cessé de se prononcer quand on les a tracées sur le parchemin (1).

Le plus ancien catalogue que nous possédions de ces monuments doit avoir été rédigé vers l'année 700. Dans l'état où il nous a été transmis, il contient cent quatre-vingt-sept titres, dont un a été ajouté dans la première moitié du dixième siècle; dont un autre, défiguré probablement au douzième siècle par une mauvaise transcription, a été, par suite et à tort, rattaché au cycle gallois d'Arthur. Mais, dans le reste, on ne trouve rien d'étranger à la littérature nationale de l'Irlande, et il n'est fait mention d'aucun événement postérieur au milieu du septième siècle (2).

Les faits les plus récents dont il y soit question sont antérieurs de deux cents ans au règne de Charles le Chauve et à l'émigration de la science classique irlandaise, chassée de l'île sur le continent par l'invasion scandinave. Les compositions littéraires

---

(1) Sur les modifications de la prononciation irlandaise dès l'époque à laquelle remontent de très anciens manuscrits, voyez Zimmer, *Glossæ hibernicæ*, p. xiv-xv. L'orthographe *Conchor* pour *Conchobar*, aujourd'hui *Conor*, dans le *Liber Landavensis*, p. 1, nous montre ce qu'était devenu le *b* médial irlandais au commencement du douzième siècle, avant la date à laquelle remonte le Livre de Leinster.

(2) Voir plus haut, p. 358-360.

irlandaises dont les titres sont réunis dans ce catalogue devaient être depuis longtemps écrites quand a eu lieu cette émigration. Lorsque les *file* ont donné à ces vieux récits la forme sous laquelle ils nous sont parvenus, — sauf les altérations diverses dues depuis aux scribes et à quelques correcteurs plus ou moins intelligents, — les études classiques, bannies du continent de l'Europe occidentale par la conquête germanique, florissaient en Irlande avec un éclat incomparable ; les deux cultures littéraires, l'une nationale, l'autre d'origine chrétienne et romaine, vivaient l'une à côté de l'autre, rivales quelquefois sans doute, mais se donnant d'ordinaire un mutuel soutien.

On aurait tort de croire qu'en Irlande il y eût entre les savants adonnés aux lettres classiques ou à la théologie, alors leur inséparable associée, — et les gens de lettres voués à la culture de la littérature nationale, la ligne de séparation presque infranchissable qu'on remarque pendant le moyen âge sur le continent.

Au cinquième siècle, le *file* Dubthach condamne à mort l'assassin du cocher de saint Patrice. Quand le célèbre apôtre veut, pour la première fois, élever un Irlandais à la dignité épiscopale, il demande conseil au même *file* Dubthach, et, sur son avis, il fait porter son choix sur une autre *file*, Fiacc, qui fonde l'évêché de Sletty. Au sixième siècle, saint Columba, un des principaux chefs du monachisme irlandais, compose, dit-on, des vers dans la langue nationale ; nous en avons cité quelques-uns plus haut (1).

Ses moines, dans leur sévère et pieuse solitude d'Iova, n'ont pas perdu le goût des poèmes nationaux, et ils croient licite de le satisfaire. Le biographe de leur abbé, Adamnan, un de ses successeurs, qui écrivait environ un siècle après lui, raconte qu'un jour un *file* irlandais (2) se rendit au monastère et partit après le sermon. — « Pourquoi, » dirent à Columba les moines, « ne lui avez-vous pas » demandé de nous chanter un poème sur un de ces » jolis airs que les gens de sa profession savent si » bien? » Cette demande ne scandalisa point l'abbé. — « Si je ne lui ai pas demandé un chant de joie, » dit-il, « c'est que j'aurais trouvé cruel d'agir ainsi, » sachant qu'au sortir du monastère ce malheureux » allait être massacré par ses ennemis (3). »

Vers la fin de sa vie, Columba donna aux gens de lettres irlandais un témoignage éclatant de sym-

---

(1) A la page 163. Il y a de ce poème une rédaction beaucoup plus longue et moins ancienne que celle à laquelle nous renvoyons à cette page. Voyez O'Donovan, dans *Transactions of the Irish Archæological Society*, t. I, 1846, p. 1 à 15; Henri Martin, *Etudes d'archéologie celtique*, p. 155; Montalembert, *Les moines d'Occident*, 5ᵉ édition, t. II, p. 130-132. Comparez Reeves, *The life of saint Columba*, Dublin, 1857, p. LXXVIII, LXXIX, 276, 285, et les manuscrits de la bibliothèque bodléienne d'Oxford, Rawlinson B 514, et Laud 615.

(2) « Scoticus poeta. » *Poeta* est en Irlande la traduction latine de *file*, comme *magus* celle de *drui*, génitif *druad*, datif *druid*.

(3) *Vie de saint Columba*, par Adamnan, livre I, c. 22, chez Migne, *Patrologia latina*, t. 88, col. 738 C.; livre I, c. 42, chez Reeves, *The life of saint Columba*, Dublin, 1857, p. 79-80.

pathie. On le voit, malgré son âge et ses infirmités, sortir de sa chère abbaye; il fait le voyage d'Irlande, il se rend à l'assemblée de Druimcéta, et il y fait révoquer la sentence de bannissement prononcée contre tous les *file* d'Irlande par le roi Aed, fils d'Anmiré (1).

Parmi les plus anciens manuscrits qui nous aient conservé des vers irlandais sont le n° 904 de la bibliothèque monastique de Saint-Gall (2) et un manuscrit du monastère de Saint-Paul en Carinthie (3). Ils ont été écrits au neuvième siècle par des moines irlandais aussi instruits dans la littérature classique que dans celle de leur patrie. L'un contient la grammaire de Priscien, surchargée de gloses irlandaises (4). Dans l'autre se trouvent un vocabulaire grec, des paradigmes de la déclinaison grecque et un traité d'astronomie (5). Les moines irlandais qui s'intéressaient à ces savantes études ne dédaignaient point la littérature de leur pays. Plus tard, au commencement du dixième siècle, mourut Cormac mac Cuilennain, évêque et en même temps *file*, qui a composé en irlan-

---

(1) Voir plus haut, pages 334-335.
(2) On trouve ces vers réunis à la page 118 du court et si utile volume que M. Windisch a publié sous le titre de *Kurzgefasste irische Grammatik*.
(3) Windisch, *Irische Texte*, p. 312-320.
(4) Ascoli, *Il codice irlandese dell'Ambrosiana*, t. II.
(5) Windisch, *Irische Texte*, p. 313-314. Zimmer, *Glossæ hibernicæ*, p. xxxviii. Ce manuscrit paraît dater de la fin du huitième siècle ou du commencement du neuvième. Schuchardt, dans la *Revue celtique*, t. V, p. 395.

dais un précieux glossaire des mots difficiles de cette langue, et dont nous avons encore des poèmes irlandais.

Tandis que le moine et le clerc français, médiocrement instruits dans les lettres latines, méprisent leur langue nationale, où ils ne voient qu'une fille dégénérée du latin, le moine irlandais, qui a fait des études classiques beaucoup plus fortes, est plein d'estime pour la langue et pour la littérature de son pays. Si nous commençons aujourd'hui à connaître un peu le vieil irlandais, nous le devons surtout aux gloses que les moines irlandais ont écrites en leur langue nationale dans les interlignes de manuscrits latins, soit grammaticaux, soit théologiques, soit astronomiques, soit littéraires ; nous le devons à l'usage qu'antérieurement à l'invasion scandinave l'Eglise irlandaise pratiquait, de chanter les louanges de ses saints dans la langue de son île en même temps qu'en latin. Le livre des hymnes de l'Eglise d'Irlande contient, à côté de compositions poétiques écrites en latin, des morceaux versifiés en irlandais, dont plusieurs sont certainement antérieurs au neuvième siècle (1).

Au septième siècle, quand Agilbert, futur évêque de Paris, allait en Irlande suivre un cours d'Ecriture sainte (2), et que les étudiants anglais affluaient aux

---

(1) La dernière et la meilleure édition de ces hymnes est celle que M. Windisch a donnée dans ses *Irische Texte*.

(2) « Legendarum gratia Scripturarum in Hibernia non parvo tempore demoratus. » Bède, *Histoire ecclésiastique*, l. III, ch. 7 ; Migne,

écoles théologiques du même pays (1), il y avait en Irlande, à côté de ces établissements d'instruction d'origine chrétienne et latine, d'autres établissements consacrés à l'étude des sciences traditionnelles qui remontaient dans cette île aux temps antéchrétiens et aux dates les plus anciennes de l'histoire celtique. Un texte intéressant, à ce sujet, est celui qui concerne Cennfaelad, homme de lettres irlandais de ce temps.

Cennfaelad est un des guerriers qui furent blessés à la bataille de Mag-Rath, en 636; cette mésaventure le fit renoncer au métier des armes. Il se retira à Tuam-Drecain et y consacra sa vie à l'étude. Il y avait dans cette localité trois écoles : une école de lettres latines et chrétiennes, *scol léigind;* une école de droit national irlandais, *scol feinechais*, et une école de cette littérature nationale à laquelle se consacraient principalement les *file*, *scol filidechta*. — Cennfaelad suivit les cours de ces trois écoles; la nuit, il repassait dans sa mémoire ce qu'il avait entendu pendant la journée. Il mit ses souvenirs en vers, qu'il écrivit d'abord sur des pierres et sur des planches, puis enfin sur parchemin (2).

Le vieil irlandais a un terme consacré pour désigner les jeunes gens qui, par l'étude, se préparaient à atteindre les rangs supérieurs de la savante

---

Patrologia latina, t. 95, col 127. Cf. Hauréau, *Singularités historiques et littéraires*, p. 5.

(1) Voir plus haut, p. 207.

(2) *Lebar Aicle*, dans *Ancient laws of Ireland*, t. III, p. 88.

corporation des *file*; c'est *écsine*, diminutif d'*éces*,
« docteur, savant. » Le *Glossaire* de Cormac nous a
conservé un fragment d'une ancienne composition
épique où Senchan Torpeist, chef suprême des *file*
d'Irlande au septième siècle de notre ère, apparaît
entouré d'un nombreux cortège ; on y compte cinquante *éces* ou docteurs, sans compter les étudiants,
écsine. Un autre passage du même glossaire met en
relief l'ignorance d'un *écsine* qui ne connaissait pas
encore tous les secrets de la langue savante dont les
file faisaient usage entre eux (1).

Si nous nous en rapportons au traité irlandais
connu sous le nom de Livre de l'*ollam*, la durée du
cours complet d'études des *file* était de douze ans.
On y apprenait l'écriture ogamique, les lois fort
compliquées de la versification, le glossaire des
mots tombés en désuétude, la grammaire irlandaise,
les *scél* ou récits épiques, qui étaient considérés
comme l'histoire authentique du pays (2). Il peut
sembler extraordinaire qu'au septième siècle, en
Irlande, on enseignât la grammaire et le glossaire
de la langue nationale ; mais il est certain qu'à côté
des termes grammaticaux d'origine latine ou grecque qu'on trouve dans les manuscrits irlandais du

---

(1) *Glossaire* de Cormac aux mots *Prúll* et *Leithech*, Wh. Stokes, *Three irish glossaries*, p. 27, 36.

(2) On trouvera une courte analyse du traité de l'*ollam*, *Leabhar ollamhan*, chez O'Curry, *On the manners*, t. II, p. 171-173. Les plus anciens manuscrits sont le Livre de Ballymote, f° 163, et le volume du Collège de la Trinité de Dublin, coté H. 2. 16, col. 500.

neuvième siècle, le glossaire de Cormac nous a conservé d'autres termes grammaticaux d'origine celtique empruntés à des traités aujourd'hui perdus ou inédits ; enfin, on y trouve des fragments d'un glossaire du vieil irlandais en vers, probablement destinés à être appris par cœur. Ces débris nous font remonter aux temps antérieurs à l'invasion scandinave, à cette époque de prospérité où l'étude de la littérature nationale et celle des lettres latines et chrétiennes florissaient l'une à côté de l'autre en Irlande, se prêtant un mutuel appui et produisant une foule de monuments curieux, depuis en grande partie détruits par les barbares qui ont dévasté l'Irlande au neuvième et au dixième siècle, et par les hommes civilisés qui l'ont mise à feu et à sang au seizième et au dix-septième. Les restes que les bibliothèques nous conservent de cette vaste littérature peuvent être comparés aux édifices en ruines qui attestent la grandeur de certaines civilisations disparues ; il en subsiste assez pour nous permettre de nous figurer ce que devait être, avant sa destruction, le grand corps dont nous n'apercevons plus que d'incomplets fragments, et pour nous provoquer à en commencer l'étude avec une curiosité qui n'est pas sans mélange d'admiration.

FIN DU PREMIER VOLUME.

CORRECTIONS ET ADDITIONS

P. 68, note 1, ligne 2, *au lieu de* p. 400, *lisez* 206.

P. 79, ligne 18, *au lieu de* Cùalann, *lisez* Cùala.

P. 99, note 1, *au lieu de* Tubner, *lisez* Teubner.

P. 233, note 3. — Déja, au sixième siècle, saint Columba savait que *Iona*, en hébreu, avait le sens du mot περιστέρα en grec, et du mot *columba* en latin ; voyez sa lettre au pape Boniface IV, c. 15, chez Migne, *Patrologia latina*, t. 80, col. 282 C. Adamnan, un de ses successeurs, énonce la même doctrine grammaticale aux premières lignes de sa *Vita sancti Columbæ*, édition donnée par M. Reeves, à Dublin, en 1857, sous ce titre : *The life of St. Columba, founder of Hy, written by Adamnan, ninth abbat of that monastery*, p. 5 ; voir aussi Migne, *Patrologia latina*, t. 88, col. 727 B.

P. 261, ligne 4, *au lieu de* roi de Munster, *lisez* roi de Connaught.

P. 284, note 2, ligne 1, *au lieu de* Osmiunta, *lisez* Osmunta.

P. 288, note 2, ligne 2, *au lieu de* beinmig, *lisez* bèimnig.

P. 288, note 2, ligne 4, *au lieu de* Ethnen, *lisez* Ethnenr

P. 293, ligne 8, *au lieu de* Brâh, *lisez* Brâth.

P. 297, fin de la note 1, nous disons que *scolaige* est une faute pour *scélaige*. Le mot *scolaige* existe, et veut dire écolier d'une école où l'on enseigne le latin, *mac leigind*, voir un extrait du ms. H. 4. 22, du Collège de la Trinité de Dublin, chez O'Curry, *Lectures on the manuscript materials*, p. 495.

P. 333, ligne 2, *au lieu de* ollaire, *lisez* oblaire.

INDEX ALPHABÉTIQUE

Académie Royale d'Irlande, 31.
Acallam in da suad, ou Dialogue des deux docteurs, 57, 76, 77, 206, 209, 261, 261, 263. Voyez *Agallam*.
Achille, 55, 373, 374.
Acitodunum, 25.
Acta triumphorum, 32, 52, 53.
Adam, 289.
Adamnan, abbé d'Iova, 223, 224, 234, 235, 385, 391.
Adné, fils d'Uthider, 311, 312.
Adriatique (Mer), 8.
Aed, fils d'Anmiré, 333, 359, 386.
Aed, roi d'Airgiall, 268, 269.
Aed, roi de Brefné, 268.
Aed, roi de Leinster, 69, 70, 78-81.
Aed Slané, 126.
Agallam in da suad, Dialogue des deux docteurs, 283, 284, 286, 311-313. Voyez *Acallam*.
Agamemnon, 154, 184, 185.
Agilbert, évêque de Paris, 377, 387.
Agricola, 233.
Ahun, 25.
Aided Conculainn, Mort violente de de Cùchulainn, 32, 353.
Aided Fhirdead, Mort violente de Ferdiad, 354.
Aided Maelfathartaig, 360.
Aidès, dieu grec, 184.
Aigidecht Artuir, Hospitalité d'Arthur, 364.
Aigne, en irlandais « avocat, » 317.
Ailill, frère d'Echaid Feidlech, 56.
Ailill, roi de Connaught, fils de Magach, 58, 134, 192, 304, 305.
Aire, en irlandais « noble, » 337.

Aire ard, 199, 200, 336, 342, 344-346.
Airec menman Urairil maic Coisi, Invention d'esprit d'Urard, fils de Coisé, 355.
Aire desa, 199, 200, 336, 342, 344, 345.
Aire echta, 199, 200, 336, 342, 344-346.
Aire forgill, 199, 200, 336, 342-346.
Aire tuise ou *tuisi*, 199, 200, 336, 342-346.
Aithe, en irlandais « action de rendre, » 276.
Aithech Tuatha, 276, 277.
Aithed Derdrenn, Enlèvement de Derdriu, 353.
Aithed Ruthcherne, 360.
Alba ou Grande-Bretagne, 205, 206, 237.
Alba, nom de montagne, 181, 182.
Alcuin, 378.
Aldhelm, poète anglo-saxon, 208, 209.
Alexandre le Grand, 7, 8, 19, 20, 127.
Alexandre Polyhistor, 85, 86.
Alexandre Sévère, empereur, 109.
Allégories pythagoriciennes, par Alexandre Polyhistor, 85, 86.
Allemagne, 38.
Allemand (Empire), 18, 20.
Allen (Bataille d'), 363.
Allobroges, 52.
Almain ou Allen (Bataille d'), 363.
Almain, château appartenant à Find, 196.

INDEX ALPHABÉTIQUE.

Alpes, 14, 113, 122.
Alphabet grec, 95.
Alphabet latin, 72.
Alphabet ogamique. Voyez *Ogam*.
Amergin *Glùn-gel* ou au Genou blanc, 280-282, 290, 293-295, 311.
Ammien Marcellin, 47, 84, 98, 166, 237, 242.
Ampélius, 32.
Amphiaraüs, 373, 374.
Amra Coluimb Chilli, ou Éloge de saint Columba, 56, 74-76, 260, 268, 332, 334.
Anair, sorte de composition poétique, 332.
Anamain, sorte de composition poétique, 74-76, 332.
Andecavi, nom d'un peuple gaulois, 299.
Aneurin (Livre d'), 66.
Anglais, langue, 21.
Anglesey (Île d'), 231.
Angleterre, 21, 27.
Anglo-normand, 24.
Annales de Clonmacnois, 265, 321.
Annales des Quatre Maîtres, 31, 163, 171, 179, 222, 224, 225, 237, 255, 258, 264, 265, 266, 289, 321, 333, 348, 355, 358-363, 335, 368, 370, 371.
Annales de Tigernach, 34, 160, 162, 171, 222, 255, 266, 277, 295, 321, 348, 357-361, 363, 369, 370.
Annales d'Ulster, 265, 321, 370.
Année druidique, 97, 105, 169, 264, 265.
Annibal, 11, 89.
Anomain, sorte de composition poétique, 330-332. Voyez *Anamain*.
Anrath ou *anruth*, 322, 324-328, 330, 333-335, 337, 338, 340, 342, 344, 345, 347.
Anthologie grecque, 15.
Antoine, triumvir, 215.
Aper, préfet du prétoire, 110.
Aperth, en vieux-gallois « don, sacrifice et victime, » 154, 155.
Appien, 52, 53.
Aquitani, 13.
Arbres sacrés, 126, 127. Voyez Chêne.
Archéologie celtique, 37.
Archives du département des Côtes-du-Nord, 68.

Arecomici, peuple gaulois, 11.
Arès, dieu grec, 15.
Arialdunum, 26.
Arioviste, 13.
Aristodème de Nysa, 299.
Aristote, 7, 8, 87-89, 127.
Armagh, 370, 378.
Armes enterrées avec les guerriers, 178, 179.
Ars amatoria d'Ovide, 154.
Art, roi suprême d'Irlande, 175.
Arthur, personnage épique gallois, 364, 365, 383.
Arthur, breton, fils de Bicur, 264.
Arthur, fils de Muredach, 365.
Arvernes, peuple gaulois, 9, 51.
Asellio (Sempronius), 13.
Asie Mineure, 12, 16, 20, 113-115, 127, 299.
Assyriens, 37.
Astronomie druidique, 95, 101, 165, 169.
Astronomie (Traité d'), 386.
Ath-Brea (Bataille d'), 266.
Athénée, 53.
Athir, en vieil irlandais « père, » 2.
Athirné, *file*, poète satirique irlandais, 264, 365.
Atlantique (Océan), 5, 14, 17, 27, 123.
Attale, roi de Pergame, 115.
Auguste, empereur, 54, 98, 99, 147, 148, 151, 215.
Aulu-Gelle, 3.
Aurélien, empereur, 109.
Aurélius Victor (Sextus), 100.
Aurland, en irlandais « bâton magique, » 250.
Ausone, 108, 109, 111.
Autel d'Auguste à Lyon, 216, 217.
Autriche (Empire d'), 18, 20.
Auxilius, évêque, 257.
Avocat irlandais, 317, 318.

Babel (Tour de), 291, 295.
Babyloniens, 87.
Baguette magique, 250, 251.
Baile in scail, vision de Conn Cètchathach, 219.
Bairtne, poème bardique, 69, 72, 81.
Balar Balc-béimnech, dieu irlandais, 288, 289.
Bangor, abbaye d'Irlande, 371.
Banona, fille de Bardu, 62.
Bardaul, en vieux gallois « bardique, » 63.

Bardd, en gallois « barde, » 67.
Bardes, 46, 48, 49, 51-81, 98, 241, 243, 244, 326.
Bardocucullus, 61.
Bardomagus, 62.
Bard teulu, en gallois « barde de la maison du roi, » 64.
Bardus, nom propre d'homme, 61, 62.
Barth, en cornique « barde, » 67.
Bart kadeyryauc, en gallois « barde pourvu de chaire, » 65.
Barz, en breton « barde, » 67, 68.
Barza, nom de femme breton, 68.
Barze (Le), nom d'homme breton, 68.
Bas, science, 247.
Bastarnes, 23, 27.
Bâton magique, 250, 251.
Beauport (Abbaye de), 68.
Bède, 207, 209, 233, 234, 377, 380, 387.
Béfind, fée irlandaise, sœur de Boinn, 58.
Beith, en irlandais « bouleau » et lettre ogamique B, 75.
Bélénus, dieu gaulois, 108.
Belges, 13.
Belgique, 18, 20.
Belgrade, 26.
Bélisama, déesse gauloise, 114.
Bélre, en vieil irlandais « langage, » 314.
Beltené (Fête de), 322.
Bérla, en moyen irlandais « langage, » 314.
Bérla Féne, ou « vieil irlandais, » 291.
Bertrand (Alexandre), 37.
Bésalu, 26.
Bêtes à cornes de compte, 338, 339.
Betha Phatraic, vie de saint Patrice, 71, 137, 187, 219, 314.
Bibliothèque bodléienne d'Oxford, 154.
Bière ou cervoise, 80.
Bile, nom des arbres sacrés en Irlande, 126.
Bisuldunum, 26.
Bituitos, roi gaulois, fils de Louernios, 32, 51, 52, 197.
Bó-aire, 336-339, 342.
Boduoci, 186.
Boïens, 14, 90.
Boinn, déesse irlandaise de la rivière de Boyne, 58.
Boniface IV, pape, 391.
Bordeaux (École de), 108, 109.

Borome, sorte d'impôt, 180-182.
Boutons sur le visage, 262, 264, 269, 272, 278.
Bráth, au génitif *brátha*, en irlandais « jugement, » 186-188.
Bráth Chaei, jugement de Cae, 293.
Braut, en vieux gallois « jugement, » 187, 188.
Bréal (Michel), 38.
Brecan, personnage mythologique irlandais, 251.
Breglaith (Caverne de), 138.
Brennus, 36.
Brescia, 112.
Bress, dieu irlandais, fils d'Elatha, 258-261, 283.
Bretagne française, 67, 68.
Breth, en irlandais « jugement, » 186, 188, 313.
Bretha nemed, traité de droit irlandais, 279.
Breton, dialecte néo-celtique, 2-4, 21, 41.
Briamon smethraige, acte de vengeance des *file*, 279.
Brian, dieu irlandais, fils de Bress et de Brigit, 57, 283, 286.
Bricriu, au génitif Bricrenn ou Bricrend, 301-303, 310, 312.
Brig Briugad, femme et jurisconsulte, 306-311.
Brigit, déesse irlandaise, fille de Dagdé, femme de Bress, 57, 283, 286, 287.
Brithem, en irlandais « juge, » 48, 296, 297, 311, 343, 345, 346.
British Museum, 31, 67.
Broichan, druide picte, 234, 235.
Brudé, roi picte, 234.
Brug na Boinne, cimetière célèbre et résidence divine en Irlande, 173, 174.
Bug, rivière, 27.

Cabares, peuple gaulois, suivant Pausanias, 300.
Cacher, fils d'Etarscel, 262.
Caé *Cain-brethach* ou au Beau Jugement, 290-295.
Cælestius, disciple de Pélage, 369.
Caermarthen (Livre noir de), 66.
Caier, roi de Connaught, 261-263, 270, 391.
Cailté, compagnon de Find, 266.
Cairpré ou Corpré Cenn-cait, roi suprême d'Irlande, 182, 273-276.

Cairpré Musc, fils de Conairé, 255, 256.
Caladunum, 26.
Calendrier druidique, 169.
Caligula, empereur, 217.
Callimaque, 15.
Cambodunum, 26.
Cam-cndim, en moyen irlandais « côtelette? » 347.
Camulodunum, 26.
Cana ou cano, 323-326, 328, 330, 332, 340, 342, 344, 345, 347.
Capedunum, 26.
Capitole, 103, 132.
Caplit, druide, 176, 218.
Carinthie, 62.
Carnn-Conaill (Bataille de), 363, 364.
Carnutes, 94, 211, 214.
Carpentarii gaulois, 32.
Carrodunum, 26.
Carthage, 22, 369.
Cartulaire de Redon, 68.
Catalogne, 26.
Catalogues de la littérature épique d'Irlande, 348-366, 383.
Cathair le Grand, roi suprême d'Irlande, 196.
Cathbad, druide, 33, 133, 176, 189, 192, 196, 201, 222, 228.
Cath Almaine, 363.
Cath Cairnn-Chonaill, 363.
Cath Maige Leamna, 156, 157.
Cath Maige Rath, 354, 360.
Cath Maige Tured, 58.
Catholicon par Lagadeuc, 67, 239.
Cath Ruis na Rig, 142.
Cattaus, fils de Bardus, 62.
Caur, en irlandais « héros, » 299-301.
Caurat, thème de l'irlandais caur, cur, « héros, » 299, 300.
Caurinus, nom gallo-romain, 300.
Caur-march, en cornique « chameau, » 300.
Cauru, nom gallo-romain, 300.
Cavarasius, nom gallo-romain, 300.
Cavares, peuple gaulois, 299.
Cavarillus, chef éduen, 300.
Cavarinus, roi des Sénons, 300.
Cavarius, nom gallo-romain, 300.
Cavaros, nom propre gaulois, 299-301.
Cavos, second terme du nom de peuple Ande-cavi, 299.
Cawr, en gallois « géant, » 300, 301.
Ceis, 56.

Celchar, fils de Guthar, 254.
Célestin Ier, pape, 368.
Celtes, 1, 4-11, 15-17, 19, 21-23, 25, 27, 35, 87, 121-126, 144, 185, 213.
Celtillus, 9.
Celtique, sens et étymologie de ce mot, 4, 5.
Celtique (Langue), 1, 2, 4, 16, 17, 24, 28.
Celtique (Race), 9, 12, 16, 19, 20, 27, 35.
Celtique, terme géographique, 5, 6, 10, 13, 26, 122, 123.
Cennfaelad, 366, 388.
Cervoise, 80.
César, 2, 9, 12, 13, 15, 16, 22, 23, 25, 32, 36, 46, 48, 54, 83, 89, 92-97, 102, 111, 112, 114, 115, 121, 123, 129, 143, 147, 152, 157, 158, 165, 166, 190, 201-204, 209-212, 220, 221, 225-227, 240, 241, 276, 277, 299, 300.
Ces noinden Ulad, 191.
Cévennes, 9.
Chaldéens, 87.
Char gaulois, 32, 69.
Charlemagne, 377, 378.
Charles le Chauve, 378-380, 383.
Chartres, 215.
Chêne rouvre, 104, 117.
Chênes sacrés, 121, 125-127.
Chevaliers gaulois, 48, 93.
Chiens bichons, 254-256.
Chronicon ou Chronicum Scotorum, 126, 127, 163, 224, 265, 321, 333, 348, 355, 358-363, 368, 371.
Chronologie druidique, 96, 97, 104, 105.
Chronologie irlandaise, 294, 295.
Cicéron (Marcus Tullius), 13, 47, 97, 131, 145, 146, 221.
Cicéron (Quintus Tullius), 97, 131.
Cimbres, 13, 23.
Cimetières (Histoire des), 173.
Clastidium (Bataille de), 32.
Claude Ier, empereur, 100-102, 107, 135, 149, 150, 215.
Claude II, empereur, 61.
Claudien, 125, 236, 237.
Clément, grammairien irlandais, 377, 378, 382.
Clercs exempts du service militaire, 224, 225.
Clethe, en vieil-irlandais « grand, noble, élevé, » 4.

Cli ou *Cli*, 323-328, 330, 332, 340, 342, 344, 345, 347.
Cloche, 72.
Clonard (Abbaye de), 370, 371, 378.
Clontarf (bataille de), 363, 364.
Co brath, en irlandais, « à jamais » 188.
Code démétien, 64, 65.
Code vénédotien, 64, 65.
Codex Bezæ, 379.
Cogadh Gaedhel re Gallaibh, 364, 378.
Coirm, en irlandais, « bière, » 80.
Coirpré, fils d'Etan, 259, 260. Voyez *Corpré*.
Coirpré Lifechair, fils de Cormac mac Airt, 172, 173.
Colgan, auteur du livre intitulé *Trias thaumaturga*, 133, 155, 178, 218.
Collège de la Trinité de Dublin, 31.
Colman, évêque, 207.
Colpa ou mieux *colptha*, « pied de bœuf ou de cochon, » 199, 200, 347.
Columba (Saint), 56, 74, 75, 160-163, 233-235, 334, 371, 378, 384, 385, 391.
Columban (Saint), 367, 371-378, 391.
Colum-Cille, 334, Voyez Columba (saint).
Comrac Fhirdead, Combat de Ferdiad, 354.
Comthoth Loegairi co cretim, Conversion de Loégairé à la foi, 179, 314.
Conall Cernach, 303, 305, 306.
Conchobar, écrit *Conchor*, 383.
Conchobar mac Nessa, roi d'Ulster, 44, 58, 76, 112, 140, 141, 173, 191, 193-195, 201, 205, 222, 228, 252, 254, 263, 264, 272, 273, 284, 296, 301-306, 309, 310, 312, 313, 357, 365.
Conchor, écrit pour Conchobar, 383.
Conetoci, 186.
Connaught, 70, Voyez *Ailill* et *Medb*, roi et reine de Connaught.
Conn Cêtchathach, roi suprême d'Irlande, 156, 196, 219, 289.
Connlé, fils de Conn Cêtchathach, 142.
Connlé ou Connla, surnommé Cainbrethach, 170.
Constance Chlore, 237, 240.
Cooley, *Cualnge* en vieil irlandais, 190.

Coran, druide, 142
Corentin (Saint), 300.
Cormac mac Airt, roi suprême d'Irlande, 171-175, 219, 255, 386.
Cormac mac Cuilennain, 362 ; voyez Glossaire de Cormac.
Cornavii, peuple breton, 237.
Cornique, dialecte néo-celtique, 3, 4, 24, 42, 300.
Conouaille anglaise, 67.
Cornwall (Comté de), 237
Corporation druidique, 214, 218, 220.
Corpré ou Cairpré Cennaît, roi suprême d'Irlande, 182, 273-276.
Corpré, fils d'Etan, déesse irlandaise, 174. Voyez Coirpré.
Corpus College, à Cambridge, 63.
Côtes-du-Nord, département français, 17, 41.
Coule, 61.
Craeb-rúad, salle des festins d'Emain, 297.
Crâne humain servant de vase à boire 90.
Création du monde, 170.
Crimthann, roi de Leinster, 73.
Crimthann le Grand, roi suprême d'Irlande, 237.
Crimthann Nia-Nair, roi suprême d'Irlande, 174.
Crith gablach, 199, 323, 325-327, 334-336.
Crosse épiscopale, 72.
Crott, crotta, sorte de harpe, 55-59.
Cruachan, capitale du Connaught, 173, 253.
Cruit, variante de *crott*, 57.
Cuala, au génitif Cualann, nom de lieu, 79, 391.
Cuanu, fils de Cailchen, 360, 361.
Cûchulainn, 32, 44, 45, 58, 70, 112, 137, 140, 141, 174, 191, 192, 195, 201, 205, 222, 254, 263, 303, 305, 306, 357, 365.
Cuculla, 61.
Cucullus, 61.
Cuirm, en irlandais « bière, » 80, 81.
Culdreimné (Bataille de), 160.
Cumal, « femme esclave, » 338.
Cumall, père de Find, 196.
Cumascach, fils d'Aed, 359.
Cunedag, chef breton, 237.
Cunomori, 186.
Cur, en irlandais « héros, » 299, 301.

Curad-mír, « morceau ou part du héros, » 299, 301.
Çûras, en sanscrit « héros, » 300.
Çûratâ, en sanscrit « courage, » 300.
Curnan, fils d'Aed, 160, 162.
Cycle astronomique des druides, 105, 169.
Cycle épique de Conchobar et Cûchulainn, 357. Voyez Conchobar et Cûchulainn.
Cycle mythologique, 357.
Cycle ossianique, 357. Voyez Find, Ossin.
Cycles épiques irlandais, 44-45, 357.
Cydias, 14.
Cynètes, 5, 6.
Cyureithiau Cymru, 239.

Dactyle, 370.
Dagdé, dieu irlandais, 57, 58, 174, 282, 283, 286, 287.
Dalan, druide, 138.
Dallan, fils de Forgall, chef des file d'Irlande, 56, 74, 75, 268, 269, 271, 366.
Danemark, 18.
Danube, 5, 11, 18, 20, 23, 28, 123.
Darfinne, fille de Tùathal Techtmar, 180, 181.
Darguid, en vieux breton, « druide, » 238.
Darthula, nom de Derdriu chez Macpherson, 296.
Dâru, en sanscrit, nom d'une espèce de pin, 119.
Darwid, en gallois « druide, » 238.
Dates calculées par les druides, 96, 97.
Dathî ou Nathî, roi irlandais, 358.
Daur, en irlandais « chêne, » 119.
Deach, en irlandais « mètre poétique, » 76.
Dechteré, mère du Cùchulainn, 141.
Deg-thengaid, en irlandais « qui a bonne langue, » 317.
Délais en matière de saisie, 306-310.
Delphes, 20.
Demetæ, peuple breton, 238.
Démétien (Code), 64, 65.
Dènys d'Halicarnasse, 96, 123, 124, 147.
Denys l'ancien, tyran de Syracuse, 6.
Derdriu, 133, 228, 264, 296.
Dergdamsa, druide, 156.
Dero, en breton « chêne, » 119.

Deruhid, *deruid*, en moyen-gallois « druide, » 238, 239.
Derva, nom de femme gallo-romain, 118.
Derventione, cas indirect de Derventio, station de Grande-Bretagne, 118.
Dervon ou *dervos*, nom probable du chêne en gaulois, 118.
Dervonia, nom de femme gallo-romain, 118.
Dervum ou Dervus, nom d'une forêt de France, 119.
Derw, en gallois « chêne, » 119.
Derwid, en moyen-gallois « druide, » 238.
Derwydd-vardd, « druide-barde » en gallois moderne, 239.
Devins, 46-49, 78. Voyez Divination.
Devon (comté de), 237.
Devotio chez les Romains, 144.
Dialogue des deux docteurs, 312. Voyez *Acallam* ou *Agallam in da suad*.
Dialt, en irlandais « syllabe, » 76.
Diarmait, fils de Cerball, roi suprême d'Irlande, 33, 34, 160-164, 348.
Diarmait, père d'Aed, 79.
Dichetal di chennaib cuáime, 247, 251, 256-258.
Digeste, 149.
Din, en gallois « château, » 28.
Dinn map Lethain, forteresse de Grande-Bretagne, 238.
Dinn-senchus, 151, 246.
Dioclétien, empereur, 109, 110.
Diodore de Sicile, 15, 46-49, 53, 54, 60, 78, 84-87, 96-98, 121-123, 129, 144, 147, 158, 190, 212, 241-245, 298.
Diogène Laerce, 87-89.
Dion Cassius, 10, 124-126, 216-218.
Dion Chrysostôme, 213, 214.
Dioscoride, 80, 81.
Dis-pater, 96.
Divination, 131-134, 241, 242, 246-258. Voyez *Devins*.
Divitiacus, druide éduen, 47, 97, 131, 221, 225.
Divitiacus, roi des Suessions, 2.
Dniester, 26.
Dobrudscha, 25.
Do maccaib Conaire, titre d'un morceau épique irlandais, 255.
Domitius Aenobarbus, 52.
Donmach Mâr Crìathar, 71.

INDEX ALPHABÉTIQUE. 399

Donmall O'Neill, roi suprême d'Irlande, 258, 355, 356.
Dorguid, « druide » en vieux breton, 238.
Doss, 323-328, 330, 333, 338, 340, 342, 345, 347.
Drisac, 323, 330.
Droit de nature, 316.
Drostan, druide picte. 235.
Drui, génitif *druad*, nom irlandais des druides, 129, 136, 385
Druides, 32-35, 46-49, 78, 83-241, 253, 339, 347, 348.
Druidesses de Gaule, 109, 110.
Druim-Céta (Assemblée de), 268, 334, 337, 386.
Drunemeton, 113-117, 120.
Δρῦς, chêne, 118, 120.
Drus, en sanscrit « bois, » 118.
Drusus, père de l'empereur Claude Ier, 215, 216.
Duald mac Firbis, 391.
Dubchomair (Bataille de), 222.
Dubchomair, druide, 222.
Dubilacha, nom de femme, 360.
Dublin, 29, 38.
Dubthach, chef des *file* d'Irlande, fils d'Ua Lugair, 70-72, 272, 313-316, 384.
Dubtir, en Leinster, 265, 266.
Duel judiciaire en Irlande, 308, 309.
Duiu, en vieux gallois « dieu, » 187.
Dumnonii, peuple de Grande-Bretagne, 237.
Dùn, en irlandais « palais de roi, » 98, 321.
Dùn-Bolg, 359.
Dùn-Buchet. 358.
Dùn-Cermnai, 262, 263.
Dùn-Guaire, chez les Saxons, 360.
Dùn-Lethglaisse, 254.
Dùn-Maic-Liathain, chez les Bretons corniques, 238.
-dunum, second terme de composés gaulois, 25, 27, 28.
Dunum, nom de ville, 28.
Durance, 299.

Eau du Styx, 183.
Eau prise à témoin par Loégairé, 181.
Eber, fils de Milé, 281.
Ebre, fleuve, 20.
Eburodunum, 25, 26.
Eces ou *eiges*, en irlandais « docteur, 324, 325, 330, 335, 337.

Echaid Ech-bel, maître de Nedé, 206, 311, 312.
Echaid Eremon ou Airemon, roi suprême d'Irlande, 137-139.
Echtra Condla, 142.
Echtra Monguin, 360.
Ecne, en irlandais « sagesse. » 283, 286.
Ecoles des druides de Gaule, 93, 95, 165-169.
Ecoles d'Irlande, 169-189, 207-209, 367-390.
Ecosse, 43, 371.
Ecriture chez les druides, 202, 203.
Ecsine, en irlandais « élève », 389.
Edpart do déib, en irlandais « offrande aux dieux, 153, 155.
Education des enfants en Irlande, 176-178, 339.
Eduens, peuple de Gaule, 152.
Egypte, 292.
Egyptiens, 292, 294, 301.
Eiges ou *éces*, en irlandais « docteur, » 324, 325.
Elada ou Elatha, dieu irlandais, père de Bress, 57.
Elbe, fleuve, 13, 20, 23.
Election des rois, 152.
Elpa (Mont), 358.
Elviomarus, gallo-romain, époux de Julia, 62.
Emain, sorte de composition poétique, 332.
Emain Macha, capitale de l'Ulster, 33, 34, 76, 191-193, 222, 254, 284, 297, 301, 312.
Embrun, 26.
Emer, femme de Cûchulainn, 137, 141, 205.
Empire romain d'Occident, 24.
Enseignement des *file*, 388-390.
Enseignement druidique, 165-189.
Eochaid Ech-bèl, 206, 311, 312.
Eochu Ancenn, roi de Leinster, 180.
Ephore, historien grec, 6.
Epîtres de saint Paul en grec, 380, 381.
Epopées irlandaises, 43-45. Voyez Cycles.
Eratosthène, 15.
Erbe druad, en vieil irlandais « haie du druide, » 162.
Erdathe, en vieil irlandais « résurrection (?), » 178, 186, 188, 189.
Eremon, fils de Milé, 281.
Eric, en irlandais « indemnité, » 93, 293.

Eriu, nom de l'Irlande, 181, 182.
Eriu, nom de montagne, 181, 182.
Espagne, 5, 6, 12, 16, 22, 26, 113, 280, 292.
Estledunum, 26.
Etain, fée, femme d'Echaid Eremon ou Airemon, 57, 137-139.
Etan, déesse irlandaise, 174.
Ethiar, druide, 218, 222.
Ethné Uathach, 358.
Ethniu, fille de Balar, et mère de Lug, 288.
Etrusque (Langue), 20.
Etudes nationales irlandaises, 389, 390.
Etudiants étrangers en Irlande, 208, 209, 377, 387, 388.
Etudiants irlandais, 389.
Etymologicum magnum, 15.
Euhages, 47, 48, 78, 242.
Evangiles grecs, 380.
Exode, 136.

Fabius Maximus, consul en 121, 32.
Fabius Pictor, 124.
Fachtna, fils de Sencha, 273, 278.
Fachtna, père de Conchobar, 194, 195.
Fáith, en irlandais « prophète ou devin, » 242.
Fatæ dervones, ou fées des chênes, 118.
Feadaib datif pluriel de *fid*, « arbre » ou lettre ogamique, en irlandais, 73, 74.
Fedelm, *file* femme, 205, 253.
Fedlimid, conteur, 228, 296.
Feis Duinbolg, 259.
Feis Duinbuchet, 359.
Feis Temrach ou Fête de Tara, 155. 182.
Feis tige Bricrend ou Festin de Bricriu, 353.
Felire Œngusso, 223.
Féminine (Propriété), 306.
Femmes assujetties au service militaire, 223, 224.
Féné, un des noms de la race irlandaise, 309.
Fenius Fersaid, 290-292.
Fennid, en irlandais « guerrier, » 222.
Feradach Find Fechtnach, roi suprême d'Irlande, 277.
Ferb, fille de Medb, reine de Connaught, 133.
Fercerte ou poète, 296.

Fercertné, chef des *file*, 76, 263, 312.
Fer comgne ou conteur d'histoires, 296.
Ferdiad, 70. Voyez *Comrac Fhirdead*.
Fergus mac Roig ou fils de Roech, 195, 203, 254, 302, 304, 306.
Fern, en irlandais « aune » et lettre ogamique, F, 75.
Fes Temrach ou Fête de Tara, 155, 182.
Festin de Bricriu ; voyez *Fled Bricrend*.
Fête d'Auguste à Lyon, 215-218.
Feuille d'or, réparation d'outrage, 259.
Fiacc, auteur d'une vie métrique de saint Patrice, 133, 136.
Fiacc, évêque de Sletty, 70-72, 384.
Fiacha Sraibtinne, roi suprême d'Irlande, 222.
Fiachna, fils de Baitan, 360.
Fian, en irlandais « héros, » 309.
Fid, en irlandais « arbre, » nom des caractères ogamiques, 74.
File, 46, 48, 49, 69-71, 73, 74, 76, 77, 158, 159, 203, 205, 206, 220, 225, 241-390.
Fille hérite de sa mère, 307.
Finan, évêque, 207.
Find ou Finn, fils de Cumall, 45, 196, 249, 250, 265, 357.
Findia (saint), 371.
Finistère, département français, 17, 41.
Finn. Voyez *Find*.
Finnachta, roi suprême d'Irlande, fils de Dunchad, 181.
Finten (Saint), 160, 161.
Fithir, fille de Tuathal Techtmar, 180.
Fled Bricrend ou Festin de Bricriu, 297, 301-306, 353.
Flesc, baguette magique, 250.
Florus, 13, 32, 53.
Fochloc ou *fochlocon*, 323-328, 330, 333, 336-338, 340, 342, 345, 347.
Fomóre, dieux irlandais, 57, 259. Voyez *Balar*, *Bress*.
Fontéius, défendu par Cicéron, 145, 146.
For, en vieil irlandais « sur, » 2.
Forbais Droma Damgaire, siège de Druim Damgaire, 219.
Forgall Mona, père d'Emer, 205.
Forgoll, *file*, 265, 266, 322.
Fortunat, 55, 56, 58, 114.

Fotha catha Cnucha, 196.
Fothad Airgtech, roi suprême d'Irlande, 265-267.
Fraechan, druide, fils de Teinisan, 162, 163.
Française (Langue), 21.
France, 18, 20, 21, 35.
Frênes sacrés en Irlande, 126, 127.
Froech, fils d'Idath, 58.
Fugell ou *fuigell*, en irlandais « forme définitive d'une sentence, » 311, 313.
Funérailles, 156-158, 173-175, 178-180.

Gaedel Glas, fils de Nêl et ancêtre mythique de la race irlandaise, 291. Voyez *Góidel*.
Gaélique d'Ecosse, dialecte néo-celtique, 3, 4, 43.
Gaide, en vieil irlandais « armé d'un javelot, » 14.
Gáidel ou mieux Góidel, un des noms de la race irlandaise, 238, 291.
Gaidoz (Henri), 38.
Gaisatæ, 14.
Gaisatorix, 14.
Gala- thème vieil irlandais, « bravoure, exploit, » 14.
Galates, 9, 14-16, 27, 86, 87, 96, 122-124.
Galatie, 10, 15, 113-115.
Galatos, roi des Boïes, 14.
Galdae, en vieil irlandais « brave, » 14.
Gall, nom irlandais des pirates scandinaves, 363.
Galles (Pays de), 12, 29, 42.
Gallia, 12, 13. Voyez Gaule.
Gallien, empereur, 61.
Gallois, dialecte néo-celtique, 2-4, 24, 67, 154, 155, 238, 239.
Gallois, nom de peuple, 12, 16.
Gallus, nom latin des Gaulois, 12-14, 16.
Garonne, fleuve, 9, 13.
Gaule, 14, 63, 83, 131, 132, 134, 135, 139, 140, 143-151, 165-169, 190, 203, 209, 210, 215, 216, 220, 221, 225-227, 244, 276, 297, 298.
Gaule cisalpine, 7, 14, 22, 89-91.
Gaule narbonnaise, 299.
Gaule transalpine, 7, 12, 14, 22, 25, 32, 46, 54, 55, 58, 59, 92-110, 201.

Gaulois, dialecte celtique, 2, 3, 12.
Gaulois, peuple, 12-14, 16, 19, 21, 25, 29, 32, 37, 53, 89, 90.
Gaulois orientaux, 144.
Gennadius, de Marseille, 369.
Géographie druidique, 165.
Germains, 10, 13, 15, 19, 23, 25, 121-126.
Germanie, 10-12, 23, 26, 123, 124.
Germanique (Race), 19, 24.
Germaniques (Langues), 17, 18, 21.
Gètes, 8.
Glasimpere, nom irlandais de Glastonbury, 238.
Glastonbury, 238.
Glossaire cornique, 67, 300.
Glossaire de Cormac, 57, 74, 76, 153, 159, 187, 195, 237, 248, 250, 251, 255-257, 263, 270, 273, 277, 279, 287, 288, 293, 312, 317, 323, 325-328, 337, 389, 390.
Glossaire d'O'Clery, 189, 247, 318.
Glossaire d'O'Davoren, 73, 261.
Glossaires grecs-latins, 379, 381.
Glossaires irlandais divers, 387, 389-391.
Góidel, nom de la race irlandaise, 218, 222, 235, 291. Voyez Gáidel.
Goll, fils de Morna, 156.
Gormlaith, femme de Cerball, 362.
Gothini, peuple gaulois de Germanie, 23.
Grammaire irlandaise, 281, 389, 390.
Grande-Bretagne, 2, 3, 6, 12, 22, 24, 26, 29, 32, 63-67, 92, 94, 112, 118, 130, 151, 202, 204-210, 225, 231-240, 255, 262, 311, 371.
Grec, langue, 17, 19, 379-381.
Grec, peuple, 8, 17, 55.
Grèce, 113.
Grégoire de Tours, 371-373.
Grimm (Jacob), 125, 126.
Guairé Aidné, roi de Connaught, 366.
Guenedotæ regio, 237.
Gui du chêne, 104, 105, 140, 150.
Guor, en vieux gallois « sur, » 2.
Gwawt Lud y mawr, 239.
Gwezenn, en breton « arbre, » 74.
Gwydden, en gallois « arbre, » 74.

Harpe, 55.
Hécatée de Milet, 5.
Hector, 374.
Hennessy (W. M.), 39.

Hercunios, mont, 122.
Hercynie, forêt, 10, 125, 126.
Héré, déesse grecque, 183, 184.
Hergest (Livre rouge de), 66.
Héric d'Auxerre, 379.
Hérodote, 5.
Hésiode, 185.
Hir-gorn, mot cornique, 67.
Histoire des cimetières, 173.
Histoires racontées par les *file*, 319-333, 348-366, 382, 383.
Hollande, 18.
Hongrie occidentale, 118.
Honneurs rendus aux druides, 190-201.
Honorius, empereur romain, 236.
Horace, poète latin, 376.

Ibère (Langue), 20.
Ibères, 10.
Ibérie, 6, 8.
Ibérique (Péninsule), 18.
Icht (Mer), nom irlandais de la Manche, 237, 358.
If, son usage magique, 138.
Iles Britanniques, 7, 16-18, 20, 24, 151. Voyez Grande-Bretagne, Irlande.
Iliade, 157, 183.
Illyrien, langue, 20.
Illyriens, 6.
Imbas forosnai, procédé de divination, 246-249, 252-254, 256-258.
Immortalité de l'âme, 85-87, 95, 98, 99, 101-103, 130, 166-170, 189.
Imrom luinge Muchertaig, 359.
Imrom Maeleduin, 361.
Imtheacht na Trom-dhaimhe, « Tournée de la Lourde Compagnie, » 267-270.
Incantations des *file* d'Irlande, 246-270.
Incantations druidiques, 152, 153.
Iona, 233, 391.
Iova (Abbaye d'), 233, 334, 371, 385.
In-chruachait, en irlandais nom d'un morceau de viande, 347.
Irlandais, dialecte néo-celtique, 2-4, 24.
Irlande, 17, 21, 24, 28, 30, 32, 33, 35, 43-46, 48, 49, 69-81, 126, 129-230, 247-390.
Isère, rivière, 299.
Isserninus, évêque, 257.
Istros, fleuve, 5, 3.
Italie, 12-14, 18, 19, 62, 113.

Itinéraire d'Antonin, 27, 118.
Iuchar, dieu irlandais, fils de Bress et de Brigit, 57, 283, 286.
Iucharba, dieu irlandais, fils de Bress et de Brigit, 283.

Jean Scot dit Eringène, 381.
Jerôme (Saint), 368-370.
Jesus College, à Oxford, 66.
Jonas, biographe de saint Columban, 367, 377.
Joscelin, auteur d'une vie de saint Patrice, 133, 272.
Jublains (Mayenne), 25.
Jugement de Dieu après la mort, 185-188.
Jugement dernier, 188.
Jugement des druides, 93, 94, 98, 99, 210, 214 ; cf. 114-115.
Jugements des *file*, 271-279, 296-318.
Juifs, 154.
Julia, femme d'Elviomarus, 62.
Julius Florus, 100, 148.
Jupiter, 126, 132, 373. Voyez Zeus.
Juridiction des druides de Gaule, 93, 94, 98, 99, 210-214, 220 ; cf. 114, 115.
Juridiction des *file*, 271-281.
Juron de saint Patrice, 187.
Jutland, 13.
Juvénal, 216, 376.

Kaourentin, nom breton de saint Corentin, 300.
Keating, historien irlandais, 44, 171, 181, 218, 222, 235, 284.
Kent, en Grande-Bretagne, 6.

Lagadeuc, auteur du *Catholicon*, 67.
Làn, en vieil irlandais, « plein, » 2.
Langue grecque étudiée par les Irlandais, 379-381.
Langue irlandaise, son usage dans le clergé irlandais, 386, 387.
Langue savante des *file*, 312, 313, 389.
Larac, en irlandais nom d'un morceau de viande, 200, 346.
Latine (Langue), 19, 24.
Laun, en vieux gallois « plein, » 2.
Leabhar breac, ou mieux *breacc*, 133, 248, 279, 287, 288, 293, 314, 317, 318, 323, 227, 331, 332.
Leabhar breathnach, 365 ; voyez Nennius.

INDEX ALPHABÉTIQUE.

Leabhar na hU'idhre, 33, 57, 134, 137, 141, 142, 157, 171-176, 179, 182, 196, 205, 206, 247, 252, 254, 260, 261, 266, 288, 314, 322, 332, 334, 382.
Leabhar ollamhan, 332, 389. Voyez Livre de l'*Ollam*.
Lebar Aicle, 178, 388. Voyez Livre d'Aicil.
Lebar bude Slani, 141.
Lebar gabala ou Livre des conquêtes, 277, 294, 355.
Leinster, province d'Irlande, 179, 185.
Leipzig, 38.
Lépide, triumvir, 215.
Lettre (Droit ou loi de la), 307, 315. Voyez *Sui littre*.
Leun, en breton « plein, » 2.
Lex innocentium, 224.
Leyde, 26.
Liathmacha, cheval de Cúchulainn, 192, 193.
Libanius, 125.
Liber hymnorum, livre des hymnes de l'Église d'Irlande, 56, 132, 160, 187, 334, 387.
Liber landavensis, 383.
Liccus, roi imaginaire, 295.
Liffey, rivière, 79.
Ligures, 10.
Ligystique, 5.
Listes des pièces qui composaient la littérature épique d'Irlande, 348-366.
Litana, forêt de la Gaule cisalpine, 89.
Littérature bretonne, 41-42.
Littérature cornique, 42.
Littérature druidique, 227-230.
Littérature galloise, 42.
Littérature irlandaise, 43-45, 348-367, 390.
Livre d'Aicil, 172, 388.
Livre d'Aneurin, 66.
Livre d'Armagh, 30, 72, 126, 178, 186.
Livre de Ballymote, 183, 256, 264, 281, 313, 324, 389.
Livre de Lecan, 183, 256, 281.
Livre de Leinster, 32, 34, 35, 57, 58, 70, 73, 77, 127, 133, 134, 142, 172, 176, 181, 182, 191, 194, 197, 198, 200, 201, 203, 206, 222, 224, 235, 246, 249, 254, 255, 260, 273, 275, 280, 281, 283, 284, 289, 291, 312, 322, 328, 344, 350, 353, 354, 358, 359, 362, 364, 365, 382.
Livre de Lismore, 219, 220.
Livre de l'*Ollam*, 256, 324, 327, 332, 333, 389.
Livre de Taliésin, 66.
Livre jaune de Lecan, 34, 197, 198; cf. manuscrit H. 2. 16. du Collège de la Trinité de Dublin.
Livre noir de Caermarthen, 66, 238.
Livre rouge de Hergest, 66.
Livres en Irlande datent du christianisme, 202.
Loarg, en irlandais nom d'un morceau de viande, 200, 346.
Locru, druide irlandais, 218.
Loégairé, roi suprême d'Irlande, fils de Niall, 176, 178-182, 184, 185, 189, 218, 230, 271, 272, 315, 316.
Loégairé Buadach, 303, 305.
Lóid, au génitif *lóida*, *laeda*, 249.
Loi de la lettre, 307, 315.
Loi de nature, 307.
Loire-Inférieure, département français, 17.
Lois galloises, 64, 65.
Lomna, fou de Find mac Cumaill, 249.
Lon-chrùachait, en irlandais nom d'un morceau de viande, 200, 346.
Longes mac n-Usnig, « Exil des fils d'Usnech, » 133, 228, 296, 353.
Louernios, roi des Arvernes, 51, 52, 69.
Loup, duc de Champagne, 55.
Lúainé, fille de Domancen, femme de Conchobar, 264.
Lucain, 60, 102, 103, 146, 147, 168, 169, 243.
Luchat-mail, druide irlandais, 218.
Lud le Grand, 239.
Lug, dieu irlandais, 74, 287, 288. Il est aussi appelé Lugaid.
Lugaid *il-dànach*, ou aux arts multiples, dieu irlandais, le même que le précédent, 285, 287-289.
Lugaid, poète ou *file*, 250, 251.
Lugidunum, 26.
Lug[u]dunum, 26.
Luis, en irlandais « sorbier » et lettre ogamique L, 75.
Lune prise à témoin dans le serment irlandais, 181, 182.
Luzel, 41.
Lyon, 26, 215, 218.

404 INDEX ALPHABÉTIQUE.

Lyre, 55-59.
Lysimaque, roi de Thrace, 20.

Macédoine, 27.
Mac-fuirmid, 323-325, 327, 328, 330, 340, 342, 345, 347.
Mac-Pherson, 43.
Mael, druide, 176.
Maelcen, druide, 171.
Maelduin, voyageur légendaire irlandais, 361, 362.
Maelfhathartach, 359, 360.
Maelmilscothach, surnom d'Urard mac Coisi, 284, 285.
Maen. file, 256.
Maen, forgeron du roi Cairpré Cenncait, 274, 275.
Mag-breg (Plaine de), 223.
Mages, 87.
Mages des Perses, 213.
Magie chez les file, 258-279.
Magie druidique, 135-139, 162, 163, 232, 235.
Magie (Traité de la), attribuée à Aristote, 88.
Maginis, nom de lieu, 308.
Mag-Rath (Bataille de), 360-363.
Mag-Tured (Bataille de), 57, 288, 354, 355.
Magus, signifiant druide, 136, 179, 234, 385.
Mail, druide irlandais, 218.
Mailcun, roi des Bretons, 237.
Maisons gauloises rondes, 197.
Manau Guotodin, 237.
Mané, fils de Medb, reine de Connaught, 133, 229.
Manuscrit de saint Paul de Würtzbourg, 136, 258.
Manuscrit de Saint-Paul en Carinthie, 69, 78, 386.
Manuscrit Egerton 88, 206.
Manuscrit Egerton 93, 70, 133.
Manuscrit Egerton 1782, 34.
Manuscrit Harléien, 5280, 58, 219, 260, 280, 285, 351, 365.
Manuscrit H. 1. 15 du Collège de la Trinité de Dublin, 324.
Manuscrit H. 2. 16 du Collège de la Trinité de Dublin, 127, 162, 206, 261, 263, 266, 274, 324, 389.
Manuscrit H. 2. 17 du Collège de la Trinité de Dublin, 206.
Manuscrit H. 3. 17 du Collège de la Trinité de Dublin, 133, 255, 281, 318, 350, 352, 354, 358, 359, 364.

Manuscrit H. 3. 18 du Collège de la Trinité de Dublin, 57, 206, 282, 324.
Manuscrit H. 4. 22 du Collège de la Trinité de Dublin, 391.
Manuscrit Rawlinson B. 512, 285, 351, 353. — B. 514, 385.
Manuscrit Stowe 1, 183.
Manuscrit 23. N. 10 de l'Académie royale d'Irlande, 267, 285, 351.
Manuscrits bretons, 42.
Manuscrits gallois, 42, 66.
Manuscrits irlandais, 43; — de Dublin, 29; — de Milan et de saint Gall, 30, 84, 249, 386.
Manx, dialecte néo-celtique, 3, 4.
Margam, dans le Glamorganshire, 186.
Margé, nom de lieu, 79.
Margidunum, 26.
Maridunum, 26.
Marne, rivière, 9, 13.
Marseille, 5, 9, 122, 299.
Martial, 61.
Martianus Capella, 63.
Martin (Henri), 28, 29.
Martyrologe d'Oengus, 223.
Matronæ Dervonnæ, 118.
Maxime de Tyr, 120, 121, 125, 126.
Medb, reine de Connaught, 58, 70, 134, 142, 191, 192, 205, 229, 252-254, 305.
Médecine druidique, 103-106, 140-142.
Méditerranée (Mer), 20.
Méla (Pomponius), 101, 149, 157, 158, 167, 299.
Meliodunum, 26.
Mellodunum, 26.
Melun, 26.
Mer Adriatique, 8.
Mer du Nord, 20, 23.
Mer Noire, 20, 25, 113.
Mer Rouge, 294.
Mésie, 22.
Meurtre (Procès pour), 93, 99, 113, 115, 127, 213.
Mider ou Midir, dieu irlandais, 137-139.
Milan, 30, 62, 118.
Milé, ancêtre mythique des Irlandais, 280, 294.
Milet, ville d'Asie Mineure, 14, 299.
Miletumarus, 118.
Minnodunum, 26.

Mogneid, roi de Munster, 156.
Moine de Saint-Gall, 377.
Moïse, 136, 292, 295.
Moistiu, nom de lieu, 79.
Mongàn, roi d'Ulster, fils de Fiachna, 264-267, 321, 322, 360, 361.
Morann, fils de Maen, 273-278.
Morbihan, département français, 17, 41.
Moudon, 26.
Muc-formuin, en irlandais, nom d'un morceau de viande, 200, 347.
Mucrimé (Bataille de), 175.
Muir-Icht, nom irlandais de la Manche, 237, 358.
Munatius Plancus, 215.
Munich, 62.
Munster, province d'Irlande, 219.
Murchertach, fils d'Erc, 359.
Murédach, grand-père d'Aed, 79.
Murni, mère de Find, 196.

Narbonnaise, 9.
Narbonne, 5, 10.
Nathî ou Dathî, 358.
Nature (Droit ou loi de la), 307, 315, 316.
Nédé, fils d'Adné, 76, 261-263, 270, 271, 284, 286, 290.
Néel ou Niall, roi d'Irlande, père de Loégairé, 178, 358.
Nêl, personnage mythique, père de Gaedel Glas, 291.
Nemeton, mot gaulois, 114.
Nennius, 235, 238, 292, 294, 365.
Neo-celtiques (langues), 3, 4, 17, 18, 21, 29.
Néo-celtiques (races), 16.
Néo-latines (langues), 17, 18, 21.
Néron, empereur, 62, 102.
Ness, mère de Conchobar, 194, 195.
Neumarkt, 13.
Niall, ou Néel, fils d'Echaid et père de Loégairé, 178, 358.
Niall Glùndub, 362.
Nimègne, 25.
Nin, en irlandais « frêne » et lettre ogamique N, 74.
Nininé, 159.
Noé, 291.
Noire (Mer), 20, 25, 113.
Noréia, 13.
Norica castella, 13.
Norique, 13, 22, 26, 62, 118, 300.

Norvège, 18.
Notitia dignitatum imperii, 28.
Novio-, thème gaulois, 25.
Noviodunum, nom de villes gauloises, 25.
Noviomagus, nom de villes gauloises, 25.
Noyon, 25.
Nuada ou Nuadu Derg, neveu de Loégairé, roi d'Irlande, 271, 272, 315.
Nuadu, druide, père de Tadg, 196.
Nyon, en Suisse, 25.
Nyrax, ville celtique, 5.

Oblaire, 323, 330, 333.
Oc-aire, 336-339, 342.
Océan Atlantique. Voyez Atlantique (océan).
O'Cléry, 189, 247, 318.
O'Curry, 31, 361.
O'Davoren, 5, 73, 361.
Odessa, 27.
O'Donovan, 31.
Odran, cocher de saint Patrice, 315.
Œuf de serpent, 101, 106, 107, 135.
Ogam, sorte d'écriture, 389.
Ogamique (écriture), 202.
Ogamiques (lettres), 73-76.
Ogma ou Ogmé, dieu irlandais, 174.
Oiseaux servant à prédire l'avenir, 131, 241.
Olbia, 27.
Ollam, dieu irlandais, 174.
Ollam, ou chef des *file*, 74, 76, 256, 267, 285, 290, 312, 322, 324-328, 330, 331, 333-335, 337, 340, 342-346.
Ollgaeth, druide, 133, 229.
Ombrien (langue), 20.
Orgain cathrach Mailmilscothaig, 285.
Origène, 87.
Origine des *file*, 280-295.
Orose, 32.
Ossian, 357. Voyez Ossin.
Ossin, fils de Find, 45, 357.
Ovide, 154, 376.
Oxford, 38, 154, 376.

P gaulois, 3.
P indo-européen, 1.
Padoue, 300.
Palladius, évêque, 368.
Palus Maeotis, 27.
Pannonie, 22, 25.

INDEX ALPHABÉTIQUE.

Pannonie inférieure, 118.
Paradigmes de la déclinaison grecque, 380, 386.
Paris (Gaston), 12, 43.
Parthénius, 299.
Patrice (Saint), 33, 70-72, 132, 133, 136, 137, 155, 158, 159, 176, 177, 186-189, 218, 230, 246, 257, 258, 267, 271, 272, 313-316, 339, 368, 384.
Pausanias, 8, 15, 300, 301.
Pélage, hérésiarque breton, 368, 369.
Peniarth, 66.
Perséphonè, déesse grecque, 184.
Perses, 87, 213.
Petor-ritum, en gaulois « char à quatre roues, » 3.
Petuaria, ville de Grande-Bretagne, 3.
Phæbitius, professeur à Bordeaux, 108, 109.
Pharaon, roi d'Egypte, 136, 292.
Pharsale, de Lucain, 102, 103. Voy. Lucain.
Philippe, père d'Alexandre le Grand, 6.
Phillips (sir Thomas), 66.
Philosophie druidique, 98, 99.
Physiologie, 131.
Pictes, 233-237, 240.
Plaisance (Italie), 25.
Platon, 381.
Pline l'Ancien ou le naturaliste, 19, 23, 92, 100, 101, 103-108, 111, 117, 120, 121, 135, 140, 145, 146, 148-151, 169, 282, 233, 299, 300.
Plutarque, 8, 26, 27.
Pluton, 184, 373. Voyez *Dis-pater*.
Poèmes des druides de Gaule, 95 ; d'Irlande, 228-230.
Poeta traduit *file*, 385.
Polybe, 7, 14, 299.
Pompée, 102.
Pomponius Méla, 101, 149, 157, 158, 167, 299.
Posidonius d'Apamée, 51, 53, 78, 80, 81, 83, 197, 241, 297, 298.
Postumius (L.), consul, 89, 90.
Pouce, son usage magique, 250, 251.
Præmia, sens de ce mot dans le texte de César concernant les druides, 93.
Prêtres gaulois de l'Italie du Nord, 90, 91.
Prêtres. Les druides le sont, 142-164.

Prim-chrúachait, nom irlandais d'un morceau de viande, 200, 346.
Priscien (grammaire de), 386.
Procédure irlandaise, 306-318.
Procès pour meurtre, 93, 99, 113, 115, 127, 213.
Professorat druidique, 165-189.
Properce, 32.
Prophéties druidiques, 132-134.
Proserpine, 184.
Prosper d'Aquitaine, chroniqueur, 368.
Psautiers grecs, 380.
Ptolémée, fils de Lagus, 8.
Ptolémée, géographe, 3, 11, 26-28, 123.
Pyrène, ville, 5.
Pyrénées, 12, 13, 113.
Pythagore, 84-87, 98.
Pythéas, 6, 7, 19.

Qu, primitif, 2.
Quartio, fils de Miletumarus, 118.
Quintilien, 3.

Rath de Loégairé, 180.
Recht aicnid, en irlandais « droit de nature, » 315.
Recht litre, en irlandais « droit de lettre » ou « droit chrétien, » 315.
Redon (Cartulaire de), 68.
Reliquaire, 72.
Résurrection, dogme chrétien, 185.
Rhétie, 22.
Rhin, 10-13, 15, 23, 28, 37, 113, 123.
Rhône, 10, 11, 123.
Rhys, 38.
Rí buiden, en irlandais « roi de grande province, » 335-337.
Rí coícid, en irlandais « roi de grande province, » 335-337.
Rigodunum, 26.
Rí rurech, en irlandais « roi suprême d'Irlande, » 334, 336.
Rí túaithe, en irlandais « roi de petite province, » 335-337.
Rodez, 26.
Roeriu (plaine de), 79.
Romains, 22, 36, 68.
Romanes (langues), 17.
Rome, 19, 36, 37.
Ronan, 359.
Rondes (les maisons gauloises sont), 197.
Ros mac Trecim, 314.

Ros, na Rig, 174.
Rùad-rofhessa, surnom de Dagdé, dieu irlandais, 283, 285-287.
Rure, en irlandais « roi de grande province, » 335, 337.
Ruthcherné, 360, 361.

Sacerdoce druidique, 143-164 ; cf. 90, 91.
Sacrifices, 46, 47, 93, 94, 96, 98, 99, 105, 151-155, 247, 248.
Sacrifices humains, 96, 143-151, 232-233, 241, 242.
Sacrovir, 100, 148.
Sùi ou Suì, en irlandais « docteur, » 324, 330.
Sùi bérla Feine, docteur en langue irlandaise, 314.
Sail, en irlandais « saule » et lettre ogamique S, 75.
Saint-Bertrand-de-Comminges, 26.
Saint-Gall (abbaye de), 30, 386.
Saint-Gall (moine de), 377.
Saint-Paul en Carinthie, 69.
Saisie mobilière en droit irlandais, 306-310.
Salle des festins de Tara, 179, 180, 197-201, 297, 340.
Salluste, 13.
Samain (fête de), 306, 322.
Samolus, sorte de plante, 105.
Sanas Chormaic. Voyez Glossaire de Cormac.
Sanction magique des sentences des file, 271-279.
Sapho, 374, 375.
Sarmates, 23.
Satires des file d'Irlande, 259-270.
Scathach, institutrice de Cùchulainn, 205.
Scél, nom irlandais des histoires racontées par les file, 320, 349 et suiv., 389.
Scélaige, en irlandais « conteur, » 48, 296, 391.
Schuchardt (Hugo), 386.
Scolaige, 297, 391.
Scol feinechais, 388.
Scol filidechta, 388.
Scol léigind, 388.
Scote, fille de Pharaon, 292.
Scots ou Irlandais, 236, 237, 292, 368, 369, 385.
Scylax de Caryanda, 8, 10.
Scythes, 292.
Scythie, 10, 291, 292.

Scythie pontique, 27.
Scythique (race), 27.
Scàghdair, 324, 330.
Segodunum, 26.
Segomaros, 114.
Seine, 9, 13, 20.
Seirglige, voyez Serglige.
Selago, sorte de plante, 105, 140.
Sempronius Asellio, 13.
Sencha, fils d'Ailill, 272, 297, 301-311.
Senchan Torpeist, 267, 366, 389.
Senchas na relec ou histoire des cimetières, 172-174.
Senchus Mòr, 153, 158, 159, 169, 170, 203, 250-252, 257, 272, 273, 277, 282, 292-294, 296, 306-311, 313-318, 322, 323, 325, 326, 334-336, 338, 339, 352-355.
Senons, peuple gaulois d'Italie, 13, 19.
Sentences des druides, 93, 94, 98, 99, 114, 115, 210-214.
Sentences des file, 271-279.
Sentinum (bataille de), 32.
Sépultures royales d'Irlande, 173-175, 178, 179, 185.
Serc Dubilacha, 360.
Serc Gormlaithe, 362.
Serglige Conculainn, « maladie de Cùchulainn, » 137, 141, 153.
Serment irlandais, 181, 182, 184, 185.
Service militaire, 220-226.
Servius, commentateur de Virgile, 376.
Sét, bête à cornes donnée à titre de dommages-intérêts, 293.
Side, en irlandais « fée, » 174.
Sin, en irlandais « collier, » 277.
Singidunum, 26.
Sir-robud Sualtaim, 194.
Skene (F. W.), 66, 78.
Slave (race), 19.
Slaves (langues), 17, 18, 21.
Sliab Mis (combat de), 218, 222.
Slùaged Dathi co-sliab n-Elpa, 358.
Slùaged Fiachna, 360.
Slùaged Nèill, maic Echdach, 358.
Soleil pris à témoin dans le serment, 181, 182, 184.
Somerset (comté de), 237.
Sommeil magique, 152, 248.
Songes, 152, 249.
Sorcellerie druidique, 103-107. Voyez Magie.

Sorcières gauloises appelées druidesses, 109, 110.
Sorviodunum, 26.
Sotion, 88.
Souvestre, 41.
Spire, 25.
Stilicon, son éloge par Claudien, 237.
Strabon, 7-9, 14, 27, 46, 47, 53, 60, 78, 96, 99, 100, 113-115, 123, 129, 144, 148, 166, 212, 213, 242, 243, 245, 299.
Strasbourg, 38.
Styrie, 62, 118.
Styx, 183, 185.
Sualtam, père de Cùchulainn, 191-194.
Succession des philosophes par Sotion, 88.
Suède, 18.
Suessions (Divitiacus, roi des), 2.
Suétone, 100, 147-149, 214, 217.
Suétonius Paulinus, 240, 241.
Sùi berla Féni ou « docteur en langue irlandaise, » 314.
Suidigud tigi Midchuarda, 201.
Sùid littri, ou docteurs en théologie, 198, 200.
Sùi file ou docteur en poésie irlandaise, 251, 335, 337, 338.
Sùi littré ou docteur en théologie, 340, 343, 345-347.
Suisse, 18.
Sùi-thengthaid, avocat, littéralement « docteur muni de langue, » 317.
Table de Peutinger, 27, 28, 300.
Table ronde, 43.
Tacite, 2, 12, 23, 24, 47, 103, 132, 231-233.
Tadg, fils de Nuadu, 196.
Tage, 20.
Tàin bó Cùalnge, 35, 70, 176, 190, 194, 195, 203, 205, 209, 252-254, 267, 366.
Tàin bó Fraich, 58.
Taliésin (livre de), 66.
Taman, 323, 330.
Tamise, 20.
Tara, capitale de l'Irlande, 33, 34, 71, 155, 179, 180, 185, 197, 219, 280, 314, 340, 343, 348.
Tarodunum, 26.
Taureaux blancs sacrifiés, 105, 150, 151.
Tech Midchuarta, salle des festins de Tara, 197, 297, 340.

Tecosca Cormaic, 172, 173.
Tectosages, 10, 11.
Teinm lòida, sorte d'incantation, 246, 249-251, 254-258.
Temair, voyez Tara.
Temple d'Auguste à Lyon, 215-218.
Terre prise à témoin dans le serment, 181, 183, 185.
Teutons, 13, 23.
Théodore de Tarse, archevêque de Cantorbéry, 380.
Théopompe, 6.
Thermopyles, 14.
Thierry (Amédée), 28.
Thrace, 10, 20, 123, 299.
Thraces, 8.
Tibère, empereur, 99, 100, 102, 148.
Tigernach, chroniqueur, 160, 162, 295, 357-361, 369. Voyez Annales de Tigernach.
Tigerna[i]s, surnom de Balar Balcbeimnech, dieu irlandais, 289.
Timagène, 46-49, 60, 78, 84, 98, 16., 214, 218, 242, 243.
Timée, historien, 15.
Timée de Platon, 381.
Tite-Live, 11, 12, 23, 32, 89, 90, 96, 144, 216.
Titus, fils de Vespasien, 103, 108.
Tochmarc Eithne Uathaige, 358.
Tochmarc Emere, 205.
Tochmarc Etaine, 57, 138, 139, 157, 352, 353.
Tochmarc Feirbe, 230.
Togail Troi, 14.
Toison d'or, 373.
Tongres, ville de Gaule, 109, 110.
Tonsure ecclésiastique, 71.
Tour de Babel, 291, 295.
Trébellius Pollion, 61.
Trevet, 175.
Triu, en gothique « arbre, » 118.
Triumvirat d'Auguste, de Lépide et d'Antoine, 215.
Trochée, 375.
Troyens, 373, 375.
Tualaing (Plaine de), 156.
Tùath, en irlandais « petite province, » 335, 337-339.
Tùatha dé Danann, dieux irlandais, 57, 174, 222, 259, 260. Voyez Brian, Brigit, Dagdé, Iuchar, Iucharba, Lug ou Lugaid Ildanach, Mider, Ogmé ou Ogma, Uar, cf. Side.
Tùathal Techtmar, roi suprême d'Irlande, 180-182, 184, 185.

Tùathan, druide, fils de Diman, 162, 163.
Turgésius, roi des pirates scandinaves en Irlande, 378.
Tyras, fleuve, 26.
Tyrrhéniens, 8.

Uaithné, harpiste, 58.
Uar, dieu irlandais, fils de Bress et de Brigit, 57, 283, 286.
Uar, druide, 218, 222.
Ulat, nom des habitants d'Ulster, 301, 302, 305.
Ulster, 33-35, 44, 45, 191, 192, 194, 205, 228, 258. Voyez Conchobar, roi d'Ulster.
Urard, mac Coisi, 258, 286-290, 351, 355, 356.
Usnech, 228. Voyez *Longes mac n-Usnig*.

Vadimon (Bataille de), 19, 22.
Vaison, 114.
Valah, 11, 16.
Valaques, 11.
Valère Maxime, 84-87.
Valérius Corvinus, 124.
Varron, 3.
Vates, 46, 47, 242.
Vénédotien (Code), 64, 65.
Vennicnii, nom d'un peuple d'Irlande, 309.
Ver, en gaulois, « sur », 2.
Vercingétorix, 9, 36, 300.
Vercundaris Dubius (C. Julius), 216.
Verdun-sur-Meuse, 26.
Vernemetis, 144.

Vérone, 300.
Versification irlandaise, 389.
Vespasien, empereur, 103.
Vétérinaire (Art) chez les druides, 105, 106.
Vieil irlandais, langue, 29, 31.
Vienne en Autriche, 62.
Vie tripartite de saint Patrice, 70.
Villemarqué (Hersart de la), 41.
Vindélicie, 22, 26.
Virdu-maros, 32.
Virgile, poète, 376.
Virgile de Toulouse, grammairien, 377.
Viro-dunum, 26.
Vitellius, empereur, 217.
Vocabulaires grecs, 380, 386.
Voconces, peuple gaulois, 107.
Vol (Condamnation pour), 90.
Volca, 10-12, 16.
Wælsch, 11.
Walafridus Strabo, 379.
Wales, 12.
Wallon, nom de race et de langue, 12.
Welsh, 11, 12.
Windisch (Ernst), 38, 39, 78, 386.
Wynne, de Peniarth, 66.

Xénophon, 6.

Zeus, dieu grec, 121, 183. Voyez *Jupiter*.
Zeuss, auteur de la *Grammatica celtica*, 30.
Zimmer (Heinrich), 38, 69, 78, 386.
Zozime, pape, 370.

FIN DE L'INDEX ALPHABÉTIQUE.

TABLE DES MATIÈRES.

Les Celtes et les langues celtiques. Leçon d'ouverture du cours de langue et littérature celtique au collège de France. 1
Chapitre préliminaire. — La littérature celtique, les classes lettrées chez les Celtes. 41
LIVRE PREMIER. — LES BARDES. 51
   Chap. I. — Textes primitifs sur les bardes. 51
   Chap. II. — La lyre des bardes, la *crotta*. 55
   Chap. III. — Les bardes sous l'empire romain. 60
   Chap. IV. — Les bardes gallois, corniques et bretons. 63
   Chap. V. — Les bardes d'Irlande. 69
LIVRE II. — LES DRUIDES. 83
   Chap. I. — Les druides avant César. 83
   Chap. II. — Les druides de Gaule, depuis César jusqu'à Pline l'Ancien. 92
   Chap. III. — Les druides de Gaule depuis Pline l'Ancien. 108
   Chap. IV. — Origine du druidisme. 111
   Chap. V. — Etymologie du mot *druide*. 117
   Chap. VI. — Les druides irlandais. 129
   Chap. VII. — Les druides sont devins. 131
   Chap. VIII. — Les druides sont magiciens. 135
   Chap. IX. — Les druides sont médecins. 140
   Chap. X. — Les druides sont prêtres. 143
   Chap. XI. — Les druides sont professeurs. 165
   Chap. XII. — Honneurs rendus aux druides. 190
   Chap. XIII. — Les druides n'écrivent pas de livres. 202
   Chap. XIV. — Lieu d'origine du druidisme irlandais. 204

Chap. XV. — Les druides de Gaule et non ceux d'Irlande constituent une corporation judiciaire.................... 210
Chap. XVI. — Exemption du service militaire........... 221
Chap. XVII. — Littérature druidique................. 227
Chap. XVIII. — Les druides de Grande-Bretagne......... 231
LIVRE III. — LES FILE........................ 241
Chap. I. — Les *file* en Gaule..................... 241
Chap. II. — Les *file* d'Irlande considérés comme devins...... 246
Chap. III. — Satires de *file* d'Irlande................. 259
Chap. IV. — Sanction magique des sentences rendues par les *file* d'Irlande.......................... 271
Chap. V. — Origine des *file* suivant les légendes irlandaises. . . 280
Chap. VI. — Les *file* sont juges dans la plus ancienne littérature épique et dans le droit le plus ancien de l'Irlande......... 296
Chap. VII. — Les *file* sont conteurs d'histoires, de là leur hiérarchie et leur rang dans la société irlandaise............. 319
Chap. VIII. — La littérature épique d'Irlande, œuvre des *file*. . . 349
Chap. IX. — Les écoles d'Irlande au sixième, au septième, au huitième siècles........................... 366
CORRECTIONS ET ADDITIONS.................... 391
INDEX ALPHABÉTIQUE........................ 393

FIN DE LA TABLE DES MATIÈRES.

www.ingramcontent.com/pod-product-compliance
Lightning Source LLC
Chambersburg PA
CBHW052123230426
43671CB00009B/1104